马克思主义理论研究
和建设工程重点教材

新闻采访与写作

《新闻采访与写作》编写组

主　编　罗以澄

副主编　丁柏铨　张　征

主要成员

（以姓氏笔画为序）

吴玉兰　张志安　陈　刚

林　晖　周海燕　夏　琼

翁昌寿　董小玉　辜晓进

高等教育出版社·北京

二维码资源访问

使用微信扫描本书内的二维码，输入封底防伪二维码下的20位数字，进行微信绑定，即可免费访问相关资源。注意：微信绑定只可操作一次，为避免不必要的损失，请您刮开防伪码后立即进行绑定操作！

教学课件下载

本书有配套教学课件，供教师免费下载使用，请访问 xuanshu.hep.com.cn，经注册认证后，搜索书名进入具体图书页面，即可下载。

图书在版编目（CIP）数据

新闻采访与写作/《新闻采访与写作》编写组编. -- 北京：高等教育出版社，2019.1（2022.12重印）
ISBN 978-7-04-048502-8

Ⅰ.①新… Ⅱ.①新… Ⅲ.①新闻采访-高等学校-教材②新闻写作-高等学校-教材 Ⅳ.①G2

中国版本图书馆CIP数据核字（2017）第228398号

| 责任编辑 | 赵愫简 | 封面设计 | 王 鹏 | 版式设计 | 于 婕 | 责任校对 | 王 雨 |
| 责任印制 | 田 甜 | | | | | | |

出版发行	高等教育出版社	网　　址	http://www.hep.edu.cn
社　　址	北京市西城区德外大街4号		http://www.hep.com.cn
邮政编码	100120	网上订购	http://www.hepmall.com.cn
印　　刷	北京鑫海金澳胶印有限公司		http://www.hepmall.com
开　　本	787mm×1092mm 1/16		http://www.hepmall.cn
印　　张	25		
字　　数	470千字	版　　次	2019年1月第1版
购书热线	010-58581118	印　　次	2022年12月第21次印刷
咨询电话	400-810-0598	定　　价	47.30元

本书如有缺页、倒页、脱页等质量问题，请到所购图书销售部门联系调换
版权所有　侵权必究
物　料　号　48502-00

目 录

绪 论 …………………………………………………………………………… 1
  第一节　新闻采写在新闻传播活动中的作用 ………………………………… 1
    一、新闻采写是新闻生产的基础和核心环节 ……………………………… 1
    二、新闻采写是记者思想水准、职业精神和专业技能的综合体现 ……… 3
    三、新闻采写关系着新闻媒体社会功能的发挥 …………………………… 4
  第二节　当代新闻采写面临的挑战 …………………………………………… 6
    一、社会变革对新闻采写的挑战 …………………………………………… 6
    二、传播新技术对新闻采写的挑战 ………………………………………… 8
    三、经济全球化对新闻采写的挑战 ………………………………………… 10
  第三节　以马克思主义新闻观指导新闻采写 ………………………………… 12
    一、实事求是，是新闻采写的根本原则 …………………………………… 12
    二、以人民为中心，是新闻采写的基本理念 ……………………………… 13
    三、坚持正确舆论导向，是新闻采写的重要职责 ………………………… 13
  第四节　学习新闻采写的意义与方法 ………………………………………… 14
    一、学习新闻采写的意义 …………………………………………………… 14
    二、学习新闻采写的方法 …………………………………………………… 15

第一篇　原 理 篇

第一章　新闻采写的特征与原则 …………………………………………………… 21
  第一节　新闻采写的主要特征 ………………………………………………… 21
    一、新闻采写是具有社会性的精神生产活动 ……………………………… 21
    二、新闻采写是具有专业性的传播行为 …………………………………… 22
  第二节　新闻采写的基本原则 ………………………………………………… 24
    一、获取和呈现真实新闻信息的底线原则 ………………………………… 24
    二、注重新闻传播规律和公众利益并重的价值原则 ……………………… 25
    三、讲究"传通"和社会效益双赢的效果原则 …………………………… 26
  第三节　新闻采访与写作的关系 ……………………………………………… 27
    一、新闻采访决定新闻写作 ………………………………………………… 27
    二、新闻写作是新闻采访的升华 …………………………………………… 28

三、新闻采访与写作的一体化 …………………………………………… 29

第二章 新闻采写的主体——记者 …………………………………………… 31

第一节 记者的角色与职责 …………………………………………… 31
一、记者的角色 …………………………………………………… 31
二、记者的职责 …………………………………………………… 32

第二节 记者的修养与职业道德 ……………………………………… 34
一、记者的修养 …………………………………………………… 34
二、记者的职业道德 ……………………………………………… 40

第三节 记者的主体意识 ……………………………………………… 46
一、信息意识 ……………………………………………………… 46
二、价值意识 ……………………………………………………… 47
三、受众意识 ……………………………………………………… 48
四、法治意识 ……………………………………………………… 48
五、审美意识 ……………………………………………………… 49

第三章 新闻采写的客体——新闻事实 …………………………………… 51

第一节 新闻事实的含义与特性 ……………………………………… 51
一、新闻事实的含义 ……………………………………………… 51
二、新闻事实的特性 ……………………………………………… 52

第二节 新闻事实的识别 ……………………………………………… 54
一、新闻事实的识别取决于记者的新闻敏感 …………………… 55
二、新闻事实的识别方法 ………………………………………… 58

第三节 新闻事实的选择依据 ………………………………………… 62
一、新闻价值 ……………………………………………………… 62
二、媒体定位 ……………………………………………………… 67
三、社会责任 ……………………………………………………… 68

第四章 新闻采写的成果——新闻报道 …………………………………… 71

第一节 新闻报道的主要特点 ………………………………………… 71
一、及时披露新闻信息 …………………………………………… 71
二、真实反映报道对象 …………………………………………… 72
三、客观、公正呈现新闻事实 …………………………………… 73

第二节 新闻报道的构成要件 ………………………………………… 74

一、新闻事实 …………………………………………………… 75
　　二、报道立意 …………………………………………………… 75
　　三、文本结构 …………………………………………………… 76
　　四、背景材料 …………………………………………………… 77
　　五、新闻语言 …………………………………………………… 78
　　六、叙事笔法 …………………………………………………… 80
第三节　新闻报道的文体类型 ………………………………………… 81
　　一、消息 ………………………………………………………… 81
　　二、通讯 ………………………………………………………… 81
　　三、特写 ………………………………………………………… 82
　　四、其他报道样式 ……………………………………………… 83

第二篇　采　访　篇

第五章　新闻发现 ……………………………………………………… 87
第一节　新闻发现的意义 ……………………………………………… 87
　　一、没有发现就没有新闻 ……………………………………… 87
　　二、新闻发现是新闻采写的前提 ……………………………… 88
第二节　新闻发现的目标与依据 ……………………………………… 89
　　一、新闻发现的目标 …………………………………………… 89
　　二、新闻发现的依据 …………………………………………… 90
第三节　新闻发现的动态过程 ………………………………………… 91
　　一、记者的"前发现"状态 …………………………………… 91
　　二、新闻发现的关键节点 ……………………………………… 92
　　三、新闻发现的实践情境 ……………………………………… 94
第四节　新闻发现的方法 ……………………………………………… 96
　　一、预设与求证 ………………………………………………… 96
　　二、寻觅悟性事实 ……………………………………………… 98
　　三、首次发现与再次发现 ……………………………………… 98

第六章　新闻选题与采访策划 ………………………………………… 100
第一节　新闻选题与采访策划的内涵及其作用 ……………………… 100
　　一、新闻选题的内涵与作用 …………………………………… 100
　　二、采访策划的内涵与作用 …………………………………… 105

第二节　新闻选题的确定 ……………………………………………… 109
　　一、筛选事实与搜寻事实 ……………………………………… 109
　　二、选择报道角度 ……………………………………………… 110
　　三、关注报道效果 ……………………………………………… 112
　　四、明确报道体裁 ……………………………………………… 113
第三节　采访策划的原则与方法 ……………………………………… 113
　　一、采访策划的基本原则 ……………………………………… 113
　　二、采访策划的主要方法 ……………………………………… 114

第七章　采访的类型 …………………………………………………… 117
第一节　访问 …………………………………………………………… 117
　　一、当面采访 …………………………………………………… 117
　　二、电话采访 …………………………………………………… 119
　　三、网络采访 …………………………………………………… 122
第二节　观察 …………………………………………………………… 124
　　一、场景观察 …………………………………………………… 125
　　二、人物观察 …………………………………………………… 126
　　三、细节观察 …………………………………………………… 127
第三节　文献采集 ……………………………………………………… 127
　　一、已出版文献资料的采集 …………………………………… 127
　　二、非出版文本资料的采集 …………………………………… 128
　　三、会议材料的采集 …………………………………………… 128
　　四、网络信息的检索 …………………………………………… 129
第四节　其他采访 ……………………………………………………… 130
　　一、体验式采访 ………………………………………………… 130
　　二、隐性采访 …………………………………………………… 131
　　三、社会调查 …………………………………………………… 133

第八章　采访的准备 …………………………………………………… 135
第一节　新闻线索的寻找 ……………………………………………… 135
　　一、新闻线索的来源 …………………………………………… 135
　　二、新闻线索的搜集 …………………………………………… 139
　　三、新闻线索的筛选与甄别 …………………………………… 141
第二节　采访对象的约定 ……………………………………………… 143

一、选择采访对象……………………………………………………… 143
　　二、认知采访对象……………………………………………………… 145
　　三、约定采访活动……………………………………………………… 146
　第三节　新闻背景的准备………………………………………………… 147
　　一、以政策规章为背景………………………………………………… 148
　　二、以既往事实为背景………………………………………………… 149
　　三、以周边事实为背景………………………………………………… 149
　　四、以相关知识为背景………………………………………………… 149
　第四节　采访计划的拟订………………………………………………… 150
　　一、采访计划的内容…………………………………………………… 150
　　二、采访提纲的构成…………………………………………………… 151
　　三、采访提纲的制订…………………………………………………… 151
　第五节　采访的其他准备………………………………………………… 152
　　一、采访的心理准备…………………………………………………… 153
　　二、采访的器材准备…………………………………………………… 154
　　三、采访的礼仪准备…………………………………………………… 155

第九章　采访的实施——访问 …………………………………………… 157
　第一节　访问的特质……………………………………………………… 157
　　一、访问是一种特殊的社会交往活动………………………………… 157
　　二、记者和采访对象的关系…………………………………………… 158
　第二节　访问的氛围……………………………………………………… 159
　　一、把握访问的心理场………………………………………………… 160
　　二、营造融洽的访问氛围……………………………………………… 160
　　三、应对访问中的冲突………………………………………………… 162
　第三节　提问的类型和方法……………………………………………… 164
　　一、提问的基本类型…………………………………………………… 164
　　二、提问的一般要求…………………………………………………… 167
　　三、提问的主要方法…………………………………………………… 171

第十章　采访的实施——现场观察 ……………………………………… 179
　第一节　现场观察的作用和内容………………………………………… 179
　　一、现场观察的作用…………………………………………………… 179
　　二、现场观察的内容…………………………………………………… 180

　　第二节　现场观察的方法和技巧 ·················· 185
　　　　一、现场观察的方法 ························· 185
　　　　二、现场观察的技巧 ························· 187
　　第三节　现场观察力的培养 ······················ 192
　　　　一、努力抵达现场 ··························· 192
　　　　二、感受现场气氛 ··························· 193
　　　　三、树立画面意识 ··························· 195
　　　　四、捕捉典型细节 ··························· 196
　　　　五、体悟人与人、人与环境的关系 ·············· 199

第十一章　采访的实施——记录与核实 ················ 201
　　第一节　采访记录的作用与内容 ··················· 201
　　　　一、采访记录的作用 ························· 201
　　　　二、采访记录的内容 ························· 202
　　第二节　采访记录的方式与技巧 ··················· 204
　　　　一、采访记录的方式 ························· 204
　　　　二、采访记录的技巧 ························· 205
　　第三节　采访记录的整理与核实 ··················· 206
　　　　一、采访记录的整理 ························· 206
　　　　二、采访记录的核实 ························· 207

第三篇　写　作　篇

第十二章　消息写作 ································ 211
　　第一节　消息的特点与类型 ······················ 211
　　　　一、消息的特点 ····························· 211
　　　　二、消息的类型 ····························· 212
　　第二节　消息的构成 ···························· 215
　　　　一、消息的标题 ····························· 215
　　　　二、消息的导语 ····························· 216
　　　　三、消息的主体 ····························· 216
　　　　四、消息的背景 ····························· 218
　　　　五、消息的结尾 ····························· 218
　　第三节　导语的写作 ···························· 219

一、导语的分类 219
　　二、导语的写作要求 222
　　三、导语的写作技巧 224
 第四节　背景的写作 226
　　一、背景的分类 226
　　二、背景的写作要求 229
　　三、背景的写作技巧 231
 第五节　主体的写作 232
　　一、主体的结构 233
　　二、主体的写作要求 237
　　三、主体的写作技巧 241

第十三章　通讯写作 244
 第一节　通讯的特点 244
　　一、细化报道内容 244
　　二、讲究主题表达 246
　　三、注重讲述故事 246
　　四、展现生动细节 248
　　五、表达方式多样 250
 第二节　通讯的类型和结构 251
　　一、叙事记述型通讯及其结构 251
　　二、调查分析型通讯及其结构 253
　　三、谈话实录型通讯及其结构 254
 第三节　通讯的主题与表达 258
　　一、通讯的主题 258
　　二、通讯的选材 259
　　三、通讯的表达 260

第十四章　特写写作 264
 第一节　特写的特点 264
　　一、捕捉有意味的瞬间 264
　　二、展现精彩的场景 265
　　三、着意细节描绘 265
 第二节　特写的类型 266

一、事件特写……266
　　　二、人物特写……268
　　　三、场景特写……271
　　第三节　特写的写作技巧……274
　　　一、精心选择题材……274
　　　二、刻画现场细节……275
　　　三、注重情景交融……276
　　　四、善用背景材料……278

第十五章　其他报道样式的写作……280
　　第一节　调查性报道……280
　　　一、调查性报道概述……280
　　　二、调查性报道的特点……281
　　　三、调查性报道的选题……281
　　　四、调查性报道的写作……283
　　第二节　解释性报道……285
　　　一、解释性报道概述……285
　　　二、解释性报道的特点……285
　　　三、解释性报道的选题……286
　　　四、解释性报道的写作……286
　　第三节　预测性报道……288
　　　一、预测性报道概述……288
　　　二、预测性报道的特点……289
　　　三、预测性报道的选题……290
　　　四、预测性报道的写作……291
　　第四节　突发性事件报道……292
　　　一、突发性事件报道概述……292
　　　二、突发性事件报道的特点……292
　　　三、突发性事件报道的写作……294
　　第五节　专题报道……296
　　　一、专题报道概述……296
　　　二、专题报道的特点……296
　　　三、专题报道的写作……297
　　第六节　系列报道……298

一、系列报道概述 298
　　二、系列报道的特点 299
　　三、系列报道的写作 300

第十六章　广播新闻写作 304
第一节　广播新闻的特点 304
　　一、广播媒体及其传播概述 304
　　二、广播新闻的主要特点 306
第二节　广播新闻的分类 308
　　一、广播新闻的内容分类 309
　　二、广播新闻的表现形式分类 309
　　三、广播新闻的播出方式分类 311
　　四、广播新闻的声音传播途径分类 312
第三节　广播新闻写作的结构与语言 314
　　一、广播新闻写作的结构形式 314
　　二、广播新闻写作的结构要求 317
　　三、广播新闻写作的语言运用 319

第十七章　电视新闻写作 324
第一节　电视新闻的特点 324
　　一、电视新闻概述 324
　　二、电视新闻的主要特征 325
第二节　电视新闻文字稿的写作特点与要求 326
　　一、电视新闻文字稿的作用 326
　　二、电视新闻文字稿的特点 328
　　三、电视新闻文字稿的写作原则 328
第三节　两类常见的电视新闻文字稿写作 329
　　一、电视现场报道文字稿的写作 329
　　二、电视专题报道文字稿的写作 335

第十八章　网络新闻写作 348
第一节　网络新闻概述 348
　　一、网络新闻的特点 348
　　二、当前网络新闻存在的问题 350

第二节 网络新闻的类型·················351
一、网络新闻专题·················351
二、网络新闻直播·················352
三、博客新闻和微博新闻···············354
四、播客新闻···················356
五、手机新闻···················356

第三节 网络新闻文本结构与语言···········358
一、网络新闻的文本结构··············358
二、网络新闻的叙述语言··············361

第十九章 融合报道·····················365

第一节 融合报道概述················365
一、融合报道的兴起················365
二、融合报道的特征················366
三、融合报道的技术················368

第二节 融合报道的呈现方式·············370
一、循环的报道机制················370
二、移动的生产策略················372
三、多元的媒介平台················373

第三节 融合报道的样态类型·············373
一、视频新闻···················373
二、地图新闻···················375
三、数据新闻···················375

第四节 融合报道的制作···············378
一、融合报道的生产流程··············378
二、融合报道的角色分工··············379
三、融合报道的外部合作··············380

阅读文献·······················383

人名译名对照表···················385

后　记·······················387

绪 论

绪论知识点：① 新闻采访与写作（下文简称新闻采写）在新闻传播活动中的作用；② 当前我国新闻采写面临着社会变革、传播新技术革命和经济全球化浪潮的三重挑战；③ 马克思主义新闻观是规范、指导新闻采写的基本依据；④ 学习新闻采写的意义与方法。

新闻采写贯穿着新闻发现、新闻选择、新闻呈现等新闻生产的基础和核心环节，是新闻记者必须掌握的基本职业技能。

当前中国正经历着历史上最为广泛而深刻的社会变革，中国新闻传媒业也面临着由传统媒体主导向由互联网引发的"大众麦克风时代"的巨大转变。这样复杂的环境对于中国社会和中国新闻媒体都是前所未有的，对中国新闻记者提出的挑战也是前所未有。社会和媒介生态的变迁，要求中国新闻记者务必树立科学的世界观和价值观，坚持以马克思主义新闻观为指导，正确认知新闻采写在新闻传播活动中的作用，以及由环境变化带来的新形态、新要求，从而切实掌握应循的方法与技巧。

第一节 新闻采写在新闻传播活动中的作用

在新闻传播活动中，新闻采写是新闻生产的基础和核心环节，是新闻记者思想水准、职业精神和专业技能的综合体现，其成败关系着新闻媒体社会功能的发挥。

一、新闻采写是新闻生产的基础和核心环节

新闻是新近发生的事实的报道。这里包含两个要素：一是新近发生的事实，二是公开传播出去的报道。前者是客观存在，后者则是新闻传播者根据自己了解和掌握的事实要素，将其加工成新闻产品并向社会发布。这个过程就是人们常说的"新闻生产"。

新闻采写包含着新闻采访与新闻写作两个紧密相连的"生产环节"，即从发现、选择新闻事实到呈现新闻事实这一新闻传播最主要的生产流程。新闻采写是新闻生产的基础和核心，对新闻作品的成功与否起着决定性的作用。

（一）新闻采访的主要过程

1. 获取新闻线索，发现新闻

新闻线索是指可能成为新闻报道对象的某种事实所传递的信息，或者是将要

成为新闻报道的对象所发出的信号。它是记者发现新闻、掌握新闻事实的主要向导。新闻采访便是从记者获取新闻线索开始。新闻线索的来源是多种多样的，可以是记者亲眼所见或亲身经历的，也可以来自当事人或知情人的通报、目击者的诉说、政府的新闻发布等等。当前中国已经步入网络社会，移动互联网的普及，使得很多突发事件的信息往往由现场目击的普通公民率先发布，论坛、贴吧、微博、微信等已经成为记者最初和重要的新闻线索来源。

2. 寻找可靠的信息源，核对新闻事实的基本要素

新闻线索只是新闻事实的某种"信息或者信号"，并不等同于新闻事实本身。因此，在获取新闻线索的基础上，务必要去伪存真、求证核对、展开调查，这样才能真正发现和掌握新闻事实，这是新闻采访中一项极为重要的工作。只有经过审慎的甚至是艰苦卓绝的寻觅、查访和核对，确证新闻事实的基本要素齐全，有权威、可靠的出处，且经得起核对，才能说一次新闻采访的任务基本完成了。寻找可靠的信息源，核对新闻事实的所有构成要素，是检验新闻采访成败的关键。偏听偏信的失衡采访，或者以想象代替事实，草率行文，不加核对，势必贻害无穷。

寻找可靠的信息源，核对新闻事实的基本要素，是揭示事实真相的有效途径。当然，对于一次具体的采访而言，要求其穷尽真相是不现实的。但是，借用准确的、平衡的信息源以接近事实真相，则是每次采访都应做到的。尤其是对争议性事件的采访，更要注意使用不同方面的、相对独立的，或观点和利益不一致的信息源，以形成完整的证据链。新闻采访对事实负责，不仅体现在尊重事实本身，有一说一，也体现在平等对待观点、利益对立冲突的当事方，均衡接触和使用信息源。

（二）新闻写作的主要过程

1. 按照受众需要和媒体功能定位，选择合适的报道角度

在了解、掌握新闻事实基本要素的基础上，记者开始进入新闻作品的写作过程。精心选择合适的报道角度，是新闻写作的第一道"工序"。报道角度反映着稿件的宗旨，宗旨不明，写稿自然无从着笔。报道角度选择不合适，或者老一套、一般化，势必会削弱新闻的价值，甚至毁坏新闻的生命。

精心选择合适的报道角度，就是要求记者根据自身所服务媒体的功能定位和受众需要，思考并抓住新闻事实的特殊点。比如，2013年11月12日中国共产党十八届三中全会闭幕，审议通过《中共中央关于全面深化改革若干重大问题的决定》（以下简称《决定》），并授权新华社发布①。这是全中国乃至全世界都关注

---

① 《中共中央关于全面深化改革若干重大问题的决定》，新华社2013年11月15日。

的重大新闻事件。针对这一事件,第二天,《人民日报》《解放日报》等政经类的综合性党报,在报道中主要突出了《决定》提出的政治、经济方面的改革举措;而以晚报、都市报为代表的大众化报纸,则不约而同地把《决定》中提到的放开单独家庭可生二胎、废除劳动教养、研究延迟退休年龄、放开小城市落户等更加贴近民生的政策作为报道的重点。这种"新闻眼"(重要新闻点选择)的差异,即报道角度的不同,是由这两类报纸的功能定位和受众定位决定的:政经类党报以宣传党的路线、方针、政策为主,主要面向各级领导干部、企事业单位的管理人员和知识分子,其内容注重社会大局走向的介绍与解读,而大众化报纸以服务百姓生活为主,主要面向普通民众,通常强调信息的实用性、趣味性以及和百姓利益的接近性。

2. 用受众喜闻乐见的方式呈现新闻事实

用受众喜闻乐见的方式呈现新闻事实,是新闻写作的第二道"工序"。新闻作为公共信息,是大众传播媒介的产品,决定了它不能强制"消费",而必须为受众自觉自愿地接受,乐于"消费"。

新闻事实的呈现方式是多种多样的,不同的新闻文体对其呈现方式也有着不同的要求。用受众喜闻乐见的方式呈现新闻事实,就是要求记者写作新闻时,既要遵循不同文体的规定,坚持"用事实说话";又要把事实说"活",即把新闻事实呈现得新颖、生动、活泼、引人入胜,增强可读性和感染力。比如,运用"故事化"的方式呈现新闻事实,已成为当下国内外很多媒体记者增强严肃新闻可读性的常用方法。再如,近年来,随着融合报道的普及,新闻可视化成为愉悦受众阅读体验的流行趋势,图表、表情、动漫、漫画等越来越多地融入新闻报道中,有时甚至取代文字成为报道主体,适应了受众移动阅读、快速浏览的需要。

二、新闻采写是记者思想水准、职业精神和专业技能的综合体现

习近平在党的新闻舆论工作座谈会上指出:"在新的时代条件下,党的新闻舆论工作的职责和使命是:高举旗帜、引领导向,围绕中心、服务大局,团结人民、鼓舞士气,成风化人、凝心聚力,澄清谬误、明辨是非,联接中外、沟通世界。"[1]对于我国记者而言,这一神圣职责和光荣使命,便是通过所采写的新闻报道实现的。

作为新闻生产基础和核心环节的新闻采写,如同人类社会的其他"生产"一样,也有着自身特定的"生产"规律、规则,有着自身特定的专业技能要求。比

---

[1] 《习近平在党的新闻舆论工作座谈会上强调:坚持正确方向创新方法手段 提高新闻舆论传播力引导力》,《人民日报》2016年2月20日。

如，采访中新闻的发现和选择能力以及提问的技巧、记录的技巧、沟通的技巧等，写作中的新闻呈现能力以及构思技巧、表达技巧等。对于记者来说，新闻采写的专业技能是不可或缺的，否则便无法承担新闻采写工作。但是，新闻报道作为一种特殊的精神产品，其生产绝不等同于一般的"生产"。这是因为新闻报道不仅是呈现事实，也是公众了解社会变动、认知世界的"窗口"，其间彰显着媒体和记者秉持的世界观和价值观。因此，新闻采写不仅是记者专业技能的体现，也是记者政治水平、思想水平和职业精神的体现。比如，采访中面对大量新闻线索，选择什么样的线索更有价值，事实的哪一点值得重点挖掘，写作中如何取舍素材，突出什么、淡化什么、忽略什么，诸如此类，都是有讲究的。

当年，新华社发布的为1976年"天安门事件"平反的新闻不到300字，其间凝结了穆青等一批中国优秀新闻工作者的集体智慧和敢于担当的勇气，至今仍是中国新闻报道的经典范例。2015年4月6日，上海电视台纪录片频道《往事》栏目播放的纪录片《一则终于发出的"新华社通稿"》，详细记载了这则新闻诞生的经历。

从中可以看到，当年那些新闻工作者正是凭借高度的新闻敏感和政治敏锐，在拨乱反正的大气候中，从大量的会议文件和发言中及时发现并抓住这一最具有新闻价值的信息，在写作中又大胆舍弃其他价值低的事实，只用了几百字直接突出"天安门事件完全是革命行动"这一单一事实，同时，遵循党的宣传纪律，履行发稿程序，才"生产"出轰动整个中国和世界的好新闻。

这个案例说明，对于新闻采写来说，最重要的是正确选择和判断新闻事实，而这个判断和选择，绝非只靠单纯的专业技能，还得依赖新闻工作者的思想水准和职业精神。

三、新闻采写关系着新闻媒体社会功能的发挥

（一）关系着媒体能否满足公众的新闻信息需求

任何新闻媒体的存在与发展，都是以人类社会对新闻信息的需求作为基础和内在动力的。人们接触新闻媒体的最直接、最根本的目的，就在于获取新闻信息。借此，人们可以及时了解客观世界的新变化、新情况，以调节自己的行为。因此，满足公众的新闻信息需求，是新闻媒体的首要功能。而新闻媒体这一功能的彰显，便依赖于新闻采写的正确实施。

满足公众的新闻信息需求，首先要求新闻采写者尊重公众，绝不欺骗、愚弄公众；对新闻信息的采集、处理、呈现，要恪守真实性原则，及时、客观、公正、全面地展示社会生活的方方面面。

其次，要求新闻采写者娴熟地掌握、运用新闻价值规则，用具有高新闻价值的事实信息服务公众。新闻价值就是事实信息本身包含的能引起受众广泛兴趣的素质，通常体现为新鲜性、重要性、接近性和趣味性等。新闻价值关系到事实信息的传播效果，新闻价值愈高的事实信息，愈能引发受众的关注，产生更大的传播效果。因此，新闻采写必须了解受众、熟悉受众，选择、传播新闻价值高的事实信息，以满足受众的"新闻欲"。

《海纳百川共扬帆》

（二）关系着媒体能否维护社会公序良俗，助推社会健康发展

作为大众传播媒介的新闻媒体，对社会公众认识和理解外部世界具有巨大的影响。新闻媒体所传播的新闻信息，"这些貌似'亲和'的符号，'不为人知'地改变和控制了人们的思维方式和社会习性"。[①] "新闻不仅告诉我们该想些什么，而且告诉我们该怎样想"。[②] 任何一家新闻媒体及其记者所传递的新闻信息（诸如报道什么事件，从哪个角度报道等）通常都隐藏着其固有的世界观和价值观，并借此影响甚至左右着公众对新闻信息的理解，进而影响甚至左右着社会舆论和社会进程。

维护社会公序良俗，助推社会健康发展，是中国新闻媒体的重要功能；这一功能的彰显，也依赖于新闻采写的正确实施。采集、处理、呈现的新闻信息，是否有利于弘扬国家主流价值观，是否有利于维护社会的公平正义，是否有利于推进民主法治建设，是否有利于对公共权力、公共事务、公众人物实施科学监督、依法监督和建设性监督，是检验新闻采写是否有助于彰显新闻媒体这一功能的重要标准。

在新闻采写实践中，新闻媒体维护社会公序良俗、助推社会健康发展这一功能的发挥，取决于对新闻信息的价值判断。所谓对新闻信息的价值判断，不仅是对新闻信息是否具有新闻价值，即是否具有新意，是否是公众"欲知、未知、应知"的新鲜事的评估，也是对它所产生的社会影响与效果的评估。新闻信息的价值判断主要指向四个层面：

一是利益判断，即新闻信息给社会各阶层、组织、人群带来的利害关系评估。利或弊、得或失是利益判断的核心。

二是性质判断，即新闻信息的本质评估。是或非、对或错、罪或非罪、正面或负面、积极或消极、先进或落后、精华或糟粕、文明或愚昧等，都是性质判断的重点。

三是态势判断，即新闻信息的走向评估。大到国际国内形势，小到各种商品

[①] 孟繁华：《新世纪文学论稿：文学思潮》，现代出版社2015年版，第342页。
[②] ［美］沃纳·赛佛林、小詹姆斯·坦卡德：《传播理论：起源、方法与运用》，郭镇之等译，华夏出版社2000年版，第268页。

的价格变化，都需要态势判断。顺或逆、进或退、高或低、升或降，都是态势判断所要回答的关键问题。

四是意义判断，即新闻信息给社会方方面面带来的影响评估。有或无、大或小、强或弱、长期或短期、全局或局部等，是意义判断的关节点。意义判断通常涉及新闻信息可能影响的不同领域。比如，政治上——对政局是巩固或削弱，对社会稳定是维护、强化或冲击、弱化；经济上——对经济发展的实际作用是促进或抑制；生态上——对生态环境的保护是否有利；文化上——对文艺的繁荣，对优秀传统文化的传承，对健康向上的舆论环境是否能起到助推和引领的作用，等等。

《亿万人民的共同事业——纪念改革开放40周年》

需要指出的是，对新闻信息的价值判断必须要有价值判断的参照系，这个参照系便是当前国家的主流价值观。只有自觉坚持用国家主流价值观作为新闻信息价值判断的依据，在新闻采写中不失时机地积累和倡导社会的"正能量"，选择的事实和写出的报道才能更好地维护社会的公序良俗，助推社会健康发展。

第二节 当代新闻采写面临的挑战

中国特色社会主义进入了新时代，这是我国发展新的历史方位。当今中国既经历着建设社会主义现代化强国的社会变革，又迈入了以网络为代表的数字技术时代，并且中国经济正在快速融入全球经济，这三者并行，给中国的新闻采写带来了一系列的挑战。如何正确地认知、应对这些挑战，是学习新闻采写的一个重要课题。

一、社会变革对新闻采写的挑战

改革开放40年来，中国的社会变革沿着特色社会主义道路，在社会主义市场经济的转轨中不断深入。从社会学的视角来看，中国社会变革是整体性变革，其最大特点在于由市场经济体制转轨拉动的社会结构多元和利益分化[①]。这种群体多元和利益分化的格局必然带来多种意见的表达。

习近平在十九大报告中指出："中国特色社会主义进入新时代，我国社会主要矛盾已经转化为人民日益增长的美好生活需要和不平衡不充分发展之间的矛盾。"[②]"人民美好生活需要日益广泛，不仅对物质文化生活提出了更高要求，而且在民

---

① 李强：《中国社会变迁30年（1978—2008）》，社会科学文献出版社2008年版，第2页。
② 《决胜全面建成小康社会 夺取新时代中国特色社会主义伟大胜利》，习近平在中国共产党十九次全国代表大会上的报告，新华社2017年10月27日。

主、法治、公平、正义、安全、环境等方面的要求日益增长。同时，我国社会生产力水平总体上显著提高，社会生产力能力在很多方面进入世界前列，更加突出的问题是发展不平衡不充分，这已经成为满足人民日益增长的美好生活需要的主要制约因素。"①

新时代我国社会主要矛盾的转化是社会变革的必然结果，它对新闻采写的传统思维方式和工作方式都提出了挑战。其间，最大的挑战就在于如何把握基于社会整体利益的国家意志与社会多元利益诉求间的平衡；如何既保护多元利益的表达机制，维护正当的公民表达权，同时又做到善于引导，帮助公众在国家发展的基本路线、基本方针、发展方向、发展道路上达成基本的社会共识。

这就要求我国新闻工作者，在特色社会主义新时代更加自觉地肩负起党和人民的耳目与喉舌的责任，既秉持主流价值观，又包容多元意识。具体地说，新闻采写应该做到：

（一）直面不同群体利益矛盾，探索真相，发挥"减压阀"作用

社会变革中的中国，伴随着社会阶层的分化和利益的多元，代表着不同阶层、不同利益群体的"声音"自然会不断涌现，导致流言、传言四起，"真相"不明，从而加剧了社会矛盾和冲突。对此，有责任担当的新闻记者，一定要保持清醒的头脑，敢于直面社会矛盾和冲突，坚持深入事件现场，采写第一手报道，把真相告知公众。只有这样，才能和形形色色的社会传言、流言对抗，也才能让公众在真相中明白真理，进而取得共识。

与此同时，社会变革中的中国十分需要培养理性地协商、表达不同意见的公民意识，需要构筑群体间、政府与公众间的沟通平台。为此，新闻采写一方面要注意借助新闻信息的采集、处理和呈现，为公众的理性生存提供实用的智慧，提供有助于公众形成开放、宽容、进取心态的精神食粮；另一方面要注意正确对待和维护不同群体，尤其是弱势群体的利益，真实地反映、表达他们的愿望与诉求，为他们建立解开心结、疏导情绪的有效渠道，更好地发挥新闻媒体的"减压阀"作用。

（二）捍卫和宣扬社会主义核心价值观

当下中国正处在现代化转型拉动社会整体变迁的关键期，或曰改革进入的"深水区"，只有共同的价值观才能有效聚合社会各阶层民众，为实现中华民族伟大复兴的中国梦共同奋斗。

党的十八大报告指出："倡导富强、民主、文明、和谐，倡导自由、平等、公

---

① 《决胜全面建成小康社会 夺取新时代中国特色社会主义伟大胜利》，习近平在中国共产党十九次全国代表大会上的报告，新华社 2017 年 10 月 27 日。

正、法治,倡导爱国、敬业、诚信、友善,积极培育和践行社会主义核心价值观。"① 党的十九大报告进一步指出:"社会主义核心价值观是当代中国精神的集中体现,凝结着全体人民共同的价值追求。"② 社会主义核心价值观,是当今中国的主流价值观,是特色社会主义新时代中国各阶层民众信仰的共同价值观,自然也是新闻报道理应捍卫和宣扬的最重要的价值共识。

捍卫和宣扬社会主义核心价值观,一方面要求新闻采写坚持正确的舆论导向,坚守社会良知,勇于扬善惩恶,张扬社会正能量;另一方面,还要求在新闻采写实践中,重视并努力突出三点:第一,面对不同的声音和诉求,要公平对待,平等尊重,慎重代言;第二,重在鼓励不同群体有序、理性地参与政治、经济、文化等社会生活;第三,重在促进政府与民众以及不同利益群体间的沟通、对话与协商。

二、传播新技术对新闻采写的挑战

以网络为代表的新媒体的出现,引发的是一场新传播革命。自媒体、大数据、物联网等层出不穷的新的传播技术应用,一方面改变了公众获取新闻信息的习惯,另一方面也提供了丰富多样的传播手段,这对于传统的新闻媒体及其新闻采写既是挑战也是机遇。

面对这一挑战与机遇,新闻采写需要解决的问题很多,其中最为关键的是处理好两个层面的问题:

(一) 解决专业新闻生产与"泛社会"新闻生产的矛盾

1. 以网络为代表的新媒体正在重构新闻生产流程

当今中国已经全面进入网络社会。最新的统计数据表明:截至 2018 年 6 月,中国网民规模突破 8 亿,互联网普及率为 57.7%;中国手机网民规模达 7.88 亿,网民中使用手机上网人群占比提升至 98.3%。③ 在许多突发事件中,网络"报料人"④ 和"网民记者"常常成为首发报道来源,而传统媒体及其记者则承担着核实、调查的任务。

2011 年 7 月 23 日 20 点 38 分,D301 次列车行驶至温州市双屿路段时,与 D3115 次列车追尾。网络 ID 为"袁小芜"的微博网友是 D301 次列车上的乘客,

---

① 《坚定不移沿着中国特色社会主义道路前进 为全面建成小康社会而奋斗》,胡锦涛在中国共产党第十八次全国代表大会上的报告,新华社 2012 年 11 月 17 日。
② 《决胜全面建成小康社会 夺取新时代中国特色社会主义伟大胜利》,习近平在中国共产党十九次全国代表大会上的报告,新华社 2017 年 10 月 27 日。
③ 中国互联网信息中心:《第 42 次中国互联网发展状况统计报告》。
④ "报料人":21 世纪以来中国新闻界的一个流行语,指主动向新闻媒体提供新闻线索的人。

事故发生四分钟后,她便在微博上发出了有关信息,比国内媒体在互联网上的第一条关于"列车脱轨"的报道早了两个多小时。当晚,身在事故现场的一些微博用户还不断更新关于现场的种种图片、文字信息。①

这次"7·23事故"的传播表明,"大众麦克风"时代已经到来。网络与自媒体记者的出现打破了传统媒体及其新闻采写者对新闻采集和发布的垄断,新闻生产的第一信息来源和新闻素材常常是网民提供的。

当然,互联网等传播新技术的出现,在重构新闻生产流程的同时,也给传统媒体的新闻采写者带来了难得的机遇。这是因为以网络为代表的新媒体给他们带来的是更多样的信息源,他们可以借此发现、选择更有价值的新闻信息,进而深入新闻现场,用扎实的采写功力还原、呈现新闻事件。

2. 职业记者与网民之间的良性互动,有助于提升新闻产品的质量和效果

网络信息来源(BBS论坛、博客、微博、微信)——记者采访——新闻报道——社会反响——网络民意——记者跟进……互联网环境下,网民和职业记者之间的互动已经成为当前新闻生产的常态。这使得新闻媒体必须习惯在众目睽睽之下呈递事实的真相,也使得职业记者必须在众声喧哗中恪守自己的专业信念。这是网络时代新闻媒体及职业记者必须遵循的职业操守与应尽的社会责任。

网络可以成为职业记者的耳目,提供重要的新闻线索;但网络激发的情绪化的舆论又可能影响乃至干扰职业记者去还原真相。传播事实是新闻的第一要义,记者的职责便在于排除影响与干扰,正确地还原和呈现事实的真相。而要做到这一点,关键在于职业的记者能否与网民展开真正的良性互动。为此,新闻采写者既要注重运用互联网等新媒体获取新闻线索,听取网民的呼声、意见和诉求,同时又不轻信网民提供的线索,盲从网民的看法,而是借助网民提供的线索,或者依据网民的"民意",跟进调查、独立求证,求得事实的真相,用真相来说服、引导网民。

近年,"人民网联合新浪微博开设《求真》栏目,'扶正抑偏 探寻事件真相'成为栏目的口号。专题中除转载《求证》栏目的文章外,还登载来自网络媒体及其他传统媒体对虚假新闻和信息的披露与曝光"。② 新华网、中央电视台《焦点访谈》《新闻调查》栏目、中央人民广播电台等传统主流媒体也经常刊发对网络传言的"猛料"进行调查求证的报道。这些主流媒体的探索,出发点只有一个:以网络传言为起点,展开真相调查,真正做到"让真相跑赢谣言"。

(二)解决浅阅读、碎片化阅读、视觉化阅读与深度解读的矛盾

"互联网思维"与"可视化"等,已成为互联网时代人们议论的"热词"。网

---

① 任丽颖:《网民微博直播动车事故 首条微博比新闻早2小时》,新华社2011年7月24日。
② 陆培法:《扶正抑偏 让真相跑赢谣言》,《人民日报海外版》2013年8月7日。

络与传统媒体相比，它的信息接触是以速览为特征的。网络上的海量信息，只能靠短暂的视觉和心理冲击吸引受众，人们无法集中注意力收看（听）长篇文章，更难以长时间深度阅读和思索，导致远离"深刻"。因此，人们担心"互联网正在不断削弱我们沉思冥想的能力，因而它正在改变我们的情感深度以及我们的思想深度"①。

从社会稳定角度看，由于"极化、碎片化、浅阅读，种种网络信息传播和接受的特征，让越是简单、有力、符号化的思想片段越易于传播"②，以至于理性的冷静思辨常常被边缘化，而某些群体的非理性言行则会被推向极致，其结果势必给社会稳定带来不利的影响；中国网民数量的迅猛增长和年轻化的特质，以及中国社会变革环境的复杂性，更突出了解决这一问题的迫切性。

对此，作为专业的、权威的新闻媒体及其职业记者理应在新闻信息的采集、处理、呈现上，既要注意研究互联网时代新的传受规律，讲究信息传递的快、短、活，以顺应受众的浅阅读、视觉化阅读的新习惯，同时，更要注意研究如何把握速度与深度的平衡、娱乐与思考的平衡、信息的告知与解读的平衡，力求用新颖的、富有独到见解的新闻产品去"形塑受众的趣味、喜好之型、欣赏习惯、文化生活模式乃至深层心理文化结构"③，进而营造健康向上的社会文化。

三、经济全球化对新闻采写的挑战

伴随着改革开放和经济的快速发展，目前中国已经成为世界第二大经济体，同时还是全球第一制造业大国、第一贸易大国、最大的外资流入国和最重要的资本净输出国。与此同时，自 2001 年加入 WTO（世界贸易组织）后，作为最大的发展中国家和世界经济重要引擎，中国已经融入全球化的竞争之中。对于中国新闻媒体及其新闻采写者而言，这意味着不仅要遵循国内传播市场的规则，积极参与国内新闻媒体间的竞争，还要顺应国际传播市场的规则，参与到国际媒体间的竞争中，以争夺国际传播的话语权。

面对经济全球化的挑战，中国新闻媒体及其新闻采写者，理应重新审视原有的新闻传播理念及其运作方式，不断增强新闻信息的传播力、影响力和公信力。其中最重要的是要把握好以下两点：

（一）拥有全球视野，坚守中国立场

首先，在报道中国的新闻时，要有全球视野，既要站在全球的角度看待中国

---

① ［美］尼古拉斯·卡尔：《浅薄：互联网如何毒化了我们的大脑》，刘纯毅译，中信出版社 2010 年版，第 239 页。
② ［英］安德鲁·查德威克：《互联网政治学：国家、公民与新传播技术》，任孟山译，华夏出版社 2010 年版，第 38 页。
③ 金元浦：《文化研究的视野：大众传播与接受》，《天津社会科学》2000 年第 4 期。

发生的事，又要善于透过中国发生的事审视其全球的价值与意义。比如，2014年11月，阿里巴巴在美国创造了历史上最大规模的首次公开募股（IPO），酝酿多时的"沪港通"股票交易开启，走过一周年的上海自贸区建设如火如荼，中国与非洲、拉美国家的经贸关系日益紧密，"一带一路"建设开启……面对这一系列重大事件，新华社、《人民日报》等中国主流新闻媒体不仅及时作出报道，向世界提供了这些重要信息，同时还借助报道，对这些信息背后的利益关联进行了解读，传递了中国党和政府对人类命运共同体的热切关注，在世界各国产生了很好的反响。

其次，面对国际上发生的新闻事件，要勇于与西方主流媒体同台竞争，不仅要敢开"第一腔"，迅速及时地做出反应，而且要"以我为主"，做出深度解读，积极争夺国际传播话语权。2003年3月20日上午10时30分，美国向伊拉克首都巴格达发射导弹，美伊战争爆发。10时33分50秒，新华社驻巴格达记者便通过新华社中东总分社发出快讯《巴格达响起空袭警报》。这是有关这一重大国际事件的第一篇报道，从时间上看，大大领先于世界上其他主要通讯社和各大媒体。路透社于10时34分，美联社于10时35分，法新社于10时41分才报道巴格达有爆炸声，而其他通讯社和媒体则于更晚的时间才披露相关消息。这之后，从3月20日到4月2日，新华社围绕这一战事，通过"快讯"和"前沿目击""国际观察""新闻分析"等方式，先后发布报道中文769条、英文3310条、法文1785条、俄文1167条、西班牙文2506条、阿拉伯文2329条，对这场战争爆发的原因、进程及其对世界局势和各国利益产生的影响，作了全方位的介绍和分析。这些报道不仅引起了国际社会的极大关注和普遍好评，也为新华社在国际新闻界赢得了良好声誉。法新社、路透社认为新华社在战争开始20分钟内即播出16条快讯，内容客观准确，且时效快得"超乎想象"。美联社则通过较长篇幅的报道，对新华社的报道时效作出了积极评价。①

（二）用国际通用语言，说中国故事

首先，要客观、公正、实事求是地向世界报道真实的中国故事。这是新闻媒体及其新闻采写者的公信力的彰显，也是新闻媒体及其新闻采写者安身立命的根基。它不仅仅关系着新闻媒体及其新闻采写者的形象，同时也关系着国家形象的塑造。新闻采写一定要注意新闻话语的专业追求与表达，讲真话、求真相，绝不欺骗、愚弄受众；同时还要注意摒弃一些空洞、刻板的"宣传调""宣传腔"，不用大话、空话误导受众。

其次，要善于用国际通用语言来说中国故事。对于新闻采写而言，要赢得全

---

① 胡芳：《新华社速度：10秒领先世界——记新华社对伊拉克战争爆发的报道》，《新闻三昧》2003年第4期。

球的受众，制胜之道便是新闻信息的质量和传播的艺术。在国际传播中，新闻采写者一定要学会用当地人们喜闻乐见的方式说好中国故事；同时还要注意跨国、跨文化传播的障碍与误读，避免"授人以柄"。前些年，中国人民解放军有关领导机关组织摄制了一部关于中国军队的新闻纪录片《新型中国军队》（*China's New Model Army*）。这部宣扬中国军队精神和力量的纪录片，不仅使用了西方人熟悉的语言——英语，而且其叙事风格和表达方法也十分符合西方人的文化心理，如"力求多元化观点表达""倾向于积极中立态度的词汇居多""通过直接引语的运用，更多的声音被拉入到话语场中来，扩展了话语的对话空间，进而在某种程度上使得报道更加可信"等。① 该片在西方国家播出后，产生了广泛的、积极的反响。

第三节　以马克思主义新闻观指导新闻采写

马克思主义新闻观是指马克思主义对于新闻现象和新闻传播活动的总的看法，其核心是马克思主义关于无产阶级及其政党新闻事业的工作性质、工作原则和工作规律的基本观点；其形成是一个与时俱进，不断充实、完善和创新的过程，包含着马克思主义经典作家和我党主要领导人有关新闻传播的一系列论述。它是马克思主义世界观、人生观和价值观在新闻传播领域的反映和体现，是规范和指导中国新闻媒体及其新闻采写者的基本依据。以马克思主义新闻观指导新闻采写，就是要求新闻采写者用正确的立场、观点和方法去观察问题、分析问题、思考问题，做一个政治坚定、业务精湛、作风优良、党和人民信赖的新闻舆论工作者。

一、实事求是，是新闻采写的根本原则

"实事求是"是马克思主义党性原则的精髓，也是马克思主义新闻观的灵魂和核心。坚持实事求是原则，就是要求新闻采写者尊重事实，真实、全面地采集、处理和呈现新闻信息。

首先，对社会上发生的具有新闻价值的事实，不遮蔽、不伪饰、不遗漏、不夸大、不炒作，尽力为公众理解社会现实的变动提供一面"镜子"。其次，及时、准确、客观地报道事实信息，尽可能从表面信息的呈现进入深度信息的反映，以

---

① 李峰：《〈新型中国军队〉：着力讲好中国故事》，《新闻战线》2014年第12期。

此作为公众把握社会变动的"搜索器"。再次,在注意客观、真实的前提下,全面、公正、均衡地报道事实,尽可能呈现事实子系统在社会总系统中的真实位置,给公众提供了解社会现象的正确"地图"。

"真实性是新闻的生命。要根据事实来描述事实,既准确报道个别事实,又从宏观上把握和反映事件或事物的全貌。"① 新闻采写固然要报道事实,但仅仅报道事实的表象是不够的,还必须报道事实的真相;其所呈现的"媒介现实"应与社会现实相对应,与当下中国的国情现实相对应。

二、以人民为中心,是新闻采写的基本理念

以人民为中心,是马克思主义政党的立党宗旨,也是马克思主义新闻观的一大基本理念。"人民是历史的创造者,是决定党和国家前途命运的根本力量。必须坚持人民主体地位,坚持立党为公、执政为民,践行全心全意为人民服务的根本宗旨,把党的群众路线贯彻到治国理政全部活动之中,把人民对美好生活的向往作为奋斗目标,依靠人民创造历史伟业"。② 以人民为中心,就是要求新闻采写者坚守

《百年恰是风华正茂——致敬中国共产党成立100周年》

人民大众的立场,全心全意为人民服务,把实现好、维护好、发展好最广大人民的根本利益作为自身工作的出发点和落脚点。

首先,要及时传递公众"应知、欲知、未知"的信息,满足公众的信息知情权。其次,要热情地为公众"鼓与呼",积极反映人民群众在创造历史进程中的伟大创举,讴歌他们的业绩和贡献,真实地反映人民群众向往美好生活的愿望和诉求,维护其参与权与表达权。再次,要弘扬人文精神,平等对待公众,关爱公众,注意尊重、呵护人民群众尤其是弱势群体的尊严和正当权益。此外,还要注意挖掘和宣扬公众的生存智慧、健康情感和人性之美,多方面地展现人民群众妥善处理和消解社会问题的能力。

三、坚持正确舆论导向,是新闻采写的重要职责

坚持正确舆论导向,也是马克思主义新闻观的一个重要内涵。新闻信息的传播,对社会舆论场的形成及其走向起着十分重要的作用,因此,马克思主义经典作家和我党历届领导集体一贯高度重视舆论导向的问题,认为坚持正确的舆论导

---

① 《习近平在党的新闻舆论工作座谈会上强调 坚持正确方向创新方法手段 提高新闻舆论传播力引导力》,《人民日报》2016年2月20日。
② 《决胜全面建成小康社会 夺取新时代中国特色社会主义伟大胜利》,习近平在中国共产党十九次全国代表大会上的报告,新华社2017年10月27日。

向是新闻媒体和新闻工作者的一项重要职责。1996年9月26日，江泽民在视察人民日报社时指出："舆论导向正确，是党和人民之福；舆论导向错误，是党和人民之祸。"① 2013年8月19日，习近平在全国宣传思想工作会议上指出："我们正在进行具有许多新的历史特点的伟大斗争，面临的挑战和困难前所未有，必须坚持巩固壮大主流思想舆论，弘扬主旋律，传播正能量，激发全社会团结奋进的强大力量。"② 2016年2月19日，在党的新闻舆论工作座谈会上，习近平又强调指出："新闻舆论工作各个方面、各个环节都要坚持正确舆论导向。各级党报党刊、电台电视台都要讲导向，都市类报刊、新媒体也要讲导向；新闻报道要讲导向，副刊、专题节目、广告宣传也要讲导向；时政新闻要讲导向，娱乐类、社会类新闻也要讲导向；国内新闻报道要讲导向，国际新闻报道也要讲导向。"③

坚持正确舆论导向，首先要求新闻采写者在思想观念上要正确认识和牢牢把握新闻舆论的意识形态属性，坚守新闻信息传播的党性原则，坚持党性和人民性相统一。其次还要求新闻采写者在具体实践中注意做到以下几点：（1）要不断提高对正确舆论导向的判断力，要从实践出发，坚持以"是否有利于发展社会主义社会的生产力，是否有利于增强社会主义国家的综合国力，是否有利于提高人民的生活水平"④ 为标准，来衡量舆论导向的正确与否。（2）要具备大局观、全局观，注意把握事物发展的趋势，分清局部利益与整体利益、眼前利益与长远利益、中央权益和地方权益间的界限和关系，坚持从国家的、全局的角度看问题。（3）要以认真的、积极的、负责任的态度做好社会热点、难点问题的报道，既积极介入其间，又善于做好引导工作。尤其是作为舆论监督的新闻批评报道，一定要讲求科学性和建设性。

第四节　学习新闻采写的意义与方法

为什么要学习新闻采写？如何学习新闻采写？这是每一个新闻采写学习者都无法回避的又一话题。

一、学习新闻采写的意义

新闻采写是新闻生产的基础和核心环节，它关系着新闻报道的成败，影响并

---

① 《江泽民总书记视察人民日报社》，《人民日报》1996年9月27日。
② 《习近平在全国宣传思想工作会议上强调　胸怀大局把握大势着眼大事　努力把宣传思想工作做得更好》，《人民日报》2013年8月21日。
③ 《习近平在党的新闻舆论工作座谈会上强调　坚持正确方向创新方法手段　提高新闻舆论传播力引导力》，《人民日报》2016年2月20日。
④ 《邓小平文选》第3卷，人民出版社1993年版，第372页。

决定着新闻传播的效果。对于新闻记者来说，学习新闻采写，掌握其基本理论、知识和技巧，进而提升自身的新闻采写能力，有着重要意义。

（一）有助于掌握从事新闻工作的基本职业技能

各行各业都有着自身特定的职业技能要求，熟练地掌握和运用职业技能，是职业工作顺利开展的保证。新闻工作作为传播新闻信息的职业活动，发现新闻、选择新闻、呈现新闻是其最基础、最核心的环节，也是新闻工作者必须掌握的基本职业技能。学习新闻采写，有助于掌握这些职业技能，为从事新闻工作打下良好的基础。

（二）有助于建立复合型的知识框架

新闻采写面对的是各种各样的社会现象和社会问题，缺乏广博的社会科学和自然科学知识，是无法发现、判断和选择新闻的，也难以正确地呈现新闻事实。学习新闻采写要求涉猎政治、经济、法律、社会、文学、历史等多学科知识，其结果势必有助于学习者建立复合型的知识框架。

（三）有助于学会有效沟通与表达

新闻采写是和人打交道的工作，它要求记者不仅能在有限的时间内，采用有效的方式，取得采访对象的配合和理解；而且，遇到有抵触情绪的采访对象时，还要想方设法说服对方，争取对方的信任与支持。与此同时，在日常生活中，记者还要学会"察言观色"，善于和各个阶层、各种经历的人交朋友甚至交心，从而广开信息源，为新闻采写创造良好的条件。学习新闻采写，有助于学习和掌握这种畅达的人际沟通能力。

新闻报道所呈现的是当今世界最真实、最新鲜的变化，它要求记者必须掌握言简意赅、开门见山、流畅明了的文字表达方式。学习新闻采写，也有助于提高新闻记者这种必备的文字表达能力。

（四）有助于提升调查研究和综合判断的能力

新闻采写是选择事实、还原事实的过程。它要求新闻采写者深入实际、深入生活，认真开展调查研究，以发现新闻事实，寻求事实的真相。新闻采写者不仅要辨别事实的真假、新旧，还要判断事实的新闻价值所在，分析新闻报道可能产生的社会效果等。学习新闻采写，有助于提升学习者的调查研究能力，以及分析事物、洞察事物的综合判断能力。

二、学习新闻采写的方法

（一）树立终身学习志向，养成良好的学习习惯

新闻天天新，新闻工作永远处在时代的最前沿。新闻记者每天都会遇到各种各样的新问题、新事物、新现象，如果没有相应的知识储备和思考，是无法从事新闻采

写工作的。因此，学习新闻采写必须树立终身学习的志向，养成良好的学习习惯。

最主要的学习内容与方法包括两方面：

第一，学习经典案例，取其精髓，勇于创新。新闻采写学习中，"模仿"是最好的"启蒙老师"。优秀的新闻作品和经典的采访案例是新闻采写学习的最好向导，一定要认真研究、领会，汲取其精髓。尤其是众多有成就的新闻人所体现出的成功的基本规则和要求，是可以复制的，甚至是必须遵循的。比如，扎实的采访准备是成功的基石，对真实、准确的追求胜过一切名利的诱惑，对社会、公众的责任担当胜过个人的荣辱，等等。

当然，在学习经典案例时，一定要注意因地制宜，灵活应用，勇于创新，决不能生搬硬套。比如，有着"国际政治访问之母"之称的意大利著名女记者法拉奇，其咄咄逼人的采访风格，享誉国际新闻界。学习新闻采写，固然要学习、研究法拉奇这一采访风格，然而，要知道，法拉奇的采访风格来自其自身的禀赋，以及复杂的个人经历所打造的强硬个性，这不是简单地模仿就能学会的。还要知道，即使法拉奇本人也会针对不同的采访对象，设计不同的采访方式。比如，1980 年 8 月 21 日，法拉奇采访邓小平时，便用了非常温和的开场①。

案例原文
请扫描二维码

当然，纵观那次采访全过程，法拉奇的采访风格一如既往地泼辣尖锐，不留情面，但是为什么开场如此温和呢？因为她深知她的采访对象是具有丰富的政治经验和钢铁意志的伟大的政治家，于是她审时度势，改变了采访策略。这也在提醒年轻的后继者，采访对象千差万别，记者自身的禀赋也因人而异，生搬硬套只能是东施效颦；只有举一反三，灵活运用采访技巧，勇于创新，才能成功。

第二，像海绵吸水一样，以最饱满的热情学习最新的知识。这里的"知识"是个复合体，包括最新的传播理念和技术，最新的党和国家政策，最新的社会科学、自然科学知识和研究成果等。学习新闻采写，一定要勤于学习新知识，善于学习新知识。

比如，2008 年爆发的世界金融危机，影响广、历时长，给世界经济和中国经济都带来了巨大的冲击。这场金融危机触及金融、产业、财政等多个领域，也关涉次级抵押贷款等金融产品的问题，如果不具备这些相关领域的新知识，自然无法对这场金融危机的成因及其后果做出科学判断，也无法采写出有价值的新闻。再比如，转基因等现代生物技术，今天已进入人们的日常生活，其效果如何？民众关心，众说纷纭，却莫衷一是。对此，记者不能人云亦云，也不能凭主观情感和生活经验去采写，而是

---

① 施燕华：《法拉奇当时怎样采访邓小平》，《解放日报》2013 年 4 月 26 日。

必须尊重科学，在认真学习、掌握相关知识的基础上客观报道。

（二）不断实践，知行一体

新闻采写是人类特有的一种社会实践活动，具有很强的实践性。学习新闻采写一定要理论联系实际，知行一体，既要学习新闻采写的基本知识和相关学科的知识，又要到社会生活中去采写、去实践，边学边干，边干边学。只有通过在新闻实践中"真枪实弹"地干，才能真正体会到新闻采写的甘苦和其间的"诀窍"，也才能真正领悟到新闻采写的真谛和独特要求。比如，为什么说时效性重要，记者永远需要争分夺秒？为什么说记者需要宽厚的知识框架和跨学科的综合能力以及流畅的沟通技巧？为什么说记者在采访中需要坚忍不拔的毅力和永不言败的乐观精神？这些都需要经过不断的新闻采写实践，才会有真切的感受。

（三）勤于思考、善于思考

新闻是客观世界最新变动的反映。作为新闻采写者，不仅要注意从无数的事实信息中甄选、辨别、挑选值得报道的新鲜信息；而且面对一条值得报道的事实信息时，要注意选择合适的报道角度，要判断事物的重点，要综合衡量新闻信息传播的社会效果，最终确定报道的呈现方式。新闻采写者要养成勤于思考、善于思考的习惯。勤于思考，是指新闻采写者要时时处处尊重实际，注重从实践出发去研究问题、分析问题。善于思考，则是指新闻采写者的思考既要有强烈的批判精神和问题意识，决不人云亦云，又要有大局观，不能满足于质疑，更要学会调查分析，用事实化解或者验证质疑。

（四）强化写作训练

新闻常常是急就章，写作能力的提高是要经过艰苦的训练才能达成的。新闻写作最重要的训练环节有两个：一是以经典的新闻作品作为参考和借鉴，从模仿其结构、笔法等学起，不断练笔，逐步形成自己的写作习惯和独特风格。二是，也是最重要的环节，要进行大量的写作练习。要有意识地练习不同文体的新闻写作，边写，边改，边总结。初稿完成后要一遍遍地修改、锤炼，直到满意为止，只有经过艰苦、反复的练习，并虚心听取旁人意见，认真总结、修正自己的不足，才能养成良好的写作习惯，提升自己的新闻写作能力。

思考题

1. 联系实际谈谈新闻采写在新闻传播活动中的作用。
2. 当前我国新闻采写面临着哪些挑战？如何应对？
3. 结合当前新闻实践，谈谈马克思主义新闻观指导新闻采写的重要性。
4. 你打算如何学习新闻采写？

第一篇 | 原理篇

第一章 新闻采写的特征与原则

本章知识点：① 新闻采写在本质属性和行为方式上所呈现的主要特征；② 新闻采写应坚持的基本原则；③ 新闻采访与新闻写作的关系。

以科学的态度，真正弄清、弄懂新闻采写的基本特征和工作原则，是正确认识新闻采写活动、掌握新闻采写规律、做好新闻采写工作的前提和基础。

第一节 新闻采写的主要特征

特征是通过同类（或同属）活动（或事物）相比较而显现的，因此可以从不同的层面、角度予以概括、阐释。这里主要从内在的本质属性和外在的行为方式两个层面介绍新闻采写的主要特征。

一、新闻采写是具有社会性的精神生产活动

这是从本质属性上揭示的新闻采写的一大特征。新闻采写的过程渗透并彰显着人的认知、意识、思维、情感等，是属于精神生产领域的活动。但与此同时，新闻采写的存在离不开社会生活，其目的是满足社会公众的信息需求，其主要功能是"守望社会"，因此它不是一般性的精神生产活动，而是具有社会性的精神生产活动。新闻采写的社会性主要体现在以下几个方面：

（一）社会生活是新闻采写存在的源泉和基础

新闻是社会的镜子，是社会现实的真实反映。社会生活是新闻采写存在的源泉和基础，无论是新闻线索的获取、新闻选题的确定，还是新闻文体的构思、写作，都离不开社会生活。新闻采写唯有在社会生活中采掘丰富而真实的新闻源，然后通过精心的加工，才有可能把公众应知而未知的社会现实及其真相告知公众，从而实现自身的价值和意义。

《三联生活周刊》2016年第13期刊发封面报道《重新认识疾病、医疗与生死：医生的角色》，详细且多视角地呈现了作为专业和职业的医者角色。报道成稿前，采写者长时间深入北京协和医院、北京军区总医院、北京宣武医院等多家医院，先后采访了不同科室的医生、护士、患者、患者家属以及相关领域的专家学者。就这样，报道在多方调查、广泛取材的基础上，为公众重新认识医生这个群体和审视医患关系，提供了大量、客观的事实和知识性信息。报道发表后，在社会上

引起了很好的反响。深入社会生活,注重从社会生活中汲取丰富的养料,是这篇报道成功的根基。

（二）满足社会公众的信息需求是新闻采写的目的和宗旨

社会公众不仅是新闻信息传播的终端,是新闻信息的消费者,也是新闻信息及其传播者的检验人。新闻采写的目的和宗旨便在于满足社会公众对新闻信息的需求,社会公众的认可、评价,是衡量新闻采写成功与否的主要依据。比如,2008年5月12日下午2时28分,在四川汶川县（北纬31.0度,东经103.4度）发生了里氏8级地震。震后不久,新华社便播发短讯,并随着灾情的进展连续发布信息,具体披露了这场地震造成的灾难和影响:69 227人死亡,374 643人受伤,17 923人失踪;是新中国成立以来破坏力最大的地震,也是唐山大地震后伤亡最为惨重的一次地震;同时,这场地震还波及亚洲多个国家和地区。这些信息关涉千万人的生命和利益,自然是社会公众最为关注、急切需要获知的。正是由于新华社在第一时间采写并传播了这些重要信息,一时间汶川地震成为轰动海内外的重大新闻。

（三）守望社会是新闻采写的责任担当

新闻采写的对象是社会上存在的客观实际情况,记者采集新闻素材,进行新闻报道,关注的就是社会上涌现出来的各种新事实、新问题、新变化、新动向、新兆头、新端倪,就是社会环境发生变化的各种征候。这便是新闻媒体监视环境、守望社会的基本内容。守望社会是新闻采写的责任担当。借助新闻信息的传播,正确地履行守望社会的责任,也是检验新闻采写是否成功的一大依据。

案例原文
请扫描二维码

获2017年第27届中国新闻奖二等奖的《大学女教师患癌被开除事件调查》（《中国青年报》2016年8月19日）,就是一则具有代表性的新闻采写发挥守望社会功能的报道。近几年,有关青年因病被开除或遭解雇的事件频频出现,兰州交大博文学院女教师因患癌症被开除是其中的典型案例。关注青年现状,反映青年问题,是《中国青年报》的特色。在这篇报道的采写过程中,记者不仅深入现场,多方追寻,揭开事件的真相,而且更为可贵的是,"记者并没有把这一事件当做单一的社会新闻来处理,而是立足于维护青年权益,从道德与法律层面进行探讨,引导青年了解并懂得面对类似境况如何维权,从而使报道富有现实意义,体现了新闻采写守望社会的责任担当。"①

二、新闻采写是具有专业性的传播行为

这是从外在的行为方式上揭示的新闻采写的又一主要特征。新闻采写作为记

---

① 中国新闻奖评语。

者特有的职业行为，其专业性主要表现在以下几个方面：

（一）以逐新为本能

新闻是新近发生或发现的事实的报道，它每天乃至时时都在为公众提供新的情况、新的变化、新的人物、新的经验、新的问题。因此，新闻采写就是记者不断地发现、追逐新鲜事实的活动，逐新是记者的职业本能。

记者逐新的职业本能，主要体现在其新闻采写实践中，既善于排斥不是事实的"新闻"，又善于排斥不是新闻的事实。一位合格的记者，不但能够正确地认识和把握事实，决不被虚假的"事实"所蒙蔽；更能够随时随地发现和抓取现实生活中"第一次"发生、"第一个"出现的新事物，或者事物的新动向、新变化。因为这些"第一"的东西，是首创的，是公众"未知"的，富有新鲜感，传播出去才能吸引公众，才能满足公众的"新闻欲"。

例如，1998年8月7日下午1点左右，长江九江段4号闸附近决堤。事件发生仅仅三个小时，《中国青年报》特派记者便赶到现场，于下午4点零5分用手机向远在北京的报社编辑实况"播报"了一条简讯："今天13点左右，长江九江段4号闸和5号闸之间决堤30米。洪水滔滔，局面一时无法控制。现在洪水正向市区蔓延。市区内满街都是人。靠近决堤口的市民被迫向楼房转移。"此后，记者每隔半小时向报社发去一条简讯。到次日零时45分，一共发了8条简讯，从不同角度详细报道了决堤的现场情景和军民奋力抢堵的壮举。第二天，《中国青年报》在头版位置，将这8条简讯原封不动地集纳刊发，并冠以标题《九江段4号闸附近决堤30米》。这组简讯是九江决堤后见诸媒体的首篇报道，且报道形式新颖、精巧，几乎每句话都是读者关注的信息，致使当日出版的《中国青年报》"洛阳纸贵"[①]。这一报道获得了第九届中国新闻奖特别奖。

（二）以客观、公正为准绳

新闻是对客观实际情况的如实报道，真实是新闻的生命。因此，以客观、公正为准绳，准确、全面地认识、把握和反映客观实际情况，是新闻采写的又一主要职业行为特征。这一职业行为特征，一方面体现在新闻采写实践十分注重忠于事实、坚持用事实说话，既不以个人情感和主观意见代替客观事实，也不以个人情感和主观意见影响对客观事实的如实报道。另一方面也体现在新闻采写实践十分注重公正地对待采写所涉及的人和事，全面地提供新闻信息，完整、平衡地反映不同的意见和声音，而不偏听，不偏信，不误传。

例如，获得第二十七届中国新闻奖一等奖的系列调查报道《因一顿"工作餐"

[①] 贺延光：《从"违反纪律"到获新闻大奖——经历九江的日日夜夜》，《新闻知识》2000年第2期。

20人被处理——安徽宿州宋庙小学"要求受助贫困生出钱请吃饭事件"调查》(《中国纪检监察报》2016年1月29日—1月31日),借助一桩情节简单、事实清楚的基层"吃、拿、卡"违纪事件,通过深入采访,层层抽丝剥茧,为读者展示了当地基层政治生态中的种种乱象:"雁过拔毛"的潜规则,村支书和小学校长糊弄上级的"歪脑筋",教育管理部门担心"家丑外扬"的"小心思",少数媒体为谋利而摒弃公义的"倒戈"以及基层纪委监督"走过场"等等。这组系列调查报道在《中国纪检监察报》刊发后,众多主流媒体和网络媒体纷纷在显著位置转载,在社会上引起了很大的反响并受到广泛好评。该报道取得成功的主要原因,便在于记者在采写过程中,十分注重倾听事件当事人、知情者以及上级主管部门负责人的意见与声音,客观、公正地呈现各方的呼声与诉求,从而实事求是地还原了事实真相。

第二节 新闻采写的基本原则

所谓原则,是指人们观察问题、处理问题所持有的标准和规则。新闻采写的基本原则,就是记者从事新闻采写活动应坚持和依据的最主要的标准和规则。

一、获取和呈现真实新闻信息的底线原则

底线原则,是指规范人们行为最起码的、不可逾越的规则与要求。获取和呈现真实新闻信息,便是新闻采写必须遵守的底线原则。这一原则具体包含两个层面:一是新闻采写的对象是实际存在的,实有其事;二是新闻采写的结果——所做的报道是对事实真相的展示。

(一)实有其事

新闻是以客观存在的实际情况为前提的,没有客观存在的实际情况也就没有新闻。客观存在的实际情况,通常具备五个基本要素,即何时(when)、何地(where)、何人(who)、何事(what)、何因(why)。实有其事,就是要求新闻采写的对象一般应具备这五个基本要素(尤其是前四个要素),且这些要素是实实在在存在的,而不能是无中生有的。

2017年9月7日,"重庆晨报上游新闻"等媒体转载"楚天金报微信公众号"的报道《老人独自养孙子14年考上复旦发现去世儿子"复活"》。报道称,王秀德是湖北襄阳市双沟镇的一个普通农民,有三个儿子。14年前小儿子王志文不幸病故,小儿媳也意外失踪,自此他开始抚养5岁的小孙子瞳瞳。瞳瞳学习成绩一直名列前茅,去年更是以优异成绩考取了复旦大学。今年暑假,王秀德无意中看到

瞳瞳手机，发现儿子、儿媳和孙子的合影，他才知道儿子没死，儿媳失踪也是假的。报道引发了公众对世态人情、世道人心的热议。事后调查，这则报道纯系子虚乌有的假新闻。① 如此缺失"实有其事"的新闻不仅贻害大众，也伤害了新闻媒体的公信力。

（二）展示真相

新闻报道是对客观存在的实际情况的真实呈现，展示真相就是要求新闻报道所陈述的人和事及其存在的环境、来龙去脉、因果关系一定是合乎客观实际本来面目的；绝不允许凭空猜想和捏造，也绝不允许有丝毫的扭曲和变形。

2017年10月9日，东方头条国际频道刊登一则图片报道《三名中国女子去韩国整容，因和护照照片不符滞留机场》。报道称，据外媒报道，三名中国女子趁着假期去韩国整容，回国时因为外貌和护照上照片不符，被韩国海关扣下，滞留韩国机场。这则报道被多家媒体转载后，受到了公众的广泛关注。不久，事件的真相水落石出：这三位女士在韩国整容虽然确有其事，但照片拍摄地是韩国首尔东大门新罗免税店地下一层会员中心，这家新罗免税店位于首尔市中区东湖路249号，并非网传的机场和韩国海关。三位女士当时也不是被海关扣下，而是在排队等待办会员卡。② 事件的真相披露后，这则图片报道的失实行为，及其刊登、转载的媒体受到了社会各界的谴责。

二、注重新闻传播规律和公众利益并重的价值原则

价值原则，是一种意义赋予活动，是人们衡量客观事物"有用性"的判断依据。任何新闻报道，都是新闻采写者基于自身的价值原则，对客观实际情况进行采集、加工、反映的结果。作为向公众传播信息的新闻报道，其采写的价值原则应既尊重新闻传播的特点、规律，符合新闻传播的要求；又要合乎社会公众的需求、维护公众利益，以赢得公众的认可。

案例 1-1

北京再生水仅1%用于洗车③

本月20日起，北京非居民用水价格上调，洗车用水价格每吨从41.5元上调至61.68元。可本市相当多的洗车店并未涨价。面对近50%的水价涨幅，商家真的会为消费者扛住上涨的成本吗？

"我们这儿小车的洗车价格上周刚从10元涨到15元，每年冬季都是这个

---

① 《2017年十大假新闻》，《新闻记者》2018年第1期。
② 《2017年十大假新闻》，《新闻记者》2018年第1期。
③ 《北京再生水仅1%用于洗车》，《北京日报》2009年11月30日。

价格，因为冬季洗车要用热水……"前天上午，西便门桥东简易洗车店内一身穿棕色夹克的男子说。记者走了几家临街的小洗车店，情况相似。

"洗车的水价不是涨了吗？你们怎么没涨价？"对这样的疑问，"棕夹克"（男子）压低声音说："我们这儿用的是'好水'，比再生水质优价廉。"他朝一旁马路上的井盖努努嘴，"我们用的水都是从市政管道单接的自来水，有独立的水表。"原来，这里洗车用的是民用自来水，每吨的水费为3.7元，还不到规定的洗车用水价格的6%。

……

目前，北京洗车用水价格61.68元/吨，居民用水价格3.7元/吨，而再生水价格1元/吨。洗车店为何不愿使用售价最低的再生水？爱义行汽车服务有限公司董事长邢爱义分析，主要因为中水管线覆盖率不足，再生水厂只能用水车运送。"加上运费，每吨再生水实际已经要15元到20元。这与居民用水价格形成了巨大差额，所以会有洗车店违规使用民用自来水。"他说。

据介绍，清洗一辆小轿车的用水量约为0.16吨。北京近400万辆汽车的保有量，即使其中的小轿车每两周清洗一次，一年洗车用水量将达到1200万吨。而记者查到市水务局和北京排水集团公布的数据，2008年，北京洗车业购买的非民用自来水仅仅为2.3万吨；全市再生水使用量6亿吨中，洗车业全年购买量不超过300万吨，还不足1%。

……

北京是水资源不足的城市，人们用水紧张，水资源利用率十分重要。在这篇报道中，记者通过实地采访，运用大量新鲜的第一手材料，揭开了人们熟悉又不了解的用水大户——洗车业违规使用民用自来水的内幕。该报道不仅在社会上引起了很大的反响，也让社会管理者和民众切身感受到了堵住漏洞、节约用水的必要性和紧迫性。这篇新闻报道之所以既叫"好"又叫"卖"，便在于践行了合乎新闻传播规律和注重公众利益并重的价值原则。

三、讲究"传通"和社会效益双赢的效果原则

效果原则，是人们对自身行为、行动功用的鉴定根据。众所周知，新闻信息的传播是由信息、传者和受者共同完成的；其中，传者和受者共同构成了传播的主体。一个信息如果只有传者的"传"，而没有受者的"受"，即缺少"传通"，是不能称为真正意义上的新闻传播的。与此同时，新闻传播承担着"社会守望"的职责，其传递的新闻信息理应对社会负责、对社会公众负责。讲究"传通"和社会效益双赢的原则，就是要求新闻采写者所采集、报道的新闻信息，既注意

"传通"，注意传播的"到达率""收视率""阅听率"，还要注重传播的社会效益，注重传播的影响力、美誉度。

2011年3月11日，日本东海岸发生9.0级地震，地震造成日本福岛第一核电站1-4号机组发生核泄漏事故。谁也没想到这起严重的核泄漏事故竟然在中国引起了一场令人咋舌的"抢盐潮"。从3月17日起，不少地方尤其网络上谣言四起，有的说海盐受到核污染不可食用了，有的说国家储备的盐都没有了……于是，一些城市掀起了一股抢购盐的风波，一时搞得人心惶惶。为了弄清事实的真相，《人民日报》等主流媒体立即派记者采访了中国盐业总公司及有关管理部门和专家，进行及时报道。报道通过权威部门发布的数据告知公众国内目前并不缺盐：我国每年的盐产量近8000万吨，而居民每年的盐消耗量不到800万吨；并借助权威专家之口，向公众科学地解释了食用盐与日本核辐射无关。这些报道让公众认识到目前我国食盐储备充足，无须恐慌，无须抢购，从而很快粉碎、遏止了谣言。在这场"抢盐风波"中，这些主流媒体的新闻记者讲究"传通"和社会效益双赢的效果原则，使新闻报道产生了很好的社会反响。这是媒体和记者有责任担当的体现。

第三节　新闻采访与写作的关系

新闻媒体上传播的新闻报道，通常都是要经过采访、写作（录音、拍摄）——编辑、审稿——印刷、发行（播放）的生产流程，才能够呈现到受众面前。在这一生产流程中，新闻采访与写作是首要的、最重要的两个环节；两者相互依存、彼此作用，共同构成了新闻传播活动的基础。

一、新闻采访决定新闻写作

常言道："巧妇难为无米之炊。"不搞新闻采访，新闻写作便是一句空话；新闻采访搞不好，写出的新闻报道质量必定低劣。新闻采访决定新闻写作，原因有以下几点：

（一）从新闻报道的来源和形成看

事实是第一性的，反映事实的新闻报道是第二性的；先有事实，后有新闻报道，这两者之间的媒介是新闻采访。记者只有通过及时的新闻采访，才能迅速地认识到广大人民群众在实践中创造的新成就、新经验，实际工作中出现的新情况、新问题，自然界和社会生活中发生的新动向、新矛盾等，才有了提笔写新闻报道的依据。离开了新闻采访，新闻写作就失去了存在的根基。

（二）从新闻报道本身的特点和要求看

新闻报道强调真实性，要求准确地反映客观事物。这就要求在新闻采访过程中坚持辩证唯物主义的认识论，既深入实际调查，努力掌握第一手材料，又能作出合乎科学的分析研究，正确认识客观事物。新闻报道强调用事实说话，这也需要在新闻采访阶段占有翔实的新闻素材，新闻写作时"再现"事实才能得心应手，"说话"也才有了"依据"。新闻报道强调新鲜、及时，这还需要在新闻采访中能敏锐地发现新闻事实，并迅速予以采集捕捉。

（三）从新闻报道的具体过程看

一篇新闻稿的诞生，大体上要经历七个步骤，即寻找新闻线索、确定采访选题、选择并占有材料、理出观点、提炼主题、安排结构、写作成稿。不仅前四个步骤属于新闻采访的范畴，而且提炼主题的初级阶段也是在新闻采访中完成的。可以说，在新闻采访中完成了新闻报道制作工序的一大半。新闻采访扎实了，新闻写作中的主要问题便迎刃而解了，安排结构、写作成稿这两个步骤的完成也就比较顺手了。

此外，许多中外优秀记者的采写实践也都证明了新闻采访对于新闻写作的重要性。20世纪30年代，斯诺、范长江为什么能写出轰动一时的《西行漫记》和《中国的西北角》？那是因为他们不避艰难，迎难而上，分别深入到"红区"和我国西北地区实地采访。40年代，刘白羽、华山、阎吾等前辈记者为什么能写出一系列震撼人心的新闻报道？那是因为他们在抗日战争和解放战争的第一线，冒着枪林弹雨采访到最精彩的事实材料。50年代，穆青、田流、柏生、郭超人等著名记者为什么能赢得广大受众的赞赏？那也是因为他们走南闯北，深入工厂、农村、街道辛勤采撷新生活之花、之景，吸引了热爱新生活的人民群众。进入改革开放新时代后，范敬宜、艾丰以及众多优秀的中青年记者之所以能写出一批既激奋人又启迪人的好新闻，受到了社会公众的广泛关注和好评，那也是他们面对社会的改革变迁，积极投身其间，"上下求索"，善于思考的结果。

二、新闻写作是新闻采访的升华

新闻写作是新闻采访的结果与归宿，也是新闻采访的升华；离开了新闻写作，新闻采访就失去了存在的价值与意义。

（一）新闻写作过程是对新闻采访得来的材料认识上的升华

从认识论的观点看，人们对客观事物的认识是从感性开始，然后上升到理性。一般说来，记者在新闻采访阶段所采集到的材料，通常属于感性认识的东西；只有等到新闻写作阶段，通过对材料的全面分析研究、比较鉴别、去伪存真、去粗取精，才能获得由表及里、由浅入深的理性认识的真知，并最终加工成新闻报道。

因此，每一次新闻写作的过程，实际上都是一次记者认识上的飞跃，是感性到理性的飞跃。

（二）新闻写作对新闻采访起到"指导"作用

首先，新闻写作的文体决定着新闻采访中采集材料方式的差异。如消息的写作，要求采访时重在准确把握有关事实发生的"五要素"（何时、何地、何人、何事、如何）的材料；而通讯、特写或调查性报道的写作，则要求侧重挖掘事实之间及事实与环境之间的内在联系和深层意义，注重搜集人物的背景、谈话及人物的外貌特征等材料。其次，新闻写作的过程，也是对新闻采访成效的检验。新闻采访的成果是靠新闻写作呈现出来的，新闻写作时，如果发现之前的新闻采访有失误或者不到位的地方，可以进行修正或补充完善。

三、新闻采访与写作的一体化

新闻报道实践中，新闻采访为新闻写作提供报道所需的原材料，新闻写作依据采访得来的材料形成报道所需的文本，两者相辅相成、互相牵制、共同作用，才使新闻报道得以生成。不深入社会实际采访，只会关起门来写稿，是绝对写不出合格的新闻报道的；同样，天天在外面东奔西跑地采访，而缺少新闻写作的功力，也是绝对拿不出像样的新闻报道的。在新闻报道生成过程中，新闻采访和新闻写作是一个有机整体，都是不可或缺或偏废的。这是新闻采访与写作一体化的一个主要表现。

新闻采访与写作一体化的另一个表现，就是两者在认识论上的高度一致性。新闻采访通过采集、掌握有关材料，获取对报道对象的正确认知，其主观认识必须符合客观实际；新闻写作则依据采访得来的材料，客观地叙述事实，其主观认识也必须符合客观实际。正是由于新闻采访与写作这种认识论上的高度一致性，新闻报道才能展现客观事物的本质特征。

2014年四五月间，《湖北日报》刊发的系列报道"聚焦刘汉、刘维涉黑案公审"就是一组体现新闻采写一体化的佳作。"刘汉、刘维涉黑案"是重大的、具有全国性影响的大案，在湖北省咸宁市法院公审。为了做好这一公审报道，作为当地省级党报的《湖北日报》派出了专门的采访队伍，并确定了"一方面要维护公众知情权，适时展开报道，实现对社会舆论的正面引导，发挥主流媒体应有的作用；另一方面，又不能介入过度、作为过度，陷入'舆论审判'的误区、禁区"[①]的报道基调。在报道过程中，记者们不仅深入庭审现场，细心观察、聆听，获取

---

① 湖北日报报道组：《"多维平衡"：司法报道的创新路径——以湖北日报"聚焦刘汉刘维涉黑案公审"为例》，《新闻战线》2014年第7期。

大量的第一手材料；而且还经常根据写作的需要调整和补充庭外采访，听取有关法律专家的意见。与此同时，他们还注意在写作中运用多种表现手法，对庭审及案件事实作出既准确、全面又精彩、生动的呈现。由此，"使这组系列报道精准而不晦涩、精彩生动又无法律方面的'硬伤'，提升了受众阅读体验，增强了传播效果"。[①]

这组系列报道发表后，被新华社、中央电视台等媒体作为新闻通稿采用，在社会上引起了很大的反响，也赢得了新闻界同行的高度赞誉。其成功之处，便在于记者既深入实际、深入生活，深谙采访之道，又掌握娴熟的新闻写作技巧与方法。

思考题

1. 如何理解新闻采写是具有社会性的精神生产活动？
2. 如何理解新闻采写是具有专业性的传播行为？
3. 新闻采写中记者需要坚持的基本原则有哪些？
4. 联系新闻实践，谈谈新闻采访与新闻写作的关系。

---

① 湖北日报报道组：《"多维平衡"：司法报道的创新路径——以湖北日报"聚焦刘汉刘维涉黑案公审"为例》，《新闻战线》2014年第7期。

第二章 新闻采写的主体——记者

本章知识点：① 记者的角色和职责；② 记者的素养与职业道德；③ 记者的主体意识。

作为新闻采写的主体，记者在新闻传播活动中起着至关重要的作用。正确了解和认识新闻记者的角色与职责，不断增强记者的职业素养、职业道德和主体意识，对新闻传播活动的顺利开展，无疑具有重要的现实意义。

第一节 记者的角色与职责

所谓"角色"，本义是指演员所扮演的戏剧中的人物，后来被广泛应用到社会学中，通常是指人们在某一特定的社会和团体中所占的位置，以及被该社会和团体规定了的行为模式。所谓"职责"，即作为"角色"所占有的这一位置及其行为模式应尽的义务与责任。记者的角色和职责，就是记者在社会生活中的地位、行为模式和理应履行的义务与责任。

一、记者的角色

记者的角色，是由其从事的新闻事业的性质、工作特点和任务所决定的。其中，新闻事业的性质是起决定作用的因素。

新闻事业是社会的经济基础通过新闻手段的反映，它受制于产生它的经济基础。社会的经济基础是指同生产力的一定发展阶段相适应的占统治地位的生产关系各方面的总和，其中，首要的是生产资料的所有制关系。在阶级社会中，生产资料所有制决定了新闻机构和新闻传播工具必然为一定阶级所掌握，在政治上为产生它的经济基础服务。这是上层建筑为经济基础服务的规律作用于新闻领域的具体体现。所以，阶级社会里的任何新闻事业都是具有阶级属性的，总是要为一定的阶级利益服务的。这也就决定了记者的角色必然打上了阶级的烙印。

一些西方新闻学者极力掩饰新闻事业的阶级属性，把新闻机构和新闻传播工具说成是并驾于国会、政府和法院的"第四种势力"，把记者捧为"无冕之王"。这是不符合实际的欺人之谈。我国著名的前辈记者萧乾曾用事实对这种论调作过无情的驳斥，"旧社会管新闻记者叫'无冕皇帝'，那是胡扯。1947年6月1日，重庆大公报社的十一位无冕皇帝（青年记者）一下子被抓起来关进了监狱"，人们

"看到记者仿佛自由自在，无论到哪里，甚至连总统都得买他的账。其实，只有当一个记者肯给他当号筒时才受到那种礼遇"。① 美国新闻学者奥斯瓦德·加里森·维拉德也承认，就是在充满着"新闻自由"的美国，"记者，以及编辑，即使不是有意识地看老板的脸色行事，也是无意识地在看老板的脸色行事"。② 从整个美国新闻界来看，记者们采写的新闻报道总体来说都是为当权的美国统治集团（或财团）服务的，否则他们的采访活动就会受到干扰，甚至他们本人也无法再当记者了。尼克松竞选美国总统时，有家报纸的记者曾批评他和某个财团之间的关系。尼克松上台后便加以报复。1972年尼克松访华时，就不准这家报纸的记者随从进行访华采访。再如，2003年美国发动伊拉克战争，著名战地记者、普利策新闻奖获得者彼得·阿内特因为在接受伊拉克国家电视台采访时说了诸如"美国初步作战计划已经失败，他们没有料到伊军抵抗如此顽强"之类的话，就被美国政府扣上"安慰和帮助敌人"的帽子，最后被美国全国广播公司解雇。③

我国的社会主义新闻事业，一贯公开并坚持自己的阶级属性。"党和政府主办的媒体是党和政府的宣传阵地，必须姓党。党的新闻舆论媒体的所有工作，都要体现党的意志、反映党的主张、维护党中央权威、维护党的团结，做到爱党、护党、为党；都要增强看齐意识，在思想上、政治上、行动上同党中央保持高度一致；都要坚持党性和人民性相统一，把党的理论和路线方针政策变成人民群众的自觉行动，及时把人民群众创造的经验和面临的实际情况反映出来，丰富人民精神世界，增强人民精神力量。"④ 因此，我国记者的角色定位，就是通过自己的新闻采写活动，及时传播新闻信息，传递党的意志和声音，反映人民群众创造的业绩与呼声，当好党的政策主张的传播者、时代风云的记录者，当好党和人民的耳目喉舌；就是通过自己的新闻采写活动，借助新闻舆论，坚持真理，揭露谬误，捍卫公共利益，当好社会进步的推动者、公平正义的守望者。

二、记者的职责

记者的职责是由其角色定位所规定的，不同的角色定位赋予记者的职责也不尽相同。我国记者的角色定位，决定了我国记者具体的工作职责就是采写新闻、研判舆情和沟通公众。

（一）采写新闻

这是记者的首要职责。一个记者不采写或者很少采写新闻，就是名不副实；

---

① 萧乾：《我爱新闻工作——对中国社会科学院新闻研究生的一次讲话》，《萧乾文集》4，浙江文艺出版社1998年版，第157页。
② [美]杰克·海敦：《怎样当好新闻记者》，伍任译，新华出版社1980年版，第319页。
③ 窦晓东：《牢牢把握和坚持新闻工作的党性原则》，《新闻与写作》2014年第1期。
④ 《习近平在党的新闻舆论工作座谈会上强调 坚持正确方向创新方法手段 提高新闻传播力引导力》，《人民日报》2016年2月20日。

常年采写不出好的新闻，也就很难说是个称职的记者。

这里讲的新闻，是广义的新闻，包括消息、通讯、调查报告、读者来信、人物专访、新闻评论等。各种文体的新闻报道，记者都要学会采写。采写新闻还要求记者树立强烈的抓头条新闻的意识和抓独家新闻的意识，这是因为头条新闻和独家新闻是关系到新闻媒体的品位、风格，赢得媒体市场的关键因素。多采写头条新闻和独家新闻，也是记者成才的一条重要渠道。

在采写新闻时，记者相较于业余通讯员、业余记者（民间新闻爱好者），要充分发挥主力军的作用，尤其是对一些重大的、紧迫的、难度大的报道任务，记者更应责无旁贷，奋勇当先，千方百计地去完成。一个称职的记者决不能让自己分工领域内的重大新闻事实和重要情况从自己面前漏掉，否则就是一种失职。

在采写新闻时，记者还应注意处理好与所在媒体编辑部的关系。如果在确定采写选题或处理新闻稿件时发生矛盾，记者既要虚心听取编辑的意见，尊重编辑的劳动，同时又要以诚相见，诚恳地表达自己的看法和意见。记者应和编辑互相合作，互相沟通，这样才有利于新闻采写任务的顺利完成。

（二）研判舆情

研判舆情也是记者一个重要的职责。所谓研判舆情，指的是运用定性或定量的统计与分析的方法，对社会舆情进行一种价值取向判断的过程。研判舆情是一项长期系统的工作，主要包括对舆情进行日常性和持续性的跟踪与抓取，并在此基础上建立舆情数据库。研判舆情有时也是一项临时性、紧急性的工作，主要是针对突发事件或某一特定任务进行研判工作，具有针对性、专题性的特点。

研判舆情不仅要求记者掌握、洞察社会舆情，以利于新闻采写的开展；还要求记者注意借助"内参"等方式，将一些不宜公开报道的社会舆情（诸如党和政府的方针政策贯彻执行中出现的新情况、社会生活和各条战线工作中的重大问题、各阶层民众的思想动向及其强烈诉求等），及时报送给党和政府及其有关管理部门，为其了解"社会动态"和"民情"，调整、制定政策或采取有关措施，提供有价值的参考意见。与此同时，记者还要经常向自己所在的编辑部汇报研判舆情的结果和采访活动中了解到的新情况（诸如政治、经济、社会生活的新动向，值得重点报道的新情况、新问题，以及受众对新闻报道工作的意见、要求等），这样有助于编辑部开阔思路，制订的报道思想、报道计划更科学、更有针对性，新闻报道的组织工作就可能做得更周全。

（三）沟通公众

所谓沟通公众，就是指紧密联系公众，加强与公众的互动。这是我国记者的又一重要职责，也是进一步加强我国新闻媒体同广大公众的联系，并实现"全党办报（台）、群众办报（台）"的重要一环。

记者沟通公众，一方面要求记者注意"深入生活、深入群众"，与公众保持经常联系，了解公众的需求，聆听公众的呼声，关心公众（包括采访对象）的"痛痒"，尽力为公众排忧解难。另一方面还要求记者做好联系、培养业余通讯员和新闻爱好者的工作，既要向他们传达编辑部的意见，组织、指导他们采写新闻，或者同他们合作采写，帮助他们提高业务水平；又要注意倾听他们的意见，学习他们的长处，取长补短，共同完成新闻采写工作。

记者沟通公众的工作，传统上主要采用走访、交谈或通过电话、书信、邮件等方式实施。在新媒体时代，记者还可以利用社交媒体实现便捷、高效的沟通，如建立 QQ 群、微信群、微博讨论组等。

总之，我国记者的这三项职责，是紧密联系、相辅相成的。在实践中，它们虽有主次之别，但不能顾此失彼，不能专抓一项丢了其他两项，或者抓了两项丢了第三项。如果不注意三者兼顾，就不可能取得好的成绩，只有尽心尽力履行好这三项职责的记者，才算是合格的记者。

第二节　记者的修养与职业道德

所谓修养，是指一个人的修为和涵养，是其见识、学问、才干以及心理素质的综合体现。而道德，则是一定社会调整人与人之间以及个人与社会之间关系的行为规范的总和。记者的修养和职业道德，展现着其思想水平、政治水平、文化知识、业务技能、心理素质以及行为规范。习近平在会见中国新闻工作者协会第九届理事会全体代表和中国新闻奖、长江韬奋奖获奖者代表时，对广大记者提出了四点希望：一是要坚持正确政治方向，二是要坚持正确舆论导向，三是要坚持正确新闻志向，四是要坚持正确工作取向，做党和人民信赖的新闻工作者。① 这是对新时代我国记者的修养和职业道德的根本要求。

一、记者的修养

唐朝时期，有人问著名的史学评论家、《史通》的作者刘知几：为什么自古以来文士多而史才少？刘知几回答说：史有三长，才、学、识缺一不可，"世罕兼之，故史者少"②。这个看法，是他遍读群史，研究了历代史学经验后总结出来的。今日之新闻乃明日之历史，刘知几对史才的要求，对于今天我们探讨记者的修养

---

① 参见《习近平对新闻记者提出 4 点希望 做党和人民信赖的新闻工作者》，新华社 2016 年 11 月 7 日。
② 《新唐书》（简体字本），中华书局 2000 年版，第 3561 页。

仍然很有启发。新闻采写工作的特质,决定了记者既要有良好的识、学、才的修养,同时还要有良好的心理素质。

(一)"识"的修养

识,就是眼力,就是远见卓识。"识"的修养,也就是要求记者具有科学的世界观和较高的政治理论水平及政策水平。

任何记者在采写、报道新闻事实的时候,都是有所选择、有所评价的。这种选择和评价,以及其中的倾向性和态度,是受记者的世界观和政治理论及政策水平所左右的。记者的世界观和政治理论及政策水平,影响并指导着记者的整个新闻采写活动,并体现在他的新闻作品之中。

我国记者要担当起时代哨兵的使命,要当好党和人民的耳目喉舌,首先需要有"眼力"。而一般的眼力不够,还要借助"望远镜"和"显微镜",这就是马克思列宁主义、毛泽东思想和中国特色社会主义理论体系,也就是科学的世界观和较高的政治理论及政策水平。只有具备马克思主义的科学世界观和较高的政治理论及政策水平,才能帮助记者实事求是、高瞻远瞩、见微知著地思考问题;帮助记者透过纷繁复杂的现象看到事物的本质,看到主流,看到正确的方向;帮助记者从沙砾中识真金,从平凡中见真理;帮助记者多谋善断,敏锐地判断出什么样的事实应该采写,应该怎样去采写。

记者的这种"识",首先是建立在正确立场的基础之上的。记者应当站在代表历史发展方向的人民立场上,从最广大人民群众的利益出发去考虑问题,才能从根本上做好新闻采写工作。立场和感情总是密切地联系在一起的。对于记者来说,理性上所肯定的东西就应当是自己感情上所热爱的东西。记者应当立场坚定,爱憎分明,热爱祖国,热爱党,热爱人民,热爱生活,对自己所从事的新闻工作怀有崇高的使命感和强烈的事业心,时刻意识到自己是受党和人民的委托采写新闻的,是全心全意为人民服务的,这样工作起来才能心明眼亮,积极主动,有"胆"有"识"。

记者的这种"识",也是建立在实事求是的基础之上的。作为记者,务必要坚持"实践是检验真理的唯一标准",不唯上,不唯书,也不迷信"权威",一切从实际出发,唯物地、辩证地看问题,使思想符合实际,主观符合客观;与此同时,还要注意排除唯心主义和形而上学,反对实用主义和纯客观主义。这样的"识",才是真正科学的、符合实际的远见卓识。

记者的这种"识",还是建立在高尚的道德情操基础之上的。称职的记者理应立业为公,诚实、廉洁,不谋私利,为坚持真理无所畏惧,勇于牺牲个人利益。这样的"识",也才是"胸无半点尘"的光明正大的远见卓识。

掌握马克思主义的基本原理,树立科学的世界观,提高政治理论及政策水平,不是一朝一夕就能达到的，需要长时间的学习和自觉的锻炼。记者应该有计划、有目的地刻苦学习马克思主义基本原理，要认真阅读马列原著、毛泽东选集、邓小平文选和习近平新时代中国特色社会主义理论的论著，完整领会其精神实质。不读书，无从入门；不潜心读书，也无从领会书之"精髓"。学习要注意理论联系实际，特别是要联系自己的思想实际和工作实际，不断地汲取丰富的养料，并化为自己的"血肉"。学习理论的同时，还要注意学习现行的有关政策。党和国家的方针、政策，是马克思主义理论同我国当前实际相结合的产物。学政策，能帮助记者更好地理论联系实际，加深对马克思主义的理解，领会当前实际工作的重点或中心所在，政策界限所在，从而使自己的新闻采写活动有所遵循，不致偏离正确的方向。总之，记者要做学习的有心人，带着实践中遇到的问题去学习理论和政策，再把学到的理论和政策应用于新闻工作实践。这样，反复实践、学习、再实践、再学习，就能逐步掌握马克思主义的立场、观点和方法，就能逐步把自己锻炼成为一个比较成熟的、具有远见卓识的好记者。

（二）"学"的修养

学，就是学问，就是知识渊博，也可以叫作学力。

知识就是力量。知识对于从事任何工作的人都是不可缺少的。而记者由于其工作的特点，接触对象极其广泛，采写报道又涉及社会生活的各个领域、各个角落，因此，记者对知识的掌握有着更高的要求。"学"的修养，对记者来说，就是既要有广博的知识，又要在广博知识的基础上对某一领域、某一行业有比较精深的知识。

记者首先应该是一个"杂家"，知识面要宽。三教九流，古今中外，天文地理，风土人情，什么样的知识都要懂得一点才行。新华社原社长郭超人说："教授、博士可以就某一专业、某一方面的问题深入研究，成为专家。记者工作接触社会面广，自己也料想不到明天会遇到什么问题，所以要求记者对各方面的知识都积累，才能适应工作。"[①] 记者知识丰富，思想驰骋的天地就广阔，联想能力就强，同采访对象接触时共同语言就多，采写新闻时也就能左右逢源、得心应手。否则，知识贫乏，孤陋寡闻，采写的报道势必闹出笑话。

比如，1996年9月，从古城西安传出一则令世人震惊的消息：《孙武兵法》82篇的部分汉简及其手稿，在沉寂了2000年之后"惊现"于世。该消息报道后，被不少媒体纷纷转载，在国内外引起了轰动。但时隔不到三个月，这一事件便被众多专家"证伪"：第一，该"汉简"上的字体不符，用字为现代隶书，甚至还有简化字体；第二，该"汉简"的装订方法不符，真正的汉简是从来不打孔的；第三，

---

① 郭超人：《培养新闻人才要跟上时代的需要》，《新闻学会通讯》1983年第16期。

书名不符，先秦古籍从来不自题书名……①为什么记者会把一件造假的事件当作重大发现来报道呢？缺乏基本的古籍常识不能不说是一大原因所在。

其次，记者还应该是个"专家"，要在广博知识的基础上，对某一领域、某一行业有比较精深的知识。当今世界，知识更新的周期越来越短，社会分工越来越细致，记者要成为无所不晓的"全才""通才"是不可能的。加之，当代的记者一般都有大体的分工，有相对稳定的采写活动范围，专门负责某一领域或某一行业的报道。记者要努力成为自己分工范围内的专家。"新闻记者是无法不分工的。所以每一个人在广泛的常识基础上，更应有自己的专长，如外交、经济、军事、政治等。在这些专门部门中，记者必须比常人精通，能有独到的见解。这样的记者的意见，才是权威的意见。"② 也只有这样，记者才能在自己所负责的采写报道领域内，更及时、更准确、更深刻地认识和把握客观事物，采写出高人一筹的报道。新闻采写史上有过这样一件典型事例：一次，世界著名物理学家爱因斯坦在普林斯顿大学讲学。《纽约时报》一位记者前去采访，他把爱因斯坦在黑板上写的数学公式原原本本抄了下来，回报馆写了篇消息拿给总编辑看，总编辑觉得抄的公式不对，就让记者打电话问普林斯顿大学数学系主任。这位主任核对了一下，认为记者抄下的公式与爱因斯坦写在黑板上的是一致的。但总编辑还是要求爱因斯坦本人核对，这样才发现原来是爱因斯坦写错了。这位数学水平极高的总编辑不仅发现了科学巨人的错误，而且也避免了一次报道失误。③ 我国新闻采写史上也有一件令人赞叹不已的事例：1974年春天，陕西临潼县（现改为临潼区）农民在秦始皇陵地旁挖井抗旱，当挖到三四米深时，挖出了几个陶俑。人们对此并没有感到稀奇，因为临潼人见"老古董"见得太多了。这里的农家猪圈，大多是用秦砖汉瓦盖的；就是农家腌咸菜的坛子，也有很多有上百年的历史了。当时，中新社记者蔺安稳正在临潼老家探亲。闻此情况，他立即赶去，仔细地察看了这些刚刚出土的"泥娃娃"，并以其丰富的历史知识当即断言："这很可能是稀世珍宝！"一回到北京，他便连夜赶写了《秦始皇陵出土一批秦代武士陶俑》的报道，第二天交与《人民日报》，刊登在《人民日报》编辑的《情况汇编》上。这篇报道印发后，立即受到毛泽东、周恩来等中央领导同志的高度重视。于是，国家文物局组建秦俑考古队，展开了挖掘清理工作，从而揭开了国际考古史上壮丽的一页。对此，秦陵博物院院长曹玮很有感慨："兵马俑的今天离不开蔺安稳当年的报道。正是由于他的报道，才让海内外得以认识兵马俑，才有了如今的辉煌。"④ 凡是新闻界卓

---

① 吴九龙：《〈孙武兵法〉八十二篇考伪》，《光明日报》1996年12月17日。
② 范长江：《通讯与论文》，新华出版社1981年版，第292页。
③ 王晨：《新闻写作漫谈》，山西人民出版社1982年版，第23页。
④ 《中新社原副社长蔺安稳向秦始皇帝陵博物院捐赠藏品》，中国新闻网2014年11月14日。

有成就的记者，无不既有丰富的知识又有某一方面的专门学问。比如，我国一些驻外记者和国内的外事记者，往往就是国际问题的专家；一些长期从事经济报道的记者，则成了研究经济问题的行家；而一些体育报道的老手，则常常在体育界有着"权威"的发言权。

要获得渊博的知识，只能靠勤奋学习和平时的日积月累。记者要准备一生"行万里路，读万卷书"，要有计划地"苦"读书。当然，书中有理论知识，现实生活中更有许多活的知识，"处处留心皆学问"。对读书中、生活中、采访中得来的知识，要一点一滴地、锲而不舍地积累起来。许多有作为的记者，在积累知识方面都下过一番"笨"功夫。他们总是随身带个小本本，或看书看报，或采访闲谈，遇到好的观点和材料，有什么心得和启示，随时都要记录或剪贴到本子上，定期再归纳整理，久而久之便成为可观的知识储备。它好比记者的"百宝箱""材料库"，里面装的知识平时不一定都用得上，一旦用上了，便成了千金难买的宝贝。

（三）"才"的修养

才，就是才能，就是精通业务。"才"的修养，也就是要求记者要精通新闻业务，能熟练掌握和创造性地运用新闻采写的规律。

记者最需要"捷才"。对于实际生活中具有新闻价值的信息，要像老鹰捉小鸡一样，一下子能看准抓住，敏捷而准确地报道出来，而且要报道精彩。这种"捷才"的培养是没有什么捷径可走的，主要靠扎实的基本功。

记者要学、要练的基本功有很多，从记者的才能这个角度来看，主要有三个方面：一是了解、把握客观实际的能力，二是语言文字的表达能力，三是新闻业务技能的运用能力。

记者的才能，首先表现在对客观实际的了解和把握上。记者要成为"消息灵通人士"，就要深入实际，广交朋友，广开采访门路，增强自己的社会活动能力。新闻采访是记者的日常调查研究活动，这中间有许多学问，有许多具体经验，需要记者结合实践去学习、去掌握。但这方面才能的培养，光靠日常的采访锻炼还不够，还需要记者有意识地加强某些专题调查研究、蹲点调查研究等基本功锻炼。这是因为，记者的长处是见多识广，但弱点是对实际生活、实际斗争的艰巨性和复杂性往往体验不深，缺乏切肤身受之感。这种调查研究基本功的锻炼，就是有意识地针对这一弱点来进行的，它不是蜻蜓点水、走马观花地浮在生活的表层，而是深入下去，探求实际生活更深一层的内蕴，把根扎到实际生活的土壤中去。专题调查研究，是就某一地区或某一行业的某一专题，经历一个从感性认识到理性认识的深入和提高的过程。蹲点调查研究，是集中一段时间，同干部群众生活在一起，工作在一起，苦恼在一起，欢乐在一起，既"解剖麻雀"，又切身体验。

这样的调查研究，可以不受临时报道任务的干扰，能帮助记者深知深解地熟悉社会各个阶层，同时也有利于记者改造自己的主观世界。其心得看起来可能是具体而微小的，但往往受益终生。这方面的功底打好了，遇事就能举一反三，触类旁通，知根知底，有主见，不会像氢气球那样，随风飘荡，浮在半空。

语言文字的表达能力，也是记者的一项重要才能。新闻报道是一项难度很大的语言文字工作，它不仅要求准确、鲜明、生动、精练，而且要有很强的时间观念。缺乏较强的语言文字表达能力，是无法胜任记者工作的。要提高语言文字的表达能力，就要有意识地加强这方面的基本功锻炼。比如，语法、修辞、逻辑，这些基础知识一定要弄懂弄通，掌握得扎扎实实。同时，要注意提高语言文字的修养，善于运用语言艺术。记者平时要下功夫向群众学习，向古今中外优秀作品学习，多学多练，才能运用自如。

新闻业务技能的熟练运用，更是记者才能的集中体现。记者应该认真学习、用心掌握各种新闻业务工作技能，尽可能地使自己的才能得到更加全面的锻炼。例如，新闻写作的"十八般武艺"都要拿得起，懂得运用哪一种"武艺"来恰当地表现自己采访到的素材；对新闻从采访到传播的整个生产过程和环节都要尽量熟悉，懂得其中的规律和要求；摄影记者、广播记者、电视记者还应熟练掌握和运用好自己手中的"武器"——照相机、录音机、摄像机；在今天的"网"上时代，记者还必须学会使用计算机，懂得借助电脑、手机、互联网等现代技术为新闻采写工作服务。

（四）心理素质的修养

心理素质通常是以个人的自我意识发展为核心，由积极的与社会发展相统一的价值观所导向的，是认知、需要、兴趣、动机、情感、意志、性格等智力和非智力因素有机结合的复杂整体。记者的心理素质修养，最主要的就是要求记者始终保持良好的心态，具有坚忍的意志力和机智的应变能力。

1. 坚忍的意志力

意志，是为了达到某一既定目标而自觉努力的心理状态。这种自觉努力的心理状态持久、稳固、坚强，既定目标的实现便有了可能。新闻采写是一项"全天候"的社会活动，它不仅要求记者时时处处睁大双眼，用心捕捉生活中每一个有价值的新闻事实；还要求记者深入社会实践，排除种种困难和阻力，挖掘事实之真相。期间，记者经常会遇到种种"逆境"和"误解"，会遇到种种"压力"甚至威胁、恐吓，也会遇到种种名和利的诱惑。这对记者的意志力无疑是极大的考验。只有具有坚忍意志力的记者，才会为了发现和传播新闻，面对"逆境"和"误解"，甘于忍受，泰然处之；面对"压力"或威胁、恐吓，无所畏惧，百折不挠；面对名和利的诱惑，毫不动心。

2. 灵活机智的应变能力

应变，在心理学中称为"反应时"，是指人的反应潜伏期，即从刺激出现到人作出反应之间的时间间隔。"反应时"的长短和应变力的强弱成反比，"反应时"长应变力就弱，"反应时"短应变力就强。新闻采写是一项逐新的活动，记者经常会遇到突如其来的新情况，或者猝不及防的新问题，或者面目全非的新环境，只有具备灵活机智的应变力的记者，才会对此"处变不惊"，快速作出反应，从容应对，确保新闻采写的顺利进行。

凤凰卫视著名主持人吴小莉，早年在辅仁大学大众传播系学习时，曾主动要求去采访可口可乐公司总裁；但她持续几天去公司苦等，每次都被总裁的秘书客气地拒绝了。尽管常常无功而返，但吴小莉始终不气馁、不放弃。一天，这位总裁要去哈佛大学演讲，并规定在哈佛的活动（包括演讲）时长不超过一小时。吴小莉闻讯后，立即赶了过去，终于在演讲前见到了总裁。总裁对她的勇气表示佩服，说会给她五分钟的时间。可是总裁由于演讲太过投入，到了第五十五分钟时仍然没有结束演讲。此时，吴小莉心急如焚，毕竟总裁只在哈佛停留一小时，而现在就剩下五分钟了。情急之下，她大胆地给仍在演讲的总裁递上了一个纸条：请您记得与一个女学生的约定。这一机智的举动及追求自我权利的"韧性"使总裁极为感动，不仅接受了采访，而且时间长达半小时。这是这位总裁首次接受长时间的独家访谈。

对于记者来说，识、学、才和心理素质这四个方面的修养缺一不可。没有科学的世界观和较高的政治理论及政策水平作指导，缺乏见识，当不了好记者；学问不强，不会有真知灼见；不精通业务，优秀新闻作品无法完成；不提高心理素养，难以应对复杂的环境。党和人民需要大批识、学、才和心理素养兼备的记者，这样的记者越多，我们的新闻传播事业就会越兴旺发达。

二、记者的职业道德

记者的职业道德，是新闻传媒业对记者从业的行为规范的规定。"每一个阶级，甚至每一个行业，都各有各的道德"①。我国记者的职业道德规范，主要体现在1991年1月中华全国新闻工作者协会（中国记协）第四届第一次全体会议通过的《中国新闻工作者职业道德准则》（以下简称《准则》）中所规定的具体要求中。该《准则》历经三次修订，于2009年颁布最新版。最新版的《准则》，对我国新闻工作者的职业道德提出了如下七条要求：一是全心全意为人民服务，二是坚持正确舆论导向，三是坚持新闻真实性原则，四是发扬优良作风，五是坚持改革创新，六是遵纪守法，七是促进国际新闻同行的交流与合作。这七条要求，便

---

① 《马克思恩格斯文集》第4卷，人民出版社2009年版，第294页。

是我国记者从业的行为规范和准则，必须认真遵守、履行。

这里，结合当前新闻采写的实践，着重谈谈记者坚守职业道德应注意的几个问题。

(一) 服务公众，维护公众利益

服务公众，维护公众利益，也就是《准则》中所提到的第一个要求——全心全意为人民服务。这是我国记者职业道德的核心。公众是新闻传媒业生成的根基。新闻采写的根本宗旨，就在于服务公众，维护公众利益；失去了公众的认可和支持，新闻传媒业无法立足，新闻采写自然也就失去了存在的价值和意义。

服务公众，维护公众利益，首先要求记者通过新闻采写，千方百计地满足公众的知情权。知情权是公众行使一切权利的基本前提。中共十七大提出"保障人民的知情权、参与权、表达权、监督权"，也是将知情权列为人民群众的四大权利之首。这是因为公众对政治、社会等环境的知晓程度，直接影响和决定着他们参与、表达、监督的意愿、程度乃至质量；没有知情权，参与权、表达权、监督权也就无从谈起。基于此，记者应通过采写的新闻报道，把党和政府的方针、政策及其贯彻执行的情况，以及社会上出现的各种新动向、新问题等，迅速、及时地告知公众，满足公众的知情权。面对公众"应知、欲知、未知"的重大新闻信息，"瞒报""缓报"或者"漏报"，都是记者职业道德失范的表现。

其次，要求记者在新闻采写实践中，积极、正确地发挥新闻的舆论监督功能，真诚地当好公众利益的捍卫者和代言人。新闻舆论监督，就是通过记者采写的新闻报道，对社会上出现的一些违法、违纪、违背民意的不良现象和行为进行"曝光"，以达到抨击时弊、抑恶扬善，助推社会良性、健康发展的目的。在当下中国，新闻舆论监督既是公众行使参与民主权利的有效形式，也是社会主义政治文明进步的重要标志。借助新闻采写，积极、正确地发挥新闻的舆论监督功能，理应是记者义不容辞的责任。

积极发挥新闻的舆论监督功能，就是要求记者有胆有识，勇于批评、揭露社会生活中一切侵犯公众利益的错误言行和消极腐败的丑恶现象。正确发挥新闻的舆论监督功能，就是要求记者在实施舆论监督的过程中，既要注意合法、有序，避免陷入"舆论审判"或"情绪化炒作"的误区，还要注意把握好舆论监督的建设性，注重监督的社会效果。

再次，要求记者在新闻采写的实践中，要有深厚的人文情怀。人文情怀是人文精神的内核，也是人文精神的彰显。"人文精神是一种普遍的人类自我关怀，表现为对人的尊严、价值、命运的维护、追求和关切……对一种全面发展的理想人格的肯定和塑造"。[①] 新闻媒体是现代社会覆盖面最广的人文精神装置，其对社会

---

① 叶朗：《人文精神的坚守和呼唤》，《人民日报海外版》2001年1月2日。

的一大贡献便在于能有效地扩散现代人文精神。作为新闻媒体的从业者，记者深厚的人文情怀，是新闻媒体弘扬人文精神的基石。

记者的人文情怀，主要体现在能平等地对待公众，关爱公众，尤其是对社会基层群众和弱势群体的"尊重"和"大爱"上。具体地说，在新闻采写过程中，特别要注意做到以下几点：一是要克服对弱势群体或基层群众妖魔化、戏说化的弊端，反对高人一等地对公众的痛苦和忧患麻木不仁；要真实、真诚地报道他们的现实生存状况，报道他们生存中的坚忍和善良；对他们的弱点或问题，应该从客观、善意的视角报道和指出，尤其要注意把个别问题同他们整体的生活状况区分开，不要加剧对他们的边缘化和隔离化。二是要反对那种浮在表面、对基层群众和弱势群体悲情化的倾向。在为他们"鼓与呼"的过程中，应侧重找到问题的症结，而不是放大甚至编造煽情的言语和情节。新闻媒体制造的语言歧视，只会强化社会对他们的歧视。三是要切实代表和维护基层群众和弱势群体的利益，真实地反映他们的愿望和诉求；尤其是要努力扩张他们自己言说的权利，为他们建立科学、有效的"宣泄"渠道，发挥好新闻传播"减压阀"的作用。四是要重视对基层群众和弱势群体的精神帮扶，唤起社会对他们的精神状况的关注；还要真切而体贴地反映他们的精神困惑和思想矛盾，引导他们理性对待自身问题和社会问题，真正做到抚慰其心灵，提高其素质。

（二）忠于事实，维护新闻的真实性

事实是新闻的本源，是新闻存在的基础，没有事实就没有新闻。同时新闻又是事实的报道，即要如实地报道客观事实的真相，否则新闻也就失去了其存在的意义。忠于事实，维护新闻的真实性，是新闻报道的生命所在，也是新闻传播的一大规律。作为事实与新闻报道之中介的新闻采写活动，其根本的旨趣自然是要忠于事实，维护新闻的真实性。

忠于事实，维护新闻的真实性，首先要求记者在其采写活动中一定要真诚，要真诚地对待所从事的新闻事业，真诚地对待所面对的、所服务的社会公众。新闻事业之所以能在社会上发挥其应有的功能与作用，社会公众之所以能接受、信任新闻事业，首要原因便是它所传播的新闻信息是真实可信的。失真的新闻，势必会失去公众的信任，势必败坏新闻传媒的声誉。只要记者在其采写活动中能够真诚地对待新闻事业，真诚地对待社会公众，就会不计个人得失，甚至不顾个人安危，千方百计地去探究事实的真相，努力确保新闻报道的真实性。真诚，是新闻真实的一个极为重要的前提，没有真诚的主观态度，是不可能达到新闻真实的客观彼岸的。

忠于事实，维护新闻的真实性，还要求记者在其采写活动中要自觉地同各种各样的干扰新闻真实性的观念或行为做斗争。从我国的新闻实践看，这些干扰既有来自外部的、社会的因素，也有来自内部的、记者自身的因素。由于缺乏辨识能力，缺少有力的抵制与斗争，这些干扰已成了当前新闻报道失实的一大症结。

具体地说，对新闻真实性原则的外部干扰，主要表现在一些部门或地方的领导人（尤其是一些新闻单位的上级领导机关和领导者）出于种种"私利"（部门的、地方的乃至个人的），驱使、逼迫记者宣扬其"政绩"，维护其"利益"，为其"扬善隐恶"；同时也表现在当今社会运行中存在的结构性虚伪现象给记者及其采写活动带来的无形"压力"。社会运行中的结构性虚伪，是指一个社会在社会行为规范、社会运行机制和社会奖惩这三个方面，存在着一种将人引向弄虚作假的内在趋势。具体地说，在社会行为规范方面，表现为强求人们去做人性所不可能做到或不应做到的事；在社会运行机制方面，表现为价值取向上的倒错和相逆，"说的一套，做的又是一套"；在社会奖惩方面，表现为最后"结账"时，让那些弄虚作假的人占便宜，"溜须拍马"的人"往上爬"，而老实人总吃亏。

对新闻真实性原则的内部干扰，既表现在有的记者"急功近利"，为了追求新闻的"轰动效应"，个人"成名成家"或经济上"有利可图"，肆意杜撰、篡改、歪曲事实真相；也表现在有的记者混淆了新闻报道与文艺创作的质的区别，以文艺创作的虚构性想象替代新闻记者应有的联想性想象，让想象这一感性、形象的思维方法"天马行空"，不受任何约束；还表现在有的记者不能正确把握自己的情感，单凭个人的好恶、喜怒去认识、评价事实，不是"情人眼里出西施"，就是"仇人相见分外眼红"；还表现在有的记者颠倒了新闻报道的"准"与"快"的关系，采访作风不踏实，浅尝辄止，只抓一点，不及其余，或者道听途说，捕风捉影，或者轻信盲从，"捡到篮里便是菜"等等。

凡此种种外部的或内部的干扰，都是新闻真实性原则的大敌，必须予以坚决抵制和斗争。

忠于事实，维护新闻的真实性，还要求记者在其采写活动中，注意对"客观主义"的扬弃。新闻采写的"客观主义"早先源于美国，当时是对党派报纸的煽情主义的一种反省，以后逐步形成并确立为一种新闻理念和采访报道的方式。尽管西方对"客观主义"有许多不同的具体解释，但基本点是一致的，即新闻（News）和意见（View）必须分开，新闻只报道事实，不报道意见；记者采写的报道必须排除任何偏见，"忠实地"记录事实，做到"不偏不倚""超阶级""超党派"，否则，新闻便不可能是真实的。应该说，"客观主义"强调新闻与客观、与事实之间的联系，要求记者采写的报道要尊重客观，忠于事实，这是符合新闻传播活动的基本规律的，是有道理的。但是，必须指出的是，"客观主义"把"客观性"作了绝对化的理解和阐释，只强调新闻与"客观"的联系，而无视、否认新闻与"主观"的联系，要求记者采写的报道没有任何倾向或意见，只能"纯客观"

地记录事实、报道事实。这样,"客观性"便演化为"客观化"了。这种"客观主义"的绝对化阐释,在理论上是站不住脚的,在新闻采写实践中更是行不通的。

在具体的采写实践中,记者要做到忠于事实,维护新闻的真实性,就必须注意尊重客观,尊重事实,讲究"实事",即按照认知对象的本来面目作出如实的直观的感性判断,规定并赋予其特定的时空形式;同时,又必须注意以正确的立场、观念对待所认知的事实对象,讲究"求是",即在认识过程中,用科学的态度对感知对象加工整合,以使事实从"具象"走向科学的"抽象"。只有这样坚持实事求是,记者才能更深刻、更正确、更完整地认识并反映事实的真相,而不是肤浅地、片面地乃至荒唐地去"描绘"事实。

(三)注重舆论导向,坚守社会公平正义

舆论导向,又称舆论引导,是一种运用舆论影响,引导人们的意识、意向和行为的传播行为。正确的舆论导向,能够对社会的发展起到积极的推动和促进作用;错误的舆论导向,则会给社会的发展带来阻碍和破坏。而公平正义,则是社会制度的首要价值。"公平正义,就是社会各方面的利益关系得到妥善协调,人民内部矛盾和其他社会矛盾得到正确处理,社会公平和正义得到切实维护和实现"。"维护和实现社会公平和正义,涉及最广大人民的根本利益,是我们党坚持立党为公、执政为民的必然要求,也是我国社会主义制度的本质要求。只有切实维护和实现社会公平和正义,人们的心情才能舒畅,各方面的社会关系才能协调,人们的积极性、主动性、创造性才能充分发挥出来"。[①]

在中国,作为党和人民的耳目喉舌的新闻媒体,尤其是主流新闻媒体,对社会有着巨大的影响力,是社会文化环境的重要组成部分。注重舆论导向,坚守社会公平、正义,既是记者的政治责任所决定的,也是记者的社会责任所要求的。

注重舆论导向,坚守公平正义,就是要求记者在新闻采写时一定要注重有利于"维护和实现社会公平正义",以正确的舆论引导人。一要围绕公平正义开展新闻采写。既要注意新闻采写的"平民化",以平民的视角和平民的情感与愿望来反映他们的生活和问题,而不是浮在表面,俯瞰众生;还要注意新闻采写的"亲民化",把"情为民所系,利为民所谋"作为新闻采写的一大根本坐标,努力满足民众的社会需求,协助解决他们生活中紧迫而重要的问题,成为他们的生活助手和顾问。二要引导有利于公平正义的社会舆论。记者的新闻采写应在不回避问题的前提下,积极传播社会公平和正义进步的信息,传播党和政府以及相关群体推进社会公平、正义的现实努力,形成追求公平和正义的正能量。三要关注和监督社

---

① 胡锦涛:《在省部级主要领导干部提升构建社会主义和谐社会能力专题研讨班上的讲话》,新华网 2005 年 6 月 26 日。

会公平和正义的运作。要对社会上存在的一些非正义和不公平的现象予以披露，以引发社会的警觉和防范。当然，披露、监督的目的，在于协助政府和公众有效地纠正这些现象，助推社会正常运行和发展。

（四）遵纪守法，廉洁奉公

遵纪守法，就是严格遵守国家宪法和法律、法规，遵守党的新闻工作纪律，决不在言和行上违宪、违法、违纪。廉洁奉公，就是清清白白为人，不贪不沾，忠诚履行公职。遵纪守法是记者义不容辞的责任和义务，廉洁奉公则是记者操守和气节的彰显。无论是记者的社会守望者的角色担当，还是新闻采写活动的特质和功能，都要求记者做遵纪守法、廉洁奉公的模范。

新闻采写实践中，记者遵纪守法、廉洁奉公，主要体现在两个方面：

1. 头脑里始终紧绷着法律和纪律之弦，法律和纪律有禁的决不为

具体地说，就是要做到：第一，采写的报道不得违背党和政府的方针政策及有关规定，不得传播危害国家利益和安全的错误言论，不得泄露党和国家的机密。第二，采写的报道务必要注意事实的确实、可靠，决不无中生有或添油加醋，决不捏造事实、侮辱、诽谤他人。要尊重和维护公民和法人的人格尊严和权利，既注意保护新闻信息源提供者的利益，也要保护新闻事件当事人及其相关者的正当利益，同时还要注意决不揭人隐私、伤害他人的名誉。

法律和纪律是悬挂在记者头上的"达摩克利斯之剑"，记者一定要心怀敬畏和戒惧，否则就会受到它的惩罚。2012年9月26日到2013年6月1日，广州《新快报》记者陈永洲先后采写、发表了十篇有关中联重科股份有限公司"利润虚增""利益输送""畸形营销"以及涉嫌造假等批评性报道，在社会上引起了很大反响。事后的调查查明，这些报道大多是失实的，不仅严重损害了中联重科的商业信誉，给其造成了重大损失，还给《新快报》乃至中国新闻传媒的公信力带来了极大的伤害。为此，陈永洲本人也付出了沉重的代价。2013年10月18日，陈永洲被警方以"涉嫌损害商业信誉罪"刑事拘留，10月30日被正式逮捕，之后被判刑1年零10个月。广东省新闻出版广电局也于2013年10月31日做出查处决定，给予《新快报》记者陈永洲吊销新闻记者证的行政决定，并责成羊城晚报业集团对新快报社进行全面整顿。

2. 坚持原则，不谋私利

具体地说，就是要求记者在新闻采写活动中，务必做到：第一，正确处理好社会效益和经济效益的关系，决不以媒体的经济效益取代或伤害其社会效益。近些年来，一些记者为了所在媒体的私利，一味追求"眼球经济"，热衷于采写、炒作官员、明星的绯闻、丑闻，或者偷窥富人私生活的秘闻趣事，或者渲染暴力、淫秽色彩的犯罪新闻，凡此种种，不仅污染了社会环境，麻醉了公众的身心，遮

蔽了新闻报道的"社会能见度",还会给社会带来不稳定因素。这是记者缺失社会责任,不讲职业道德的表现。第二,洁身自好,决不为名利所动,决不利用采写权利为个人利益寻租。记者要自觉抵制拜金主义、享乐主义、个人主义思想的侵蚀,坚决反对和杜绝"拿回扣""收红包",搞"有偿新闻"或"有偿不闻"的不良行为。2002 年 6 月 22 日,山西省繁峙县义兴寨金矿区发生矿井爆炸,导致 38 名矿工不幸罹难。新华社山西分社鄯宝红等四位记者,在前往采访这一特大矿难事件过程中,并未去矿难现场,而是先找到繁峙县委、县政府,接受了地方官员的盛情款待。酒足饭饱后,他们还分别收取了当地官员给的金元宝和现金,结果导致当时新华社对这一矿难事故"只字未发",在社会上产生了极为恶劣的影响。2003 年 9 月 26 日,新华社对外公布了对此事的处理决定:给予鄯宝红开除党籍、开除公职的处分,其他三人也分别给予了相应处分。

第三节　记者的主体意识

主体意识是人对于自身的主体地位、主体能力和主体价值的一种自觉意识。记者的主体意识,是记者发挥主观能动性的重要依托。具备较强的主体意识,不仅是记者作为哲学意义上的主体的本质规定性决定的,也是记者这一特定的社会角色和特殊职业的基本要求。记者的主体意识强,往往意味着对采写行为负责、积极、主动、有创造性,主体意识不强或者缺失,势必会导致记者在从业活动中迷茫和失职,也会导致记者的社会责任感、独立人格和职业精神弱化,从而影响新闻采写信息传播和舆论监督等社会功能的正常发挥。

记者的主体意识主要包括信息意识、价值意识、受众意识、法律意识和审美意识。

一、信息意识

信息意识是指客观存在的信息和信息活动在人脑中的能动反应,表现为人对信息的敏锐的感受力和分析判断能力,以及对信息的创新能力。新闻采写活动,实际上就是信息的采集、加工处理和传播的过程显现,作为这一活动主体的记者,要有强烈的信息意识,不断提升自身的信息收集、处理和传播水平。

记者的信息意识,主要体现在三个方面:

首先,要具有追求信息、占有信息的自觉意识。向公众传递新闻信息,是新闻采写的宗旨所在,而新闻信息,通常是蕴藏在眼花缭乱的一般信息之中的。记者只有积极主动地追求信息、占有信息,才能从中选择、发现新闻信息,进而加工处理，将其传递给公众。为此，在新闻采写实践中，记者一定要广辟信息流，努力增大自身的信息拥有量。既要注意深入实际，深入生活，精心观察，用心思考，从社会生活的第一线获取丰富多彩的"一手"信息；也要注意通过阅览（收听、收看）书籍、报刊、广播、电视、互联网以及有关文件、文献，或者参加各种会议、活动，从中获取多种多样的"二手"信息；同时还要善于与社会各阶层、各方面人士打交道、结交朋友，以建立自己取之不竭的"信息来源网"。

其次，要具有信息价值鉴别的自觉意识。新闻信息的传播有着巨大的社会影响力；其传播的正当与否、传播的品位高下，不仅影响着媒体与记者自身的美誉度和公信力，而且还影响着社会公众的生活，影响着社会运作的有序与安全。为此，在新闻采写实践中，记者一定要有高度的对信息价值的鉴别能力、分析判断能力。无论是采集发现新闻信息，还是处理加工新闻信息，都要注意既尊重新闻传播的规律，又要合乎中国的现实国情和社情，讲求信息传播的社会效果。

第三，要具有熟练掌握信息技能的自觉意识。记者是以传播信息为己任的，熟练掌握信息技能，是记者从业的"看家本领"，也是其执业的基本要求。因此，记者一定要在新闻采写实践中不断提高自身的信息技能。一是掌握和使用各种信息工具，尤其是网络传播工具。二是掌握和运用交谈、访问、讨论、调查、实验、阅读、检索等各种获取信息的手段和方法。三是掌握和运用对信息进行归纳、分类、存储记忆、鉴别、遴选、分析综合、抽象概括等技巧。四是掌握和运用准确概述、综合、表达信息，使之简洁明了、通俗流畅且富有个性特色的技巧。

二、价值意识

价值意识是人们对客体与主体关系的能动反应，其内容包括价值认知、价值评价和价值选择。价值意识对于人的行为具有重大影响，它决定着人用什么样的尺度去观察、认知社会，以什么样的道德准则来规范自己的行为。新闻采写是一项主观认知和反映客观的活动，记者只有具有正确的价值意识，才能使自己的认知符合客观实际，也才能使所采写的报道合乎客观实际的要求。

社会存在决定社会意识。价值意识作为人类价值关系、价值生存和价值实践的精神形式，也是受制于政治、经济、文化等社会生态环境的。不同的时代，不同的社会，不同的国家，对记者的价值意识有着不同的要求。在中国，记者正确的价值意识，主要体现在两个方面：一是要牢固树立科学的世界观和人生观，努力践行社会主义核心价值观，这就要求记者忠诚于党和人民，敬业爱岗，既有崇高的理想和精神追求，又富有社会责任感。就是要求记者在新闻采写实践中，一定要注意站在党和人民的立场上，运用辩证唯物主义的方法，从大局、全局的角度去观察问题、发现问题、处理问题；采写的报道力求做到五个"有利于"，即

"有利于进一步改革开放，建立社会主义市场经济体制，发展社会生产力的舆论；有利于加强社会主义精神文明建设和民主法制建设的舆论；有利于鼓舞和激励人们为国家富强、人民幸福和社会进步而艰苦创业、开拓创新的舆论；有利于人们分清是非，坚持真善美，抵制假恶丑的舆论；有利于国家统一、民族团结、人民心情舒畅、社会政治稳定的舆论"。① 二是要牢固树立强烈的新闻价值观，尊重新闻传播规律。这就要求记者在新闻采写实践中，注意弘扬中国特色社会主义新闻专业精神和职业伦理，严格按照新闻价值的规则要求去选择、发现、传播新闻事实。

三、受众意识

受众意识是指传播主体以受众为中心，尽心尽力为受众服务。尊重受众的知情权和参与权，以优质的资讯满足受众的信息需求，以平等对话的姿态满足受众的参与权，便是记者受众意识的体现。

在新闻采访实践中，记者的受众意识有四个具体要求：一是研究受众，了解受众的兴趣、爱好。记者要关注、研究所在媒体的受众的兴趣和爱好，以便让自己采写的报道能吸引受众。二是满足受众信息需求。记者要为受众提供真实、及时、多元化的信息，以便受众准确、全面地了解外部世界变动的各种新情况。三是对受众负责任。记者采写的报道，既要在量上对受众负责，向受众提供足够充分的信息；更要在质上对受众负责，决不传播失实或观点错误的信息，欺骗或误导受众。四是引导公众"积极向上"。记者要借助所采写的报道引导受众不断提高自身的素养和品位，维护自身的合法权益，维护社会的公序良俗；与此同时，还要注意引导受众关心、参与社会生活，自觉履行公民的职责和义务。

四、法治意识

"法治意识是人们对法律发自内心的认可、崇尚、遵守和服从。"② 记者的法治意识主要体现在记者需要具备基本法律知识，要按照法律程序开展新闻活动，不能利用职务之便违法犯法。

在新闻采写实践中，对记者的法治意识有如下三点要求：首先，记者参与的新闻采写活动要合法。记者一定要掌握法律的界限，在法律规定和允许的范围内从事采写活动。这些年来，有些记者在采写有关司法报道时，无视司法程序，搞"舆论审判"，抢先对案情作出判断，对涉案人员作出定性、定罪、定量刑以及胜

---

① 《十四大以来重要文献选编》上，人民出版社 1996 年版，第 654 页。
② 吴爱英：《推动全社会树立法治意识》，《人民日报》2014 年 12 月 8 日。

诉或败诉的结论。还有些记者为了报道贩毒、卖淫等丑恶现象，不顾法律规定，深入犯罪团伙，甚至参与卖淫、贩毒。这些都是违背法律的行为，是记者缺乏法治意识的表现。

其次，记者采写的内容要合乎法律规范。记者在涉及法律事实的报道中，一定要注意报道内容与法律事实相一致，在法律范围内客观、中立地报道事件，防止给当事人带来伤害。同时还要注意采写报道的行文中涉及的法律术语要符合标准，要避免因法律术语使用不当误导受众，甚至引发诉讼纠纷。比如，有些记者将警方刚刚抓获的犯罪嫌疑人称为"罪犯"，把司法判决中的缓期执行想当然地简写为"缓刑"。类似这些报道内容、用语都是不符合法律规范的。

再次，记者要学法、懂法、用法。记者平时应积极学习法律法规，懂得并掌握基本的法律常识；与此同时，还要牢记宪法赋予新闻工作者的权利和义务，既大胆地依法从事新闻采写，积极开展舆论监督，勇于扶正除邪，又要善于用法律保护自己，维护自己的正当权利。比如，在采访报道的过程中，注意掌握和保存好各种原始素材，包括各种物证、视听资料（采访的电话录音、笔录、现场照片）、证人证言（当事者或知情者的签字、信件）等。万一遇到"新闻官司"，这种证据便具有非常重要的举证作用。

五、审美意识

审美意识指的是人对审美对象的感知、感受，是审美心理活动进入人的思维后的意识活动。新闻报道是社会、自然界的客观事物在记者头脑中的主观映像，也是记者感知、感受对象的审美结果。记者的审美意识，不仅左右着其新闻采写的进程，而且直接影响着其采写报道的成效。因此，记者必须增强自身的审美意识。著名的前辈记者、新华社原社长穆青曾经说过，"我历来主张新闻记者应该是美的使者，要向人民传播美、展示美。"[①]

在新闻采写实践中，记者的审美意识主要体现在两个方面：一是要有强烈的对美的追求和渴望。作为记者，理应做生活中的有心人，不断地去寻找、去发现现实生活中美的事物、美的人物、美的景象。二是要有高尚的审美情趣和格调。要做到这一点，记者首先必须把对事实信息的审美关切作为自觉追求，并将其贯穿于新闻采写的全过程，精心地去挖掘、去展现事实信息中蕴藏着的新奇美、人性美、和谐美等各种美的元素。其次，记者采写新闻报道时，必须把人文关怀作为永恒的主题，关注人的生存与命运，关注社会的发展与前程，着力提升报道的情感魅力，从而引起受众的共鸣，带来审美愉悦。再次，记者采写的报道必须讲

---

① 穆青：《新闻审美》，新华出版社1999年版，序言。

究语言文字的表现技巧，既注意表达的规范、协调，又注意表达的创新和独树一帜，能给受众带来视觉、听觉上的冲击力，给人以美感。

思考题

1. 联系实际谈谈你对记者角色的认识。
2. 作为一名称职的记者应该具备哪些修养？为什么？
3. 结合当前新闻实践，谈谈记者职业道德失范的表现，并指出其危害性。
4. 强调记者的主体意识有何意义？

第三章 新闻采写的客体——新闻事实

本章知识点：①新闻事实的含义与特性；②新闻敏感的含义及其培养途径；③新闻事实的识别和方法；④新闻事实选择的主要依据：新闻价值、传媒定位和社会责任。

新闻事实是新闻采写的工作对象，即客体。作为记者，不能正确认识新闻事实的含义及其特性，不能正确掌握其识别、选择的依据与方法，是无法从事新闻采写工作的。

第一节 新闻事实的含义与特性

什么是新闻事实？新闻事实有什么样的特性？这是正确认识和把握新闻事实的前提。

一、新闻事实的含义

对新闻事实的界定，新闻传播学界和业界众说纷纭，普遍认可的说法是，新闻事实是指合乎新闻传播要求的新近（或正在）发生、发现的事实。这个说法包含三层意思：

（一）新闻事实是事实的一种

所谓事实，通常是指事情的真实情况，包括事物、事件、事态，即客观存在的一切物体与现象。客观存在的实际情况，是事实生成的源泉和依托；离开了客观存在的实际情况，事实就成了无源之水、无本之木。子虚乌有的"实际情况"，或者被扭曲、歪曲了的"实际情况"，是不能称之为事实的。新闻事实是新闻采写者对客观存在的实际情况的呈现，自然是事实的一种。

（二）新闻事实是新近（或正在）发生、发现的事实

任何事实都是处在一定的时间和空间之中的，存在于已经消失的历史时空中的事实，早已为人所发现、所熟知的事实，是不可能成为新闻事实的。比如，2001年9月11日上午，两架遭劫持的民航客机分别撞向美国纽约世界贸易中心一号楼和二号楼，致使两座楼相继倒塌。对于今天的媒体和公众来说，这一事件便是历史事实，而不是新闻事实。

（三）新闻事实是合乎新闻传播要求的事实

大千世界，新近（或正在）发生、发现的事实数不胜数，其中只有一小部分

能进入新闻传播领域，为新闻传播者所接受、所传播，而大部分则为新闻传播者所忽略。个中缘由，便在于这一小部分新近（或正在）发生、发现的事实具有新闻价值，合乎新闻传播的要求。比如，同样是企业职员职务犯罪的两件事，一件是某工厂会计贪污、挪用公款100万元，一件是某银行出纳员贪污、挪用公款100万元。前者往往不为新闻记者所关注，而后者往往会吸引众多新闻媒体。其中的原因，便在于新闻记者是从新闻传播规律要求出发，认定后者与社会公众的切身利益关联更加紧密，将其作为新闻事实更利于传播。

二、新闻事实的特性

新闻事实的本源是事实，因此，它具有事实的共性，必须合乎客观存在的实际情况，但是新闻事实又不是一般的事实，与其他事实相比较，它有着自己鲜明的特性。

（一）现实性

现实性是新闻事实本质上的一大特性。新闻事实的现实性，主要体现在两个方面：

1. 在事实发生、发现的时间上，新闻事实是"现时"时态下呈现的

"现时"是个时间概念，是以"当下"为基点，包含着"新近""刚才""正在"等含义。新闻传播要求及时、迅速，这决定着新闻事实的发生、发现与传播之间的时间距离越短越好，"今天的新闻是金子，昨天的新闻是银子，前天的新闻是垃圾"。① 比如，1999年3月以美国为首的"北约"轰炸南联盟，能在20世纪90年代成为轰动世界的重大新闻事件，就是因为它是当时的重大新闻事实；而在今天，这一事件则是"掌故"记载。

2. 在事实发生、发现的空间上，新闻事实是"现状"状态下呈现的

"现状"是个"空间"概念，是以"眼前""切身"为基点，包含着"附近""周围""身边"等地理空间含义，也包含着"利益相关处""情感关注处""兴趣所到处"等心理空间含义。"现状"的空间状态，规定着新闻事实总是存在于"现状"的特定区域内，是人们在"现状"存在的空间中可以直接感受到、经验到的。"现状"的新闻事实，与人们的地理空间、心理空间越接近，越能引起人们的关注，越利于传播。比如，有一年冬天上海下起了大雪，"这几天上海街头积雪不化，春寒料峭，最低温度下降到零下摄氏七点四度，上海人遇到了有气象记载的八十多年来罕见的严寒"②。这个事实，对于上海以及邻近的浙江、江苏来说，就

---

① 方毅华：《新闻叙事导论》，中国广播电视出版社2014年版，第53页。
② 新华社1957年2月12日电讯稿。

是新闻事实，因为那里的人们对此感受最深，最为关注；而在黑龙江、新疆等地，这个事实就不是新闻事实了，因为那里冬季气温常常处于零下二三十度，对于居住在积雪数尺地方的人们来说，零下七点四度的寒冷不是什么"新鲜"事。

（二）异常性

异常性是新闻事实呈现形态上的一大特性。"新闻是新奇的、突破事物正常轨道或出乎意料的事件的情况"①，"常常是新奇的、不同一般的、意想不到的"②。因此，新闻事实所呈现的通常是异常性的事实。新闻事实的异常性主要体现在两个方面：

1. 新闻事实不是一般的事实、寻常的事实，而是不一般的、不寻常的事实

新闻事实的这种不一般、不寻常，是与同类事实相比较而言的。在同类事实中，具有显著性，或具有重要性，或具有极致性的事实，才能构成新闻事实。比如，一般人犯罪被判刑，不能算是新闻事实；而曾任中共中央政治局委员、中共重庆市委书记的薄熙来犯罪被判刑，则是国内外瞩目的新闻事实。其原因便在于薄熙来曾经拥有显赫的地位，由此凸显出了该事实的显著性、重要性。

2. 新闻事实不是常态的、正常的事实，而是非常态的、反常的事实

所谓非常态的、反常的事实，是指同人们常态思维、观念相差悬殊或者"背道而驰"的事实。非常态的、反常的事实，出人意料，让人意想不到、好奇、惊讶，从而满足了人们求知、求新、求趣的新闻欲，自然有助于事实的传播。新闻事实的这一非常态的、反常的特性，通常显示在其事实内容的"突发"或"奇异"上，也可显示在其陈述视角、方法的别具一格上。比如，一家人收养弃婴，称不上是新闻事实；但通过展示收养者的身份——靠捡垃圾为生的农村妇女，收养的过程——含辛茹苦地抚养，收养的用意——让孩子快乐成长，这个事实便可能成为新闻事实。

（三）有效性

有效性是新闻事实价值层面上的一大特性。任何事实都包含有一定质和量的信息，而信息的生命与价值在于传播。事实信息是否具有传播吸引力和扩散效应，是衡量其是否有效的标准和尺度。合乎新闻传播要求的新闻事实，应是具有有效性的事实。新闻事实的有效性，主要体现在三个方面：

1. 新闻事实是能为人们提供"认知价值"的事实

新闻传播的使命在于借助事实信息的传递，帮助人们及时感知客观世界的变动；而人们接受新闻传播，其主要的、直接的目的，也在于了解和把握自然和社

---

① ［美］麦尔文·曼切尔：《新闻报道与写作》，艾丰等译，广播出版社1981年版，第65页。
② ［美］麦尔文·曼切尔：《新闻报道与写作》，艾丰等译，广播出版社1981年版，第196页。

会环境变动的最新情况,以便进行自我调适,更好地适应变化的外部环境。因此,只有那些能对社会公众生存、生活和发展带来影响的事实信息,才会为人提供一定的认知价值。具有认知价值,是事实成为新闻事实不可或缺的条件。比如,2003年发生的"非典"事件,2008年发生的"汶川地震",2010年发生的"宜黄拆迁"事件,以及近年发生的一系列"反腐"事件等,都是因为事件本身极具认知价值,才会成为当时重大的新闻事实。

2. 新闻事实是能为人们提供"兴趣价值"的事实

从人类发展史看,新闻传播活动可以说是人的一种精神交往活动。精神交往的目的在于获取新知,沟通情感,而其动力则在于"兴趣"。"兴趣"是人产生行为、实施活动的原动力;失去了"兴趣",精神交往也就没有了立足之本。因此,具有"兴趣"这一客观属性,也是事实成为新闻事实的一大必备条件。当然,"兴趣"的价值取向是多向度的,信息的真、善、美、利等都是其价值的彰显。比如,有位70岁的老人,踩着一辆三轮车,拉着100岁的老母亲,走遍了中国的大江南北,还要去世界的第三极——拉萨亲眼看看"活佛"。这个事实所蕴含的社会公序良俗的美,便是它能引起公众兴趣,成为新闻事实的关键。

3. 新闻事实是能为人提供"道义价值"的事实

"道义价值",即"道德与正义"价值。新闻事实的"道义价值",是指新闻传播的事实信息不仅能满足社会公众的知识、情感或心理的需求,而且能在感知、体验的基础上,分析、判断、体悟出一定的道理。新闻传播作为现代人类社会生存、发展须臾不离的中介,理应助推社会健康、有序、科学地发展,而不应误导、阻碍社会合规律地行进,因此,事实信息的"道义价值",也是其成为新闻事实的一个重要条件。这里需要指出的是,事实信息的"道义价值"是构成新闻事实的深层要求,它是建立在信息的"认知价值"和"兴趣价值"基础之上的。"认知价值""兴趣价值"和"道义价值"三者交融,相得益彰,构成了新闻事实价值属性的多元统一体。比如,前些年有则关于演员牛振华车祸身亡的报道,其报道陈述的新闻事实,既有车祸的现场情况——两车追尾,致车毁人亡(提供"认知价值"),也有车祸主角的身份——著名笑星(提供"兴趣价值"),还有车祸的原因——酒后驾车(提供"道义价值")。正是由于提供了多元的信息价值,这则新闻事实才被广泛传播。

第二节 新闻事实的识别

能在浩如烟海的事实世界中准确、及时地识别新闻事实,是实施新闻采写的第一个重要步骤,也是成为一个合格记者的首要要求。

一、新闻事实的识别取决于记者的新闻敏感

新闻事实通常都蕴含在千姿百态的一般事实之中,能否在各种各样、数不胜数的一般事实中,准确、及时地识别出什么是新闻事实,什么不是新闻事实,就依赖于记者的新闻敏感。

(一)新闻敏感的含义与作用

各行各业都有自己的能工巧匠、"老行尊",他们对自己所从事的工作有着强烈的职业敏感。比如,经验丰富的农民,看一看天上的朝霞或者月亮周边的色彩,观察一下地上的昆虫,就知道将会有什么样的天气;他们抓一把地上的泥土看看,就知道适宜种什么作物。老渔民伏在船板上一听,或者爬到桅顶上望一望海水的波纹和颜色,就知道水下有什么鱼群在游动。有经验的中医切切患者的脉搏,看看他的舌苔,就能准确地说出病情所在。高明的音乐指挥家,能够从他所指挥的、由数十人组成的乐队中,听出一个乐手的偶尔差错……

新闻敏感,也有人称为"新闻眼"或"新闻鼻",就是合格记者所特有的职业敏感。它能够使记者在瞬息万变的大千世界中透过重重迷雾,一下子"看到""嗅到"新闻事实在哪里,或者哪里会有新闻事实出现。具体地说,所谓新闻敏感就是记者敏锐地发现、鉴别和预见新闻事实的能力。

在新闻采写实践中,记者的新闻敏感的作用主要表现在三方面:

1. 能迅速发现新闻事实

19世纪法国著名雕塑家罗丹说过,所谓大师,就是这样的人,他们用自己的眼睛去看别人见过的东西,在别人司空见惯的东西上能够发现出美来。① 具有新闻敏感的记者,就像这些大师一样,能在日常生活中一眼就发现新闻事实,而不会让新闻事实从自己面前漏掉。20世纪80年代初,新华社对外部记者章挺权曾陪同美联社记者米尼克利尔在中国各地采访。一次,他俩从哈尔滨坐飞机到北京,飞机刚降落到跑道上滑行时,米尼克利尔就对章挺权说:"美国有个要人在北京,请你帮我打听一下是谁。"章挺权回答说:"我们一起坐飞机来的,事先没有人告诉我们任何消息,连我这个主人都不知道,你是客人,怎么知道美国有要人在北京呢?"米尼克利尔指着机窗外一架停在跑道旁边的飞机说:"你看,那是一架白宫的飞机,没有要人,怎么会坐白宫的专机呢?"章挺权一看,真是一架涂有美国国旗的波音707飞机。事后一查,原来是时任美国总统卡特的科学技术顾问正在北京访问。具有新闻敏感的记者就是这样,面对新闻事实马上会产生"条件反射",立

---

① [法]罗丹:《罗丹论艺术》,人民美术出版社1978年版,第5页。

即将其抓住。

2. 能准确地鉴别新闻事实的价值所在及其价值的大小

众所周知,不是每一块岩石里都蕴藏着金子,同一块岩石里不同部分金子的含金量也会有差异,这得靠采金者的判断和鉴别。同样道理,不是每个新近发生、发现的事实都是新闻事实,不同新闻事实的价值也是各不相同的,需要记者进行判断、鉴别。只有具有新闻敏感的记者,才能准确地判断和鉴别新闻事实的价值所在及其价值的大小。2000年4月,《商丘日报》记者王玉华、余福灵在河南省虞城田庙乡刘杨庄村采访时,看到村里众多村民都在梨园的花海之中爬上爬下,十分费劲地给梨树进行人工授粉。对果树进行人工授粉早已成为人们司空见惯的事情,但王玉华、余福灵两人却从中觉察到不寻常之处:为什么不通过昆虫自然授粉,而要耗费大量人力进行人工授粉?经过进一步采访,他们很快便找到了这一事件的价值所在:由于农药的滥用,导致鸟类、昆虫等大量死亡,破坏了生态平衡,给人类自己带来了麻烦。据此,他们采写了消息《生态失衡给人们带来麻烦 蜂蝶无处觅 忙煞众果农》。这篇报道见报后,引起了很大的社会反响,并先后获得了河南省新闻奖一等奖和第十一届中国新闻奖三等奖。

3. 能对某些重大新闻事实作出科学的预见

事物的发展都是有规律的,任何事物的进化或者向对立面的转化,一般表现为由量变到质变的过程。量变是事物在数量上的增加或减少,不是根本性质的变化;质变才是事物根本性质的变革,是事物由一种质的形态向另一种质的形态的突变或飞跃。具有新闻敏感的记者,能透过事物变化的某些先兆,预见到事物的演变和发展趋势,在事物即将发生质变或部分发生质变时,科学地预见和抓住新闻事实。2005年1月,《潇湘晨报》记者季伟涛前往印度洋海啸重灾区——泰国的普吉岛进行采访。按照原定的采访计划,他于1月16日奔赴灾后重建中的普吉岛考拉海滩回访。当天上午8点左右,他刚抵达普吉市政府门前,发现那里的警力比平时增加了许多。面对这一异常情况,他马上警觉起来:这里将会有重要新闻事件。果然,一打听,警力的变化是因为加拿大总理马丁将于上午10点来访普吉市政府。于是,季伟涛马上把回访考拉海滩的时间推迟到中午,而对马丁总理访问普吉一事进行了及时的采访报道。

(二)新闻敏感从何而来

新闻敏感是记者必须具备的职业素质。虽然它属于精神层面,和记者个人的悟性有着一定的关系;但它绝不是神秘莫测的"天外来物",不是人的"天性使然"。新闻敏感来自记者的职业认知、知识水平和经验积累,是可以通过学习、实践和思考获得的。

1. 新闻敏感来自高度的职业责任感

高度的职业责任感是培养新闻敏感的原动力。注意抓取新鲜事物，积极采写新闻，并把它迅速传递给受众，这是记者的主要职责。记者有了高度的职业责任感，怀着一腔激情对待工作，不抓住新闻心里不安，不把最有价值的新闻事实反映出来，便卧不安席、食不甘味；不分上班下班，也不管分内分外，随时随地启动捕捉新闻的"雷达"，新闻敏感就会随之养成。

2002年12月7日，《盐城晚报》记者陆应铸在饭桌上与人聊天时，听到了这样一个信息：一个曾经参加过侵华战争的日本人，在盐城参观重建的新四军军部纪念馆时，看到了他当年曾经用过的一辆自行车，便提出想买下这辆车，但遭到了纪念馆负责人的断然拒绝。听罢这一消息，陆应涛顾不上吃饭，立即奔赴纪念馆，采访当事人，查阅相关资料，很快采写出了通讯《一辆自行车的传奇故事》，刊载于《盐城晚报》。这篇通讯获得了2002年中国晚报新闻奖特等奖。这位记者正是因为具有了高度的职业责任感，饭桌上也没有忘记自己是记者，才会从闲聊中触发新闻敏感，发现如此重要的新闻事实。

2. 新闻敏感来自对形势以及党和政府的方针、政策的透彻了解

准确地洞察形势，深刻领会党和政府的各项方针、政策，是培养和增强新闻敏感的必要条件。洞察形势，就是要全面、及时地了解国内外的重大时事，明确国际、国内和本地的政治、经济、文化等各个方面的情况和走向。深刻领会党和政府的方针、政策，就是要正确理解和把握党和政府一个时期的工作重点及其指导思想。只有洞察形势，领会了党和政府的方针、政策，记者才能胸怀全局，站立在时代潮头，把眼前发生的事实放到全局和时代背景下加以考察，从而发现新闻事实及其价值大小，新闻敏感也随之养成并得到增强。

2001年5月底，《人民日报》记者蔡小伟去安徽省凤阳县采访，刚到县城，便听说该县县委一班人正在书记带领下，开展刹"官僚风、吃喝风、走读风"的活动。闻此信息，蔡小伟二话没说，立即深入调查走访，很快便采写出了一篇题为《县委书记刹"三风"》的报道，刊登在2001年6月7日的《人民日报》的头版头条上，引起社会的广泛关注。从直接采写的时间看，这篇报道好像"得来全不费功夫"，其实，它是记者对当时形势以及党和政府的政策深刻了解和把握的结果。进入新世纪后，因干群矛盾引发的社会危机事件日益增多，其主要症结便在于一些干部中官僚主义、吃喝玩乐、贪污腐败等歪风邪气开始滋长。这是当时国内形势的一个表现。2001年是建党八十周年，加强党的建设，实践"三个代表"是当年党的一项重要工作。时任中共中央总书记江泽民在当年召开的党的十五届五中全会上还专门作了关于党的作风建设的重要讲话。这是当时党的一项重要的政策举措。正是基于此，记者一听到凤阳县委一班人刹"三风"的信息，新闻敏

感的"火花"就自然迸发出来了。

3. 新闻敏感来自对实际情况、知识、资料的积累与研究

熟悉现实生活和社会实际情况，掌握丰富的知识和历史资料，并注意研究、分析，这是培养和增强新闻敏感的坚实基础。现实生活和社会实际情况是新闻采写的对象和源泉，不接触、不思考现实生活和实际情况，自然无法触发新闻敏感。新闻采写要求记者广泛接触社会，同各种各样的人和事打交道，这就给记者规定了适应本职工作的标准，即了解各方面的情况，拥有宽广的知识面和丰厚的历史资料。平时记者掌握的情况、知识、资料越多，思路就越开阔，就越能触类旁通，比较、鉴别的天地就越大，新闻敏感就越强。比如，《河北日报》记者石磊从 1999 年参加工作开始，就一直从事交通方面的报道，积累了大量有关交通的知识和资料，对河北全省的交通发展脉络了然于胸。2002 年 7 月，《河北日报》编辑部策划迎接中共十六大的报道，要求有反映河北省交通建设成就的稿件。由于相关资料的积累相当丰富，编辑部的这一策划马上触发了石磊的新闻敏感。他根据近几年河北省交通的变迁，采写了《我省交通图五年七变》，刊登在 2002 年 7 月 11 日的《河北日报》上。该报道后来被评为第十三届中国新闻奖一等奖。

二、新闻事实的识别方法

新闻事实的陈述对象是客观存在的实际情况。任何客观存在的实际情况，都是处在不断运动、变化之中的。这种无处、无时不在的运动、变化本身是不能构成新闻事实的，但是，新闻事实恰恰蕴藏在这些运动、变化之中。比如，长江一年四季由西往东流向东海，流入太平洋，其间水的流速快慢不一，水的流量大小也不一，导致长江的水位有高有低。通常，除了水利专家外，没有人会去留意、关注长江水的这些变动，记者也不会把它视作新闻事实去采写。然而，长江水的流速过快或过慢，水流量过大或过小，以致水位变化超过了一定"限度"，则成了"洪水"或"枯水"。长江水的变动一旦呈现这种状态，给社会及人们的生活带来了影响，那么它就成了新闻事实。因此，新闻事实的识别不能简单地着眼于客观存在的实际情况本身的变动，而应该着眼于这一变动与人们生活、社会的关系的涉及程度，也就是说，要着眼于其变动度。

具体地说，在新闻采写实践中，可以从以下几个方面把握实际情况的变动度，进而识别、判定新闻事实。

（一）变动的范围与规模

这是指客观存在的实际情况变动的空间。空间既是客观实际情况存在及其变动的最根本方式和坐标之一，也是人们认识客观实际情况的一个最重要的尺度和方法。客观实际情况有自然物质性和社会性之别，前者的空间规定性，即物理学

层次上的三维空间，可以用数理方式加以度量；而后者的空间规定性，不仅包含有三维空间，还包含有社会关系空间、思维空间、情感空间、感知空间等，其度量标准主要是社会的影响面。一般来说，客观实际情况变动的范围愈大、规模愈大，亦即变动的空间愈大，那么该变动的社会影响面也就愈大，关注的人也就愈多，这样就会因其显著性、影响性突出而彰显出新闻事实的价值。

着眼客观实际情况变动的空间与规模，在实践操作中，既要求记者善于把握变动的外在形态，即看其是否涉及全局、整体，同时也要求记者善于把握变动的内在意义。有些变动虽然是涉及局部的"小事"，但其内在意义却涉及全局、整体，同样会引起社会、公众的普遍关注和兴趣，也会构成新闻事实。比如，《跑断腿的二胎证》[①] 这则报道，讲述的是一对武汉市普通市民夫妇办二胎证的"小事"——全家人出动，街道办事处，区计生部门等单位跑了二十多次，历时四个月才把证办下来。这件"小事"反映出当前人们普遍关注的一个社会现象：部分政府机关和工作人员服务意识差，导致"门难进，脸难看，事难办"，给群众增添了麻烦。如此一来，"办证"小事便与"改善干群关系""提高执政能力"这个社会大问题联系起来，成为一个具有广泛社会影响的新闻事实。

着眼客观实际情况变动的空间与规模，在实际操作中，还要求记者注意把握变动的"临界点"。如果客观实际情况突破了一定限度（临界点），属于非常规变动，则更能引起社会、公众的关注和兴趣，自然能构成新闻事实。比如，每年夏天我国都有数十万青年学子参加高考，答题用手写字，或用左手或用右手，字写得有好有差，成绩也有高有低，这都是普通现象。但是2001年夏天，失去双手的残疾青年陈瑞，参加高考时用脚答题，并以优异成绩被高校录取，这属于非常规变动了。记者吴锋根据这一新闻事实采写的报道《"中国用脚高考第一人"喜圆大学梦》，在2001年10月18日的《华商报》发表后，引起了社会的普遍关注和好评。

（二）变化的顺序与次数

这是就客观实际情况变动出现的时间顺序与频率而言的。时间是客观实际情况存在及变动的另一个根本方式和坐标，也是人们认识客观实际情况的又一个主要的尺度和方法。与空间规定性一样，任何客观实际情况也都有自己的时间规定性。时间是一维的，具有流逝性、不复返性的特征。时间规定性的衡量标准，主要是变动出现的先后顺序以及出现的频率、次数。一般来说，同类变动出现时间

---

① 《跑断腿的二胎证》，《湖北日报》2014年1月14日。

在前的"先变"情况,尤其是第一次出现的"首变"情况,较之随后出现的"后变"情况,新鲜性更强、更引人注目,更能构成新闻事实。同时,某一变动在时间流动的过程里,出现的频率越低、次数越少,尤其是属于"独变"的情况,较之多次出现的、甚至反复出现的"屡变"情况,也因其"物以稀为贵"而更能构成新闻事实。

着眼客观实际情况变动的顺序和次数,在实践操作中,一方面要求记者善于把握客观现实中出现的新情况、新状态,注意从"首变"事实中发现新闻事实;另一方面还要求记者善于把握事实变动中的"人无我有"的独特之处,注意从人们意料之外的"独变"事实中发现新闻事实。

案例 3-1

克林顿公开重申对台"三不"承诺①

(新华社上海 6 月 30 日电)正在这里访问的美国总统克林顿今天公开重申美国不支持台湾独立,不支持"一中一台""两个中国",不支持台湾加入任何必须由主权国家才能参加的国际组织。

克林顿总统是今天上午在参加与上海市民的座谈时公开重申这一承诺的。克林顿说,他在北京时有机会向江泽民主席重申了美方在台湾问题上向中方作出的承诺。他说,美方的政策是一贯的。克林顿说,他与江主席就中美关系和共同关心的重大国际问题广泛深入地交换了意见,增进了相互了解。他说,人们都知道,一个更加繁荣、开放和强大的新中国正在世界上崛起,他本人在这次访问中与中国各界人士的广泛接触,有利于美中两国人民增进友谊与合作。虽然美中两国在一些问题上还存在分歧,但双方应该通过对话与合作来消除分歧,进一步扩大共识。

这则不到 400 字的报道,展示的是当年中美关系中最敏感、最重要的核心话题。这一重大新闻事实,便是记者从克林顿在上海图书馆与市民座谈会上即席发言的大量言论中捕捉到的。它既是"首变"的情况(美国总统第一次公开阐述对台湾的"三不"政策),也是"独变"的情况(与历任美国总统在华言论相比较),自然意义非凡。报道播发后,立即引起国际社会和海内外媒体的高度关注,纷纷在显著位置刊登了这则报道。

(三)变动的过程与速度

这是就客观实际情况变动的内在关系而言的。内在的构成要素及其关系是客

---

① 《克林顿公开重申对台"三不"承诺》,《人民日报》1998 年 7 月 1 日。

观实际情况存在及变动的又一个根本方式和坐标，也是人们认识客观实际情况的又一个主要尺度和方法。客观实际情况的构成要素及其关系是错综复杂的，不同的情况有着不同的内在构成要素及其关系的规定性，因此测量的标准也就不一样。从记者识别新闻事实的角度而言，其测量标准主要是内在关系与变动过程的简繁，运动速度的快慢。一般来说，内在关系与变动过程比较单一、运动速度比较快的"急变"或者"突变"式的变动，其新闻事实的特性通常是外显的，可以一目了然，如某地发生地震，或某架飞机失事等。与此相反，内在关系复杂、运动过程长、速度又慢的"缓变""渐变"式的变动，其新闻事实的特性往往是"内藏"的，不易觉察。比如，一家国有大型企业的转制改革，一个高官的蜕化变质，一位先进人物的成长历程等。

着眼客观实际情况变动的过程与速度，在实际操作中，就是要求记者善于根据变动的头绪简繁、过程的长短以及速度的快慢，识别新闻事实的价值所在。对于"急变""突变"式的变动，可以依据其发生的时间、地点、涉及的人物及原因、经过、结果等，判定其是否是新闻事实。对于"缓变""渐变""屡变"式的变动，则要根据其变动的性质和意义来进行判定。

案例 3-2

76 秒，他用生命诠释责任
——杭州长运驾驶员吴斌英雄壮举感动中国[①]

5 月 29 日 11 时 40 分，吴斌驾驶"浙 A19115"大客车从无锡返杭途中，突然有一块约 30 厘米长、5 公斤重的铁块，像炮弹一样从空中飞落，击碎车辆前挡风玻璃，砸向他的腹部和手臂。危急关头，吴斌强忍剧痛，换挡刹车，将车缓缓停好，拉上手刹，开启双闪灯，并站起来转过身提醒乘客："注意安全！"这是他留给人世间的最后一句话。说完这句话，吴斌就突然倒下，陷入昏迷。他以一名职业驾驶员的高度敬业精神，完成一系列完整的安全停车措施，确保了 24 名旅客安然无恙。而他虽经全力抢救，却因伤势过重于 6 月 1 日凌晨 3 时 45 分不幸去世，年仅 48 岁。

……

公路上发生车祸，在今天的日常生活中，原本属于并不鲜见的"屡变"式的变动事件，是不能称之为新闻事实的。但是，司机吴斌在被突如其来的铁块砸成

[①] 《76 秒，他用生命诠释责任——杭州长运驾驶员吴斌英雄壮举感动中国》，《中国交通报》2012 年 6 月 4 日。

重伤后，利用生命的最后76秒，强忍剧痛，把车稳住，保障了车上24名乘客的安全，自己却永远倒在了驾驶岗位上。这76秒短暂时间里爆发出的人性光辉，使这一"惊变"事实具有了很高的新闻传播价值。

第三节　新闻事实的选择依据

现实社会，事实信息林林总总、层出不穷；然而，传播新闻事实的媒体是有限的。作为记者，要依据一定的原则精心地选择新闻事实，以确定自己的采写目标与重点。记者选择新闻事实的依据主要是新闻价值、媒体定位和社会责任。

一、新闻价值

所谓价值，是指客体对主体需求的满足与符合，新闻价值便是新闻事实对受众新闻需求的满足与符合。新闻价值的这一内涵，包含着两层意思：第一，新闻价值是新闻事实本身具有的，即新闻价值具有客观性；第二，新闻价值是受众新闻需求的体现，即新闻价值合乎人的主观要求。对于新闻价值而言，新闻事实、受众需求二者是缺一不可的。没有新闻事实，就谈不上新闻价值；离开了受众需求，新闻价值也是不存在的。

新闻价值是由多种因素构成的，其中最主要的因素有：

（一）新鲜性

新鲜性指的是客观存在的实际情况发生或变动的时间及其所蕴含的信息量，这是构成新闻价值的必备因素。缺少新鲜性的客观实际情况，是没有新闻价值的，自然成不了新闻。

客观实际情况的新鲜性，首先是时间性问题。新闻总是要报告给人们一个新近发生、发现的事实，或者事实变动的新情况。荆轲刺秦王、张骞通西域、司马迁写《史记》等，在中国历史上都是有着深远影响的事件，但不能把它们作为新闻在今天的新闻媒体上播发，这是由于它们不是新近发生或发现的。2001年和2003年，美国先后发动入侵阿富汗和伊拉克的战争，虽然远没有第二次世界大战那样的规模，但它们却分别成为21世纪第一个十年两件轰动世界的重大新闻事件，这正是由于它们是新近发生的。一般说来，客观实际情况发生、发现的时间与公开传播的时间差的大小，是同新闻价值的大小成反比的，两者之间的时间差越小，新闻价值就越大。

客观实际情况的新鲜性仅有时间性还不够，还必须提供给人富有新意的信息，诸如新现象、新问题、新观点、新趋势等。新闻价值的大小是同信息新意程度成正比的，信息越有新意，新闻价值越大。

案例 3-3

杨先生痛说给孩子诊病遭遇

——看个"咳嗽"要掏 1065 元①

本报讯 7 日，武昌杨先生带着 2 岁的女儿到市儿童医院看病，没想到看一个"咳嗽"就要花 1000 多元。因此，他于昨日投诉到本报新闻 110。

据称，杨先生被导医引到专治哮喘的陈教授诊室，陈问了几句，让他先带女儿去验血，发现孩子对常见的 31 种物质的过敏反应均呈阴性。

陈教授根据孩子患过湿疹，判定孩子是过敏体质，便在病历和处方单上分别开了处方。杨先生见药开得很多，病历上的字又看不懂，便问孩子得的什么病，陈教授说："按我开的药吃就行了。"

一划价，药费加治疗费 765 元，加上验血费 300 元，共 1065 元！有医务人员小声提醒杨先生："你的药开多了。"杨先生返回诊室问陈教授，陈教授称这是一个疗程的药。

……

生病就医，就医花费，是日常生活中的寻常事；然而，治疗小小的咳嗽居然花费 1065 元，如此"大处方"的出现，却是一个鲜见的新情况，自然就有了新闻价值。报道见报后，成为武汉市民热议的焦点话题，引起了很大的社会反响。

（二）重要性

重要性指的是客观存在的实际情况所具有的社会意义和大多数人关注的重要程度。这是决定新闻价值大小和有无的关键因素，也是有别于资产阶级新闻价值观和体现社会主义新闻价值观特色的主要因素。因为重要性比起新闻价值的其他要素来能更多地体现一个记者的政治倾向，反映新闻传播机构的政治态度。资产阶级新闻学者也讲重要性，但他们认为新闻的重要性是以战乱、政治斗争、名人轶事及金钱、女人、冒险等为主要内容的。比如，美国《芝加哥论坛报》的柏斯顿就公开宣扬：一个平凡的人加一个平凡的生活，不是新闻；一个普通的人加一个普通的妻子，不是新闻；而一个普通的人加三个妻子，才是新闻。在这种新闻价值理论的支配下，一些低俗的新闻媒体上充斥着诸如一位三级片"艳星"如何又在公共场所"漏光"等色情、凶杀和变态的新闻报道。

---

① 《杨先生痛说给孩子诊病遭遇——看个"咳嗽"要掏 1065 元》，《武汉晚报》2002 年 8 月 10 日。

我们社会主义新闻学强调的重要性，是以是否关涉人类社会和国家前途，关涉人民群众生存、发展为衡量标准的。凡对自然环境、国家前途和人类生活有重大影响的，与人民群众根本利益密切相关的事实，都具有重要性。在这个基础上，判定事实的重要性，通常从以下两个方面着眼：

1. 影响力

一个事件的影响力愈大，对社会的影响程度愈大，影响到的人数愈多，其新闻价值愈大。比如，2017年，党的十九大胜利召开、中国首艘国产航母下水、中国自主研发的C919大型客机首飞成功、第一届"一带一路"国际合作高峰论坛在北京开幕等事件，不仅在中国具有重大影响力，而且还影响到世界，自然成了当年的重大新闻。再如，近些年来，物价问题、教育问题、食品安全问题、社会治安问题等，也因其涉及千家万户，而成了报道的热门话题。

2. 知名度

一个人物或事物的知名度愈高，在社会生活中的地位愈突出，或者对社会产生的作用愈大，愈能引起社会大众的关注，其新闻价值愈大。比如，一个普通人建立个人网站，只是个人行为或者商业行为，一般来说不会有什么新闻价值。然而，巴基斯坦总统佩尔韦兹·穆沙拉夫在2005年2月开通个人网站，却成为当时轰动一时的大新闻。再如，2004年5月23日，法国戴高乐机场2E候机厅发生顶棚坍塌事故，引起了世界各大新闻媒体的关注。其原因，除了它是一起突发性的灾难事件外，戴高乐机场的知名度也提升了这一事件的新闻价值。

这里需要指出的是，知名度只是判定事实重要性的一个着眼点，而不是主要或唯一的依据。知名度高的人物或事物，固然能引人注目而显得重要，但是，离开了其具有的社会意义和社会影响，一味讲究"知名"，势必会误导公众，给社会带来负面效应。

（三）接近性

接近性是新闻价值的一个重要因素，指的是客观存在的实际情况与新闻受众内在的相关性，即它与受众在信仰、经历、心理、职业、性别、年龄、地域等方面重合或近似的程度。一个事实的新闻价值大小是与这些方面重合或近似的程度成正比的。

在国外一些新闻学者的著作中，也有把新鲜性列入接近性的，称作时间上的接近性。我们这里将它们区别开来，专讲时间性以外的接近性。

心理学家认为，一个事件之所以引起人们注意主要有以下三类原因：一是外界的刺激，二是人的内在兴趣，三是人们已有的经验。一般说来，和人们的日常生活、工作有密切关系的事情，人们比较关心；人们对自己熟悉或感兴趣的地点、人物和事物，较之其他东西更为注意；一切和人们过去的经验相关的事物，人们

容易被吸引和保持注意。所以,新闻价值中的接近性,大体上包含这样两个方面:

1. 地理上的接近性,或者叫空间距离上的接近性

我国1943年出版的《新闻学集成》一书中是这样讲新闻在距离上的接近性的:"时间的接近性,如果是纵的要素,那么距离接近性更是横的要素。这两者都一样地具有操纵新闻生命的重要性。尤其距离和新闻的关系,更为重大。它可以增减新闻趣味,而且发生事件的场所与读者间的距离愈近,读者对新闻的关心趣味也愈大。人们要求关心自己生活圈内的事故,是比关心别人的生活圈内的事故更来得迫切。而且对本国的事件,也比外国的事件更感觉兴趣。邻居有强盗闯进的事实,纵然强盗未得一物而逃走,也比外国银行被土匪抢去十万金元的事实,更能刺激我们,使我们更感兴趣。这的确是人类具有的本能,也是近距离的事故对自己的生命、财产、幸福有着直接的影响……所以距离的接近性说是新闻的主要成分之一,也不为过。"① 事件发生地点和新闻受众的距离越近,新闻价值就越大。

2. 心理上的接近性

新闻受众由于信仰、职业、性别、年龄、需求、爱好、教育程度等不同,他们与新闻事实之间的心理距离也就存在着差异。受众对与自己心理距离小、情感上有联系的事件和人物更有亲切感、更会关注、更易产生共鸣。因此,心理距离越小,事实的新闻价值就越大。

案例 3-4

南美雨水"浇"落大豆价格②

……

上周末,巴西和阿根廷如期出现了降雨,阿根廷局部地区1月30日降雨超过50毫米。这场雨,在很大程度上缓解了前期干旱天气对大豆生长的威胁。黑龙江天琪期货数据图显示,阿根廷大豆生产区均处于适度以上水分状态。目前大部分大豆处于开花至结荚阶段,对水分要求最为敏感。此前,由于高温少雨已导致阿根廷相当一部分产区的作物严重受损。……南美,特别是阿根廷的干旱天气是支撑近期大豆价格的一个重要因素,近段时间芝加哥商品交易所(CBOT)和大连期货交易所大豆价格一直在低位维持窄幅波动。由于天气情况不够明朗,多空双方都不敢轻举妄动。……南美一场雨,把多头的希望之火给浇灭了。……

---

① 《新闻学集成》第1辑,中华新闻学院1943年版,第63页。
② 《南美雨水"浇"落大豆价格》,《第一财经日报》2005年2月1日。

远在万里之外的阿根廷下了一场大雨,为什么《第一财经日报》会在显著位置上予以报道刊登?个中缘由便在于:近些年来,伴随着经济全球化的加速,中国经济的外贸依存度不断升高。阿根廷作为全球大豆的出口大国,这场大雨预示着该国大豆将丰收,货源充足,价格自然会因雨而降。而中国不仅是全球大豆生产国之一,也是全球大豆主要进口国之一。大豆价格的涨落,不仅关系着大豆种植户的收入,而且也会随之影响各类豆制品(诸如豆腐、食用油等)的价格,从而关系到千家万户的利益。因此,阿根廷的这场大雨,自然会引起中国公众的关注,这就是这一事件的新闻价值所在。

(四)趣味性

趣味性是指新闻事实所具有的情趣和意味,亦即情感的吸引力。1925年出版的《新闻学大纲》一书中曾写道:"更有所谓兴趣问题者,亦占最重要之地位。何谓有兴趣之新闻?则一言以蔽之曰:凡能满足我人之希望,并能引起我人之情感者,即为有兴趣之新闻,间接更可谓有价值之新闻。"[①] 趣味性也是新闻价值中一个值得注意的因素。

趣味性一词,原是西方新闻学中的一个常用提法,把"金钱、色情、凶杀、暴力"等视作最有趣味的东西,以满足人们感官、私欲的需求。我们社会主义新闻学强调的趣味性,则是借助有兴趣的新闻事实的传播,旨在培养、引导受众健康、高尚的情操与志趣,开阔人们的眼界,丰富人们的文化生活。当然,不同的媒体面向不同的受众群,由于受众群的文化素养、生活环境等不同,对趣味的需求也是不尽相同的,这样,新闻媒体掌握的趣味性标准也就不尽一致。因此,趣味性同重要性、接近性一样,都是属于新闻价值诸因素中的可变因素。

在新闻采访实践中,抓取新闻事实的趣味性,通常有如下要求:

1. 和思想性密切相关

这就要求记者采集、发现新闻事实时,一方面注意抓住其"趣味"所在,另一方面注意把握事实本身的思想意义。比如,一起跳入江水救人的新闻采访,记者可以通过了解事件发生时的气候、环境,当地的风貌、习俗,事件的现场,落水者的情况,救人者的背景,周围人的活动、态度以及抢救落水者的经过等诸方面,寻求事件的"趣味"点及其对受众的"启迪"点。这样采写的新闻,势必有景、有情、有趣,并有思想性。

2. 融于知识性之中

随着受众整体文化素质的提高,能提供知识的新闻事实更能吸引人,更使人感兴趣。因此,抓取事实的"趣味"时,要注意寓趣味性于知识性之中。比如,

---

[①] 伍超:《新闻学大纲》,商务印书馆1925年版,第150页。

前些年我国登山队员首次攀登上慕士塔格山。报道这条新闻时，记者不仅如实记载了攀登的艰辛，以及沿途的所见所感，而且还引用了瑞典人斯文·赫定在许多年前写的《亚洲腹地旅行记》中的材料，记述了一些外国朋友数次企图征服这座冰山均告失败的经历。此外，还运用了一份杂志中有关慕士塔格山的地理、地质、气候等材料，叙述了该山的险恶。这些丰富、生动的知识大大增强了受众对这一报道的兴趣。

3. 讲究人情味

这里所讲的人情味，指的是能引起许多人心理共鸣的东西。富有人情味的事实，才具有吸引力。因此，抓取事实的趣味性时，还要注意寓趣味性于人情味之中。特别是关于人的活动的新闻，要把围绕事件和人物的关心、悬念、同情等人格化的因素，充分挖掘和表现出来。

二、媒体定位

媒体定位是借鉴市场营销学中的"市场定位"理论提出的概念，其含义是指媒体根据受众对产品质性的认知和重视程度，给媒体产品确定一定的市场地位，即为媒体产品打造一定的特色，树立一定的形象，以满足受众的某种需求和偏好。在当前媒体市场竞争中，任何一家媒体都有着自己的定位，以彰显自身的特色与优势，力求在受众心目中树立其品牌形象，赢得受众的青睐。

媒体定位的目的，在于解决两个问题：一是媒体的服务对象是谁，二是媒体能为自己的服务对象做些什么。因此，媒体定位的内涵，主要是受众定位和功能定位。

（一）受众定位

所谓受众定位，就是确定媒体的目标受众群。这是媒体立足于媒体市场分析，对自身的市场占位作出的决策。比如，综合性媒体一般是以社会大众为自己的目标受众群，面向不同职业、年龄、性别、收入和社会地位的受众，传播时政、经济、司法、文体等各类信息。而诸如工人报、农民报、青年报、妇女报以及政法类、财经类、教育类、体育类、娱乐类等专业性媒体，则是以特定人群作为自己的目标受众群，面向特定职业、特定年龄、特定性别、特定兴趣的受众，传播相关信息。

媒体受众定位的不同，决定着媒体对新闻事实选择有着不同的要求。一件对《工人日报》来说具有很高新闻价值的新闻事实，如果只是反映了工人战线的新人新事，那么，它对《农民日报》来说，就可能没有多少新闻价值。同样，反映农村新人新事的新闻事实，对农民报或当地的党委机关报有较高新闻价值，而对《工人日报》就价值不大了。因此，媒体的受众定位，是新闻事实选择的一大重要依据。

（二）功能定位

所谓功能定位，是指媒体所要担负的职能与所要发挥的作用。这是媒体立足于受众需求和自身传播目的对媒体产品所作出的决策，是媒体实现自身传播效益（包含社会效益和经济效益）的指向性规定。媒体功能定位的确定，一方面是以受众的需求为基础的。比如，依据公众尤其是党政机关和企事业单位的干部、知识分子需要及时了解国内外大事，了解党的方针、政策以及相关行业最新变动的信息需求，就能确定党委机关报的功能定位；依据公众需要提前获知广播电视节目的播出信息这一需求，就能确定广播电视报的功能定位。另一方面，媒体主办者办报（台）的目的、意图，也决定着媒体的功能定位。比如，党委机关报作为党和人民的"喉舌"，主要承担着"上情下达、下情上传"的功能；而都市报、晚报作为市民报，其功能则主要体现在"关注民生、反映民意"上。

媒体的功能定位，是新闻事实选择的又一个重要依据。不同的功能定位，决定着不同的媒体对新闻事实的选择有着不同的要求。比如，同属综合性媒体的党委机关报和都市报，前者所选择的新闻事实，一般是事关全局、大局的重要事件；而后者所选择的新闻事实，则一般强调可读性、趣味性，多报道"软些、软些、再软些"的事件。

媒体的受众定位和功能定位，是新闻事实选择不可偏废的两个方面，两者是相辅相成、辩证统一的。注重受众定位是实现功能定位的前提和基础，而注重功能定位是满足受众定位的有力保障。新闻事实的选择如果不管媒体自身的受众定位，势必难以得到受众的认可。新闻事实的选择如果不管媒体自身的功能定位，其结果不仅会导致媒体市场的无序运作，损害媒体市场的良性发展，也会导致媒体"抑长扬短"，丧失自身的特质和个性，甚至弄得不伦不类，最终受损的是媒体自身。比如，时下一些作为党委机关报的综合性日报，为了吸引、争取读者，扭转其发行量下滑的态势，便想方设法与都市报、晚报"抢位"，在日报上也大登特登"软新闻"，对一些社会新闻乃至"花边新闻"的处理之醒目、突出，令一些都市报、晚报也只能望其项背。还有些明明是经济类的专业性报纸，为了增强可读性，却要"错位"地连篇累牍报道那些不属于经济专业范畴的社会"大特写""大写真""大透视"。诸如此类在新闻事实选择上不注重媒体定位，不遵守媒体市场竞争的"游戏规则"，热衷于低层次竞争，盲目地"变位""抢位"的做法，是记者和媒体不成熟的表现，最终必定会"搬起石头砸自己的脚"。

三、社会责任

社会责任是指扮演某一社会角色的个人或群体，对构成角色关系的其他个人或群体所承担的法律、道德责任及社会义务。新闻采写者的社会责任，便是新闻采写者对自己所从事的新闻传播这一职业行为的责任担当；是新闻采写者基于一定的政治立场、思想意识、价值观念，在内心信念和道德责任感的驱使下，自觉履行的对新闻事实、对受众和社会的应尽职责。不同的时代，不同的社会，新闻采写者的社会责任不尽相同。当代社会，中国新闻采写者的社会责任主要是传播新闻信息，满足公众的知情权，正确引导舆论，维护社会的公平正义和公序良俗。

新闻采写者的社会责任是新闻传播活动的基础，也是新闻媒体安身立命之本，新闻事实的选择离不开新闻采写者的社会责任。

(一) 真实、准确、客观地呈现新闻事实

传播学家施拉姆认为，每个人在自己的大脑中都有一张社会地图，人们用这张地图来寻找发展的方向；为保证地图的正确性，人们用社会雷达来监测环境，不断地修改地图。[①] 新闻媒体就是人类利用的主要社会雷达。真实、准确、客观地报道新闻事实，是新闻媒体存在的价值和目的；而虚假、片面、失衡地报道新闻事实，则是对新闻媒体生命力和公信力的自戕行为，不仅丧失了新闻媒体的生存价值，更会给公众和社会带来伤害。近年来，随着媒体市场化进程的加快，媒体间的竞争日益加剧，一些新闻采写者为了"争夺眼球"，不惜捕风捉影、捏造事实；或者道听途说，偏听偏信，传递失实信息；或者张冠李戴，随意"导演""策划"新闻事实。也有些新闻采写者出于自身的利益和偏见，面对重大的社会事件，要么"失语"，要么"炒作"；面对一些社会现象，要么高唱赞歌，要么热衷于"曝光""揭丑"。凡此种种，都是新闻事实选择上缺失社会责任的表现。

(二) 注重舆论导向，正确引导社会舆论

现代社会以社会媒介化为主要特征，媒介通过建构社会观念、影响社会控制的方式，对人施加影响，是社会构造的一大要素。今天的媒介像空气一样，无所不在，无时不有，并竭尽所能地影响着现代人的工作、生活、休闲、娱乐、情感以及种种嗜好，可以说，当今人们的生活几乎被媒介全面地予以呈现、透视。尤其是作为媒介主要形式的新闻媒体，对人的影响力更是巨大。因此，注重舆论导向，正确选择新闻事实，是新闻采写者不可推卸的社会责任。近些年来，一些媒体和新闻采写者置国家、社会的公共利益于不顾，公然违背法律、道德和有关政策的规定，选择并传播了一些引发错误舆论的新闻事实，在社会上造成了恶劣影响。比如，2000年9月，在有关"渝湘鄂"系列持枪抢劫杀人案首犯张君的报道中，有些媒体和记者为了追求报道的煽情、刺激，通过各种渠道"深挖""细找"，

---

① [美] 威尔伯·施拉姆、威廉·波特：《传播学概论（第二版）》，何道宽译，中国人民大学出版社2010年版，第27页。

连篇累牍地展现了张君与一些女人的不正当关系，在报道中渲染"患难情人""妈妈级情人""最喜爱的小老婆""经过特殊训练的情人"等。还有些媒体和记者在陈述这一案件经过时，罔顾法律规定，将本身并不涉案的张君的前妻及其几个子女也牵涉其间，指名道姓地予以介绍，搞媒体"株连审判"。更有甚者，一家电视台在做对张君进行预审的报道时，竟然让这位凶残的杀人恶魔在电视镜头前尽情发挥他的"表演"才能，把自己打扮成一个"有目标""有谋略""敢斗争""不怕死"，只是"命运不给他0.1秒"的枭雄。张君的这些沾满鲜血的"名言"，通过同期声直接传达给受众，其带来的负面效果可想而知。

思考题

1. 新闻事实有哪些特性？
2. 联系实践谈谈如何正确识别和选择新闻事实。
3. 你打算如何培养和增强自己的新闻敏感？

第四章 新闻采写的成果——新闻报道

本章知识点： ① 新闻报道的主要特点；② 新闻报道的构成要素；③ 新闻报道的文体类型。

新闻采写的最终成果，便是呈现在新闻媒体上的各式各样的新闻作品，亦即新闻报道。新闻报道有着自身固有的特点和构成要素，也有着自身独有的文体类型。

第一节 新闻报道的主要特点

新闻报道的特点是由新闻传播的职能及其内在规律与要求所决定的。新闻传播的基本职能是满足公众的新闻信息需求，新闻传播的基本规律和要求是迅速、准确、全面地传递新闻信息。这就决定了新闻报道的特点主要表现在以下三个方面。

一、及时披露新闻信息

（一）讲究时间性

新闻报道的时间性，指的是事实发生或变动与公开传播之间的时间差。信息传播是以时间为生命的，事实发生或变动与公开传播间的时间差越短，信息传播的价值也就越高。讲究时间性，规定着新闻报道一定要快，要迅速、及时地把新闻信息传播出去。当今社会，随着科学技术的发展，现代传播工具的改进，卫星连线、手机电视、网络电视、微博直播等相继涌现，世界各地的距离"缩短"了，更要求新闻报道讲究时间性。曾经有人这样形容，过去印刷媒体时代的新闻报道是"今天新闻"（Today News Today，TNT），而现在电子媒体和网络时代的新闻报道则是"即时新闻"（Now News Now，NNN）。

新闻报道讲究时间性，既是其赢得受众青睐、赢得传播市场竞争的需要，也是其注重社会效果，勇于责任担当的体现。尤其是一些重大新闻事件或新闻信息，其报道的快与慢，甚至会给政局、经济和社会生活带来重大影响。比如股市、期货市场、各国货币汇率等方面的信息瞬息万变，无论是有关管理部门，还是一家企业、一个商家，乃至一位市民，早一分一秒得到信息，早一分一秒作出决断，其结果大不一样。

(二) 运用新闻由头保证时效

新闻由头，也叫新闻引子，是指新闻信息报道的依据或理由，也就是要回答为什么现在要报道此信息。新闻是新近发生或变动的事实信息的报道，及时披露新闻信息，决定了新闻报道必须交代新闻由头。

新闻采写实践中，新闻由头的运用通常有两种：一种是事件类新闻信息，这类新闻信息大多是"新近""刚刚"或"正在发生中"的事，一般借助突出事实发生或变动的时间点来显示新闻由头。如"今天""今天上午"，甚至具体到"今天上午几点几分"等。另一种是非事件类新闻信息，这类新闻信息发生或变动的时间跨度大，其所展现的事实往往错综繁杂，因此，常常借助事实进程中的最新情况或最新动向等作为新闻由头。比如，2012年5月6日，《黄冈日报》刊登一则报道《杨柳湾镇为新教师成长铺路搭台》，说的是杨柳湾镇重视培养新教师，但事情并非新近发生的，怎么办？报道通过5月3日，杨柳湾镇8名刚参加工作的教师进行教学比武这个新闻由头，就把"旧闻"变成了新闻。

二、真实反映报道对象

(一) 准确反映

真实是新闻的生命。新闻报道的真实性，首先体现在其准确反映报道对象上。新闻报道一定要符合报道对象的本来面目——存在的时间、地点、具体状态，以及涉及的人物、环境等，决不允许有丝毫的虚构、歪曲。要确保新闻报道准确反映报道对象，不仅要求新闻采写者有强烈的"求实"意识，如实地认识、把握和呈现事实信息，而且还要求新闻采写者在报道实践中做到两点：一是采用最权威的信息来源，二是核对、核对、再核对，一个数字（甚至是一个小数点），一个符号，一个姓名，一句话都要反复核对，经得起最严苛的比照。

(二) 全面反映

新闻报道的真实性，还体现在其全面反映报道对象上。世界上任何事物不仅内部各构成要素之间是成系统的，有着各种各样的联系，而且其外部环境也不是孤立存在的，而是与其存在的时间、空间、条件等有着千丝万缕的联系。事物存在的性质、价值、意义，通常是由这些"联系"决定的，因此，新闻报道不仅要准确地呈现事实信息，还要全面地呈现事实信息中的各种"联系"。

案例 4-1

外企撤离短期考验中国经济[①]

春节前夕，日本知名钟表企业西铁城在华生产基地——西铁城精密（广

---

① 《外企撤离短期考验中国经济》，《证券时报》2015年2月25日。

州）有限公司宣布清算解散，千余名员工被解除劳动合同，限期离厂。与此同时，微软则计划关停诺基亚东莞工厂和北京工厂，并加速将生产设备运往越南工厂。微软在东莞和北京两地的关厂，将总共裁员9000人。

其他一些知名外资企业，如松下、日本大金、夏普、TDK等均计划进一步推进制造基地回迁日本本土。优衣库、耐克、富士康、船井电机、歌乐、三星等世界知名企业则纷纷在东南亚和印度开设新厂，加快了撤离中国的步伐……

这则报道，用几件事例传递了这样一个信息：以日资为代表的外资企业纷纷撤离中国，中国对外资的吸引能力下降了。其实，事实真相并非如此，报道只是片面地、孤立地、形而上学地呈现事实信息，而不是全面、真实地反映报道对象。

首先，这则报道没有交代这些外资企业撤离中国的原因。这些外资企业大多为劳动力密集、水平低下的低端制造业，而当前中国民众生活水平不断改善，劳动者自然要求增加收入，结果导致企业用工成本和其他生产要素成本都在提高；与此同时，与中国本土崛起的同类产业相比，这些外资企业已经没有比较优势，因此，转移到东南亚、南亚等成本更低的地区在所难免。其次，这则报道也没有交代日资等外资企业撤离中国的整体情况。事实上，2014年中国吸引外国直接投资的金额不仅没有下降，还第一次位列全球第一。据中国商务部2015年初的统计数据："2014年日资企业的终止和减资情况其实是比较平稳的，终止企业数基本和2013年持平，减资的企业数下降了3.2%，日本企业对华投资是有进有出的，并没有出现日资企业全面退出的情况。从今年1月份最新的数据来看，日本对华投资新设立企业数增长3.5%，合同外资大幅度增长46.9%，实际投入外资金额增长3.2%。这几个数据看起来，整体上日资企业对华投资还是增长的趋势。"[1]

三、客观、公正呈现新闻事实

（一）强调事实与意见分开，注重用事实说话

这是新闻报道客观、公正呈现新闻事实的主要体现。胡乔木曾经在社论《人人要学会写新闻》中说："最有力量的意见乃是一种无形的意见——从文字看上去，说话的人只是客观地朴素地叙述他所见所闻的事实（而每个叙述总是根据着一定的观点的），这样，人们就觉得只是从他那里接受事实，而不是从他那里接受意见了（每个有自尊心的人一般都是不愿相信意见，而宁愿相信事实的）。新闻就是这种无形的意见。愈是好的新闻，就愈善于在内容上贯彻自己的意见，也愈善

---

[1]《部分日企关停中国工厂，商务部称未现日资全面退出》，中新网2015年2月16日。

于在形式上隐藏自己的意见"。①

新闻是事实的报道，其所呈现的是客观存在的事实，而不是报道者主观的意见与看法。新闻报道是借助具体事实的如实呈现，来显示报道者的意见与看法的，而十分忌讳公开表达报道者的意见与看法。比如，"昨天下午五点半左右，汉口一家大型服装商场发生火灾。现场浓烟滚滚，人们惊慌失措，四处逃窜，一片狼藉……"在这则报道中，现场"浓烟滚滚"，人们"惊慌失措""四处逃窜""一片狼藉"等，都是基于记者观后感描述的，而不是现场具体事实的记载。这样的报道谈不上是合格的新闻报道。

（二）强调平衡性原则，注重展示新闻事件各方面的主张

这也是新闻报道客观、公正呈现新闻事实的体现。"当人们各持异议的时候，双方均应享有平等的机会让公众听到自己的意见。"② 新闻报道所陈述的新闻事实，往往涉及不同群体、不同人的利益，自然会产生不尽相同甚至截然相反的观点和看法。只要这些不同的或相反的观点、看法是客观存在的，新闻报道理应坚守"中立"的立场，不偏不倚地展示争议各方的主张，切忌偏听偏信、偏信偏传，凭"一面之词"作报道。比如，不少有关"医患矛盾"的报道，呈现的只是患者的"就医磨难"和"愤怒控诉"，而少见医生的"为难"反诉和"职业尊严"的心声诉求。这种失衡报道，有失客观、公正，是不足取的。

（三）强调交代信息来源，注重标明信息出处

这是新闻报道客观、公正呈现新闻事实的又一体现。除非属于常识，否则必须交代记者没有亲眼见到的事物的出处。新闻报道所呈现的事实，并非都是记者亲眼所见，大多源自旁人的转述，只有清晰地交代信息来源，说明信息的出处，才能彰显所传递信息的客观、公正，具有可信性。对于一篇具体的新闻报道而言，无论是整体的新闻事实来源，还是报道中转述的有关信息（包括文献资料、人物话语等）都要写明其出处，而不能"自说自话"地陈述。当然，如果信息提供者出于自身安全或其他原因，不愿公开身份，记者则有义务尽保护之责任，但也应在报道中加以交代，如使用"一位不愿公开身份的知情者透露"等。

第二节 新闻报道的构成要件

新闻报道的构成要件，即新闻报道的组成部分。一篇新闻报道通常是由新闻

---

① 《胡乔木传》编写组：《胡乔木谈新闻出版（修订本）》，人民出版社2015年版，第26页。
② [美] 埃德温·埃默里、迈克尔·埃默里：《美国新闻史——报业与政治、经济和社会潮流的关系》，新华出版社1982年版，第46页。

事实、报道立意、文本结构、背景材料、新闻语言和叙事笔法六大要件构成。

一、新闻事实

新闻事实是新闻报道所要呈现的信息主体。有关新闻事实的含义、特性，及其识别、选择的依据与方法等，在前文中已有过阐释，不再赘述。这里主要讲述新闻事实呈现与新闻五要素的关系。

（一）新闻事实呈现离不开新闻五要素

新闻五要素（五W）是新闻事实呈现必须具备的基本要素。有些新闻事实的呈现，还要具体介绍事实发生的经过和结果，即怎么样（How）。为此，有人把"怎么样"视为新闻的第六个要素，并把这一"H"和五"W"并称为新闻六要素。

新闻事实的种类繁多，按其性质和涉及领域，可分为政治类新闻事实、经济类新闻事实、科技类新闻事实、文化类新闻事实和社会生活类新闻事实等；按其发生或变动的时间和形态，则可分为事件性（突发性）新闻事实、非事件性新闻事实等。无论哪种新闻事实，其呈现都是建立在交代新闻五要素的基础之上的，缺失新闻要素的新闻事实是难以成立的。至于新闻的第六个要素（How），通常在非事件性新闻事实呈现中需要介绍，而在事件性新闻事实呈现中则不必交代。

（二）新闻各要素的运用要灵活、突出重点

新闻传播实践中，受众的"新闻欲"是通过不同文体的新闻报道所呈现的新闻事实来满足的；不同文体的新闻报道，体现着受众不同的新闻信息需求。为此，新闻事实的呈现，应根据新闻报道文体的不同，亦即受众信息需求的不同，灵活运用新闻各要素，强调或突出其中某几个要素，并兼顾其他要素。比如：消息类报道，重点是向受众报告什么时间（When）、什么地点（Where）、发生了什么事（What）；通讯类报道，重点是向受众报告人物（Who）的命运和经历（How），或者事件（What）的来龙去脉（How）；而新闻调查等深度报道，重点则是向受众报告事件（What）的经过（How）和发生的原因（Why）。

二、报道立意

报道立意，也称为报道主题，即新闻报道的中心思想。它不仅彰显着报道者的写作意图，反映着报道者的思想理念和价值观，同时还指引着报道结构的形塑和报道素材的选择与组织。确定新闻的报道立意，务必要注意以下两点：

（一）既要"接地气"，又要"高远"

要"接地气"，就是要求新闻的报道立意一定要符合客观实际，符合新闻事实的本来面目；要注意从新闻事实与社会政治、经济、文化等环境的相互影响、作

《天翻地覆慨而慷》

用之中,从新闻事实与受众的利益关系之中,确定报道立意。要"高远",就是要求新闻的报道立意,一定要站得高,看得远;要借助新闻事实的呈现来传递正能量,传播积极向上的社会主义核心价值观。

(二)精心选择新闻角度

所谓新闻角度,指的是新闻报道的切入点、侧重点。它通常包含三层含义:一是选题角度,二是选材角度,三是表现角度。新闻角度是彰显报道立意的最主要的途径。不同的新闻角度,往往体现着不同的报道立意。比如,2016年巴西里约奥运会上,中国女排获得冠军后,众多新闻媒体纷纷作了报道,有的从女排成功所表明的中国体育运动成绩不断提高的角度,来宣传中国体育的成就;有的从女排成功背后所彰显的女排精神的角度,来强调"勇于拼搏,不断进取"的民族精神的重要性和迫切性;还有的则从技术、战术等排球专业的角度来介绍女排成功的要诀……

《一带一路,共走创新路》

新闻报道角度的选择和确定,既要注意有新意,有特点,与众不同,又要能引起受众的关注和兴趣。只有这样,新闻报道所呈现的新闻事实,才能更好地体现既"接地气"又"高远"的报道立意,从而取得应有的传播效果。

三、文本结构

这里的文本结构,是指新闻报道中新闻事实叙述的逻辑,它主要有以下三种:

(一)以事实素材重要程度来排列的倒金字塔结构

该结构的核心,就是按新闻事实素材重要性程度的先后顺序,来安排新闻报道中的各项事实材料。即最重要的放在开头导语部分,然后按重要程度递减,依次在消息主体中安排材料。通常是一句话一段,一段一个事实,从最重要的事实写起。

倒金字塔结构起源于美国19世纪60年代的南北战争期间,它打破了最初报纸新闻像小说、散文那样按照时间顺序来叙事的传统,而是按照逻辑顺序安排叙事结构。这种结构一般用于事件性新闻的报道中,其好处在于方便记者确定报道重点,也方便编辑根据版面和时间容量删改稿件。

(二)以事件发生的时间先后顺序来排列的故事性结构

该结构通常是按照新闻事件发生、发展、高潮和结束这一顺序来安排新闻事实材料的,叙述过程中注重选取事件每个阶段最精彩的情节,最终串成一个有头有尾的故事。这种结构一般用于非事件性新闻的报道中,其好处在于借助事件情节的逐步展开,娓娓道来,"逗"引受众往下看(听)。

(三) 以事件引发的追问来排列的解读性结构

该结构主要是以新闻事实作导引，通过分析、预测其产生的原因和造成的影响，来安排新闻报道中的相关事实材料。这种结构通常用于解释性的深度报道中，其好处在于通过层层深入的追问、探究，引导受众不断地思考，从而释疑解惑。

在新闻报道实践中，文本结构的运用，不仅要考虑到新闻事实的性质和特点，同时也要考虑到受众的兴趣所在及其阅读习惯。比如，面对一些突发性事件，记者就需要用倒金字塔结构在第一时间向公众传递信息；而不宜用故事性结构，把新闻信息向公众"娓娓道来"。再如，一些不以时效性见长的非事件性新闻，如果用倒金字塔开头，受众可能早就失去了阅听兴趣；而用故事性结构，让其悬念重重，不断制造或"兴奋"或"紧张"的气氛，受众才有可能急不可耐地看（听）下去。

四、背景材料

这里所谓的背景材料，是指与新闻事实形成的原因、条件等相关的材料。任何新闻事实的存在都不是孤立的，都有它产生、发展、变化的原因，都会与其存在的环境有着各种各样的联系。新闻报道要如实呈现新闻事实的本来面目，势必要交代其背景材料。

(一) 背景材料的作用

1. 有助于受众全面、完整地理解新闻事实

比如，2014年下半年，一些政经类新闻报道中提到"当前中国宏观经济面临的挑战在于'三期叠加'""经济'三期叠加'背景下，银行监事会作用日益突出""金融风险渐近，'三期叠加'核心是消化期"……然而，何谓"三期叠加"却没有予以介绍说明。这样的报道，势必让众多非专业人士不知所云。其实，"所谓的三期叠加，就是中国经济现在处于增长速度换挡期、结构调整阵痛期和刺激经济政策负作用的消化期"，"经济下行难点在哪里，就是这三个期同时出现，而且作用还相互叠加"[①]。新闻报道理应对这一背景材料作具体交代，才能使受众对中国宏观经济的现状有一个清晰的认知。

2. 有助于巧妙地表现记者的立场、观点

比如，获第八届中国新闻奖一等奖的作品《香港热土祭洒社稷坛》，讲述的是香港文物专家和两名小学生，把一罐香港泥土洒在北京中山公园社稷坛上这一新闻事实。报道中引用了如下背景材料：一百三十六年前在九龙尖沙咀也有一个仪式，时任英国驻广州领事巴夏里从地上抓起一把泥土，放在一个袋子里，交给在场的清朝官员，然后，强迫这些官员把泥土交给英国人，屈辱的场面深深埋在

---

① 姚景源：《中国经济新常态特征是"三期叠加"》，《华西都市报》2015年1月7日。

中国人的心里。① 就这样，报道通过一百三十六年来香港泥土的交与收，表征着香港主权回归的意义，反映了报道的立意。

3. 有助于凸显报道的新闻价值，引起受众的关注

案例 4-2

央行明日起降准 系 2008 年 11 月以来最大力度降准②

央行降准的消息又一次在周末"突袭"！今天下午五点，央行自 2015 年 4 月 20 日起下调各类存款类金融机构人民币存款准备金率 1 个百分点。这是自 2 月 5 日全面降低人民币存款准备金率以来，央行年内的二次降准，也是 2008 年 11 月以来最大力度的一次降准。……

2015 年是中国经济新常态的深入之年。在这期间，中国政府通过央行"降准"这一举措，实施对经济的定向调控，自然受到了全世界的瞩目。这则报道如果只说"央行明日起降准"，事实传递也是准确的；但加入了"2008 年 11 月以来最大力度的一次降准"这一背景材料，马上可以让人把央行的这一举措与 2008 年爆发的国际金融危机联系起来。由此，不仅凸显了报道的新闻价值，还能激发受众的兴趣与关注。

（二）背景材料的运用

在新闻报道中，背景材料可以分为多种类型，归纳起来大体上有三类：一是对比性材料，即用作新闻人物或事件今昔、正反、左右对比的材料。二是说明性材料，即用作阐释与新闻事实相关的政治、经济、文化及地理环境等的材料。三是注释性材料，即用作诠释、介绍新闻事实中一些不易理解的内容或者专业名词、术语等的材料。

无论哪种背景材料，运用于新闻报道时都要做到：一是紧扣报道立意，与新闻事实的呈现融为一体；二是确保准确无误，切忌失实或片面；三是注重少而精，防止"喧宾夺主"；四是灵活运用，避免"削足适履"。

五、新闻语言

新闻语言，是新闻报道中新闻事实呈现的载体。任何一篇新闻报道，都是通过新闻语言来表达、呈现和传播的；新闻语言运用得当与否，直接关系着新闻报道的质量，决定着新闻传播的成败。

---

① 《香港热土祭洒社稷坛》，北京人民广播电台 1997 年 7 月 5 日。
② 《央行明日起降准，系 2008 年 11 月以来最大力度降准》，中国经济网（北京）2015 年 4 月 19 日。

(一) 新闻语言的基本要求

1. 具体形象

新闻报道的对象，都是有形可感、有物可托的人或事。如实呈现新闻事实，要求新闻语言具体形象，给受众一种实在感。因此，新闻报道要避免使用诸如"具有深远的历史意义""产生了重大的社会反响"等高度概括的抽象词汇。空洞的抽象概念，势必伤害新闻报道的可信性和说服力，让新闻报道远离受众。

2. 准确鲜明

新闻报道是凭借对新闻事实客观、真实的呈现来吸引受众的，因此，新闻语言务必要准确、鲜明。新闻语言准确、鲜明，一方面要求新闻报道中使用的词句必须恰如其分、恰到好处，不能夸大、拔高，不能贬低、歪曲，也不能模糊不清。另一方面还要求新闻报道中用词造句要符合辩证法，避免使用绝对化、片面性的语言，避免使用"最""普遍""一致"等形容词、副词。

3. 简练生动

新闻讲究时效性，而受众又通常是在匆忙中浏览、阅读新闻的，因此，新闻语言应简练生动。这一方面要求新闻报道的用语必须开门见山，简洁明快，让人一目了然，一看就懂，一听就明白；切忌因"空话""套话""穿靴戴帽"的废话等，造成新闻报道拖泥带水，啰里啰唆。另一方面还要求新闻报道注意运用受众喜闻乐见的语言；注意使用行为动词，让所呈现的新闻事实富有"动感"，以赢得受众的"眼球"和兴趣。

4. 通俗易懂

新闻报道是大众传播产品，其受众来自社会的各阶层、各群体。新闻报道要获得最广泛的传播效果，就要从最广泛受众的理解力和接受能力出发，讲究新闻语言的通俗易懂。为此，新闻报道的用语，一方面要注意慎用生僻的外来语和专业术语，在无法避免的情况下，务必把它们转化成具体的、有明确指向的、大众能够理解的语言。另一方面还应注意时代、区域的差异，让新闻语言符合最广大人群的接受心理和习惯。比如，当前网络语言流行，其中诸如"给力""点赞""蛮拼的""正能量"等用语已被社会各界认可，自然可转化为新闻语言；而"青蛙"（难看的男孩子），"恐龙"（难看的女孩子），"打酱油"（与己无关、无奈）等用语，不少中老年人很难理解，在新闻报道中便须慎用或不用了。

(二) 使用新闻语言应注意的问题

1. 坚守政治底线

新闻语言绝不能违反国家利益和主流价值观。比如，香港、澳门是中国的特别行政区，台湾是中国领土不可分割的一部分，在任何文字、图表或视听报道中都要避免让人误以为香港、澳门、台湾是"国家"。"不得将香港、澳门与中国并列提及""不得将港澳台居民来内地（大陆）称为来'中国'或'国内'""不得说港澳台游客来华（国内）旅游"等①，这是新闻语言必须坚守的政治底线。再如，日本及西方一些媒体的记者，在新闻报道中把钓鱼岛称为"尖阁诸岛"，这是对我国主权的公然挑衅。如果我们的报道中也出现了"尖阁诸岛"的用语，便是逾越了政治底线。

2. 坚守法律与社会伦理底线

这一方面要求新闻语言必须合乎法律规定。比如，一个人因盗窃他人财物被抓住了，在法院认定犯罪事实之前只能称其为"犯罪嫌疑人"，而不能称"罪犯"。再如，近年轰动一时的"聂树斌案""呼格吉勒图案"等，在法院的终审结果尚未出台时，一些媒体的报道便将其称为"冤案"。这样的新闻语言，显示的是未审先判的"媒体审判"，是违反新闻媒体的职业准则和规范的。另一方面还要求新闻语言合乎社会的伦理要求，绝不能使用低俗、媚俗、恶俗等有悖社会公序良俗的用语。

3. 正确处理好传承与创新的关系

新闻语言的运用，既要恪守其基本要求，同时也要探索其新的表达方式。比如，政治报道的语言通常都是严肃、严谨的。然而近些年来，在一些重大政治事件的报道中也开始运用生动活泼、为广大公众喜闻乐见的口头语、网络语等；与此同时，一些有关中国领导人的漫画、动漫等新型报道样式和用语也不断涌现，受到公众的肯定和欢迎。事实证明，只要符合媒体定位和编辑方针，符合受众的理解力，新闻语言有着广阔的创新空间。

六、叙事笔法

这里的叙事笔法，是指新闻报道中呈现新闻事实的写作方法与技巧。新闻报道的写作属于文字写作的一种，因此，一般的文字写作，尤其是文学作品写作中一些基本的写作方法（诸如叙述、描写、抒情、议论等）和主要技巧（诸如排比、倒叙、插叙、伏笔、悬念、拟人、比喻、夹叙夹议等），在新闻报道中同样可作为基本的叙事笔法。这里重点介绍几种新闻报道中常用的叙事笔法。

（一）陈述笔法

陈述笔法就是以简笔勾勒的方法，对新闻事件或人物作直接、概要的介绍，常用于事件性的"硬新闻"写作。其主要特点体现在三个方面：一是直入式起笔。无论正叙或倒叙，往往直接切入主题，或概述事件或直接引入事件。二是笔墨简约。重在对事实主体的"特殊点"的扼要陈述，而不"精雕细刻""层层渲染"，

---

① 参见《媒体人必读：新华社新闻信息报道中的禁用词和慎用词（最新修订版）》，新华社 2017 年 7 月 19 日。

少有过细的对话、心理、环境、服饰等细节描述。三是动宾结构为主。用词具体明确，避免歧义。

（二）夹叙夹议笔法

这种笔法就是以陈述为主，辅以议论或评析，常用于非事件性新闻的写作。其主要特点体现在两个方面：一是材料与观点相结合。即对新闻事件或人物的背景、原因、意义、影响等作出分析与评价，通常渗透在对新闻事件或人物的陈述之中，"理"由"事"出，以"事"引"理"。二是分析重于评价。一般不着眼于对事件或人物功过是非的判断，而把重点放在对其影响、意义、前景的阐释上。

《跨越转型关口，激发创造活力》

（三）散文笔法

这种笔法就是借助描写的技巧呈现有关新闻事实。新闻报道中的描写笔法一般可分为白描和细描两种。前者重在简笔勾勒新闻事件或人物大致的轮廓，精选其精彩细节，通常用于事件性新闻写作。而后者则重在用细腻的笔触，精细地展现新闻事件或人物的有关场景、形象等，一般用于新闻特写和通讯等的写作。散文笔法的主要特点体现在两个方面：一是注重新闻事件和人物的细节刻画。二是注重新闻事件和人物的特征、"精气神"的捕捉与展现。

第三节　新闻报道的文体类型

新闻报道的文体类型，俗称新闻体裁，一般指新闻媒体所传播的新闻作品的各类体裁形式，是新闻内容与表现形式相统一的新闻报道样式的统称。按照新闻内容及其表达形式的不同，新闻报道的文体类型通常可分为消息、通讯、特写以及其他报道样式。

一、消息

消息是新闻报道文体类型中最常见的一种，通常是以简洁、明快的方式向公众报道最新发生的新闻事实信息。在新闻报道实践中，消息的具体样式主要有简讯消息（也叫简讯、快讯或一句话新闻）、动态消息、综合消息等。其共性在于：一是强调时效性，注重迅速、及时地呈现新闻事实；二是强调精练，注重简要、概括地呈现新闻事实；三是强调"先入为主"，注重运用"倒金字塔"结构来呈现新闻事实。

二、通讯

通讯也是新闻报道类型中常见的一种新闻文体。较之消息，通讯所呈现的新闻事实更为具体、详尽。

（一）通讯的分类

在新闻报道实践中，通讯的样式多种多样。

根据报道对象的不同，通讯可以分为这样几种：（1）人物通讯。报道新闻人物，详述其经历、特点等。在我国，大部分人物通讯用于报道先进模范人物中的典型，所以也叫典型人物报道。（2）事件通讯。是一种详细记载新闻事件的起因、过程与结局的报道。（3）工作通讯。和典型人物报道一样，工作通讯也是我国新闻传播领域一种富有特色的新闻文体。它主要用于介绍具有推广价值的工作经验，或探讨工作中的新问题。（4）旅游通讯。又称风貌通讯、概貌通讯等。这是所有通讯中散文化色彩最重的一种新闻文体，通常以记者的视角记述所见所闻，反映和记录一个国家或地区的风土人情、社会风貌。

根据报道的表达方式不同，通讯又可以分为这样几类：（1）叙事论述型通讯，即借助陈述与描写的手法来记人、记事、记地。（2）调查分析型通讯，即根据对现实生活中存在问题的调查与分析所做的报道。（3）谈话实录型通讯，即以记录人物谈话的方式写成的报道。

（二）通讯的共性

与消息相比，通讯的共性主要体现在：一是注重报道内容的细化、具体化，二是注重报道主题的提炼，三是注重讲好故事，四是注重细节的展现，五是注重表达手法的多样化。

三、特写

特写，也称特稿。在西方新闻界，特写（特稿）是一种与消息相对应的新闻文体；而在我国一些新闻学教科书中，也常常把特写列为"通讯"的一种。考虑到特写表现手法的特殊性，这里将其专列出来予以介绍。

特写是一种专门描绘新闻事件或新闻人物的富有特征的一个片段或一个侧面的新闻文体。

（一）特写的分类

在新闻报道实践中，特写通常可以分为这样几种：（1）事件特写。精心截取事件中最精彩、最有特点、最有意义的局部或片段进行集中描写。（2）人物特写。专注于突出新闻人物的特点，用精练的笔墨刻画出人物鲜明的个性和亮点。（3）场景特写。重在生动展现新闻事件现场最具新闻价值的场景。此外，还有花絮、侧记等，一般不单独发表。

（二）特写的共性

特写的共性主要体现在：一是着力捕捉有意味的瞬间，二是着力展现精彩的现场场面,三是着力描写生动的细节。

四、其他报道样式

消息、通讯、特写是中国新闻报道中最传统、最主要的新闻文体。除此之外,还有调查性报道、解释性报道、预测性报道、专题报道等多种多样的报道样式,在后面章节中有详细阐述。这里重点介绍一下近些年来出现的两种新型的新闻报道样式。

(一)精确新闻

精确新闻是一种运用社会科学的方法来呈现新闻事实的报道样式。

1. 精确新闻的由来

精确新闻最早起源于西方媒体上的民意调查和调查报告。20世纪六七十年代是精确新闻产生并走向成熟的时期。最经典的案例是精确新闻的奠基人菲利普·迈耶采写的美国底特律黑人调查。1973年,菲利普·迈耶出版《精确新闻学——一种用社会科学报道的理论》一书,标志着精确新闻的定型。

我国精确新闻报道的萌芽出现在20世纪80年代,当时便有媒体开始刊载一些民意测验、受众调查等。90年代中期以后,精确新闻逐渐在我国媒体上流行;尤其是伴随网络媒体的兴起,网上民意调查和相关报道更是成为网络报道的日常形式。

2. 精确新闻的类型和特点

精确新闻通常可以分为描述性和解释性两类。描述性精确新闻,主要是通过对社会现象的状况、过程和特征进行客观、准确的描述来报道新闻。而解释性精确新闻的主要目的在于说明产生社会现象的原因、预测事物的发展趋势或后果,探寻现象之间的因果关系,从而揭示现象为什么产生,为什么会变化。

精确新闻的鲜明特点在于用数字说话,更加客观、准确。与以"定性"调查为主的传统报道不同,精确新闻把社会科学的"定量"调查方法引进新闻报道。精确新闻不是依赖有限的新闻来源提供的材料作报道,而是从成百上千甚至上万的数据中,严格按照科学统计的原理进行调查,据此进行报道。这样,报道更能真实、准确、全面地反映社会的实际状况。当然,精确新闻也不是万能的,也有局限性,这是因为即使最科学的调查统计也有误差,没有百分百准确的调查统计。

(二)数据新闻

近年来,随着网络时代大数据概念的兴起,在精确新闻流行数十年后,一种同样依托数据的新的报道样式——数据新闻(有时也称为大数据新闻)日益崛起,并借助媒体融合的趋势,从网络媒体进入报刊、电视等传统媒体。与精确新闻相比,数据新闻有这样几个特征:

1. 和精确新闻依托规模较小的社会调查不同，数据新闻依托的是互联网时代的大数据技术，包括海量数据的挖掘、整理、抓取，其信源公开，数据数量和规模都很大。

当前我国很多主流媒体已经展开了大数据新闻报道。"继 2014 年'据说春运''据说春节''两会解码'等一系列大数据新闻报道之后，今年（2015）春节期间，央视继续推出以大数据可视化解读春运的专题栏目'据说过年'。通过与技术型公司百度深度合作，采用动态的数据表现形式呈现新闻事实"①。

2. 不同于精确新闻"以数字说话"，数据新闻虽然依托数据，但其落脚点仍然是以事实为核心的"新闻"，重在"用事实说话"。大量数字信息的运用让新闻叙事更具说服力。

3. 高度重视可视化应用。与精确新闻不同，数据新闻在结构和形式上不是呆板的、静态的图标，而是演化为互动式、交互式的网络动态信息图表。数据可视化不仅好看，吸引受众注意，而且更便于和受众沟通，方便受众快速理解和记忆数据。

思考题

1. 新闻报道有哪些特点？
2. 结合最新报道案例，分析在网络时代，如何平衡新闻报道的时效性和真实性。
3. 联系新闻实践谈谈报道立意的重要性。
4. 结合最新报道案例，谈谈新闻语言使用中应注意的问题。
5. 精确新闻和数据新闻各有哪些特点和优势？

---

① 冉晓宁：《联手百度玩转大数据 央视大数据新闻战略成型》，新华社 2015 年 2 月 16 日。

第二篇 | 采访篇

第五章 新闻发现

本章知识点：① 新闻发现与新闻采写的关系；② 新闻发现的双重目标和三个依据；③ 新闻发现思维的三个动态过程；④ 新闻发现的三种方法。

"山不在高，有仙则名"。无论是几千字的长篇报道，还是版面上的"豆腐块"新闻，其传播的种种信息，都源于新闻采写者的"发现"。新闻发现是新闻采写的前提和基础，也是新闻采写者必须具备的一种专业思维。

第一节 新闻发现的意义

新闻报道不是对客观事实"镜子"般的折射，而是对事实信息选择和解读的结果。这种选择和解读的过程，便是新闻发现。对于新闻采写者而言，新闻发现就是其对事实信息的传播价值和最终表达方式（形式+时机）的率先认知。

一、没有发现就没有新闻

在新闻实践中常常会出现这样的情形：有的记者有采写不尽的新闻，并经常写出好稿，而有的记者则老是觉得无从下手，抓不到什么新闻；或者面对同一信息源，有的记者能够挖掘到鲜活的大新闻，有的记者却视而不见，听而不闻。为什么会出现这样的情形？关键在于记者是否具备新闻发现的能力，没有发现便没有新闻。

案例 5-1

无 处 逃 避[①]

小卫和老纪都是山西闻喜县农民，同是 1965 年出生，两人都因为采血，于 1997 年前后查出感染上艾滋病病毒。去年年底，在北京佑安医院住院时，他俩见到胡锦涛，与总书记握了手。当晚，电视新闻做了报道，他俩的脸没有做遮蔽处理。

……

---

① 《无处逃避》，《中国青年报》2005 年 12 月 14 日。

没料到,晚上电视新闻一播,小卫和老纪家里就炸了锅。

先是小卫妻子来电话:"你还让不让我们活哩?"接着,老纪的老婆也打来电话,说16岁的儿子找不见,失踪了。

……

小卫一回家,妻子不准他进门,边哭边骂:你别进这个家,别影响一家人的生活,要不是你这样,我们怎么会让别人看不起?小卫回来后,她七八天没敢出门,说邻居像躲瘟疫一样躲她和孩子。小卫家一直在县城边租房住,房租便宜,租了6年。知道小卫的身份后,村干部找到房东:你让他家赶紧搬走,别把咱村人传染了。房东一再撵他们搬家,"大冬天的,现在怎么办?"妻子发愁地叫道。

到家第二天,小卫被有关部门喊去,他还以为是什么好事,结果被领导训斥了一顿:"谁让你把记者带回来了,你以为这是什么光彩的事吗?"小卫泄了气,回家躺到床上不起。

……

这篇报道讲述的是两位与时任国家主席胡锦涛握过手的艾滋病人,不仅生存状况没能得到改善,相反,由于电视报道时"他俩的脸没有做遮蔽处理",导致其"艾滋病患者"身份公开,因而遭受到种种歧视。这篇报道的记者正是从这一出人意料的事实中发现其新闻价值所在,及时进行了追踪调查,并选择在"世界艾滋病日"不久之后予以公开报道,从而引发了社会对艾滋病人命运的普遍关注。

二、新闻发现是新闻采写的前提

从新闻生产流程来看,任何一篇新闻报道,都是先由新闻采写者"发现",而后才进入新闻采写的具体生产环节的。当然,新闻发现的主体是不同媒体的记者;面对同一件事实,不同媒体、不同的记者会发现不同的传播价值,他们会根据想表达的新闻主题,选择不同的素材、不同的报道角度和体裁。

2010年1月23日至11月5日,富士康公司连续发生了12起青年工人自杀事件,一时引发极大的社会震动。到底是什么原因导致十几个年轻的生命离我们而去?新华社和《南方周末》记者分别从这个事件中发现各具特色的传播价值,并从不同的报道角度来解释这个不幸事件发生的原因。

新华社记者的报道《让劳动者体面劳动有尊严地生活》(《新华每日电讯》2010年6月7日),从宏观的社会大背景角度,通过对富士康打工者生存环境的展示,来解释这一事件的缘由:工人的低工资导致超长时间加班,而超长的加班又严重损害了员工的心理健康和生理健康。另外,相对于父辈,80后农民工虽然文化水平更高，吃苦能力却不敌老一辈农民工，他们融入城市的期望值很高却又生性脆弱。而富士康工厂劳动强度大，生产线上操作环境单调，管理严苛又缺失人性，使很多年轻员工陷入一种情绪焦虑、抑郁加重、迷失自我、郁结成疾的状态。

而《南方周末》的报道《与机器相伴的青春和命运——潜伏富士康28天手记》(《南方周末》2010年5月13日)，则从一位以打工者身份潜入富士康的青年实习记者亲身体验的视角，对这一事件进行探讨："28天的打工潜伏，使我受到了强烈的震撼。这并非因为明白了他们究竟为何而死，而是知悉了他们如何活着。""那些刚刚脱离了家乡，当上工人，幻想着尽快赚足腰包，尽快转变成一个城里人的农村后生，在理想和现实的巨大反差中迷失，加之身体上的疲累，以致精神被逼到了崩溃的边缘。"

一个着眼宏观大背景，一个从微观体验入手，这两家媒体分别用自己发现的传播价值和不同的表达方式诠释着这一社会事件，从而给受众带来了不同的感受和对事件的不同的理解。

第二节　新闻发现的目标与依据

新闻发现作为一种先于新闻采写并伴随着新闻采写过程的专业思维，有着自身既定的思维目标，也有着自身规定的发现新闻的依据与标准。

一、新闻发现的目标

新闻发现的目标是：在事实的海洋中，找出新鲜的、真实的、有新闻价值的事实，并根据这个事实发现或创造出新闻作品的最佳表达方式。

新闻发现的目标首先在于捕捉有传播价值的新闻事实。当遇到新闻线索时，记者通常会迸发出报道的灵感——点子，这就是人们常说的"新闻敏感"，有人将之称为记者的"第一素质"。到底哪一个事件，哪一类现象，事实的哪一部分，哪一个角度，对哪些受众有吸引力，对哪些人群具有传播价值，这是记者最常思考、最常搜索的目标。总之，对有传播价值的事实信息的搜索和捕捉，是新闻发现主要的目标。

新闻发现的目标还在于发现或创造出新闻作品最佳的表达方式。这是因为新闻的最终呈现是消息、通讯、特写等新闻作品，而任何新闻作品都是内容和形式的统一体。发现了事实的价值点，产生了报道"灵感"，有了报道点子，这解决的是报道内容的问题。在此基础上，还应着力发现或创造报道的最佳表达方式。这样，才有可能将内容和形式俱佳的新闻作品呈现在受众面前。因此，新闻发现的过程并非只是新闻灵感迸发的过程，记者在新闻发现过程中应始终保持双重目标搜寻，即不仅要搜索事实信息的价值点，也要搜寻和创造报道的最佳表达方式。

例如，2004年春，我国现行宪法第四次修改，新华社发布报道《修宪离百姓有多远?》(2004年3月8日播发)。这篇报道最引人之处，就是把陌生的宪法条文通过"接地气"的解释，使受众更易接受。报道首先把新修订的宪法条文中与民生联系最紧密的要点一一拎出来，列出5个小标题：

案例原文
请扫描二维码

（1）民营经济将获平等国民待遇
（2）不仅保护"大款"，也保护普通百姓的财产
（3）耕地不得随便征用了
（4）社会保障制度有法律保障了
（5）尊重人权就是尊重生命

继而，记者在报道形式上动了脑筋，创造出一种易于受众理解的新的报道结构，将每一点修改后的新宪法内容，分为三部分来展示：

第一部分是"草案摘录"，列示出宪法修改案中有关民生的条文。

第二部分是"百姓故事"，记者通过采访一个个普通民众，将这些普通的百姓故事、百姓情绪、百姓期盼放到稿件中，通过百姓之口对宪法条文进行解读，展示出宪法修改案将给百姓带来的利好前景，既通俗又生动。

第三部分是"专家评说"，请有关专家结合修宪的社会背景和现存社会问题，再结合前面讲的百姓故事，进一步解释那些目的性极强，表面上看起来又很枯燥的宪法条文，一步步引导受众深入理解宪法。

这种报道结构上的创新，既是新闻发现的结果，也是新闻创新的结果。正是由于记者把发现最具传播价值的事实信息与发现富于传播力的最佳表达方式融合在一起，才会创作出如此受到广泛好评的新闻。

二、新闻发现的依据

作为新闻采写者对事实信息的传播价值及其最佳表达方式的率先认知，新闻发现实质上是一种新闻价值评价。新闻发现的依据，便是新闻价值评价的标准。什么是新闻价值的评价标准？对此新闻界的表述历来比较多元。其中，有按受众的需要来界定评价标准的；有按一些规范性要求，比如与新闻传播有关的宣传纪律、法律规范等来确定评价标准的；还有从新闻传播客体属性的角度，把事实的时新性、重要性、显要性等作为新闻价值评价标准的。

从新闻发现的业务实践来看，我国记者主要是以以下四条作为新闻发现的依据：第一，党和政府的方针政策；第二，自身所在媒体的定位；第三，社会热点、受众需求；第四，社会上普遍存在的问题。这也就是人们常说的新闻发现要善于"吃透两头"，即记者的新闻发现既要符合"上头"的精神，符合中央当下的方针政策，符合媒体当下的报道思想以及选题倾向；又要合乎"下头"的需求与动向，满足受众需求，关注百姓的呼声，回应当下的社会问题与社会舆情。

这里需要强调指出的是，并不是受众所有的需求都可以成为新闻发现的依据。一个人实际存在的状态和他对这种状态的心理反应常常是不一致的。"人们不一定能真实地、客观地意识到有机体实际存在的状态，人们以为自己需要的，不一定真是自己需要的。"[①] 在新闻采写实践中，理应以受众的"实际存在的状态"，即实际需求作为具体判断新闻价值的标准。这是因为人们的"实际存在的状态"关系到人们的共同利益，是人们共同关注的话题。与此同时，人们对"实际存在的状态"的感知，通常呈现出一个由隐性到显性的过程，一旦产生不满的感受，便容易诱发社会矛盾。因此，作为社会的瞭望者、守望者的新闻媒体及其新闻采写者，一定要密切关注受众的"实际存在的状态"，从中及时发现社会上发生的新情况、新问题、新苗头。

这里还需要强调指出的是，所谓"社会上普遍存在的问题"，指的是新闻采写者独立观察社会的结果，是新闻采写者眼中"普遍存在"的社会问题。也就是说，记者在新闻发现的过程中，不仅要眼观上下——党和政府的方针政策+社会热点、受众需求，而且要学会自己独立观察，要瞄准那些领导层尚未重视的、在社会上还未引发群众关注的但却是"普遍性"存在的问题。大量的新闻实践证明，很多社会问题，譬如对艾滋病人的社会歧视问题，各地收容机构侵害农民工权益的违法行为，都是经媒体的多次报道后，方引起社会广泛关注和相关政策法规的调整的。新闻采写者的独立观察是一个重要的衡量新闻价值的维度，已成为记者发现新闻的必不可少的依据之一。

第三节　新闻发现的动态过程

接触事实信息，获取新闻线索，了解事实真相，策划报道方案，创作报道文本，新闻生产流程的每一个环节都离不开记者的新闻发现。因此，新闻采写也可以视作新闻发现的动态过程，需要记者具备持续不断的强劲的新闻发现力。

一、记者的"前发现"状态

在新闻发现的过程中，记者的任务十分艰巨，要在截稿时间的压力下：

[①] 冯平：《评价论》，东方出版社 1995 年版，第 101 页。

(1) 快速寻找新闻线索；
(2) 快速了解事实真相；
(3) 快速确立评价视角；
(4) 快速获取事实信息；
(5) 快速决策报道方案；
(6) 快速选择旨在使新闻价值最大化和受众接收最大化的表达方式。

而要在短时间内完成上述任务，仅靠记者的临时准备是不够的，必须依靠记者的长期准备——良好的新闻素养。只有具备良好的新闻素养，才能够在记者心里建立起一个先在的、牢固的"前发现"状态。

这种先在的"前发现"状态，就是记者的新闻素养所营造的心理背景系统。它是记者新闻发现的内在驱动力，能引发记者新闻发现的兴趣，并具有一定的价值倾向和价值标准，对发现的对象作出相应的评判，同时也会使记者的发现具有鲜明的个性特色。

记者的"前发现"状态，不但决定着记者能否发现新闻事实，而且也决定着记者的报道取向。因此，判断一个记者的新闻素养，可以看他喜欢做什么选题以及怎样做报道；而从一个媒体的报道选题倾向，则可以看到这个媒体的记者群像。

二、新闻发现的关键节点

记者新闻发现的思维过程，大体可分为三个阶段，即：准备阶段、灵感阶段、印证阶段。

（一）新闻发现的准备阶段

在新闻实践中常常会看到这几种状况：
(1) 最先见到新闻事实的记者不一定是最先发现新闻的记者；
(2) 最先见到新闻人物的记者不一定是最先发现这个人物新闻价值的记者；
(3) 最先到达新闻现场、"身临其境"的记者也不一定是最先理解这个新闻现场的记者。

这些"先见""先到"的记者不能"先发现"新闻的原因，往往就是因为他们缺乏对新闻价值的判断能力，或者说这些记者根本就不具备发现新闻的"状态"。而积累深厚或者说新闻"前发现"状态好的记者，即便面对别人已经发现了的新闻，也能从中再次发现其新的价值点或更深层次的价值。比如，著名记者郭梅尼面对被众多记者追逐采访的新闻人物时，她往往不是第一个去抢新闻的人，但她总能发现与别的记者不同的或更有价值的新闻。其中的原因除了采访深入到位外，还因为她对采访对象所处的时代背景、社会情绪有着深刻的理解和把握，知道什么样的人物、人物的什么精神更符合时代和社会的需求。正是这种对新闻人物的"前发现"状态，让郭梅尼能够发现别人看不到的新闻价值点。这就是"准备"对记者新闻价值判断的作用。

(二) 新闻发现的灵感阶段

这个阶段是新闻发现的关键阶段。采访实践中记者新闻发现的灵感，通常是在寻找新闻事实与意义交汇点的过程中产生的，其表现主要有两种：

第一种，记者把握了大致的价值发现取向，在找到事实信息线索后，迅速利用发散思维激发发现灵感。

第二种，记者的发现准备状态为单一目标的主题事实信息，当新闻线索出现后，记者往往利用直觉思维迅速判断自己的定向搜索目标和这个事实信息是否吻合。记者心中的主题信息通常先在地存于其思维中，一旦在事实信息的海洋中发现此类事实，记者的报道灵感就能瞬间被激发。

案例 5-2

村支书"一家人"吃低保[①]

枣强县肖张镇后河村的村民们怎么也不明白，集村支书、村主任、村会计职务于一身的杜西森，其妻子、岳母（与其生活在一起）、儿子、大伯都成了低保户，而且村里有多名村民被冒名办理了低保，款项不知落入了谁的口袋。更让人不可思议的是，已在2008年上半年去世的一位村民，竟也在领取低保。

村支书"一家人"吃低保

3月30日，枣强县民政局向记者提供了后河村低保户春节一次性补助名单（2月28日到低保户账），上面共有48位村民的名字，记者拿着名单来到了后河村，随机采访了一些村民。村民们说，名单上的吕桂服是村支书杜西森的妻子，李秀贞是杜西森的岳母，杜磊是杜西森的儿子，杜福录是杜西森的大伯。更让记者想不到的是，名单上的李更仁是杜西森儿媳妇的爷爷，该人根本不是后河村的，而是肖张村的。

村民们指着枣衡路（枣强至衡水）东侧临路的10间房子告诉记者，那就是村支书杜西森一家人的住处。记者远远看到该院落很大，内有多间北屋，里面正在大兴土木盖东房，院子外面摆放着大堆的水泥与沙石料。村民们说，杜西森的儿子杜磊一直在经营化肥、农药等农资产品。

多名村民被冒名领取低保

随后，记者按照名单上的名字找到了村民阮文英。阮文英是一位72岁的

[①] 《村支书"一家人"吃低保》，《燕赵都市报》2009年3月31日。

烈军属，她说她从来没有申请过低保，也没有支取过低保，不知道为什么低保户名单上有她的名字。

接着记者又找到了名单上的周纪皋，周纪皋说他已经80多岁了，从没领过低保。石金锁的名字也在名单上，其儿子说，他的父亲今年已85岁，生活不能自理，从来没听说过领低保的事，不知道是谁用他父亲的名字领了钱。

已故村民也能领取低保

看到低保名单上的"藏双林"，村民们都笑了起来，说藏双林早在2008年上半年就去世了，他的老伴与儿子一起生活，儿子的生活条件很好，家里有一辆大货车，还有一辆轿车。

村民们说，连死人也能领低保，真是"活见鬼了"。

……

这篇报道一经刊发，就在社会上产生了强烈反响，民政部、河北省民政厅相继迅速派出调查组调查。最终，不仅相关责任人受到了处理，河北省政府还及时出台了具体的低保"堵漏"措施。报道之所以取得如此效果，便在于其做到了从"这一个"事件到"这一类"事件的提升，让事实信息与报道主题融为一体。农村低保惠民政策实施以来，记者不断接到村民反映，一些村干部借助手中权力，为自己、亲戚、朋友等谋取利益，而真正的贫困者却享受不到低保。一个"先在"的主题——村干部以权谋私，便在记者的头脑中形成了。而接到这个线索后，记者马上意识到此事太典型了，和主题一拍即合，于是立即前往调查采访，当日即成稿发回报社，一篇高质量的报道就这样诞生了。

（三）新闻发现的印证阶段

借助集中思维确定采访选题之后，记者通常会在采访中力争尽快对假设的事实真相进行印证。这里面有两种可能性：第一种，记者假设的事实真相被采访证实；第二种，记者假设的事实与真相有较大出入，甚至假设的事实根本不存在。面对第一种可能性，记者可以放心地按照原先预测的传播价值进行采访报道。而面对第二种可能性，记者依托于这一事实信息假设的价值预测不成立，这时，记者可以根据采访后发现的事实真相重新寻找和确认价值点，或者放弃原先的报道计划。

三、新闻发现的实践情境

新闻发现的实践情境，指的是记者在作新闻价值评价时所处的客观环境，即可直接感知的、当下具体条件的总和。

对一个事实信息作什么样的新闻价值评价，不仅与记者的心理背景有关，还与新闻发现的情境有关,不同的情境可以导致不同的评价结果。

这里从空间情境、时间情境和情感情境三个维度来分析。

(一)不同空间情境对新闻发现的影响

在记者对事实信息进行新闻价值评价时,不同的空间可以产生不同的影响。这里的空间指的是离新闻事件现场的远近。远离事件现场,记者对事件的感知力自然受到影响,难以激发发现的灵感。而亲临新闻事件现场,记者则会受到现场画面、情景和新闻人物的感性刺激,从而增加了新闻发现灵感的产生概率。

有经验的记者一般都懂得新闻现场对于记者发现新闻价值、激发灵感的正向作用,因此,他们都会有意地尽可能地在采访中贴近一线,目击事件,近距离接近新闻人物,以便更深刻地理解新闻事件,产生丰富的报道联想,提炼出新颖的报道主题。尤其在对新闻人物的采访中,记者与其面对面所形成的评价往往与没有见面时的评价有很大差别,因为面对面的交谈可以加深记者对新闻人物的情感、意志和行为的理解,而且在人与人的交流中,非语言形式的作用往往比语言更为重要。一些老记者采写人物有一个原则:务必见到新闻人物本人,务必亲自与新闻人物本人交谈,务必主动参与新闻人物的生活,务必亲临新闻人物的家乡、工作现场等其熟悉的地方去感受和体验。这使得记者在身处现场的采访中总是能以饱满的精神状态,来激发采访对象的心灵交流欲望,使其"打开心扉",从而使报道的人物和事实真实可信、感人至深。这是现场采访的魅力。

(二)不同时间情境对新闻发现的影响

事实发生与记者采访之间的时间间隔,也会给新闻发现带来影响。这是因为面对刚刚发生或正在发生的新闻事实,记者的情感体验通常都较强烈,发现的灵感也容易涌现。而面对已成"往事"的新闻事实,记者对其情感体验自然淡漠,发现的"欲望"就会降低。所以,记者往往抢在新闻事实刚发生后就去采访,把新鲜的感觉变成独特的评价视角传递给受众。

在近年来兴起的电视直播这种报道形式中,记者更是将"正在发生的历史"和"人们真实的感受"如实转告给受众。比如救灾现场报道直播、大型体育赛事报道直播等,就比事后再做的报道更富有激情,更能激起受众的情感;记者对相关事实评价的程度、深度和新颖度也会更加深刻。

(三)不同情感对新闻发现的影响

记者对事实信息作新闻价值评价时,时常还会受到自身情感的影响。在新闻实践中,面对不同的新闻事实,势必会引发记者不同的情感。比如,新华社记者当年在采写县委书记的榜样焦裕禄时,常常被焦裕禄的事迹感动,一边写一边流泪。还有,不少记者在遭遇贪污、腐败、刑事犯罪等涉及社会阴暗面的事实时,往往既义愤填膺,又对受害者充满同情和怜悯。从理论上说,作为新闻发现根基的新闻价值评价理应是以观念为尺度的理性评价，记者的这些情感，会因其非理性而对评价产生或积极或消极的影响。

从积极方面看，记者的情感对新闻价值评价可以产生以下有利影响：

首先，记者的情感对信息接收和信息选择发挥着过滤作用，它常常决定着发现的导向。

其次，记者的情感常常可以激发出记者的感知能力、联想能力、理解能力、体验能力和判断能力。

从消极方面看，记者的情感对新闻价值评价可以产生以下不利影响：

首先，记者情感过强，常常影响了他对事实的理性评价。情感属于非理性因素，控制适度，它能够激发记者的智力因素，从而对事实做出更加合理的评价。但如果情感过于强烈，常常使记者忘记了评价的主体标准——受众的需求，从而有意无意地改变价值发现的标准，以自己的需求来评判事实的价值，这就使新闻价值评价过程带有过多主观性，使评价结果有失公允。

而更多的时候，过于强烈的情感——无论是"好"还是"恶"，都会影响记者对事实的态度，容易在价值发现和事实真相发现过程中，以偏概全、以点盖面，导致整个新闻传播失去客观公正。

其次，在记者采写社会事件，尤其是一些有冲突的事件时，常常会受到冲突某一方的影响，而对另一方产生对抗或是厌恶情绪，从而影响新闻发现的客观性和公正性。比如，在中日关系问题上，日本右翼分子篡改历史的行为以及日本政府的态度激起中国人的强烈愤慨，其中也包括新闻工作者。这时候，面对有关中日政治、经济交往方面的报道，记者就要有意识地避免情感因素可能对报道的客观公正造成的影响。

第四节 新闻发现的方法

新闻发现是记者创造性的思维过程。在新闻实践中，除了现场直播报道，绝大多数的事实真相在记者面前总是呈现"过去时"状态，即记者一般是在新闻事实发生后才去报道的。记者力图通过访问当事人，观察新闻现场来"还原"事实真相，寻找典型事例，以求达到最好的传播效果。记者的新闻发现主要有以下几种方法：

一、预设与求证

这里的预设指的是两层意思：预测事实真相+预设传播价值（报道主题）；这

里的求证指的也是两层意思：求证事实真相+确认传播价值（报道主题）。

为什么要预测事实真相和预设传播价值（报道主题）？这是因为，新闻线索经常呈现片段性、不确定性的特点，事实的真假还是未知数，其大致的真相只能靠预测。随着对新闻线索进一步的了解，会出现多种情况：有的线索很有价值，可以深入采访写出重头报道；有的价值不大，可以写成一般消息；有的暂不显示新闻价值，须待事件进一步发展后再作报道；还有的与实际情况相差很大，甚至完全相反，可能根本作不了报道。

预设和求证大致可分三步进行：

第一步，首先要对线索中的事实真相加以预测。预测真相的依据是，根据线索的可靠性和采访者自己的经验判断推理。

（1）这个线索的可靠性怎样？
（2）它大概预示了一个什么性质的事实？
（3）哪一个线索最值得挖掘？

第二步，对预测的事实真相的传播价值（报道主题）进行一系列大胆的价值预设。

（1）如果真相分为 ABC 三种可能，哪一种可能最有传播价值（可以作为报道主题）？
（2）哪一种具有传播价值的事实最符合近期的报道目标和报道思想？
（3）哪一种事实的采访最有可行性且成本低？

第三步，在预测真相和预设传播价值（报道主题）的基础上暂定报道选题，进入采访求证阶段。

（1）验证原来预设的事实真相是否存在，细节是否真实。
（2）确认暂定选题的事实真相及其传播价值后，确定报道选题。
（3）如果事实真相及其传播价值与预测不符，或因找不到目击者、采访对象不愿沟通、采访成本过高、现场已经不可还原等因素，而使原来的预测落空，只能放弃原定选题。
（4）发现新的事实真相及其传播价值，可以重新确定报道选题。

预设与求证的背后，是记者的发散思维和集中思维：发散思维是指大脑在思考时呈现的一种扩散状态，是沿着不同方向，顺应各个角度去搜寻、比较，提出各种设想的思维方法。集中思维又称为聚敛思维，是指在发散、比较、鉴别之后，集中在所选择的结果上思索和加工的思维方法。

在预设和求证的过程中，这两种思维都很重要。运用时，要注意先"发散"后"集中"，同时也要注意把握好两者之间的转换。如果记者在发散阶段停留过长，始终确定不了采访重点，就会错过报道时机。如果记者过早转入集中思维，可能因为对所选方向过于投入而忽略了其他有价值的方向。

二、寻觅悟性事实

新闻报道既要吸引受众的眼球又要达到显示传播意义、实现导向的目的，因此，其选用的事实应是那些既生动形象又包含意义和价值，易使受众产生"感悟"的事实，这就是"悟性事实"。

悟性事实必须首先是感性事实，具象而非抽象。其次，悟性事实还应是带有理性色彩的感性事实，是容易让受众体味、理解其中意义的感性事实，是"能够说明问题的"感性事实。发现新闻的过程，往往是记者在这个"可感""可悟"范围内搜寻和创造的过程；发现新闻的难点，就在于如何找到悟性事实。大量新闻实践证明，只有将这种"可感"兼"可悟"的事实转化为新闻作品，才能收到良好的传播效果。

比如，《要想见局长，先过密码门》（《南国都市报》2010年4月28日）这则报道，讲述的是三亚市综合执法局领导的办公区设于办公大楼6楼。市民们找该局领导时遇到了这样的尴尬事：坐电梯到6楼，"一道带密码的玻璃门挡住去路""改走楼梯吧，楼梯出口同样安装了一道铁门。"群众感叹见领导难，但该局称此举是为了保证局领导安全和正常办公。报道发表后引起了强烈的社会反响，产生了很好的传播效果。通过这则报道可以发现，基层干部的官僚主义是个普遍问题，但找到能说明这个问题的既具体、又能让受众感悟其意义的材料——如"安装两道隔开群众的门"，却不是一件容易的事。安装密码门的本意是"隔开"领导和群众，挡住群众反映问题之路。玻璃门是看得见的，却表达了看不见的官僚主义。用"安装门"表达官僚干部对待群众的心态，这种"可感"又"可悟"的事实材料是新闻报道中的亮点，又是发现新闻环节中的难点。

三、首次发现与再次发现

新闻的首次发现与再次发现是指记者在完成一次报道任务时，思维多次变化与升华，对报道主题、素材和表达方式不断产生新发现的过程。在制作新闻作品时，发现思维伴随着记者采写的全过程。随着采访的深入，随着事实要素的逐渐展开，记者对报道对象的思考，对主题的思考，对报道角度和表达方式的思考不断升华，常常突破原来确立的主题和报道方式。这种思维过程有时发生在采访环节，有时发生在写作环节。产生了新的发现之后，有时需要修正主题的角度，有时需要修正挖掘事实的方向，有时则要变换报道体裁。

新闻的首次发现和再次发现，也是指记者面对某些重要事实，不断开掘新的传播价值，不断发现并形成新的报道的思维过程。所谓重要事实，就是常被记者们称为"母矿脉"的重大新闻事件和社会热点。这类事实的信息要素庞杂，因果链条错综缠绕，且呈现出多层次、多侧面、多向度的特点。比如突发地震、洪水的报道，世界范围内发生的经济危机，中国每年的"两会"报道、春运报道等。这些在社会生活中影响面大、影响程度深的重大事件和社会热点，都是媒体能够多次发现新闻的"富矿"。

例如在 2009 年 5 月 12 日汶川大地震发生一周年之际，许多中国媒体围绕汶川地震后的重建工作，寻找和挖掘不同的报道方向，而《参考消息》则在《汶川地震周年祭：活着》的通栏标题下，通过转载西方媒体的报道，传递了对汶川地震受灾人群的特殊关注：

英国《卫报》的报道《再婚家庭：真爱在废墟中绽放》，反映地震后一个个破碎的家庭重组的情况；法新社发的消息《"截肢妈妈"：永不放弃用"心启程"》，报道了灾难中致残的人们乐观向上的生活态度；英国《泰晤士报》的特稿《"最后获救者"：自强自立不灰心》，报道了一个当初被埋废墟中 100 多个小时的获救者今天的生活状况。

思考题

1. 列举你印象最深的、本月网上的 10 篇非突发性事件新闻，并分别指出这些报道中记者发现的传播价值是什么。
2. 发现一个事实的新闻价值与搜寻一个报道的最佳表达方式之间有何关系？
3. 请挑选出近期报纸上刊登的 5 篇报道中的悟性事实，并说明理由。

第六章 新闻选题与采访策划

本章知识点：① 新闻选题与采访策划的内涵及其作用；② 新闻选题确定过程中要考虑的四个因素；③ 采访策划的原则与方法。

新闻选题和采访策划，是新闻采访活动实施的基础和一大关键步骤；它不仅指引着采访活动的开展，而且还影响、决定着采访活动的成败。正确、熟练地运用新闻选题和采访策划的基本规则与主要方法，是新闻采写者必须具有的一项基本功。

第一节 新闻选题与采访策划的内涵及其作用

新闻选题，是指新闻采访的"题材"，即新闻采访的主要对象和内容，它涉及采访什么，从哪个方面或哪个角度进行采访等问题。采访策划，是指对具体的采访活动进行规划和设计，以取得预期的理想效果。对于一次具体的新闻采访而言，首先是要确定新闻选题，接着便要精心做好采访策划。

一、新闻选题的内涵与作用

（一）新闻选题的内涵

新闻选题通常有不同的分类。如从社会领域来分，可以分为政治类、经济类、文化类、教育类、社会类、娱乐类等不同选题；从事实的类型来分，可分为动态事实选题、深度事实选题和人物新闻选题；从事实本身的属性来分，还可分为正面报道选题、负面报道选题。

在新闻采访实践中，新闻选题的确定具有极大的灵活性，既可以从同一事实的不同侧面、不同层面、不同阶段确定新闻选题，也可以选择纵向或横向串连的事实作为新闻选题。具体地说，新闻选题的确定可以从以下几个方面实施：

1. 可以选择同一事实的不同侧面

例如，报道一场灾难，可以选择这样几个侧面：救灾者的英勇行为，灾难背后的原因，灾难给当事人造成的巨大痛苦，灾难留给人们的深刻教训，今后的防灾减灾措施等。

2. 可以选择同一事实的不同阶段

例如报道一个运动会，可以截取运动会的开幕式，也可以截取某项比赛的决赛场面，或者某位运动员勇夺冠军的精彩情景等。

3. 可以选择同一事实的不同层面

动态报道通常选择事实生成的显性要素作为新闻选题，如发生了什么事？什么时间发生的？在什么地方发生的？什么人干的？造成什么后果？

而深度报道则会选择事实生成的深层、隐性要素作为新闻选题，如事件的原因——为什么会发生这件事？事件背后的故事——有何关联、影响？

4. 可以选择纵向串连事实

纵向串连事实即以时间为线，追踪、展现某一事件或人物的历史进程。这种选题通常用于组合或系列报道。

1985年，武汉市28岁的青年方俊明为救一个假装落水的顽童，跃入河中，撞上水下的石头，颈椎骨折，高位截瘫。当时，由于武汉市尚无见义勇为方面的奖励条例，加之被救男孩的家庭始终不愿出具书面证明，致使他见义勇为的行为一直未得到确认。在这期间，妻子又离他而去；是母亲日夜照顾瘫痪在床的他，还将当时未满周岁的孙女拉扯大。直到2013年，在社会各界的不懈努力下，方俊明终于荣获市政府颁发的"见义勇为"称号，并出席了武汉市第13次见义勇为先进群体、先进个人表彰大会。

这之后，《长江日报》围绕这一选题先后推出了26篇连续报道，全景式地展现了方俊明事件的前前后后。其报道的对象，便属于纵向串连事实。

5. 可以选择横向串连事实

横向串连事实即以空间为线，呈现相关联的不同事实或事实的不同侧面。这种选题通常用于概貌型的经验报道，或反映时代特征的风貌通讯，也可用于对比式的现场报道。

报道标题
请扫描二维码

案例 6-1

《滇西1944》首播式上，一边是92岁中国远征军老战士蹒跚步出会场的孤独背影，另一边是媒体追着王学兵孙宁夫妇抖搂私生活。

八卦话题"打败"抗日老兵①

没有人走过去搀扶一把专程赶到现场的92岁中国远征军老战士鲍直才，老人缓缓从座位上站起身，戴上红围巾，穿上外衣，蹒跚地向场外走去。

十多米开外的地方，扮演中国远征军的演员王学兵和他妻子孙宁却被拿着摄像机、照相机的记者们团团围住。因为手中拿了太多的话筒，以至于孙宁情不自禁说了声"太密了"。随后的提问，没人聚焦"中国远征军"这一神

---

① 《八卦话题"打败"抗日老兵》，《北京日报》2010年1月28日。

圣的话题,全部是两个人的私生活。

这一幕发生在前天举行的36集电视连续剧《滇西1944》首播式上的媒体自由采访环节。将于今晚央视8套播出的《滇西1944》是一部以世界反法西斯战争中的中国战场为大背景,讲述在广大滇西民众和中国共产党领导的抗日游击队的支持下,中国远征军驱逐日寇于国门之外的故事。但,首播式上"中国远征军"被八卦话题打败的场景,让人不免有些尴尬。

当天,在主持人主持环节,中国远征军老战士鲍直才被请到台上。讲起当年远征军的故事,老人的脸因激动变得通红。也许是口音太重,老人台上讲,娱记们却在台下聊闲天。

与此形成鲜明对照的是,主持人设置的王学兵、孙宁夫妇互送礼物的环节却得到了热捧。主持人一个劲儿地说,"抱着妻子送的小老虎,怎么也得表示一下感情吧!"鼓动王学兵做出亲密的动作。见到王学兵依然木然地待在台上,主持人于是更加不遗余力地忽悠,"瞧,台下的媒体都等着呢,怎么也得表示一下呀"。无奈中的王学兵硬着头皮当众把妻子孙宁抱得老高,此时闪光灯闪成一片。

不娱乐,似乎就缺少了关注度,《滇西1944》这样一部题材凝重的电视剧也难逃这一定式。

媒体自由采访环节,这种所谓的娱乐化更被推到了极致。在被冷落的远征军老兵留下孤独背影的同时,王学兵、孙宁则被八卦彻底包围。

"当时拍戏的时候,剧组知道你们的关系吗?""这是你们以什么关系拍的一部戏?""夫妻俩拍感情戏什么感觉?"……王学兵、孙宁只言片语地应付着这些问题。

……

这是一篇出色的横向对比式报道。记者通过将同一时空中发生的不同事实对比、串连起来,表达了一个鲜明又富有深刻意义的主题——娱乐化的社会风气已经使一些媒体人迷失了前行的方向。

(二)新闻选题的作用

1. 新闻选题与媒体的社会功能密切相关

不同的媒体有着自己的选题倾向和选题范围,这是与不同媒体的目标受众和社会功能紧密相连的。新闻选题是实现媒体社会功能的重要环节。以报纸为例,我国现存的几大类报纸,如党政机关报、都市报、晚报、行业报、企业报等,它们的社会功能和市场定位各不相同,其选题所关注的领域和内容也就有着差异。有的着眼于实现"宣传功能",便可能大量选择政策解读、经验收集、舆论回应这样的选题；有的着眼于实现地域性的信息总汇功能，便会注重有关本地政治、经济、文化、社会生活的选题；有的着眼于"环境监测"的功能，则会将社会上的新动向、新问题、新矛盾作为重点选题。

正是不同的选题结构，界定了一个媒体的受众层次和价值倾向。受众接触媒体时，往往通过选题的倾向和选题的结构，就能清晰地感觉到这家媒体的价值观和文化品位。

改革开放 30 多年，中国新闻业发展的历史也是新闻选题不断创新的历史，其彰显的是中国媒体的社会功能不断壮大、文化品位不断提高。

1985 年，深度报道的出现第一次大面积地将中国社会深层次的问题通过媒体呈现出来，改变了以往媒体选题"非黑即白""非表扬即批评"的单纯宣传性模式。

中央电视台 1993 年《东方时空》栏目和 1994 年《焦点访谈》栏目的开播，使得舆论监督类选题得以通过专门的栏目，经常性地、成规模地传播，有力地拓展了媒体"监督社会"的社会功能。

1995 年，中国青年报《冰点》栏目的横空出世，使得历来被排除在选题之外的"小人物"得以"登堂入室"，极大地丰富了纸媒版面上"中国社会的表情"，使社会问题和舆情有了更广阔的表达空间。

2002 年中央电视台《感动中国》栏目的创建，使得先进人物报道以视频形式大放异彩，引起强烈的舆论反响。

这些重大选题的推出，使社会民主生态得以推进，社会公正的理念得以传播。进入网络时代后，重大选题在网络上放大了它的传播效应，影响了当下的社会舆论，也使媒体的社会功能有了实质性的扩大和提高。

2. 新闻选题与媒体的影响力密切相关

选题的质量决定着一个媒体在公众中的影响力和可信度。媒体的选题与社会的脉搏相吻合，其描绘的拟态世界与真实世界接近度高，必然会得到受众的认可和青睐，那么这个媒体的影响力就会持续增长。如果一个媒体选题所反映的拟态世界脱离了现实世界或者违背了现实世界，势必会遭到受众的谴责和唾弃，那么这个媒体便难有影响力、公信力了。

案例 6—2

"正能量"这回传得比什么都快[①]

……

4 月 16 日 17 时 40 分左右，刚上夜班的马志刚，驾驶着那辆"津

---

① 《"正能量"这回传得比什么都快》，《中国青年报》2012 年 4 月 19 日。

E23772"牌照的出租汽车来到了天津盲校门口。一位女教师招手,把一位盲人小伙子扶上车:"您受累给送一趟。"

那是一个看上去20多岁的小伙。健谈的马志刚随后了解到,他是河北省人,准备找一份按摩师的工作。

开了5公里多,小伙要去的通达尚城小区到了。计价器显示金额为11.4元,加上燃油附加费,应收12.4元。

小伙掏出了钱包。马志刚捂住他的包:"别动,不收钱。"

小伙坚持要给,两人争了一番。马志刚发觉周围有人往车里瞧,怕时间久了,人们误会他要占盲人的便宜,急了:"我干吗挣你的钱?我不伟大啊,你别觉着我多伟大——我跟你说这句话你懂吗?——我挣钱比你容易!"

这话说得,连他事后都觉得有点"重"了。

说完,他匆匆下车,把小伙扶出车,交给了小区门口的保安。

今晚,他对记者回忆,当时下意识感觉不能收盲人的钱。可这种感觉,他不会用语言描述。

"你给他这点光亮,让他起码感受到这社会不黑。"老马想了想,总结。

告别盲人小伙,这位老司机"着急忙慌"调转车头,想赶紧离开现场。这时路边一位中年人拦住了车。

"你慌张什么?"这位乘客上车就问。

老马往后一指,讲起了盲人小伙的事。他随口问这位看上去比自己年长3岁左右的乘客:"您说,我还能挣他的钱?"

路上,这位乘客"一点一点"跟他聊了聊适才发生的事情。乘客身穿西装和白衬衣,仿佛还带点酒气,"说话挺讲究的"。老马根据经验判断,这人"可能是个干部"。在微博上,此人被老马的女儿描述为"斯文大叔"。

到了目的地,斯文大叔掏出钱来,"师傅,别找钱了"。

马志刚一看,那是3张10元纸币,可只应收14.1元。"这钱还有刚才那位的。"这位乘客解释。

马志刚推脱,可乘客说:"我可记得您这句话了,我也不伟大,我挣钱比您也容易点。以后,您见到残疾人,您就继续帮他们吧。"

接过这钱,马志刚有点儿"手足无措"。他就坐在车里,给这位乘客鞠了一躬。这天夜里,他越想越感动。开出租车多年,乘客抢着替前一位乘客付账,这是他头一回遇到。

回家以后,他告诉女儿这事,对她说,真的"有菩萨"。他觉得,那位乘客的"伟大",至少该让女儿知道。

……

第二天早晨上班之前,有所感悟的女儿,用手机写了一段"老爸跑车录",发到了微博上。

……

源于不知名人物的这条139字的微博,却成了两天以来最热门的话题之一。

经过两天的传播,139个字带着一种加速度发酵起来,触动了更多人的神经。不少人认为,此事释放的是"正能量",自己看到了,有责任传递下去。有人表示,希望在微博上多看到这样的事,"心情特爽"。有人产生"想掉泪的感觉","要是人们都能这样,这个社会能不好吗"。

"又开始相信这个世界了。"一位留言者说。

今天早晨,小马请老爸坐在电脑前,简单浏览人们的留言。老马感慨:真好啊,以后别再发生救人反被敲诈的事情就更好了。希望更多人看到后,重新信任这个社会,"大胆做好事"。

……

一个普通的出租车司机拒收盲人乘客的费用,并说了句:"我不伟大",只是"挣钱比你容易"。这件事虽"小",却有传播价值。尤其是这件"小"事和这句"小人物"的经典语言在微博上传开后,居然瞬间触动了社会情绪的"按钮",两天内便被转发6万次。它让网友们"心情特爽""想掉泪""又开始相信这个世界了"。

《中国青年报》这则报道,通过一件"正能量"的小事,不仅展现了普通百姓的高尚品质和良好形象,也表达了广大民众对世风日下的焦虑和对美好社会的渴望,自然赢得了社会各界的热烈回应。从中可以看到,新闻选题是决定媒体影响力、公信力的最重要的因素;一家媒体关注什么,追踪什么,赞扬什么,贬斥什么,都会在它的选题结构中非常清晰地表现出来。选择了广大民众关心的选题,选择了社会普遍存在的问题,选择了能够引导社会和谐进步的选题,便会收到好的传播效果。

二、采访策划的内涵与作用

(一)采访策划的内涵

采访策划也称报道策划,大致包含三个环节:报道思想的策划、报道内容的策划和报道体裁的策划。

1. 报道思想的策划

新闻报道是创造性很强的活动,在实施具体采访之前,就要对在选题阶段已经确定的目标事实作更为细化的报道思想策划。只有报道思想先确定下来，采访的目标才能清晰。任何采访都有着很强的目的性，如果记者对采访的目的不清晰，到了现场就不知道该问什么，该看什么，该听什么，该记什么。所以在采访之前首先要明确——你的采访目的是什么？你到底要表达什么倾向？你要做一个什么样的报道？你在这篇报道中要表达什么样的理念？需要哪些材料才能达到这些目的？采访前的策划最中心的任务就是明确报道思想，进而明确采访目的。

2. 报道内容的策划

报道内容的策划包括采访项目策划和具体采访目标的策划。

（1）采访项目的策划。明确采访目的之后，就要对自己采访的项目进行策划，例如关键采访对象的选择、重点事实的确定、采访现场的选择等，都是采访项目策划的内容。如果采访一个人，是先从外围切入还是直接找到本人访谈？在什么地方采访？何时去看现场？何时研究材料？要有一个基本的安排。如果几个记者一起采访，还可以分一下工，每人采访一部分，或者每人采访一个阶段，写稿子的时候再将材料合成。

（2）具体采访目标的策划。具体采访目标的策划主要是指精心设计采访中要瞄准、选择的具体材料：捕捉什么样的现场气氛？如何提问才能打开当事人的话匣子？要注意记录当事人的哪些直接引语？在哪些特定的时间和空间采访？着意搜索哪些细节？

3. 报道体裁的策划

不同的报道体裁"擅长"表达的信息是不同的。在作采访策划的时候，不仅要对报道思想、所报道的事实项目加以策划，还要注意对新闻作品体裁的策划，即采用什么样的报道方式来呈现新闻事实。

2013年8月上旬，浙江等地连续出现罕见高温天气。相当一部分外来打工者因居住条件简陋而备受酷暑煎熬。绍兴市政府先是动员企事业单位开辟主要在白天开放的爱心避暑点210多个，后又决定开放市政府会议中心、学校、体育馆等16个场所，免费供市民纳凉过夜。对此，《绍兴晚报》等媒体开辟"纳凉 蹭凉 送凉"专栏，对相关信息做了简要的消息报道。但不少外来农民工不相信、不敢去，加上信息不对称等原因，起初会议中心住宿点"入住率"并不高，还引来不少质疑声，怀疑政府"作秀"。为此，《绍兴晚报》决定改变报道体裁——由写消息改为策划一篇现场特写，派记者深入市政府会议中心，实地采访在那里纳凉的农民工，由此推出了特写《儿子，今晚我和你爸睡在政府会议室》（《绍兴晚报》2013年8月9日）。这篇特写通过记者的耳闻目睹，聚焦农民工的反应及其原汁原味的语言和动

案例原文
请扫描二维码

作，来呈现政府的这项"保民生"工程。报道刊登后引起了很好的社会反响。

(二) 采访策划的作用

采访策划的作用主要体现在这样两个方面：一是有利于媒体生产出具有强传播力的高质量的新闻作品，提升媒体的市场竞争力。二是有利于提高记者的新闻报道专业水准和职业创造力，增强其职业成就感。

案例 6-3

药 价 追 踪①

谁也不能保证不生病，谁也不能保证不吃药。可是，药品价格居高不下，甚至不断攀升，成了堵在老百姓胸口的一块心病。一次求医买药的经历，使记者有机会透过一种普通眼药水的价格，发现了药价蹿高的一个侧面——

不同地方不同价

最近的一天，因为眼睛轻微不适，记者前往北京市方庄第一医院就诊。医生诊断的结果是结膜炎。她说："这是小毛病，用点眼药水就行了。"

她在处方上开出的，是江西萍乡制药厂生产的5毫升装盐酸环丙沙星滴眼液眼药水。这家社区医院划价每支15.7元。

记者随后来到与方庄第一医院相距百米的方庄购物中心，看到药品专柜上一模一样的滴眼液售价仅为6.6元。两个价格相差2.3倍。

几天后，记者又来到堪称国内最高规格的一家三级甲等医院，想在这里得到一个放心的药价。几经打听，结果有些出人意料：病还是那个病，但这种滴眼液又派生出一个新售价——12元。

出厂价最多每支3.8元

一种药品到患者手中，一般有两个途径：药店零售或医院开药。这两种途径各有多重环节。在这些环节中，既存在国家规定的正常差率，也存在一些非正常的折扣和回扣。

主要用于结膜炎、角膜溃疡、沙眼等眼疾的"盐酸环丙沙星滴眼液"，也不例外。

按照环丙沙星滴眼液中的使用说明书，记者按图索骥拨通了江西萍乡制药厂的电话。接通电话后，记者问：如果想经销这种眼药水，按什么价格拿到货？这个厂销售科彭科长报出了出厂价："一次进货一箱以上，每支价格3.8元。"

记者问："如果多进货，这个价格还有商量余地吗？"

---

① 《药价追踪》，新华社2000年6月11日。

彭科长回答:"可以,但是优惠不了多少,顶多也就是几毛钱。"

记者几经辗转与这个厂负责北京市场的业务员取得了联系。这位业务员说,如果从他那里进货,每支滴眼液的价格可以降到3.5元。

北京市场规定零售价为 6.6 元

那么,这种商品在北京市场的规定价格是多少呢?

……

正常差价是多少(小标题)

……

实际赚头更大(小标题)

……

折扣之外还有回扣(小标题)

……

最高价是这样定出的(小标题)

……

在这篇报道中可以看到,记者在报道前的策划"痕迹"很明显:

第一,记者本人作为眼疾"病人"去看病,医生开了一瓶眼药水,这里的体验式采访使报道具备了"可信度"。

第二,记者从手持的眼药水开始,追踪从药厂到药品批发再到各医院的药价涨幅——从3.5元到15.7元的来龙去脉。这样做切口小,很直观,展示的药品涨价脉络非常清晰。

这种采访策划,着眼于如何使报道更可信、更生动,也着眼于对药价虚高这个普遍存在的社会问题清晰有力的展示。通过这篇报道可以发现,采访策划不仅能使报道收到良好的社会效果,而且也给记者提供了一个充分发挥个人创造力的平台。

(三)采访策划的误区

采访策划是对报道的设计和谋划,而不是为了报道而对新闻事实的发生进行设计和创造。也就是说,采访策划是策划采访和报道活动,而不是策划新闻事实。前者是新闻事实在前,采访策划在后;后者是策划在前,新闻事实在后。记者有意制造新闻事实,即有计划、主动地制造出能够吸引受众的有新闻价值的事件,就陷入了采访策划的误区——"策划"新闻了。

2013年3月26日,有则题为《深圳90后女孩当街给残疾乞丐喂饭 感动路人》的新闻在网络上广泛传播。新闻讲述了一个名叫文芳的湖南新化女孩,目前在深圳某展会销售门票,24日下午,文芳在下班返回住处的途中遇到了一位饥肠辘辘的老人，于是便掏钱为老人买来了盒饭，并单膝跪地将饭一口一口喂进老人的嘴里。她说："看见他，我就想起了自己的爷爷。"当时有多家媒体转载了这则新闻，还刊登了这位90后女孩蹲在路边给流浪老人喂饭的图片（见图6-1）。这则新闻引起了很多人的关注，文芳还被冠以"深圳最美女孩"的头衔。然而，经新华网调查，这则新闻及图片都是由一位名叫石金泉（音译）的商业策划人为某商业会展进行炒作而精心设计、策划出来的。

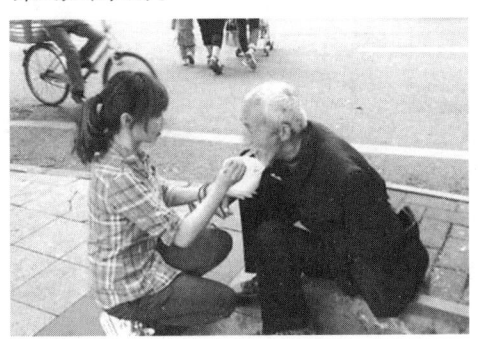

图6-1　90后女孩跪地给乞丐喂饭

第二节　新闻选题的确定

好的选题是报道成功的一半。如何确定新闻选题，众多老记者在新闻实践中都有一套成熟的经验与方法。对此，作为刚入门的新记者，既要认真学习、领会，又要在新闻采写实践中不断摸索与创新。

一、筛选事实与搜寻事实

一般来说，一个记者在寻找和确定选题的过程中有两种思维方式。

（一）筛选事实

这通常是新手发现选题的方法。

新记者往往缺乏报道经验，对社会生活亦不熟悉，这使得他们在面对新闻线索的时候，处于一种思维茫然状态，或称思维的"初始状态"。他们不会像老记者那样，在瞬间就能辨认出新闻事实是哪一个，并很快迸发出新闻报道的灵感。这时候，就需要利用发散思维，退回到自己学过的理论知识上寻找解决问题的方法——按照新闻选题的标准，对线索逐一进行新闻价值评价：

（1）哪个事实更有利于政策宣传的需要？

（2）受众可能对哪个事实有兴趣？

（3）哪个事实更具有普遍性？

(4) 哪个事实更具有典型性？

(5) 哪个事实报道后预期的社会效果更好？

新记者往往需要对数个线索进行对比、分析和选拔来选择新闻事实。当然，必要时要接受老记者、老编辑的指导，或者咨询相关专家。在这种反复对比分析的基础上，或者用选优的方式，或者用淘汰的方式，选出那些新闻价值比较大的事实作为备用的选题。

(二) 搜寻"目标事实"

搜寻"目标事实"，就是要求记者针对社会普遍存在的问题，同时针对公众反映的热点，将某类社会问题视为报道对准的"靶子"，即为采写对象设置一个取景框，然后利用这个取景框去搜寻"目标事实"。

针对报道靶子的取景框的设立，通常有以下三个层次：

首先，记者通过观察发现社会问题中普遍存在的某一类事实，即"类事实"，从中找到解决这一问题的突破口。

其次，确立针对此类问题的报道思想，如：做正面报道还是做负面报道？表扬还是批评？报道动态还是报道深度？

最后，预测此类事实的"生长点"，熟悉这类事实显现的一般状态，紧盯此类事实的出现苗头。

很多记者在确定选题时，就是用这类有针对性的取景框方法来搜索"目标事实"的。因为这种选题的基础有前期准备的事实依据——类事实，又有深思熟虑的报道思想，还有依据类事实和报道思想预测出来的此类事实发生的时空场域，因此选题的成功率极高，也容易收到预期的社会效果。

案例原文
请扫描二维码

比如，《宁夏日报》2015年2月4日的报道《盐池县扶贫贷款零违约》，讲述的是盐池县贫困群众视诚信如"黄金"，最终收获诚信的回报——脱贫致富的事迹。报道刊发后，立即被中央和各地媒体转载，国务院金融工作领导小组还将盐池县金融扶贫誉为"中国金融与扶贫有机融合的一个典范，一个创举"。这则报道从瞄准"诚实守信"，到抓住"盐池县用于滩羊养殖的扶贫贷款25.4亿元，2.4万农户还款无一人逾期违约"的典型事实，反映了记者既能精准布局选题方向，又能全神贯注"捕捉"目标事实的职业素养和职业精神。

二、选择报道角度

面对一个事实，记者必然是从某一个角度，也只能从某一角度来观察报道该事实。其中，有记者喜欢、习惯的视角，也有"奉命"采写的视角，还有受众渴望了解的视角，或者容易让受众理解和感悟的视角。

选择哪一个角度报道，决定着新闻表达什么样的主题，这既关乎媒体的价值倾向、关乎记者的新闻价值观，又取决于记者的新闻业务能力。

对于新闻事实而言，可供选择的角度是很多的，如事实的不同侧面：事实的正面影响、事实的负面影响、人们对事实不同的理解等；事实的不同层面：事实的表面现象、事实的直接原因、事实更深层次的背景等。记者总是力争选择那些最具有新闻价值、最能体现报道思想的角度。

案例 6-4

一天陪洗八次澡　迎来送往该改了①

中央政治局关于改进工作作风、密切联系群众的八项规定，再次提出厉行勤俭节约，要求基层调研轻车简从不铺地毯、不安排迎送宴请。

又到年终岁末，各地正处于接待高峰期。有哪些浪费陋习亟须改变？接待难题如何破解？新华社记者最近来到陕西、内蒙古、湖北、广东等地基层进行调研采访。

一天陪洗八次澡　约"管事人"吃饭不计成本（小标题）

内蒙古某县城以温泉著称，这里分管外宣工作的副县长对记者说，年底了，很多部门要过来参观考察、检查验收。有一天，他接待了十来批客人，大多数来的人都要体验一下当地的温泉，他一天陪洗了八次，整个人都快泡虚脱了。最后一次他都没有更换衣服，直接就在洗澡池子里等客人到来。

"来的都是上级领导，不陪不行，接待拉近感情。"这位副县长无奈地说。

一个星期前，记者在内蒙古一个县级市调研时，接待办一位负责人告诉记者，当日他吃了四次早餐。"没办法，一大早就得赶场子。"他也是一脸的无奈。

这位接待办负责人坦言：当地接待是有标准的，每个人早餐标准50元。他当日吃的最后一顿早餐是按照6个人的标准上的，但客人只有两个，原计划陪吃的3位县领导因陪其他客人没赶过来。"为了凑足每人50元的标准，花样繁多的主食、各种小菜都有，上一盘煎鸡蛋再上一盘煮鸡蛋，盘子搁不下都摆了起来，3个人能吃6个人的早餐？看着满桌的剩饭真心疼，想打包又不好意思。"

这位在基层做过多年接待工作的"权威人士"介绍，接待"下来"的客人，比起地方干部去上面见"管钱管项目"领导产生的浪费，可谓小巫见大

---

① 《一天陪洗八次澡 迎来送往该改了》，新华社2012年12月19日。

巫。他说，很多地方领导见上面"管事的"人，只要能约出来见面吃饭，无论到多贵的地方消费都不是问题。

车队接送到"城门"外　礼品乔装"办公用品"（小标题）

……

接待积弊根子深　节俭新风需"硬约束"（小标题）

……

公务接待的浪费积弊是很严重的社会问题。但是，从哪件事实、哪个角度切入曝光这个问题，才能使受众体味深刻，这里的角度选择很关键。比如，用于公务接待的"泡温泉"，如果只报道平均每天接待了几拨人，受众很难感到"泡温泉"事实的不合理。但如果把焦点锁定在一个接待人员身上，一天"陪泡"八次，结果是"整个人都快泡虚脱了"，事实的荒诞性就显示出来了。从"陪泡"者的角度看接待之奢华，接待人数之多，受众可能也感觉要"虚脱"了。

所以说，精选报道角度，往往可使报道效果事半功倍。

三、关注报道效果

预测报道将产生的社会效果，是衡量选题价值的首要条件。无论是正面事实还是负面事实，其报道选题都应聚焦于是否能给社会带来"正能量"。只有导向正确，能引起受众关注并激发受众积极向上，助推社会健康前行的选题，才是好的报道选题。

《中国青年报》有个专门对重大突发事件或读者普遍关注的热点问题进行深度调查或解析的"特别报道版"，其选题标准是：侧重于社会和政府部门普遍关注，政府部门正在解决或有能力解决的问题；体现这些问题的新闻事件要有样本意义，能起到促进问题解决、增强社会信心的作用。中央电视台《焦点访谈》栏目几乎对每一个舆论监督的选题都要进行相反的论证。选题论证的要点一般集中在以下几个方面：（1）选题与党和政府现阶段的路线、方针、政策是否有不和谐的地方；（2）选题事实是否包含可能引起不安定的因素；（3）对于基本轮廓清楚的选题事实、关键事实是否存在疑点和不确定性；（4）选题所包含的事例是否非常极端，不具普遍性；（5）选题是否符合电视新闻的操作规律；（6）选题清楚、事实准确、责任明白，但也要考虑报道后问题能否得到解决。①

《中国青年报》"特别报道版"和央视《焦点访谈》的选题标准，就是要求报道选题注重社会效果，这是媒体社会责任担当的体现。试想一下，如果批评类的舆论监督报道不考虑报道效果，而去批评一些无法解决的问题，那批评有什么意

---

① 梁建增：《选题是〈焦点访谈〉成功的源头活水》，《电视研究》2004年第5期。

义呢？其结果只会增加这个社会的"戾气"，让受众发泄情绪，狠狠地骂一顿，但是实际的问题解决不了，对这个社会没有什么促进作用。

四、明确报道体裁

针对某个报道选题，记者要考虑的不仅是一种报道思想、报道倾向，而且要找到一个能够有效呈现这种报道思想和倾向的报道体裁。

报道体裁的确定，取决于报道对象。一般来说，事实信息单一，便适于用消息来报道。如果事实本身的内容丰富，有深层次的开拓空间，有较多吸引人的细节和故事，那么就适合用通讯体裁来表达。与此同时，报道体裁的确定也会左右着报道内容的展示，进而影响传播效果。例如前文中的报道案例《儿子，今晚我和你爸睡在政府会议室》，讲的是绍兴市政府在酷暑季节，腾出开空调的会议室让外来打工者过夜休息的事。这个事实先是用消息做了报道，简单地传递了这一信息，结果传播效果不明显。后来改用现场特写做报道，将纳凉的打工者的感受一一展现，特别是心直口快的清洁工董彩凤兴高采烈地给儿子打电话的场景："儿子，今晚我和你爸睡在政府会议室！"一下把报道激活了。现场特写这种体裁的特点是，大量展示事发现场的镜头：现场环境、人物行为、人物语言等。其展示的事实具体、丰富、可信度高，易使受众如临其境、如闻其声，增强了报道的真实度、贴近性和可信度，传播效果较先前发的消息大大提升。

第三节 采访策划的原则与方法

采访策划是选题确定后要实施的首要环节。采访策划的方法多种多样，常常带有记者强烈的个人色彩和不同媒体的文化倾向，但其基本原则和方法在新闻界是具有普适性的。

一、采访策划的基本原则

（一）遵循事实第一的原则

真实性是新闻报道的基础，无论什么样的题材，什么样的策划，都不能违背新闻真实性的原则。采访策划只能以客观事实为依据，而不能按照记者的主观愿望策划新闻。在采访策划中，不仅各种事实要素、各种细节要准确无误，而且对事实的判断、推理也要合乎客观实际，合乎逻辑性。比如遭遇相互矛盾甚至对立的事实时，要提供矛盾、对立双方平衡的信息，让受众感到报道客观公正、真实可信。

（二）遵循传播规律的原则

1. 时机性

采访策划必须重视报道推出的时机。在不同的报道时机，受众的关注点也会发生变化。对于某个具体的新闻事件来说，只有在符合其"发生"的社会大背景的那个时间段推出才能产生好的效果。当这个时间段已经过去，社会的关注点已经转移时，任何报道都难找到落脚点。

2. 独家性

新闻只有一次落地的资格，因此采访策划必须把握独家性原则：事实独家、视角独家、报道时机独家、体裁独家。

3. 现场性

现场是新闻的发生地，最容易发现报道素材，也是记者最容易产生报道灵感的地方。现场性就是要求记者实施采访策划时，务必要想方设法在第一时间到达现场，寻找当事人和目击者，观察现场环境，掌握有说服力的第一手材料。

4. 典型性

只有新近发生的、典型的事实才是最有说服力的。采访策划强调的典型性，就是要求记者不仅要了解所面对的具体事实，而且要了解与此相关的同类事实，从中发现事实的特殊性和代表性。

5. 可行性

可行性就是要求采访策划的各种方案，必须是在新闻采写实践中可以实施的。因此，策划一定要全面、周到，要考虑到各种可能性，以避免策划的实施受到影响。例如：是否能找到知情者？能不能找到关键人物？关键人物愿不愿意接受采访？有没有旁人可以疏通关系？找到采访对象是采访成功的前提，如果找不到知情、权威的采访对象，采访将无从谈起。同时要注意，找到采访对象并非一件容易的事情，在某些报道特别是揭露真相的报道和批判性报道的采访中，采访对象的态度往往是躲避、沉默。因此，在作选题策划时就要充分考虑这一环节能否有可能突破，否则，种种意想不到的情况会使原来的策划方案"泡汤"。另外，还要估算采访的经费成本，如果采访对象地处遥远，交通费用和住宿费用巨大，就要考虑媒体能否承担这一成本。

二、采访策划的主要方法

（一）报道主题的策划方法

凡是新闻作品都有主题，即要表达的主要内容和中心思想。在消息的采写中，主题就是导语中突出的最新发生的、最重要的事实，也称主题事实。而在通讯和深度报道中，主题蕴含在事实的关联中。对于主题的策划主要有以下方法：

1. 不断提炼直至"尖准"

报道主题应当是一个"点",而非一个"面"。这就需要在策划阶段不断提炼,使对主题的认识由面提炼到点。报道的点越准确、越集中、越尖锐,则越好采写。

新华社记者朱玉谈到她采写有关汶川地震的报道《一个灾区农村中学校长的避险意识》时说,她写这位挽救了几百上千学生生命的校长身上最有亮点之处时,选了"避险意识"而没有选"责任意识"作为报道主题,就是考虑到主题的"尖准"性。因为这位校长最与众不同之处,就是常年不懈的安全意识和防范行为。他总担心当时简陋的教室"不安全",因此想方设法加固教室楼房的支柱和楼板,又组织学生反复进行"紧急撤离演习",试图让学生"远离危险"。他顶着各种压力数年如一日加固质量差的教学楼,换来的是地震时全校2300多名学生无一死伤,创造了保护生命的奇迹。而周围的学校房倒屋塌,死伤惨重。不是因为那些校长们缺乏"责任意识",而是他们恰恰缺乏"避险意识"①。

在策划阶段反复提炼主题,将主题聚焦在一个很具体的点上,可以为后面的采写指明方向。

2. 不断变换角度直至"新颖别致"

新发生的事实固然吸引人,然而那些引人思考的角度更易吸引受众。为此,在策划报道主题时,要注意不断变换蕴含在事实中的各种角度,从中发现意想不到的新颖主题。例如,2011年1月5日《工人日报》的报道《"永远不要算计工人"》,以一个私企老板的口吻,阐述了工人与老板之间的辩证关系,这一报道角度,不仅

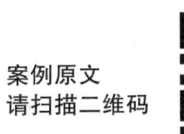

案例原文
请扫描二维码

使有关和谐企业、关爱员工的老话题逆转成体现企业管理新思维的报道,而且大大增强了报道的可读性。

(二)获取报道素材的策划方法

能否拿到有说服力的报道素材,是稿件成败的关键。在大多数情况下,采访对象对往事的回忆是不全面的,会重视事件主线而忽略情感副线,也会缺乏细节和现场感。而采访者所需要的,恰恰是采访对象忽略的细节和情感材料,因为这部分材料是受众最感兴趣的。从记者采访的经验来看,获取这类材料大致可以分两步走:

1. 采访者大胆想象最佳报道素材

这种想象源于以往的阅读体验和报道经验。成熟的记者往往最清楚什么样的事实最有吸引力,什么样的细节最可信、最能说明问题,什么样的故事情节最便

---

① 根据2011年5月朱玉在中国人民大学新闻学院讲座整理。

于承载主题，什么样的情感事实是受众最渴望了解的。面对即将实施采访的新闻线索，记者在策划阶段首先要依据事实发展的可能性大胆预设最佳报道素材，设计一些与最佳素材相似的提问来引导采访对象回忆，力争挖掘到理想的材料。这就需要策划者放开思维禁锢，大胆想象：为实现报道思想，我最好能找到什么样的人？最好能拿到什么样的素材（包括骨干事例）？最好能拿到什么样的故事？

2. 通过各种采访方法去印证想象中的素材

大胆想象的预设性素材，必须经过采访验证后，才能当作合格素材进入稿件写作。在印证的时候要小心翼翼，核对每一个细节，核对每一句原话。

实践证明，有了这两步策划，采访时可以明显增加典型事实的收获率。

思考题

1. 针对校内热点话题，试为校园媒体做几个选题策划。包括：选题内容、报道思想、拟采访对象、拟发稿时间及报道体裁。
2. 针对即将来临的纪念日，试为本地都市类媒体策划一档围绕这个纪念日的深度报道。
3. 查阅本地都市报和省报近一个月的头版，对两报的新闻选题倾向做出对比分析。分析要求如下：
   （1）正面事实报道和负面事实报道的比例；
   （2）政治新闻、经济新闻和社会新闻的比例；
   （3）对社会热点事件不同的报道角度。

第七章 采访的类型

本章知识点：① 从记者的行为方式上看，新闻采访可分为访问、观察、文献采集等类型；② 访问包括当面采访、电话采访和网络采访三种主要形式；③ 场景观察、人物观察、细节观察三者互有交叉；④ 文献采集的四种途径中，网络信息的检索已上升为最重要的途径。

分类是人们认识各种自然的和社会的、物质的和精神的事物与现象的一个重要途径，也是人们研究各种事物和现象并获得进展的一个重要标志。新闻采访分类的意义便在于此。新闻采访同其他社会活动一样，是一个复杂的矛盾统一体，是许多规定的综合，可以从不同的角度和层次给予分类。本章主要根据记者的行为方式，并考虑到当前新闻媒体的实际做法和具体工作中的使用频次，将新闻采访分为"访问""观察""文献采集""其他采访"四大类型。

第一节 访 问

访问，在这里指记者为获取新闻事实或观点而与新闻当事人或关联人的交谈。访问作为互知身份的双向信息交流形式，是最重要、最可靠和最常用的采访类型。在采访实践中，访问通常有当面采访、电话采访、网络采访三种形式。

一、当面采访

当面采访，是指记者直接面对采访对象进行访问的采访方式。从17世纪起，随着现代化报纸走向成熟、职业记者逐渐产生、新闻分工愈发明细，有组织、有意图的采访活动便开始在新闻界普及。当时的采访都是当面采访。当面采访是新闻媒体广泛而持久地采用的获取信息的主要手段，直至今天，仍处于最重要的地位。

（一）当面采访的优势

1. 它是最可靠的采访形式

当面采访作为一种互知身份、当面接触的访问，是迄今公认的最可靠的采访形式。其可靠性主要表现在以下三个方面：

一是便于确认身份。记者通过与被采访者的当面接触和对话，加上现场观察、心理揣摩和必要时对身份证件的查验，可以进一步确认对方的真实身份。反之亦然，被采访者同样有确认记者真实身份的需要。中国人民银行某市分行的一位副行长曾对某记者说，对自己不认识的记者的电话采访，他一般不予接受，因为他无法在电话中判断对方的真实身份，而金融信息具有很强的政策性和影响力，"万一他冒充记者怎么办？"

二是便于取得互信。营造与被采访者互相信任的沟通氛围，是圆满完成采访任务的重要前提。相对于其他采访形式，当面交谈与接触，更容易解除对方的疑虑，赢得对方的信任。只有互相信任了，对方才可能说心里话，提供记者想要的信息。

三是便于去伪存真。由于种种原因，被采访者有时会回避实质性问题，做有利于自己的片面表述，甚至提供虚假信息。当面采访有助于记者通过察言观色发现可疑问题，并通过对疑点的反复追问予以澄清。对电视新闻而言，被采访者在镜头前的表现，也给观众判别其真诚与否创造了条件。

2. 当面采访的其他优势

除了便于获取可靠信息外，当面采访还具备其他方面的优势，主要表现在：

一是能为观察创造条件。记者直面被采访者，可以在交谈的同时五官并用，随时捕捉对方的说话神态、肢体语言和生动表情，从而获得话语之外的感性信息，有助于深化新闻的内涵。

二是能获得丰富信息，发现新线索。当面采访相对于其他采访形式更容易营造融洽气氛，且反馈迅速及时，话题多点交集，问题的重心可依据现场情况适时转移，这就有利于实现信息的多层次和多样性交流，也为发现新线索或捕捉更具新闻价值的信息创造了机会。

三是能为进一步交往打下基础。成功的当面采访往往增进了双方的互信，这为今后的继续联络或补充采访打下了良好的基础。事实上，很多重要稿件的采访都有"再度对话"的需求。

（二）当面采访的形式

1. 当面采访的常见形式

当面采访常见的形式有以下几种：

一是事先约定的采访。指记者与被采访者约定谈话时间和地点的采访。这是当面采访最常见的形式，也是人物报道、调查报道和特稿写作等最倚重的采访方法。这一采访形式的最大特点是双方都有备而来，目标性强，效率高。

二是临时遭遇的采访。指记者与新闻当事者或新闻关联者不期而遇的采访。记者在参加或采访大型活动或重要会议时，有时会遇见自己平时想要采访的新闻人物；即便平时外出，也有可能遇见或发现值得采访的人物。深圳一位记者就曾于20世纪90年代在某酒店巧遇著名歌唱家李谷一，并临时对其采访而写成颇受欢迎的新闻稿件。这时发生的采访，都在双方意料之外，具有偶遇性质，与约定的采访有完全不同的体验。正因为具有突然性，也往往具有独特新闻价值。

三是一对多的采访。指一个记者面对多个被采访者，常表现为一个记者为某一新闻题材同时采访多位当事人或一个群体。

四是新闻现场的采访。指在会议和新闻事件现场对新闻当事人或关联人的采访。这既不同于双方有备而来的预约采访，也有别于互无准备的偶遇式采访，属于记者单方面有准备而对方无意识的采访。

2. 集体采访也是当面采访的一种

这里所谓集体采访，是指多家媒体的记者同时在同一场合采访同一个新闻事件或新闻人物，是属于多对一的当面采访。集体采访对被采访者而言是一种高效的信息发布方式，对采访者来说则是个人获取独特信息能力的比拼。虽是集体采访，各媒体记者因信息取舍不同或各有侧重或独到的观察而仍可能向受众呈现个性化的新闻报道。

集体采访也有多种形式：

一是各类新闻发布会。这种集体采访最为多见，既包括党政部门为重要会议（如全国"两会"）、突发事件（如2014年8月2日江苏昆山某企业发生的造成70多人死亡、近200人受伤的粉尘大爆炸）、重大疫情（如2003年的"非典"爆发）等举行的新闻发布会，也包括企业的新闻发布会（如2014年5月16日小米公司为其新产品举行的新闻发布会）和个人的新闻发布会（如2014年乌克兰前总统亚努科维奇在被解除职务、逃亡俄罗斯后于2月28日举行的新闻发布会）。

二是对某些"重大题材"或"重要典型"的集体采访。前者如2004年5月12家中央媒体的30多名记者对吐鲁番"三十里风区"的集体采访，后者如2007年3月中央和地方数十家媒体近百名记者在北京、辽宁对方永刚教授事迹的集体采访。这是一种颇具中国特色、主流媒体较为多见的集体采访方式。

三是媒体合并采访。这种集体采访的方式，主要基于某些热点新闻人物或组织机构因过于繁忙或精力有限，将多家媒体的采访请求合并实施。如马云、马化腾、任正非、王健林等商界领袖，都曾因整天被媒体追踪而应接不暇，于是先后接受了多家媒体的联合采访。

集体采访的优点是时间集中，信源权威，且多数情况下可享受"一切被安排好"的便利，还方便媒体同行间的业务交流。缺点是记者处于相对被动的地位，信源也较为单一，容易造成各媒体的报道趋同。

二、电话采访

电话采访是指记者借助电话等通信工具与被采访者交流与对话的访问方式。

自 1875 年贝尔发明电话、1879 年爱迪生大幅提高通话效果后不久，电话就被用来传递新闻。1912 年 4 月，泰坦尼克号沉没后，《纽约时报》就成功地通过临时架设的电话线对死里逃生被运往纽约的幸存者进行了采访。

在相当长的时间里，电话采访使用的都是固定电话设备，这限制了电话的现场采访。随着信息技术的迅猛发展，特别是始于 20 世纪 70 年代的民用手机的大范围普及，以及后来的可视电话、卫星电话、网络电话的相继诞生，电话采访已不再受时间、地点的限制。2013 年 7 月，腾讯微信最新版本（5.0）实现了免费即时可视通话，将电话的便捷程度又往前推进了一步，克服了电话"只闻其声，不见其形"的固有缺陷。

这些技术的实现，使得电话成为当前使用频率最高的获取和核实新闻的采访工具。

（一）电话采访的优势

电话作为口头采访的一种形式，具有很多其他采访途径难以比拟的优势，这主要体现在以下几个方面：

1. 便捷

电话的便捷特点不仅来自其本身的便利性，更取决于电话的普及程度。30 年前，中国家庭电话尚未普及，手机更未出现，因而电话无法作为常规采访手段。如今电话已大为普及，特别是手机，现已成为随身携带的"器官性"通信工具，大大提高了电话的到达率。这使得电话采访不仅可以足不出户，而且可以随时随地进行，基本不受空间、气候、环境、交通等影响。

有了较高的普及率和到达率，电话的快捷优势愈发明显。特别是面对突发事件而记者难以及时赶到现场时，电话采访几乎成为首选手段。记者可以通过电话，对当事人、目击者或知情者乃至专家学者进行远距离采访，从而迅速成稿。

富有经验的记者，大都善于利用电话完成一时难以抵达现场、难以与采访对象见面的采访。当然，由于互不见面和采访的突然性，电话采访需要一定的技巧，包括心理承受能力。

2. 高效

当需要在较短时间内对多个新闻源进行采访，特别是进行较为浅层次的采访时，电话有助于大大提高采访效率。例如报道某种现象、争议事件或出台的某一新政策时，记者常需采访多位民众、专家、官员等，以集合他们的意见和观点，有时甚至需要做一个小规模的调查，这时电话采访就成了首选的方式。再如汽油涨价或降价消息通常在晚间公布，记者若想了解涨价原因、经济影响、消费者（司机）感受等信息，很难在紧迫的截稿期内完成面对面的采访或在网上等待对方答复，这时电话采访便成为不二选择。人们从娱乐记者对春晚效果的报道、经济记者对房价上涨的报道、体育记者对奥运会上中国运动员获奖前景的预测性报道、政法记者对某案件社会反响的报道等采访活动中，都不难窥见电话采访的痕迹。

3. 低耗

在诸多采访设备中，电话因其最为普及而成为投资成本最低的一种。一般情况下，无论是采访方还是接受方，电话采访的实施无须专门增添新设备（卫星电话等除外）。已有设备的日常消耗也很少，除了可以忽略不计的电费外，话费成本也很低。在手机实行单向收费后，被采访的一方更无须负担任何费用。因此，电话采访不仅省去了交通费和差旅费（外地采访）等诸项开支，还以最低的设备消耗支撑日常大量的采访活动。

4. 有现场感

电话通过声波传输信息，这为收听和存储现场声音及当事人的语言创造了条件。人声具备高识别性，可大大增加信息的可靠性、可信性和独家性。在广播采访中，电话长期成为最重要的通信工具之一。现在电视采访也大量使用电话录音或电话直播，配合的画面通常是前方记者或被采访者的照片，有时干脆就是一部电话机。而在多媒体融合的环境下，纸媒也纷纷在自己的网站建立新闻音频，这也常常需要借助电话获取"真人原声"。

（二）电话采访的设备

电话采访所用的设备主要有以下几种：

固定电话。固定电话已经有100多年历史，司空见惯，人人会用。

手机。这是当今普及率最高的电话设备，且正朝着智能化、多用途方向发展。不仅如此，手机中的短信功能等非口头表达方式，正成为电话采访的有力帮手，其对于人名、地名、数据等信息的核实和确认作用不可低估。

卫星电话。按其应用范围可分为海事卫星移动系统（MMSS）、航空卫星移动系统（AMSS）和陆地卫星移动系统（LMSS）。卫星电话对位于高山、大海、荒原、沙漠等电信和移动信号难以覆盖的地区，具有独特作用，目前很多主流媒体都为到上述地区采访的记者配备了卫星电话。

网络电话。这是一种通过互联网络传输语音信息的通话设备。它的优点是经济省钱，缺点是只能依赖网络且信号不太稳定。Skype、KC、触宝等都是网络电话的热门品牌，而腾讯QQ和微信等推出的免费可视通话则更胜一筹。

（三）电话采访的弊端

电话采访尽管有诸多优势，但也存在难以克服的缺陷和弊端，主要表现在：

1. 不利于互信

由于难以确定对方身份而不容易建立双方互信，在涉及敏感问题时尤其如此，有时甚至会成为不可逾越的障碍。对于采访对象而言，面对陌生电话的采访，即使对方一开始就自报家门和所服务的媒体,但仍会有人质疑:"谁能证实这点呢?"这都在一定程度上给电话采访带来困难。与此同时,电话采访还存在着因新闻源虚假而发生差错的风险。

2. 可能产生交流困难

由于是隔空对话而互不见人,也不知对方接电话时的情景,不可避免会存在交流障碍,因此电话采访不宜讨论复杂问题,也不便进行长时间的访谈。

3. 可能产生理解错误

电话采访时因情景缺失而使理解能力减弱,面对口音方言、环境嘈杂等不利因素时,更易产生错误。

4. 可能被广告电话误伤

商业电话营销的普及甚至滥用,导致电话采访有时会被误伤——对方以为是广告电话而拒不接听。

5. 依赖设备

尽管电话轻巧便携,仍存在设备故障的可能,包括信号不清、电池用完以及没有网络信号(指网络电话)等。

三、网络采访

网络采访,也称电子采访,是在以互联网为基础的新媒体兴起以来最受欢迎、也相当实用的新型采访形式,其优越性也随着新闻传播的数字化发展和信息技术的进步而愈发明显。以下是一则较为早期的网络采访实例。

案例 7-1

对科考站的网络采访[①]

1994 年 7 月,正值南极大陆隆冬季节,美国阿蒙森-斯科特南极考察站的 27 位男女科学家已与世隔绝地在那里生活了 9 个月。这时,曾向美国联邦政府递交重建南极站建议书的华盛顿记者金·麦克唐纳向其中的几位科学家发去了电子邮件,询问一些人们关心的问题,诸如"在恶劣气候条件下你们最需要的是什么"之类。第二天,他就得到了答复,其中不乏有趣而出人意料的内容,如科学家们这时最需要的东西竟然是"卫生间"。在回答"与传统的采访形式相比,您认为回复记者的电子邮件采访是更容易一些,还是更烦琐一些"时,对方的答复是,电子邮件并不会给自己增加负担,虽说每天要工

---

① [美]肯·梅茨勒:《创造性的采访(第三版)》,李丽颖译,中国人民大学出版社 2010 年版,第 107 页。

作很多小时。"和你们聊聊天，能被采访简直就是一项特权！"

（一）网络采访的优势

与其他采访方式相比，网络采访具有诸多优点：

1. 快捷传递

采访的话题一旦设立，便可迅疾发送，并在被采访者在线的情况下立刻被接收，与电话一样不受气候和地理条件的限制，且省去录音和记录的麻烦。

2. 精准表达思想

由于是书面文本形式的表达，有助于传递较为复杂和抽象的内容，且由于有思考的时间，便于精准表达双方的想法。

3. 大容量和多媒体

网络的特性使传递的内容几乎不受容量限制，而且可以同时传递图片、音频和视频等内容，甚至可通过电脑上的摄像装置实现双方互"见"，从而有助于验证双方身份，也便于记者获取丰富而生动的素材。

4. 多元化采访

网络为实现一对多的多元化采访创造了条件，即把同样的采访提纲发给多个采访对象以获取更加丰富的素材和内容，甚至可进行高效率的在线调查。

（二）网络采访的形式

1. 电子邮件

这是目前最常用和最传统的网络采访形式。比如，《深圳商报》"文化广场"副刊的记者就经常利用电子邮件，突破地域乃至语言等障碍，采访了许多看上去难以企及的重量级文化名人。2013年1月，诺贝尔经济学奖得主科斯及其助手王宁出版了重要著作《变革中国》。鉴于103岁的科斯读写都很困难，该刊记者便设法联系到王宁，并将采访的问题发电子邮件给他。王宁与科斯对邮件提出的问题共同讨论后予以回复，最后记者在报上发表了两个整版的专题报道，标题分别是《市场经济更需要思想市场》和《纠正被西方媒体误读的中国》[①]。

2. 在线对谈

自从 Hotmail 推出 MSN Messenger 后，在线聊天就深受欢迎，也被媒体用来进行采访。在双方在线的前提下，这种笔谈式的采访可实现即时交流，且"谈话"内容可以存储和随时调用。腾讯 QQ 等新工具问世后，此类网上对谈的机会也大大增加。

---

① 参见何文琦：《如何发挥邮件采访优势——以深圳商报记者追访全球文化名家为例》，《新闻知识》2013年第11期。

3. 社交媒体

以微博、微信等为代表的社交媒体是目前最活跃的网络平台，并呈现取代电子邮件的趋势。社交媒体具有多向性、开放性和即时性的特点，给人际信息沟通带来了革命性变化，也为新闻采访提供了新的高效、便捷的渠道。在新闻采访中，运用这些社交媒体可以使从采访预约到具体访问等环节更方便、更快捷。

（三）网络采访的局限

和电话采访一样，网络采访虽有诸多优越性，但也不可避免地存在局限性。主要包括：

1. 难辨身份

网络采访具有隐蔽性，除了视频对话以外，较难确定被采访者身份。姓名、年龄、职业甚至性别都可能编造，对方传送的音频或视频资料也存在作伪的可能，甚至视频对话有时也难判定对方是否是记者需要采访的当事人。就像《纽约客》杂志上一幅漫画说的那样："在网络上，没有人知道你是一条狗。"[1]

2. 较为被动

网络采访的回应主动权在对方，当被采访者过于繁忙或因某种不确定因素临时改变主意等，都有可能造成采访工作的延误甚至中断，因而在实际工作中记者常常要辅以电话催促或提醒等手段。

3. 受限于环境

受硬件设备和网络环境制约，网络采访必须配备电脑或智能移动终端等设备，并局限在有网络覆盖的环境中，因此网络采访并不适用于无网络信号的偏远地区。

第二节 观 察

观察作为记者对客观事物由表及里进行察看和感知的主动行为，也是新闻采访的一种重要类型。观察的目的是通过对现场场景、表象、行为、细节的获取和捕捉，更好地反映客观新闻事实。在中国，有"耳听为虚，眼见为实"的古训；在西方，400年前也出现了眼见为实（Seeing is believing）的成语。有西方社会心理学家研究后确认，在人际交往过程中，只有35%的信息通过言语传递，65%的信息由非言语来传递。这都说明了观察的重要性。

无论媒介平台如何变迁，采访技术如何进步，观察永远是记者采访不可忽略

---

[1] 参见《纽约客》1993年第20期。

的环节，它对获取第一手材料、还原事件原貌、取得受众信任等都具有至关重要的作用。按照不同的采访目的和采访对象，观察可分为场景观察、人物观察和细节观察，三者互有渗透和交叉。

一、场景观察

场景观察，是指记者在新闻现场利用五官主动感受事物的过程。这种采访方式，主要运用于比赛、活动、会议、灾难等现场感较强的新闻。其要点是身临其境，即记者必须抵达新闻现场，亲眼观察和亲身感受新闻的发生过程或产生的后果。2008年5月汶川大地震发生后，全国各地大批记者来到灾区，生动地描绘了地震的惨烈景象、给人民生命财产带来的巨大破坏、各类机构和组织的救援行动以及当地人民顽强抗灾等现场情景，让全国民众及时了解到灾区的真实情况。在新闻采写实践中，场景观察是记者不可或缺的一种采访方式。即便是一些现场感不太强的非突发事件，也常常需要记者走进现场，利用自己的眼睛和耳朵，注意捕捉有说服力的场景画面。比如，2015年10月29日《文汇报》的通讯《在这里，找到患者信任的理由》，报道的是上海长征医院开设全国唯一一家24小时为尿毒症患者提供血液透析服务的事迹："晚9点过后，长征医院6号楼整整占据两个楼层的血透中心病房，被灯光照得敞亮，护士们正在近100张病床边的一台台血液透析机旁忙碌着。"而夜间透析，可将原来4小时延长到8小时，以使透析更加彻底，又不影响患者白天工作。"于是，记者看到了这样的一幕：有的病人是拎着公文包'入住'的——做完通宵血透后在病床上多躺1个小时，次日就直接上班了。而年纪大一点的病人，像65号床的阿姨，做好血透第2天直奔小菜场。"就是这位阿姨，记者也注意到：她的"左手臂中间就像长出了一段小茄子，这高高隆起的肿块，是常年做血透，血管严重扩张造成的。"阿姨精神却很好，且对护士充满好感："'小盛，谢谢你哦！今天（打得）也蛮好的，不疼。'65号床的阿姨说话中气十足。"这些生动的场景画面描述，便是记者通宵在医院蹲点采访，运用场景观察获得的。它们不仅有力地支撑了新闻的主题：24小时血透服务的必要性及医患之间的融洽关系，也提升了新闻的可读性和感染力。

当今社会，随着信息和传播技术的进步，有些重大活动在电视或网络上现场直播，使得记者虽未到达现场，却也能观察和感受到现场气氛。此类观察，可称为"间接现场观察"。如1986年1月28日美国"挑战者号"升空后爆炸，7名宇航员全部遇难，美国有线电视新闻网（CNN）首次实施现场直播，大量未能派记者前往报道的媒体正是借助CNN电视画面满足了观察的需要。其他如奥运会开幕式、央视春节联欢晚会、美国总统大选等大型活动，都是间接现场观察的实践机会。

有时新闻发生时记者并不知情或未能及时赶到现场，因而无法目睹新闻过程，只能对现场的目击者或其他相关场所如医院、学校等进行采访和观察。这类观察，可称为"第二现场观察"。例如2014年3月8日凌晨，马来西亚航空公司一架代号为MH370的航班在飞往北京的途中神秘失踪，机上共有239名乘客和机组人员，其中包括154名中国籍乘客。飞机失踪的整个过程无人知晓，最后坠落的地点和时间也成为一个谜。这时，记者只能先后在北京、马来西亚首都吉隆坡、马六甲、越南胡志明市以及澳大利亚西南城市帕斯等地的新闻发布会上和家属聚集地采访。这些地方也可视为新闻现场，但相对于飞机失事的相关海空区域，只能算是第二现场。

二、人物观察

人物观察，特指对新闻人物或采访对象的表情态度、言谈举止乃至着装穿戴、随身用品等的观察，用以揭示人物的个性特征、内心世界、人物与新闻事件的关系等。人物观察是一种更加细致入微、更考验记者业务能力和职业敏感度的观察类别，而且由于人物的表情和动作转瞬即逝，一旦错过便难以弥补，因此及时记录就尤显重要。

人物观察的作用在采写有关新闻人物的特稿（含特写、通讯）或深度报道时最为突出。离开观察，人物的描写便苍白无力或死气沉沉，稿件的成功率大为降低。比如，2014年5月7日，《中国青年报》刊登了一篇描写深圳出租车司机的特稿，题为《无脚的鸟》，其中重点写了来自湖南攸县的司机老肖。为真实反映出租司机的生存现状，记者来到司机住处进行了较长时间的"贴身"观察。报道开头写道："4月一个早晨，老肖6点半从床上爬起来，洗漱一番。妻子已为他准备好早饭，两菜一汤。菜是自制的腊肉和烧青菜，汤为海带炖排骨。他坐在餐桌前，匆匆扒拉几口，拿起一个黑色手包，就赶着出门。包中装有开出租车所需证件、数百元零钱以及一点胃药。出租车司机生活不规律，不少人身体有毛病。"这样的描述看似琐碎，却对老肖接下来一天的忙碌生活起到重要的铺垫作用。

甚至在一些动态的时政新闻中，有时也会用到人物观察。虽寥寥几句，但人物的性格、现场的气氛便跃然纸上，有助于受众更好地理解新闻。比如，2007年5月7日，美国总统小布什在白宫南草坪举行隆重仪式，欢迎来访的英国女王伊丽莎白二世。英国媒体对此作了报道。报道中提到小布什出现一个口误，即把女王上次参加美国独立200周年仪式的1976年说成1796年，接着有一段细节描述：小布什回头顽皮地冲英国女王眨了下眼睛。英国女王回看了一眼小布什，脸上没有流露出任何表情。小布什对观众自我解嘲打趣说："她（女王）刚才看我的眼神，就像是一个母亲在看自己（犯错）的孩子一样。"观众席上爆发出了更响的笑声，英国女王也终于露出了笑容。①

记者的这番观察，使得布什总统的尴尬窘境、幽默解嘲和英国女王的无声回应跃然纸上，增强了新闻的感染力。

三、细节观察

虽然所有观察都应重视细节，但"细节观察"特指采访中有意识地对现场事物或人物活动的某些细节留意、跟踪、捕捉以获取特有的新闻含义。一般的场景观察或人物观察，对将要观察到的现象，特别是细节性信息并无预见，因而缺乏心理准备，容易错过。细节观察则要求记者在事先做好功课并对即将采访的人或事有一定了解的基础上，更好地把握事物细微的部分，察人所不觉，记人所无睹。

例如，1972年2月，美国总统尼克松访华，震惊世界。《纽约时报》记者马克斯·弗兰克尔在报道中特别描述了尼克松与到机场迎接的中国总理周恩来握手的瞬间，并将此作为一个重要背景衬托中美外交关系的重大变化。多年后他回忆说："我们对机场设置了远景镜头。我想起1954年越南问题（应为朝鲜问题）会议上杜勒斯（美国国务卿）拒绝与周恩来（中国总理）握手的情景。因此我要特别注意观察尼克松在机场与周恩来握手的情景。我记得我努力争取到握手的适当视角，因为我准备在我的报道中特别提到这一点。"②

我们很难想象，如果事先没有准备，没有把朝鲜问题会议上那次尴尬场景留在脑海，该记者怎么可能架着望远镜去特别留意握手的细节？

第三节 文献采集

文献采集也是新闻采访的一种类型，是记者获取信息必不可少的重要手段。文献采集属于间接采访，即在不与采访对象接触的情况下，通过寻找和搜集各种与采访对象和新闻事实相关的文本、视频、音频等材料，获取新闻信息、验证信息真伪的采访活动。

一、已出版文献资料的采集

已出版文献，指各类正式出版的文献，包括图书、期刊、报纸、影音出版物

---

① 欧阳：《布什玩幽默遭英女王冷脸》，新华社2007年5月9日。
② 据《改变世界的一周》，美国驻华大使馆《新交流》特刊，2012年2月内部发行。说明：根据《揭秘：美国国务卿杜勒斯拒绝与周恩来握手的真相》（中国共产党新闻网2011年11月28日）一文记载，当年拒绝与周恩来握手的并非杜勒斯，而是副国务卿史密斯，杜勒斯只是"不与中共代表握手"规矩的制定者。

等。已出版文献中，报纸时效性最强，期刊次之，图书最慢，但都有利于获取深度信息，验证历史事实，提供背景材料。在报道重大历史事件的纪念活动时（如2014年第一次世界大战100周年、甲午战争120周年等纪念活动），权威的出版物都可作为重要参考。

图书馆是图书文献最集中的地方，虽然一些地方开始建立电子图书馆，但目前还不具备普遍实用价值。中国学术性期刊已经基本实现数字化或电子化，部分报纸也加入了公共数据库，一些购买了相关数据库的高校图书馆和公共图书馆均可提供期刊文章乃至学位论文的网络查询与获取服务。目前使用频率较高的数据库有：中国学术期刊网络出版总库、中国重要报纸全文数据库、中国年鉴全文数据库等。此外还有面向公众的"中国知网""万方数据库""期刊网"等，但多数都要注册收费。

二、非出版文本资料的采集

非出版文本资料，指未正式出版（无出版书号或刊号），由机构或个人印刷、复制或手写的文本，记者习惯上统称为"资料"。当记者采访较为复杂的事件，或想将有限的采访时间都用于与对方交谈时，往往希望被采访者提供与新闻相关的资料。

资料在采访中的作用显而易见：一是资料作为文字依据，可用于核实和验证访谈中获得的信息，包括证实和证伪。对于涉及机构、人名、术语等谈话中可能弄错的信息，相关的资料就可发挥检验作用。二是资料可以丰富采访内容，提供背景材料和新的线索。三是资料可为今后的跟进采访或扩大采访带来方便。

当然，资料毕竟不等于事实，其本身也会出错或与事实不符，特别是当事人提供的对其有利的资料，往往会夸大或片面，记者不可不核查。资料的搜集必须围绕采访主题展开，但外延应有所扩大，宁多勿少，以防用时不够。一些记者收集资料时喜欢"多多益善"，但过于庞杂的资料也会在甄别和选用时耗费较多时间和精力，故应掌握好平衡。

三、会议材料的采集

会议材料指记者采访会议时围绕采访主题搜寻获取的文件和影音材料，包括正式和非正式出版物。会议材料的特点是主题集中，相对可靠，在其他场合难以获取。因为会议材料具有独特的作用和多样的形态，所以本节将其单列一项予以阐述。

会议材料通常包含会议名称、会议主题、会议议程、主要出席者名单、主旨发言稿、服务保障等内容。学术会议还包含论文摘要等材料。有些大型会议材料还包含主会场、分会场及后续活动等相关内容。

会议材料是记者采访会议时最重要的辅助信息源。通过它，可以了解会议的概貌、议程、重点、背景、主要内容、采访切入点等。有些会议材料较为完备，可提供相关领域的更多背景，为今后采访相关选题提供线索。此外，有些会议材料可以事先获取，记者得以据此完善采访准备，甚至根据日程安排预先约定采访对象。

四、网络信息的检索

当今是网络媒体盛行的数字时代，人们获取信息的方式正在发生根本的改变，网络（包含通过移动终端）阅读已经成为不可逆转的潮流。为顺应这一巨变，包括传统媒体信息在内的海量信息被源源不断地放在网上，加上快捷和互动的特性，网络信息便成为记者目前最为倚重的检索目标。

网络信息的检索主要有四大途径：

（一）通过搜索引擎

目前全球功能最强大的搜索引擎是"谷歌"（Google）。在中国国内，"百度"则是使用最广泛、也是世界最大的中文搜索引擎。2014年3月，由人民日报社、新华社、中央电视台等中央新闻媒体联合打造的最新中文搜索引擎"中国搜索"（www.chinaso.com）上线。此外还有"360搜索""搜搜""搜狗"等搜索引擎。通过搜索引擎检索信息，是最常用的网络检索方法，前提是要先确定主题词，词越具体越好。当然，这种网络检索方法也有缺点，就是难以一步到位抵达想要的信息网点。

（二）通过目标网站检索

当记者需要了解确切信息的信源，或从权威网站验证，或引用权威媒体报道时，通常会直奔相关网站或权威媒体的新闻客户端。如报道2014年巴西世界杯，记者可能会去"央视国际"体育频道查寻；核实重大国内政治新闻，则可能去查新华网或人民网；了解热点事件，也会去浏览新浪、网易、搜狐、腾讯等商业门户网站。本地门户网站或本地权威媒体的官网，则是了解本地新闻线索的重要平台。

（三）通过社交网站检索

社交网站近年发展迅猛，已成为机构和个人发布信息的最重要、最快捷的平台，突发新闻往往最先出现在社交网站上。目前中国的社交网站以新浪微博和腾讯微信最为普及，截至2013年，新浪微博月活跃用户和日活跃用户分别达到1.291亿和6140万；而截至2014年4月底，腾讯微信月活跃用户已达3.96亿。[1]

---

[1] 腾讯科技2014年3月15日。

这些社交网站都提供信息搜索服务。

（四）通过工具书类网站检索

这类网站可帮助记者获取或验证相关知识、名词解释、历史背景等。全球规模最大的网上工具书是"维基百科"。当前中国国内最常用的是"百度百科"，2017年4月21日其官网首页显示已有1432万个词条。

网络检索虽然快捷方便，但也面临信息泡沫、真伪难辨等挑战。因此，记者在检索时应去粗取精，去伪存真。最可靠的方法还是通过信息来源查询权威媒体信息，对重要信息还需多方交叉检索，进行相互验证。

第四节　其他采访

除了上述采访类型，在现实新闻活动中还有其他多种采访类型。它们有的看似不常用，却十分重要，有时甚至不可替代；有的则还存有争议，需谨慎把握法律的界线；有的类型之间会有交叉。

一、体验式采访

体验式采访又称参与式采访，是记者以获取新闻为目的，亲身参与某项工作、事件、活动等的一种采访类型，也是主体最大限度接近客体的新闻职业行为。体验式采访，贵在"参与"，重在"现场"，旨在"把握真相"。通过记者的亲身参与和体验，往往可以抵达一般采访难以到达的纵深和细部，从而获得更加真实生动、更能释疑解惑、更有说服力的新闻事实。

体验式采访的最大特点是记者成为当事人，因而要将其与跟踪采访区别开来。有时记者为达到深入了解客观事物的目的，会较长时间地近距离贴近目标进行采访，如近几年中央电视台几乎每年春节都派出多位记者跟随一些省份的农民工骑摩托车长途返乡，奔走数百乃至上千公里，一路记叙农民工返家的急迫心情、艰辛历程和团聚的喜悦。这种采访虽有"亲历"的意味，却不能算体验式采访，原因是记者始终是坐在汽车（而非骑摩托车）里的旁观者，而未能成为其中一员。

体验式采访在特稿和深度报道中较为常见。2013年1月上旬，长沙《三湘都市报》有位记者穿着向一位拾荒者借来的破棉衣，与该拾荒者站在闹市中（拾荒者知其身份和用意）体验被市民发现、被民警护送、被市救助站收容的全过程及在救助站受到的虐待，最后写出颇具社会影响力的特稿《一个记者的"恐怖救助"之旅》

案例原文
请扫描二维码

（《三湘都市报》2013年1月9日）。这就是典型的体验式采访。

一些日常新闻也会用到体验式采访。2014年7月30日，深圳的"新彩通道"正式通车。这在深圳是一件大事，因为"通道"位于深圳连接原特区和"关外"的最重要的关口"梅林关"附近，这里长期拥挤不堪，每天上下班高峰有数十万甚至上百万人进出，民众叫苦说"英雄难过梅林关"。新彩通道的开通，分流三分之一人流和车流，大大缓解了梅林关的压力，但通道的北出入口位于民众陌生的路段，如何开车通行及实际交通状况如何，民众大多不知。通车当日，在其他媒体纷纷通过采访交通部门、交警部门和公交司机报道通道情况的时候，《深圳特区报》派了多位记者，在不同时段分别以自驾车司机和公交乘客的身份，体验新通道的通行，从而发现了其他媒体未曾报道的新情况，增强了新闻的实用性和服务性。

体验式采访的优势是明显的，但也有其局限性：首先，体验式报道实施的前提是获得对方许可。在新闻实践中，很多单位或人群因种种原因并不欢迎记者成为他们中的一员来观察和体验。其次，并非所有新闻都可体验，如吸毒、卖淫、抢劫、偷窃等犯罪行为（尽管西方有记者进行过类似体验）。第三，记者在体验式采访时往往带着预设主题或先入为主的想法，难免会有所侧重和有所忽略，把握不好，会有失客观公正。第四，原有群体的行为或机构负责人的态度，有可能因为记者的参与而发生变化，使记者获得并不符合真实情况的体验。

二、隐性采访

隐性采访，也称隐蔽性采访，俗称"暗访"，是一种记者隐匿了身份而有效接近真相的新闻采访活动，它与一切亮明记者身份的"显性采访"相对应。

隐性采访具有缺一不可的三大基本特征：隐瞒记者身份，采访对象不知，秘密获取信息。隐性采访的目的，在于实施显性采访难以实施的采访行为，获取显性采访无法获得的新闻信息，因而是一种不得已而为之的采访。也正因此，隐性采访具有难以替代的重要作用，是有助于还原真相的特殊新闻职业行为。2014年在全国产生广泛影响的两大新闻事件都是通过隐性采访揭露的：

一是2月9日中央电视台《新闻联播》和《焦点访谈》栏目关于广东东莞"黄潮"泛滥的报道，引起长达半年以上的全国大扫黄行动。这一报道就是中央电视台记者根据群众反映，在东莞五个镇多个娱乐场所通过隐性采访完成的，其暴露出的"莞式服务"触目惊心，收到了一般显性采访收不到的震撼效果。

二是7月20日上海电视台曝光麦当劳、肯德基、必胜客等洋快餐的主要肉食供应商上海福喜食品有限公司大量采用过期变质肉类原料的不法行为，引发福喜及其美国母公司以及包括我国香港、台湾在内的大批来华洋快餐品牌的信任危机，并导致福喜公司 6 人被刑拘。而此前,福喜公司曾多次通过监管部门的检查和验收,其隐蔽和封闭的生产流程从未暴露任何瑕疵。上海电视台记者根据福喜公司某前员工的"报料",进行了为期长达 3 个月的"卧底调查",获得大量第一手确凿事实,最终捅破了这层纸。

隐性采访作为一种特殊的采访方式,也存在明显的弊端。

(一) 具有一定的危险性

在很多情况下,隐性采访是违背被报道者意愿的采访,很容易遭遇敌视,因此必须高度保密而不被识破。这一点有时很难做到,特别是摄影和摄像记者会携带器材设备,隐蔽采访的技术难度很高。前述央视和上海电视台的暗访都是训练有素的记者经过充分准备后才实施的。文字记者也同样会遭遇风险。1996 年,《深圳特区报》一位资深记者乔装小贩潜入海鲜市场调查欺行霸市行为,就因身份暴露而被殴打致伤。

(二) 面临法律和社会伦理的困境

记者假冒他人身份实施偷拍、偷录等行为是否合法,是否有悖公序良俗,迄今存有很大争议。这里需要指出的是,尽管现行法律并未赋予记者上述权利,但也没有明文禁止记者使用这一方法。根据"法无禁止皆自由"的惯例和法治精神,记者的隐性采访并不违法。但与此同时,隐性采访实施时要注意厘清法律的边界,坚守公序良俗的底线。上海电视台在暗访福喜公司前就曾认真评估过其中的法律风险:"毕竟暗访这个方式比较敏感,需要谨慎使用。在这一点上,我们判断的标准有三个,一是看是否涉及公众利益;二是暗访是否是唯一的手段;三是我们不想通过假扮采购商的方式,诱导福喜的工作人员说出一些有倾向性的话。当然,我们还要保证个人和监督对象之间不能有任何利益往来。"[①]

(三) 可能侵犯隐私

隐性采访时,被采访人因不知有记者在场而基本处于"不设防"状态,这使得记者在获取真实信息的同时,也可能获得被采访者不愿暴露的个人隐私,包括其姓名、面容、住址、家庭关系、私生活、个人化的言行举止等,稍有不慎,就可能构成侵犯隐私权。现实中,公众人物与普通民众的隐私保护范畴有所区别,这就要求记者更加小心地处理具体采访内容。

(四) 可能有违其他法律问题

隐性采访还可能触及国家机密、受法律保护的商业秘密、未成年人和妇女权益等法律问题,需要记者懂法和守法。

(五) 可能被滥用

隐性采访因其效果的轰动性和手段的特殊性,目前有使用频次增多、使用范

---

① 王天:《卧底记者:暗访福喜公司怎样守住底线》,"上海观察" 2014 年 7 月 21 日。

围扩大的趋势。但也正因为可能产生轰动效应，这种采访类型存在被滥用的危险。所谓滥用，一是在有显性采访选择的情况下，采用隐性采访；二是在一段时期内密集地采用隐性采访；三是在隐性采访过程中为获取"猛料"而诱导被采访者犯错或违法；四是为了报复、敲诈、勒索等个人目的采取隐性采访获取信息。凡此种种，都需严加防范和禁止。

三、社会调查

社会调查作为一种社会科学的调研方法，其主要目的是通过获取面上的数据和广泛意见，以排除个别和偶然性因素，更好地体现新闻的客观、全面、公正，增强新闻的客观性和说服力。社会调查通常包括全面调查、局部调查、抽样调查，新闻采访实践中，最常用的是抽样调查。抽样调查指在统计总体中，根据每一单位有同等机会被抽取的原则，抽取一定数量的部分单位作为样本进行调查，并以其结果推断统计总体的一般情况。①抽样调查虽然不如全面调查（对调查对象逐个进行调查，如人口普查）那样准确可靠，但具有效率高、用时短、耗资少、省人力等特点，因而常被媒体采用。在引入"精确新闻"、倡导调查报道、探索"数据新闻"的现代媒体环境中，抽样调查作为记者采访十八般武艺中的一种，有着更加广泛的应用前景。

新闻采访中的社会调查，主要有这样几种形式：

（一）问卷调查

问卷调查指记者根据采访主题设计问卷，再由自己或委托他人通过向目标人群按比例发放并回收书面问卷从而获取信息的调查方式。问卷调查的关键在于问卷的科学设计，其所列问题必须紧扣采访主题，简明扼要，便于回答，尽最大可能防范敷衍和虚假回答。样本的数量取决于投入的人力、物力、财力和许可的时间，当然"多多益善"。

问卷调查的结果，最终要为新闻服务，因此对其分析梳理须与其他采访内容有机结合，最终形成完整的新闻报道。好莱坞影片《廊桥遗梦》进入中国不久，《北京青年报》就曾针对首都电影院 4 场电影约 2000 名观众做过问卷式调查，当时发放问卷 800 份，回收有效问卷 465 份，最后在报纸上刊出报道《〈廊桥遗梦〉，北京人看到了什么？》。② 只要严格遵循"同等机会"的调查原则，问卷调查是新闻采访各种抽样调查中最科学、最客观的调查形式。

（二）媒体调查

媒体调查指根据预设的采访主题，通过在媒体或网站上公布问卷并在规定时间

---

① 参见《辞海》相关条目，上海辞书出版社 2002 年版，第 222 页。
② 樊大彧：《精确新闻：透过数据解读真相》，《北京青年报》2011 年 7 月 5 日。

内统一回收问卷从而获得相关信息的调查形式。相对于人工发放和回收的书面问卷调查，媒体调查不能算抽样调查，因为此类调查难以满足"每一单位有同等机会被抽取的原则"。例如，一份看上去面对全体公众的调查，实际的参与者可能仅限于媒体受众（特别是其中的积极分子），而平时较少读报上网或对媒体活动不热心的人就被排除在调查之外。但由于媒体的受众数量大，分布范围广，只要样本数量足够多，媒体调查仍具有一定的代表性。2004年2月1日刊于《中国青年报》的报道《2004年最大的愿望：涨工资》，就是根据媒体调查写出的新闻。该报通过公开刊登调查问卷，在为期近一个月的时间里收到来自全国31个省、自治区、直辖市的1869份有效问卷。接受调查者回答了关于过去一年的工作学习、家庭生活、薪酬状况以及2004年的个人心愿等多项问题，为报纸提供了不少可靠而有趣的信息。

（三）电话调查

电话调查指记者、媒体或委托第三方，根据采访主题，通过向目标人群拨打电话获取相关信息的调查方式。电话调查快捷、高效，是国际上沿用多年的抽样调查手段。但近年商业性电话营销和电话调查过于频繁以及大量存在的骚扰电话，大大影响了人们接受调查的意愿，增添了电话调查的阻力，媒体渐渐少用了。

（四）合作调查

合作调查指借助社会调查机构进行的抽样调查。在面对较大范围人群或进行较大规模的抽样调查时，记者或单一媒体的力量毕竟有限，而随着社会的发展，各类公共调查机构越来越多，高校和科研单位面向社会的抽样调查也很普遍，媒体通过与其合作获取所需新闻信息的采访形式便渐渐流行。2014年7月，深圳市政府为控制汽车流量拟高额征收路外停车调解费，此事在社会上引起很大反响，民众讨论热烈。就在这时，当地某大学传媒文化与发展研究中心开展了相关的民意抽样调查。《晶报》（深圳）闻讯后，立即与其开展合作，于同月28日刊发整版图文并茂的报道《过半受访市民支持征收停车调节费》。

思考题

1. 面对一则批评性报道，当采访对象同意接受当面采访、电话采访或网络采访这三种访问形式时，你会选择哪一种？为什么？
2. 原中央政治局常委周永康被中纪委立案审查的消息正式公布的当晚，你如错过广播电视的新闻节目而想要立即核实消息的真伪时，有哪些查询方式可以选择？何种方式最快捷且权威可靠？
3. 请举例说明为什么跟踪采访不属于体验式采访。
4. 就近期校内的一则热门话题，设计一份调查问卷。

第八章 采访的准备

本章知识点：① 寻找新闻线索是采访实施的出发点；② 选择采访对象、认知采访对象的具体要求；③ 背景资料的来源；④ 采访提纲包含提问要点和采访流程，重在提问要点。

任何一个成功的采访，都以充分的准备为前提，对于深度报道或大型报道来说，采访准备更显重要。英国新闻学者萨利·亚当斯和文弗·希克斯说："对于特稿的采访，我们建议的准备公式，是每采访十分钟要做一小时的准备工作。现在很少新闻记者能够享受这种浪费的准备法，但是这个建议是十分实用可靠的：完全的准备是重要的。'准备'之于采访而言，就像'思考'之于新闻学一般：是支持所有采访的基本活动。"[①]

第一节 新闻线索的寻找

新闻线索，也称采访线索或报道线索，它既可能是难以觉察甚至稍纵即逝的蛛丝马迹，也可能是私下流传的某个说法，还可能是人们熟视无睹的某种迹象，甚至一个业已发生的新闻事件也可能成为另一桩新闻的线索。寻找新闻线索，是记者实施采访的出发点。

一、新闻线索的来源

尽管新闻线索具有不确定性和偶然性等因素，但新闻采写的实践证明，新闻线索也存在相对集中的共性来源。通过这些来源，记者可以较多或较大概率地获得所需要的新闻线索。

（一）来自会议的线索

会议虽有综合性、专业性及规模大小之分，但通常都是信息交汇的场所，观点碰撞的平台。任何会议，只要记者在场并处处留心，便有可能获得新闻线索，甚至可能产生重大的独家新闻。如唐山大地震的死亡人数，就是记者在地震学会成立的会议上意外获得的。地震学会成立与地震伤亡数字毕竟还有联系，很多情

---

① [英] 萨利·亚当斯、文弗·希克斯：《新闻采访：第一线采访手边书》，郭琼狸、曾慧琦译，上海三联书店 2004 年版，第 25 页。

况下，会议本身可能并无多大新闻价值，然而记者也可以从中寻找、发现新闻线索。比如，2012年12月4日，武汉市委举办学习十八大精神研讨会，邀请中央党史研究室主任欧阳淞做辅导报告。前来采访会议的《长江日报》记者，便从欧阳淞报告中提到的中央七位常委当年11月29日参观《复兴之路》展览时"不封路"的细节，发现了重要新闻线索，据此采写了《7常委参观〈复兴之路〉出行不封路》。这则消息于12月6日在《长江日报》刊登后，立即引起海内外热烈反响。

（二）来自"跑线"范畴的线索

这是指记者从其分工采访的范畴获取的新闻线索。以一家大型综合性报纸为例，其通常会按党政、财经、工交、农林、科教、文体等领域对记者进行分工，负责采访相关领域的记者被习惯称为"跑线记者"（也称"跑口记者"）。跑线记者与所分工领域的组织、机构、重要人物（包括通讯员）保持密切、经常的联系，便可获得新闻线索。

这类新闻线索通常可分为两类：一类是有关单位或个人主动提供，一类是记者自主寻找发现。从线索的价值而言，后者通常高于前者。理由是，主动提供的新闻线索一般也会同时向其他媒体提供，其提供的角度和素材也常常与提供者有一定利益关系（如宣传、扩大影响等），记者处于被动地位；而记者自己寻找和发现的线索，通常更符合记者所代表的媒体的信息需求和价值取向，更容易获得其他媒体未曾发现的独家信息。一位优秀的记者，即便有了对方主动提供的线索，仍会努力从多个角度和多个方向获取补充线索，以使新闻更加客观公允，更具报道价值。

（三）来自其他媒体的线索

这是指从其他媒体（包括传统媒体和新媒体）已发表信息中获取的新闻线索。在当前媒体多元化、融合化和信息过剩、传播快捷的数字时代，各类媒体的已发信息往往成为记者最广泛的线索来源。特别是微博、微信等社交媒体，其账号持有者身份的广泛性、使用场合的灵活性、信息发布的快捷性以及信息内容的海量性，使其压倒所有媒体，成为最重要的新闻线索来源。

此类事例不胜枚举，仅以2014年夏天关于个性化高考录取通知书的新闻为例，无论是《重庆商报》7月16日的《名校录取通知书大PK：炫酷卖萌文艺范儿》，或是《深圳商报》8月6日的《今年高校录取书很萌很个性》，对其内容稍加分析便不难发现，其最初的新闻线索，无不来自微博、媒体网络版等新媒体。对于突发事件，社交媒体更是所有媒体中遥遥领先的线索发源地。2009年美国一架A320客机成功迫降纽约哈德逊河，2010年8月7日发生在甘肃甘南藏族自治州舟曲县的特大泥石流灾害，2011年7月23日温州特大动车追尾事故，最早公开发布的信息都来自社交媒体。当年那架美国客机迫降不久，一位目击者通过Twitter发出现场照片后仅半小时,就接连接到美国广播公司(ABC)、哥伦比亚广播公司(CBS)、美国全国广播公司(NBC)等美国几大广播公司的采访要求,可见全球媒体都很重视社交媒体发出的新闻线索。

(四)来自社会"报料"的线索

媒体通过设立"报料"电话(新闻热线)以及"报料"短信、QQ、微博、微信、电子邮箱、呼叫中心、信息中心、新闻客户端等平台,鼓励普通群众提供新闻线索,已成为一种普遍实行的开门办报(刊、台)的工作方法。新闻"报料",是我国长期开展的依靠通讯员提供新闻线索的延伸,是将新闻覆盖扩大到社会各个领域的可行方法,也是对专业记者人数少、不在场等局限的有效弥补,更是加强媒体与受众互动的积极举措。

近20年来,随着媒体产业化的迅猛发展和媒体间竞争的日趋激烈,新闻机构纷纷设立上述"报料"体系,很多机构还专设一个部门负责此项工作,电话24小时值班,使"报料"工作经常化、制度化、社会化。一些报纸还定期举行新闻线索评比,或设立奖项,及时奖励那些向媒体提供重要新闻线索的个人和集体。如《华西都市报》每月评比"新闻线索奖"的活动就已坚持了多年。《武汉晚报》近年也开展"新闻线索奖""征集社区新闻线索""万元悬赏新闻线索"等活动。《江门日报》(广东)则设立了"报料奖励基金"。由群众"报料"而采写完成的新闻,现在正占据越来越多的报纸版面,同时成为电视台和广播电台的重要线索来源之一。据报道,中央电视台仅《焦点访谈》一个栏目,每天就收到电话500多个,电子邮件1000多封,信函300多封。[①]

随着近年来新媒体的不断发展,社会"报料"的形式有了进一步的变化,最突出的是所谓"新闻众包"和"公民记者"。前者是指媒体将一部分本应由自己员工完成的采编工作,以自愿和招标的方式外包给社会民众或特定人群。后者是社会民众通过签订一定的合约,以自由撰稿人的身份向新闻机构提供新闻线索甚至完成新闻稿件(通常会围绕某个专题进行)。两者都是向社会寻求新闻线索的延伸形式。

(五)来自各类社会活动的线索

所谓社会活动,通常是指以他人为对象、旨在达到预期目标的个人或群体的有意义的行为。这里特指记者参加或关注的、与新闻报道有关的社会活动,包括公益活动、节庆活动、纪念日活动、企业活动、体育赛事、演艺活动等。这类活动提供的新闻线索主要有:活动本身可能成为新闻,活动主题可能与新闻相关,活动过程可能产生新闻,活动期间的人际交流可能提供新闻信息。

---

① 沈毅兵:《新闻报料人:帮忙,别添乱!》,《检察日报》2007年11月8日。

节庆活动和纪念日活动，通常都会有较多的新闻线索。例如，2014年7月25日是中日甲午战争爆发120周年纪念日。对于记者来说，这就是一个重要的新闻线索，加上当时中日关系陷入低谷，记者可以围绕这个节点及相关背景展开很多新闻采访，大大丰富纪念日的报道内容。其他诸如国庆节、春节、劳动节、中秋节、清明节以及国际禁毒日、世界艾滋病日等（据统计，每年国内和国际的各种节庆和纪念日的数量超过100种），只要记者留心，都可能发现相关线索，采写成新闻。一些大型活动就更不用说，如2008年北京奥运会，与之相关的新闻线索几乎难以穷尽。有些较为专业的活动中，也可能蕴含着相关的新闻线索。例如，当年针对青蒿素科研成果的研讨活动，其间便蕴含着"商业机密""专利权保护"等涉及知识产权和商业运用等颇具新闻价值的线索。

（六）来自文献材料的线索

文献包括各种公开出版和内部印发的文本材料。从各种材料乃至故纸堆里发现的新闻线索，对一位有经验的记者来说，充满各种可能性。文献线索大致可分为三类：第一类是历史信息，即鲜为人知的历史事件、掌故、轶事等；第二类是当前事务，主要来自政府部门、社会机构、公司企业、行业组织等的内部通讯、业务简报、总结材料、交流文件等；第三类是公共资讯，主要来自医院、学校、消防、税务、疾控中心、公安司法部门等发布的涉及公众利益的预警、通报、告示等材料。

（七）来自人际交往的线索

这是指记者个人通过各类人际交往获取的新闻线索。记者的人际关系包括亲友关系、同事关系（含昔日同事）、同行关系、同学关系、同乡关系和临时应酬等。这六种主要关系构成记者的生活交际圈和社会关系网，也创造了丰富多样的信息交流机会。活跃的社会交往和良好的人际关系，能多方面反映复杂多元的社会现状，也是记者获取新闻线索的重要渠道。

美国最负盛名的新闻工作者、专栏作家和新闻传播学家沃尔特·李普曼，一生发表过1.4万篇时政专栏文章，曾连续多年平均每天发表1篇以上报纸政论。如此高产的原因之一，是他高度重视社会交往，即便和妻子外出旅行，回家的第一个晚上必举行"小型晚宴，让朋友们为他们介绍他们不在华盛顿时发生的种种事件"，且"晚会规模一般都比较小，而且大多只限于那些消息灵通的人士"。[①]正是朋友间信息的共享和观点的碰撞，为李普曼带来源源不断的新闻线索和思想启发，帮助他成为永远的"消息灵通人士"。2014年8月5日去世的英国著名调查记者、

---

① ［美］罗纳德·斯蒂尔：《李普曼传》，于滨、陈小平、谈锋译，新华出版社1982年版，第684—685页。

作家哈里·查普曼·品切，一生写了大量有影响力的揭秘性调查报道，其行事特点之一，就是利用可利用的一切时间与"线人"们联络感情，这令其获得了远多于同行的独家新闻线索。

二、新闻线索的搜集

有经验的记者通常都会做到"嘴里吃一个，手里拿一个，眼睛盯一个"，以保持新闻线索"不断顿，不枯竭"。而要做到这点，记者不仅要了解可能产生新闻线索的来源，还应掌握发现、获取、储存、更新新闻线索的方法。

（一）线索发现的媒体相关原则

无论线索源自哪里，都要以能为我所用为前提。一个新闻线索，对甲媒体是至宝，对乙媒体却可能是废物，区别就在于它与记者所服务媒体的市场定位和编辑方针是否相关，本质上则是该线索是否为该媒体所服务的受众感兴趣。记者从采访的源头——新闻线索开始，抓住媒体相关性，才有助于实现独特性，体现差异化。例如对覆盖不同范围的媒体来说，一场未造成人员伤亡和重大财产损失的火灾线索，会引起所在地社区报纸的高度重视，但会被一份大都市报纸或区域报纸（省级报纸）付诸阙如。

相关性，既可凸显媒体的个性，也给记者获得新闻线索带来机会。很多记者正是从一些宏观事件或普通报道中发现与本地或本媒体有关的新闻线索，进而深入挖掘并写出受欢迎的新闻。比如，1997年的一天，河南省南阳市新野县的一位报社特约记者，在阅读《中国青年报》报道重庆"东方之珠"客轮长江遇险获救的通讯《鬼门关，船在下沉》时，看到其中有句话："一艘正在岸边卸大米的河南轮船前来救援，船号是'新机——85号'"。他"眼睛猛地一亮"。该报道与"河南"的相关性，使他立即发现这是一条重要的新闻线索。随后，他追踪采访，很快采写出《江水滔滔唱英雄——冯安义全家长江抢险记》，发表在《南阳日报》上，翌年获河南省好新闻一等奖和第八届中国新闻奖三等奖。[①]

（二）处处留心，线索不愁

新闻线索的存在与出现具有突然性和随机性，很多情况下并不以人的意志为转移。因此，虽然大体知道线索的可能性来源，若无基本的新闻敏感、处处留心的专业态度和相对广博的知识阅历，记者仍会与重要的新闻线索失之交臂。历史上一些重要的独家新闻，其线索往往并非某一记者独家获得，而只是被其他记者忽略了。如前文提到的《7常委参观〈复兴之路〉不封路》，在报道会议的诸多记

---

① 张志群：《锲而不舍抓新闻——〈江水滔滔唱英雄〉采写体会》，《新闻爱好者》1999年第3期。

者中，只有《长江日报》的记者敏锐地抓住了这一重大新闻。同样，30多年前的地震死亡人数摆在面前，如果对"文化大革命"期间通常不报重大灾祸伤亡人数的历史一无所知，或对相关数据尚未公布的背景概不了解，也不可能如新华社记者那样紧追不放。

处处留心，贵在察常人所不觉，视同行之无睹。即记者要善于在看似寻常的场合，对似乎普通的现象，敏锐地发现其中的反常因素，进而抽出新闻线索。比如，1984年2月9日晚，《华盛顿邮报》驻莫斯科记者杜德尔从晚间电视节目中发现了反常迹象：一是苏共新上任的高级官员耶格尔·利加乔夫在向全国发表电视讲话时破天荒地未向观众转达苏共中央总书记尤里·安德罗波夫的问候；二是当晚电视节目结束时将原来的"阿巴"流行音乐换成了严肃的古典音乐，却未说明变更理由。此外，他驱车经过苏联参谋部大楼和国防部大楼时，发现那里的几百扇窗户与平时不同，都亮着灯光，而且附近还增加了卫兵和巡逻队。根据这些不易察觉的线索，再联想到种种反常与一年多前勃列日涅夫逝世时的惊人相似以及安德罗波夫已连续173天未公开露面和近期身体欠佳的消息，杜德尔于当晚全球第一个发出了安氏去世的消息，比苏联政府的消息还早。①

当然，杜德尔这样做也有点冒险，他毕竟未得到确切的消息。但考虑到当时的冷战背景和严格的保密措施，他这样做也有其合理性——在掌握诸多线索的基础上作出合乎逻辑的理性分析与判断，这样势必增加信息真实的可能性。

处处留心还应是全天候的，即尽管记者有上下班时间，有截稿前的忙碌和完稿后的放松，但作为职业媒体人，应随时对外界信息保持必要的警觉和敏感。原因很简单，新闻线索的出现并不以记者是否处于工作状态为前提，即便记者在休假、自己无法完成采访时，遇到线索仍应"储存"，留待假期结束后采访。如果线索时效性强或有媒体竞争，则应及时将线索转交同事跟进完成。1989年2月11日，正月初六，一位回广东丰顺县老家休假的《深圳特区报》记者，听说当日有一架飞机在本县境内坠毁，遂放弃休息率先赶赴现场，经过紧张的采访，写出消息《台湾空军一架飞机坠毁于丰顺境内，飞行员跳伞获救》，获得1989年广东省好新闻一等奖。②

（三）线索的储备与更新

线索按轻重缓急大体可分为两类：一是长线线索，即非事件性的、预见性的、时效性不太强的新闻线索；二是短线线索，即事件性的、动态性的新闻线索。短线线索通常是易碎的、不能耽搁的，因此一旦决定采用就要立即采访，不容拖延。

---

① 《一位让前苏联大丢面子的美国记者》，日本新华侨报网2012年2月20日。
② 《台湾空军一架飞机坠毁于丰顺境内，飞行员跳伞获救》，《深圳特区报》1989年2月12日。

长线线索通常与社会现象、人物故事和可以预见的新闻有关。可预见新闻是指那些预先确定的新闻活动，如各类节庆和重要会议、预先通告的通车和竣工、将要实施的法律法规等。以新的《劳动合同法》为例，虽然 2008 年 1 月 1 日正式实施，但此前该法早已公开颁布。这就产生一些可预知的相关线索，如即将到来的春节，要兑现节假日加班发三倍工资的新规定，这对用工单位、企业主、员工乃至就业市场和整个服务行业都将产生复杂的影响，届时可做的新闻就很多。记者应根据需要，有的新闻先做，有的暂时储备起来，等时机成熟再做。

需要注意的是，长线线索在储备的过程中必须做到时时更新，以防发生错误或坐失良机。例如广深（广州至深圳）第二高速公路自 2006 年开工，中途工期一再延误，至 2013 年 12 月 28 日才全线正式开通。此前施工方、管理方和政府相关部门透露的信息不断变动，但有的记者没有及时更新信息，致使相关媒体从 2012 年起多次误发"通车"消息。

三、新闻线索的筛选与甄别

与过去相比，现今媒体新闻线索的来源和数量都大大增多，这就给记者带来一个新的挑战：如何从大量线索中找出有用的、重要的和真实的信息？因此，在投入采访之前，对新闻线索加以比较、筛选、甄别、验证是记者必做的功课。就前述七大线索来源而言，有些来源的线索相对可靠、正确率也较高，如源自会议、采访分工、社会活动和文献材料的线索，而有的就具有较大的不确定性和不准确的可能，如"报料来源"和"媒体来源"。

"报料来源"的不确定性是由"报料者"的庞杂身份和不同动机所决定的。尽管"报料者"被称为"离新闻最近的人"，但与职业新闻工作者相比较，他们具有以下几个特点：一是不够专业，缺乏把握新闻事实的专门训练。二是身份凌乱，既可能是白领上班族，也可能是临时外来工；可能是本地老居民，也可能是短期旅游客；可能是偶尔读报者，也可能是职业"报料"人。三是不受约束，往往凭个人意愿、兴趣随意"报料"，很少顾及给他人和社会造成的影响和后果。四是动机各异，虽然大多数"报料者"属于关心社会的热心受众，但随着媒体激励机制和奖励行为的水涨船高，为经济利益而"报料"的人正在增加，"职业报料人"的出现便是例证。还有人为了在媒体扬名、个人申诉、报复对方等私利而"报料"，甚至也不排除虚假"报料"的个别行为。"报料者"的上述四种特点，导致记者或媒体获得的"报料"可能出现错误描述、张冠李戴、夸大事实、编造虚构等情况。

"媒体来源"的风险主要来自网络和社交媒体。主要原因在于：一是网络和社交媒体上很多信息传播者具有与"报料者"同样的身份凌乱和动机各异的特点；

二是网络和社交媒体的信息呈裂变式传播，中间经过转发和评论，信息容易扭曲、失真、走样；三是网络和社交媒体上的信息经推波助澜式的传播，容易形成舆论强势，从而误导记者；四是网络和社交媒体传播的信息数量巨大而几乎无人把关过滤，大大增加了辨别的难度。近年来，记者或媒体因对网络信息失察而出现错误报道的教训很多。

以下四个步骤，有助于线索的甄别：

（一）关注信源

现在网上不少信息，看上去耸人听闻或煞有介事，但往往缺乏确切或真实的信息来源。比如，2011年8月12日，有网名为"shaofd"的网友在中国会计视野网论坛发表"《国家税务总局公告2011年第47号关于修订征收个人所得税若干问题的规定的公告》"的贴文，文中提到全年一次性奖金计税方式改变等民众关心的问题，因而被大量转发，也成为不少传统媒体的线索而作为重要新闻发表。其中最早刊发的媒体是8月13日广州的一家日报，该报以《9月起年终奖计税方法调整 避免奖金越多所得越少》为题予以报道。同月15日，国家税务总局发布声明辟谣。相关消息被《新闻记者》选入2011年重大假新闻榜单。①

这则假新闻本来可以避免，因为如此重要的政策信息，税务部门官方网站竟然没有首先发布，而且也无发布者的认证身份。

即便对自称到达现场的"报料者"，也应通过交谈判断其是直接见证人还是听闻所得，对匿名者尤须警惕。对已有的信源，还应通过多个信源进行比较和求证，在确认事实基本存在的前提下，选择相对权威和可靠的信源作为线索。

（二）常理判断

虽然很多新闻属于反常或非常规事件，但越是离奇和违反常识的信息也越容易虚假或出错，因此也更需要抱质疑态度。质疑的第一关，就要从基本常识、科学原理、法律规范等方面对其真实性与合理性进行初步的判断。如果限于学识、阅历一时难以判断，则不妨请教他人或通过书本查询。

（三）网上核查

在互联网时代，不少线索虽然尚未成为新闻，但往往也能从网上找到蛛丝马迹，特别是那些本身来自网络的线索。借助网络对相关信息进行核查比对，有助于记者对线索可靠性作出判断。

（四）采访验证

新闻线索不等于新闻，紧随其后的是真正意义上的采访。只要实施扎实的采

---

① 参见白红义、江海伦、陈斌：《2011年虚假新闻病理分析报告》，《新闻记者》2012年第1期。

访，多数虚假、不实或错误的信息线索都有被识别或纠正的机会。

第二节 采访对象的约定

有了新闻线索，接下来要考虑的就是采访谁的问题。采访对象能否选对，采访行动能否实施，是采访成功与否的关键因素。一件新闻事实摆在面前，向谁了解？与谁核实？有很多选项；对方是否愿意接受采访？是当面谈还是电话或网络交谈？也有多种可能；如何说服对方接受采访？如何寻找替代者？更有种种技术上的考量。采访对象的确立有时还涉及职业伦理等问题，需要在新闻实践中小心处理。

一、选择采访对象

为便于分析，先讲一个真实的故事。

1996年的一天，深圳一大型施工现场发生罕见的塔吊倒塌事故，造成2名工人当场死亡、多人受伤。某报记者得到消息时已过去数小时，面临采访谁或首先采访谁的紧迫问题，该记者选择了直接去接收伤员的医院，希望采访最新救治进展并从伤者口中了解事情经过。可惜记者到达医院时伤者或处于昏迷或正在抢救而不便接受采访。于是记者匆匆采访医生后写了消息交稿，重点是医院如何重视、积极救治等情况。编辑部主任看完稿件不满意，当即要求记者立即赶到施工现场，补充采访目击者和施工单位负责人，尽量还原事实真相。补充采访完毕后，记者交稿，次日成为本地媒体中报道最详细的稿件，受到读者关注。

就上述案例而言，采访对象至少有以下7个选项：A. 事故亲历者（伤员）；B. 现场目击者；C. 抢救治疗者（医院和急救中心的医生）；D. 事故责任者（施工单位负责人）；E. 调查处理者（警方现场调查人员）；F. 伤亡者家属；G. 政府管理者。在实际操作中，限于事发突然、截稿期紧迫、管理者态度等多重因素，选择采访对象往往不能随心所欲，一般情况下也不可能面面俱到。这时就要优先选择最重要的采访对象。对于突发事件，人们首先关心的是"发生了什么"，因此A最重要，但如上述情况A不能说话，就只能转而求B，而且要快，否则目击者离开再找就很难。其他采访对象也要根据轻重缓急和相关程度进行筛选。可见采访对象的选择是十分重要而不容回避的问题。上述7个选项，也适用于大多数事件性新闻。

在选择采访对象的具体过程中，应考虑以下几个因素：

（一）事件相关度

即选择的采访对象应尽量接近新闻事实，尽量与新闻题材紧密关联。一般来说，突发事件中采访对象的相关度比较容易把握，因为焦点集中，时空狭小。如上述事故中，相关度基本可以按字母顺序依次类推。包括车祸、空难、火灾、洪水等在内的任何突发事件，还原事发过程永远是最重要的，因此亲历者、目击者必然要优先选择。

相对于突发事件，一些非事件性新闻或较为静态的新闻，采访对象的相关度就比较难把握。例如某市决定从当年9月1日起提高全市的最低工资标准，记者应当采访谁呢？虽然选择较为复杂，但仍要尽量以相关度来排序。首先应当是政策的制定者或阐释者，只有他们能够解释政策出台的背景、目的以及受益范围等最关键的问题。其次是政策的受益者，即从受益人群中选择最具代表性或获益最多的人。第三是受影响者，即商家、企业主、雇主（包括雇用保姆、钟点工的家庭户主）等。第四是专家学者，通过他们了解新政策对经济发展及社会秩序可能产生的影响，比较国内、国际城市最低工资的差别。第五是政府管理部门，特别是劳动保障部门，了解他们将如何监管新政策的落实。可以说，一篇关于最低工资新标准即将实施的新闻稿件，如果能采访到上述五类对象，就不太可能产生明显的遗漏和偏差。

（二）身份权威性

这里所说的权威性，包含着决策地位、专业程度、社会名望等综合因素。在涉及专业领域或需要评价和判断的新闻中，被采访者的身份是否权威，直接关系到采访的效果和稿件的质量。

现在人们从报纸和电视上，常会见到一些熟悉的名字或面孔，他们屡屡接受记者采访，似乎是百事通，对任何问题都能发表一通"看法"。此类采访对象的可信度就大打折扣。还有记者误把人大代表、政协委员、"意见领袖"当成各领域的"万能专家"，遇事就找他们采访，实际上往往找错了对象。

（三）规避利益冲突

采访对象的选择，也会涉及新闻伦理与利益冲突，记者应当注意规避，否则就可能影响稿件的说服力，损害媒体的公信力，甚至出现违法行为。2005年3月由中宣部、国家广电总局、国家新闻出版总署联合颁布的《关于新闻采编人员从业管理的规定（试行）》中，就对一些采访对象做了规避的要求，其中第五条规定的关于采访回避的情形就包括："新闻采编人员与报道对象具有夫妻关系、直系血亲关系、三代以内旁系血亲以及近姻亲关系"；"新闻采编人员与报道对象属于素有往来的朋友、同乡、同学、同事等关系"；"新闻采编人员与报道对象存在具体的经济、名誉等利益关系"等。

很多新闻法规较为成熟的国家，对新闻媒体的采访对象也有类似的规定，其中最为普遍的就是对"利益冲突"的规范。如美联社规定"报纸及其雇员应避免来自消息来源和新闻人物的恩惠",记者"应避免为被采访对象或机构工作";《芝加哥论坛报》要求"员工的写作、拍摄、编辑或新闻判断不应涉及与其有血缘、婚姻关系的个人或有密切的私人关系、金融关系的其他人"。①

二、认知采访对象

一般来说,对采访对象的认知,从选择采访对象起就开始了。没有一个初步的了解(如其身份、职业、对新闻事件是否知晓等),就谈不上选择。这里说的"认知",是在采访对象确定之后,对其进行更深层次、更多方面相关信息(如职业经历、专长兴趣等)的研判与把握。

认知采访对象的主要目的有三个:

(一)消除隔阂,获取信任

认知采访对象可以消除隔阂,为争取对方的接纳创造条件。在很多情况下,记者选择采访对象,采访对象也在选择记者。一些工作繁忙、知名度高、被媒体追逐的采访对象,通常不会接受对自己一无所知者的采访,这既出于时间效率的考虑,也是希望得到尊重。比如,2001 年,有位中国记者利用在美国访学的机会,希望采访当时《华盛顿邮报》的总编辑小伦纳德·唐尼。作为素昧平生且无任何熟人或机构引荐的外国人,要采访这样大名鼎鼎、被媒体追逐的报社老总谈何容易?开始,该记者多封申请采访的电子邮件都石沉大海。后来他埋头做了一番有关唐尼的文献研究,了解到唐尼在该报当年震惊世界的"水门事件"长达一年多时间的报道过程中,任职都市新闻部副主编,很可能参与了报道的指挥或辅导工作。而关于这一报道,世人只知两位记者(伍德沃德和伯恩斯坦)及社长、总编等决策者的名字,唐尼很可能是个角色重要却默默无闻的"做嫁衣者"。于是,该记者重新给唐尼秘书写了封邮件,详细讲到这段历史和他的猜测,并表达了同样作为一位记者的职业兴趣。很快,唐尼便通过秘书回复愿意接受采访。在后来的访谈中,唐尼果然确认了自己 20 多年前曾对两位年轻记者进行了具体的辅导并亲自参与大量编辑工作,因表现出色,在"水门事件"后不久,被提拔为都市新闻部主编。②

(二)熟悉对象,以利沟通

认知对象就是了解和熟悉采访对象,这样可以为与对象进行良好的沟通和高效的访谈打下基础。了解、熟悉采访对象,先要知道对象的性别、大致年龄和相貌,最好事先查看过对象的照片。这样到了现场一下就能认出采访对象,有利于

---

① 张宸:《外国传媒关于"利益冲突"的规范》,《中国记者》2005 年第 9 期。
② 辜晓进:《走进美国大报》(修订版),南方日报出版社 2004 年版,第 99—100 页。

接下来的沟通和访谈。此外，还要知道采访对象的人生经历、专业特长和兴趣爱好等，这样采访时便会有更多的共同语言。

（三）胸有成竹，方便写作

通过认知采访对象，多方面搜集、掌握采访对象的情况，不仅利于采访的顺利进行，还能为事后的新闻写作提供丰富的材料。这些材料有的可直接在报道中采用，有的通过采访过程中与采访对象的核实验证，也可直接写入稿件。前面提到的中国记者访问《华盛顿邮报》总编辑的例子中，该记者预先准备的有关唐尼的材料，很多都用在了最后的稿件中。

三、约定采访活动

约定采访活动，是采访之前必须与对方商定的最后一个环节，也是采访能否实施的决定性因素。如果说，在选择采访对象和认知采访对象方面，记者尚可以独自开展工作而不受被采访者的制约，到了这一步就不得不与对方直接或间接地接触。在这一环节，记者个人的专业热情、职业操守、精神面貌、表达水平、交际经验等综合能力就会部分或全部地受到对方的检验，并在一定程度上影响采访活动的最后约定。

在约定采访对象的过程中，记者至少应当做到以下几点以获得采访对象的接纳：一是尊重对方，并给予对方在时间地点上的优先选择权等；二是自报家门，告知对方自己的姓名和所服务的媒体；三是说明意图，扼要讲出此次采访的意义及邀约对方的理由；四是时间建议，解除对方对占用过多时间的担忧甚至恐惧；五是热情亲和，力避冷漠和生硬的表达语气；六是联系方式，无论对方是否立即决定接受采访，都应将自己的联系方式留给对方，以方便对方主动与自己联系。如果是通过电子邮件等形式邀约，还应注意在主题栏填写邮件目的和自己的单位名称，以便对方看到标题就明白邮件性质，避免当作垃圾邮件删除。

约定采访活动时，记者必须始终牢记自己的目标，即要通过协商解决以下四大关键问题：

（一）商定采访的时间和地点

如前所述，采访的时间和地点最好先让对方选择，如果对方难以确定，则要及时提出自己的建议（切不可在电话中临时想象或犹豫不决，这会给对方准备不充分、邀约不慎重的感觉）。时间和地点一旦确定，记者就不能随意更改，但要给对方留下变通的余地。

（二）商定采访的时长

记者可以首先提出自己的建议时长和理由。如果对方同意的时间大大短于记者的预期以至于难以完成采访任务，则要婉转地向对方说明，争取对方的理解，在可能的范围尽量延长采访时长，以便较好地完成采访任务。

（三）确定参与的人员

参与的人员包括对方人员和己方人员。知晓对方人员的数量是为采访应对做好准备；通报己方人员的数量则是为了让对方有所准备，但要解释参加人数的理由并征询对方意见，以免唐突。

（四）灵活应对变化

约定采访有时并不以记者的意志为转移，碰壁和变化在所难免。对此，记者既要有心理准备，也要有应变措施。最令人生畏的阻力当然是以各种借口拒绝采访，或原先答应又改变主意。这时有上中下三策可供参考：上策是缓兵策，即在遭到拒绝时做冷处理，不把话说死，婉转结束本次接触，为再次接触留下空间；中策是替代策，即在说服对方无望的情况下，恳请对方推荐或授权其他符合采访要求的采访对象；下策是放弃策，即在争取无效时放弃对方，重新选择采访对象。

第三节　新闻背景的准备

新闻背景的准备，就是采访前对相关新闻背景材料的搜集准备工作。新闻事实是一种时空存在，因此，与新闻事实相关的背景材料，主要涉及时间和空间两个维度。就时间而言，特指与事实具有纵向关联的新闻背景，即纵向背景，也称"历史背景"。其特点是强调历史纵深，是对事实背后既往情况的回溯。就空间而言，特指与事实具有横向关联的新闻背景，即横向背景，其特点是强调与新闻事实的旁衬关系。此外还有第三种背景，是指一种静态的、主要对新闻中涉及的术语和事实进行说明和解释的背景，即知识背景。

以上三种背景类型，有的可预先搜集准备，有的则只能在采访中获取。如获第二十三届中国新闻奖一等奖的报道《北京一夜》（《工人日报》2012年7月28日），描述的是2012年北京那场特大暴雨中一司机不幸被淹死的现场，其中提到自发冒雨开车出去助人的王璐时，多次穿插背景资料，其中一句是："这个2003年到北京上大学，经历过两次创业失败的新疆哈密人……"这样的背景通常只能在采访过程中获取。而同样获第二十三届中国新闻奖一等奖的报道《火车站见证兰考经济变迁》（《河南日报》2012年12月3日），在讲到当地政府鼓励创业时，也有一段背景："自2008年起，兰考县委、县政府每年春节都举办'返乡创业明星评比活动'，在评出的52名创业明星中，无一不是上世纪90年代从兰考走出去的务工人员。"作为当地省报的记者，这类资料是完全可以在采访前就找到的。

记者围绕即将展开的采访，可从以下四个方面去搜集准备预先可能得到的背景资料。

一、以政策规章为背景

时政新闻都或多或少地涉及相关政策法规。一些关系国计民生的重要政策或法制规章的出台，本身就是重要新闻。这类政策规章中，同类项目的历史沿革可归入"纵向背景"，其他项目的相互比照则属于"横向背景"。以某市最低工资标准出台为例，采访之前必须找到该市上次及史上各次最低工资政策的有关条文，离开这一纵向背景，就很难看出本次调整最低工资标准的意义；同时也要尽量寻找周边城市或同类经济水平城市的最低工资标准，失去这样的横向比较，难以让受众了解本市新出台的最低工资标准处于何种水平。这两种背景可看做此类新闻的标配，缺一不可。

从各类时政新闻看，政策规章类背景资料一般包括以下三个方面：

（一）宏观政策

这是指中央和国家的有关政策、决定，它关系到新闻发生的政策环境，涉及新闻产生的必然性和可能性。此类背景资料大都可预先搜集获取。2013 年获第二十三届中国新闻奖特别奖的通讯《"三西"扶贫记》（新华社 2012 年 6 月 20 日）中就有多处使用了宏观政策背景，如报道开篇不久就提到："1982 年，就在这片贫瘠的土地上，国家启动三西扶贫开发计划，首开中国乃至人类历史上有计划、有组织、大规模'开发式扶贫'的先河。"报道此后讲述的故事，正是在这一宏观政策的环境中发生的。

（二）地方政策法规

这是指具体的、用于一市一地甚至一单位的政策条文与法制规章。它对所在地方或单位的生态环境和建设发展有着重要作用，因而也是很多新闻事件的重要背景。获第二十三届中国新闻奖二等奖的报道《临沂大学八位处长辞职当教授》（《光明日报》2012 年 11 月 25 日），讲到院长、处长们纷纷辞去行政职务专注教学岗位时，就用了一条背景来回答新闻要素之"何因"（Why）：临沂大学以"导向教学、导向科研、导向高层次人才"为此次专业技术竞聘的基本原则，下决心要把高层次、高职称、高学历人才向教学和科研一线引导，为此大幅提高了教授的津贴待遇。如教授最末位四级岗位的津贴每月也要比"处长"多 20%。

（三）党政领导的相关要求

这主要指虽未形成政策条文，却能够产生政策导向作用的会议精神、领导讲话、官方评论等背景资料。在现今中国社会，这类信息往往也会产生较大的影响，因而也是某些新闻产生的动因或依据。例如 1992 年 6 月起，国务院先后决定开放长江沿岸的芜湖、九江、岳阳、武汉和重庆 5 个城市，以及合肥、南昌等 17 个省会城市为内陆开放城市,形成全方位对外开放的新格局。在我国改革开放一度放慢步伐甚至陷入停顿的 20 世纪 90 年代初,突然有如此重大举措,一个重要原因正是 1992 年 1 月邓小平"南方谈话"掀起新一轮改革开放大潮。"南方谈话"就是后来加快实施改革开放种种举措的极其重要的新闻背景。

二、以既往事实为背景

所谓"既往事实",是指历史上业已发生而与新闻有纵向关系的事实。在做采访准备时,与拟报道的新闻题材及新闻人物相关联的历史事实应尽量提前搜集,以便在采访过程中穿插使用和比照印证。以 2014 年 3 月 8 日马来西亚 MH370 航班失联(后被宣布 239 名乘客和机组人员全部遇难)为例,其历史事实至少包含四部分内容:一是马航历史上的空难事件,二是马来西亚历史上的空难事件,三是历史上同样原因不明且未找到残骸的空难事件,四是历史上同品牌机型(波音 777)的空难事件。

三、以周边事实为背景

所谓"周边事实",是指与拟采访的新闻或人物相关的外围事实。这些事实从时间先后看,很多似乎也可视为历史事实,但其与拟报道的题材往往没有因果关系或直接关系,而主要呈现出侧面和横向的联系,隶属"横向背景"范畴。如《深圳特区报》2014 年关于深圳粪便处理的一组特稿,就用较大篇幅描述纽约、伦敦、罗马等国际大都市的相关做法。这些城市与深圳的粪便处理并无直接关系,但其做法可映衬出同样是大都市的深圳的长短得失,其经验值得政府和民众学习借鉴,从而可深化这组报道的内涵与意义。

四、以相关知识为背景

所谓"相关知识",是指新闻事实中所涉及的科学技术、财政金融、医疗卫生等各领域的专业知识或专有名词。记者对这些公众尚不熟悉的知识和名词,必须全面、正确地把握和理解,以便在报道中予以科学的解释或说明。

2014 年 8 月 10 日下午,湖南湘潭县妇幼保健院发生一产妇在做剖腹产时因大出血而死亡的悲剧。当地一家媒体对此事作了及时报道[①],报道因突出了"医生护士集体失踪"和家属对医生处置"失当"的质疑而引起轩然大波并很快传遍全国。其实,涉事医院负责人在接受采访时就明确告诉记者"孕妇死于羊水栓塞"。然而,

---

① 李大超:《湘潭县一孕妇剖腹产死在手术台上 检查一切正常》,湘潭传媒网 2014 年 8 月 12 日。

记者既未要求专家对其作完整解释,也未查询资料加以说明。其他媒体在转载新闻时对这一关键名词更是只字不提或一笔带过。直到几天以后,一些媒体回归理性开始冷静反思,"羊水栓塞"才得到充分的解释,受众这才明白这种疾病发病偶然、预兆凶险的特性,舆论也才改变对涉事医院"一边倒"的质疑、谴责态度。其实在互联网时代,记者即便缺乏医学常识,写稿前只需几分钟就可查询到相关专业名词的含义。

第四节 采访计划的拟订

采访计划[①]是所有采访要素的预先汇集与排序,是对具体采访活动的综合规划。采访计划作为采访实施的前提,对整个采访活动具有规范和保障作用,因此也是采访准备工作的重要环节。

一、采访计划的内容

制订采访计划,首先要知己知彼,即对自己的能力和条件、新闻题材与采访对象的要求、实施采访的环境等有基本的了解,继而制订出符合实际、便于实施的采访计划。一个周密而可行的采访计划,通常由以下几部分组成:

(1)采访任务。指此次采访的缘由及期望达到的目标,有时还包含可能附带完成的任务,宜明确具体,忌笼统粗略。

(2)人员安排。指承担任务的记者人数及记者种类(文字记者、摄影或摄像记者等)。

(3)采访时间。指采访活动的次数及每次活动的起讫时间。

(4)采访地点。包括与采访对象访谈的地点和新闻发生的地点。地点应尽量准确,确定后还应通过熟人或网络查询验证。

(5)采访对象。包括精心选择的目标对象和以备不时之需的替代对象,还包

---

① 关于采访计划,有必要厘清几个相近的概念:报道计划、采访提纲、报道提纲、采访方案。采访计划与报道计划的区别是,前者主要指采访活动之前制订的针对本次采访任务的各项工作的安排,重点是微观工作计划;后者主要指就一个题材或多个题材乃至一段时间确定的报道任务及其实施步骤,重点是宏观选题策划。采访提纲和报道提纲的区别较为简单:前者主要是针对采访对象拟提出的问题和具体的采访流程;后者的外延要广些,不仅包括采访提纲,还包括写作提纲及关于体裁样式、刊登(播发)方式等的规划。采访计划与采访提纲之间则属于从属和包容的关系,即采访计划包括采访提纲,采访提纲从属于采访计划。至于采访方案,基本等同于采访计划,属于"采访计划"的不同表述。为避免表述混乱,本节弃用"采访方案"的概念。

括联系采访对象的方法，如电话号码、电子信箱、地址等。

（6）交通方式。包括步行、骑车、开车、单位派车、对方来车、与其他媒体记者拼车及等车地点等多种事项。

（7）器材配备。指录音、摄影、摄像、笔记本电脑等设备，广播电视记者的器材配备往往更复杂，更需要在计划中详细列明。

（8）采访提纲。指提问要点及采访流程（详见下文）。

二、采访提纲的构成

采访提纲主要指提问要点和采访流程，核心是提问要点。提问要围绕采访任务和具体目标，将记者需要了解的问题尽可能全部列出，同时还应列出相关的拓展性话题。采访流程是辅助性的，主要包括实施采访的具体程序，如采访对象的约见次序、实地访问的起始过程等。在很多情况下，提问要点本身就可独立组成采访提纲。

（一）提问要点

指针对采访对象拟提出的主要问题。作为采访提纲核心的提问要点，有时需要两个版本：一个版本给采访对象看（既可能出于对方预先要求，也可能是记者为让对方有所准备而主动提供），这时就要抓住主要问题和关键事项，既不能遗漏要点，也不可事无巨细（否则会冲淡主题，并可能令对方失去耐心而影响邀约）；还要注意避免冒犯对方，尽管实际采访时可根据需要犀利提问，但在提纲中应做软化处理。另一个版本给自己看，这时应尽量详细，缺乏经验者还可写下开头的暖场寒暄和中间穿插的转换话语。

提问要点的排列，通常要像消息的倒金字塔结构那样，按重要、次重要的顺序先后列举，其目的一是让对方首先准备最重要的问题，二是防止采访时间不够而遗漏重要问题。但对一些突发事件，则要根据人们对事物的认知习惯和事件本来的发生逻辑设立问题次序。例如记者就某市地下管道爆炸事故采访公安消防负责人时，尽管记者最关心的是爆炸的原因和伤亡人数，但问题还得从爆炸发生的具体地点和准确时间开始。

（二）采访流程

指采访实施的具体步骤和程序，包括多个采访对象的采访次序、采访场所的切换、现场灯光、拍摄器材的摆放与调整（指广播电视类采访）等。采访流程的制订，可以使记者临阵不慌、工作有序推进。采访流程也不是一成不变的，制订后仍须服从现场需要，必要时应根据现场实际情况改变和调整。

三、采访提纲的制订

对应不同的新闻题材，采访提纲的拟订有着不同的特点和要求。采访提纲大致可分为两种类型，即事件（现象）采访提纲和人物采访提纲，后者还可再分为单一人物采访提纲和多重人物采访提纲。

（一）事件（现象）采访提纲

其关注的重点是事情的起因、过程、结局、影响等，采访对象无论是亲历者还是旁观者或是间接关联者（如当事人的后人、亲友等），记者想要了解的主要是"事"，是关于"事"的各新闻要素，是"事"的来龙去脉，"人"只是作为"事"的讲述者、影响者和被影响者而存在的。

（二）人物采访提纲

其关注的重点是"人"，包括人物的基本情况、个性特征、情感思想、经历成就等。人物新闻特别是人物特稿（通讯）的采访，是一个重要、有时还较为漫长的对话过程，对话所得将直接关系到新闻成稿的分量、力度、色彩、魅力，因此人物采访提纲的拟订较之事件采访提纲更复杂些。

人物采访提纲拟订一般需关注以下五方面的内容：

（1）其事。即与该人物相关的新闻事实，通过采访必须将"其事"了解清楚。

（2）观点。即该人物对相关事件或事物的看法和解释。

（3）经历。指该人物自己讲述的个人经历。

（4）拓展。指采访中准备的拓展性问题，以便挖掘更多未知事实和生动细节。

（5）个性。即该人物的兴趣爱好、个人魅力、性格特征等。

当然，根据题材和体裁，上述各项应有所侧重，不必面面俱到。

（三）多重人物采访提纲

除了一对一的专访外，记者有时还需要进行群像式的报道（所涉对象可能是一种类型的多个人物，也可能是同一新闻事件中的多位个体），或者为了更加真实、丰富、生动地展现人物个性，还要采访目标人物周边的其他人物。这都需要记者制订多重人物采访提纲。

群像式的多重人物采访，是针对多个人物几乎平均用力的采访，提问要点除了同样适用上述五方面内容外，还应特别注意每个人物的不同特点、他们在新闻事件中的各自作用以及他们相互间的关系，以便最大限度地避免人物报道雷同。对目标人物周边个体的采访，则应始终牢记自己的采访目的和报道主方向，对周边人物的提问要点就不适用上述五方面内容，而应把重点落在对目标人物的描述上，同时也要问及对方的身份以及与目标人物的关系，以增强其描述的可信度和合理性。

第五节　采访的其他准备

相对于早期新闻记者的采访环境而言，现代记者可能在社会干扰、同行竞争、受众反馈方面遭遇更多挑战。这时除了上述多个准备项目，还应从以下三个方面做足准备。

一、采访的心理准备

采访是一个"知彼"的过程，而在"知彼"之前，先要"知己"。"知己"是指知道自己的精神状态。如果精神状态与采访活动不相适应，就必须调整，即做好心理准备。精神状态包括紧张恐惧、情感衔接、角色定位等，记者可以从以下几方面有针对性地进行心理准备：

（一）克服紧张情绪

采访之前，会有紧张甚至恐惧心理，特别是刚入职的年轻记者。因为你面对的是一位陌生人，采访实施的过程还可能有很多未知数，包括敌意、阻碍、半途而废等诸多不顺利，再加上截稿期的紧迫感，紧张是正常的。

克服紧张情绪首先要增强自信心。自信心是建立在准备充分和良好业务能力的基础上的。在确认自己采访前的一切准备已经完成的同时，要在业务水平和交往能力方面给自己积极的心理暗示，相信自己有能力完成此次采访，并确立万一采访失败也是一次可贵经历的信念。其次要摆正与对方的关系，切不可尚未见面，先矮三分。要明白自己无论看上去如何青涩稚嫩，都代表着一个正规的媒体，身后站着的是为人民利益服务的大众媒体。第三，对采访中可能遇到的风险要有充分估计。在前往冲突、灾难、战地采访之前，要详细了解目标区域的当前状况（包括天气、地势、民意、灾情、战况等），并学习领会前人的采访经验及类似场合的采访案例，以便尽可能消除紧张与恐惧。第四，自我放松应对挑战。如果紧张情绪难以抑制，可通过听音乐、读小说、看风景、深呼吸等方式适当转移注意力，平抑自己的情绪。

（二）调整好角色定位

记者和很多行业的从业人员一样，同时具有职业人和自然人的双重角色。记者在采访前应调整好自己的角色定位，以适应与采访对象之间这段短暂却重要的关系，确保双方互动顺畅。记者的职业角色，是指记者作为新闻工作者而承担传播信息、通达视听、抑恶扬善职责的职业身份。记者的自然人角色，是指记者作为社会普通成员而具有各种社会关系和七情六欲的个体身份。

调整角色定位，就是要求记者在实施采访时将自己的职业角色放在压倒性的重要位置。如果职业角色与自然人角色产生冲突，理应后者服从前者。这既是社会分工的必然选择，也是完成任务的实际需要。当然，记者的自然人角色也不能完全漠视。例如，记者可能与采访对象曾有过节或对其心存成见而影响情绪，采访过程中也可能由于自己的爱好和兴趣而转移重点。记者应在确保职业角色不受侵害的前提下，积极调动自然人角色中的有利因素，克服其中的不利因素，让两种角色最大可能地形成和谐共振，为更好地完成采访任务服务。

二、采访的器材准备

与早期记者一个本子一支笔相比，现在的采访器材要复杂得多，这是由技术进步和社会需求双重因素决定的。除了笔和记录本，现代记者还常常需要携带录音、照相、摄像、通信等器材设备进行采访。在媒介融合和数字化转型的环境下，记者内部的分工愈发模糊，如过去文字记者无须考虑摄影任务，现在却几乎成为必须承担的工作；再如过去记者通常是回到编辑部才写稿、发稿，现在却可能为抢时间而在采访现场通过通信设备直接发稿。随着媒体传播技术的进步和受众获取信息习惯的转变，"全能记者"正成为很多媒体对记者的新要求。

采访的器材准备大致包括以下三个部分：

（一）记录工具

记录工具主要包括笔、记录本、录音器材、笔记本电脑四大件。

笔。如今虽是数字时代，笔仍是必备的。笔不仅可以记录谈话，还可记录对方表情以及采访中观察到的其他细节，同时也可对已经拟订的采访提纲随时进行修改，且在必要时将对方想得到的关于自己的信息写给对方。笔以钢笔、圆珠笔或现在流行的兼有钢笔和圆珠笔特点的"中性笔"为好（铅笔已少用），但要确保钢笔有水、圆珠笔和中性笔有油墨、能顺畅地写字。为防意外，最好准备几支备用笔。

记录本。备有笔记本，便于书写和携带。采访时不宜随便找张纸就记录，这既不便留存，也会给对方草率随意的感觉。

录音器材。它不仅可以还原人声，确保记录完整，还兼具证据功能（可防止采访对象否认曾说过的话）。现代用于采访的录音器材已发展成一种便携式的笔状袖珍录音机，且已做到数字化，其容量很大，拾音灵敏，话音清晰，存储及与电脑衔接都很方便。录音器材在准备的时候要注意三点，一是要熟练使用，有的记者平常很少用录音笔或者是初次使用，到时势必手忙脚乱，甚至出现录音事故；二是要保证电量充足或准备足够的电池，否则一旦因耗电完毕而关机，损失往往难以弥补；三是查看记忆材料（记忆卡或录音磁带）的容量是否够大，最好有备用材料。

笔记本电脑。这类电子设备也可用于记录，且对于熟练掌握输入法的记者来说，记录的速度会大大快于手写，而且可以在记录的过程中修改调整。目前笔记本电脑的最大问题是电源持续时间较短，在现场没有电源的情况下通常最多只能用三四个小时。

（二）拍摄器材

拍摄器材主要包括照相机、摄像机、灯光、三脚架等器材和设备。照相机是现代记者的"标配"，不仅是广播电视记者，就是报刊记者和网络记者也都需要配备照相机。目前普遍使用数码相机或带有摄影摄像功能的手机，记忆卡或USB存储卡等不可或缺，容量要足够大。胶片相机仍在使用，特别是一些专业摄影记者，仍偏爱胶片相机。胶片相机必须备足胶卷。必要时，照相机的辅助设备如镜头、遮光罩、闪光灯、三脚架等也应准备齐全。

对于广播电视而言，主要通过声音和画面呈现新闻，因而对摄像和录音的依赖性更大，相关的专业设备也更多，更须仔细准备，避免遗漏。与此同时，还应注意预先到采访现场对设备进行调试，以达到最佳效果。

（三）通信设备

记者的通信设备主要是手机和电脑，它既可方便记者与所在媒体编辑部联系，及时汇报采访情况，获得相关的指示和要求，也便于记者与采访对象保持联络。在现代传播技术迅速发展的背景下，记者的通信设备的作用大大拓展了，成为记者向编辑部传送稿件的重要设备。目前传统媒体正在实践数字化转型，媒介融合或全媒体发展渐成趋势，很多媒体要求记者同时向多个媒体平台发送稿件。如报纸记者，还要同时向报社的网站、微博、微信、移动客户端等发送信息。这时记者往往不等回到编辑部，就要通过互联网将相关新闻的文字、视频、音频等发至上述平台或终端，因此，通信设备是记者采访的必备用品，必须带全，并检查其功能是否完好。

三、采访的礼仪准备

礼仪包括着装、仪表、气质、礼节等方面。新闻采访虽不像赴宴迎客那样需盛装出行，但合适的服饰、整洁的仪表、得体的礼节等都有利于采访任务的完成。记者作为社会活动家，平时出门本就应当注意自己的仪表。进行采访时，面对邀约的采访对象，甚至自己也要出镜，怎能邋里邋遢、蓬头垢面、不修边幅？得体的仪表装束，既是对采访对象的尊重，也可提升自己的精神面貌，因此，礼仪准备也是采访准备的应有之义。

礼仪准备的基本要求是整洁、得体、懂礼。整洁指洁净、庄重，这是任何时候都要做到的。得体是指记者的穿戴和着装与采访对象、工作环境、周围气氛及自己的身份相适应。如采访重要的公众人物，记者的穿着不能太随便；采访在田野干活的农民，记者的穿着则不宜太讲究。总之，记者的服饰穿戴，应利于双方舒适相处，适应采访环境，符合大众审美。关于礼节，则应尊重对方（无论对方是什么身份），诚恳待人，温文尔雅，见面、告别均有礼数，即便采访中产生言语冲突也要保持克制，力避傲慢无礼、漫不经心和言语粗俗，始终体现应有的文明礼貌。

思考题

1. 作为在校新闻专业学生，如果要求你写一篇近期的校园新闻，可从哪些方面寻找新闻线索？哪些途径最可能成功？为什么？
2. 你想就近来学生关心的宿舍漏水问题采访某分管副校长，但对方却因工作繁忙而婉拒。接下来，你会通过哪些方法争取到采访机会？
3. 校园的湖中每年夏天盛开着美丽的荷花，成为学校一大风景，但今年夏天却荷花不再，湖内荷叶稀稀拉拉，湖水散发着阵阵臭味，师生们议论纷纷。你打算去报道这一现象，事先需准备哪些背景材料？它们属于背景材料的哪些类别？
4. 请就采访上届毕业生就业情况拟订一个采访计划和采访提纲。

第九章 采访的实施——访问

本章知识点：① 访问是一种特殊的社会交往活动，具有公共性、代表性和主控性特征；② 营造访问气氛的具体要求；③ 提问的类型、要求与方法。

访问是一种通过记者与采访对象面对面的交谈、提问等来进行采访的社会活动，它是记者职业生涯中一项最主要、最经常的职业活动。"新闻事业是一个跟人打交道的行业。大约有百分之九十九的新闻是部分或全部以访问——也就是向人提问题——为基础写成的。"[①] 了解访问的特质，营造良好的访问气氛，娴熟掌握提问的方法与技巧，是每个记者必须具备的业务技能。

第一节 访问的特质

多数情况下，访问是在人际传播情境中进行的一种对话活动，既体现出个体交往特性又蕴含着社会交往的意义。从目的上看，访问是为了实现信息向社会更大范围的传递，而非仅仅满足个人对话与沟通的需要，因此在进行访问活动时，记者被赋予了满足公共信息需求的使命。了解访问特性，准确把握与受访者之间的关系，是记者顺利开展访问活动的基础与前提。

一、访问是一种特殊的社会交往活动

与一般社会交往不同，访问具有明显的公共性、代表性和主控性的特征。

（一）公共性

访问的公共性特征，指访问的目的是为了满足公众的信息需求，是一种公共而非个体因素驱动的交往行为。新闻采访是为了挖掘和发现社会中公众应知、须知而未知的信息，进行访问活动的原因是事件或人物具有被关注和报道的新闻价值。记者访问的内容应该是社会公众普遍关注和感兴趣的，并具有一定的社会意义。

访问的公共性特征还要求其过程和结果应该是公开的，保证信息传播的真实透明、访问成果共享。在非特殊情况下，记者的访问应表明身份和目的；同时要

---

① ［美］杰克·海敦：《怎样当好新闻记者》，伍任译，新华出版社 1980 年版，第 23 页。

注意避免诱导式采访和对事件的过度介入。

（二）代表性

访问的代表性特征，指记者的访问是一种职业行为，其身份是所在媒体和公众的代表。记者的这一"代表性"身份，要求其在访问中需十分注重自身的表现，要多听少说、多提问少断言；即使被访者要求记者发表看法，记者也要设法将话题转回受访者，以防止角色错位，将自己变成了访谈的中心。

例如，中央电视台《新闻调查》获得 2002 年度中国广播电视新闻奖一等奖的节目《与神话较量的人》（2002 年 3 月 23 日播出）中，当采访对象刘姝威用反问的方式回避一些敏感问题时，记者王志坚定地扮演着记录者和访问者角色，通过持续发问，想方设法让受访者说出自己的看法。

> 记者：你指的这个因素是权力吗？
> 刘姝威：你说呢？
> 记者：我问你。
> 刘姝威：我问你。你听了我讲述的话，你认为这个因素是什么？
> 记者：你是当事人。
> 刘姝威：这个问题我想应该让公众来分析吧。现在的问题是如果是权力的话，这就有一个——他为什么会用他掌握的权力干出这种事？怎么才能够制止他运用手中的权力干这种事？这是我们应该思考的问题。那么对于决策部门来讲，是不了了之呢，还是要一查到底呢？如果这个问题你不一查到底的话，以后他还这么干；如果这个因素你再纵容它存在下去的话，银行没法办，行长无法当，这是很危险的。

（三）主控性

访问的主控性特征，指访问的全过程都是由记者主导和控制的。能否获得需要的信息是衡量访问活动成功与否的唯一标准，记者主导和控制访问活动的目的就是为了获取所需的信息。为此，记者不仅要精心选择采访者、确定访谈主题，同时还要注意把握访问的进程。这是因为受访者在访问中并不是被动的；在是否接受访问、回答什么、如何回答等方面，受访者有着很大的主动权。访问的主控性，要求记者不仅能让受访者接受访问，而且能引导受访者按预设的主题交谈。

二、记者和采访对象的关系

采访对象是新闻事实的叙述者和意见的表达者，是信息的主要来源，成功的采访依赖于记者与采访对象的配合。在访问过程中，记者要找准自身的角色定位，把握好与采访对象的关系。

（一）地位平等

访问中记者与采访对象的关系是平等的，无论面对什么样的采访对象，记者都要以平等的态度对待。面对普通民众或社会地位较低的人时，记者要以一种温和、平等的语气与他们交谈，以赢得他们的好感和配合；要避免作出盛气凌人、颐指气使的姿态，否则容易引发对方的反感，给访问制造障碍。面对上级领导和知名人士时，记者既要尊重他们，又不能低声下气、俯首帖耳，否则，诚惶诚恐、唯命是从是难以得到对方的认可和尊重的，访问便可能流于形式、成为过场。

（二）互有所需

记者采访是为了获得信息，而采访对象愿意接受采访也体现了其表达的需求。在双方的交流互动中，记者不仅要牢记自己的使命与目的，同时也要对对方接受采访的意图进行判断，寻找双方需求的结合点，使访问顺利进行。为此，要尽可能地给予对方充分的表达时间，不能简单粗暴地打断对方。尤其是涉及舆论监督和批评性报道的访谈时，要在批评报道中给对方辩解的机会；涉及争议事件报道时要给予双方均等的表达权。

在当下传播环境中，传统媒体已经不是受访者发布信息的唯一平台，互联网和自媒体技术的发展已经使个人拥有了向大众传播信息的机会和空间，传统媒体和记者所拥有的垄断权力已经被打破。在这种变化的格局下，记者更应该尊重采访对象的表达需求，通过熟练的访问技巧来实现采访目的。

（三）组合自由

访问活动中，记者和采访对象的关系组合是自由的。大多数情况下，记者的访问都缺乏法律或行政规章的保障。除了政府和其他组织机构的新闻发言人，受访者普遍拥有拒绝接受采访和选择接受谁采访的自由。一些受访者因为某些原因不得不接受访问，也仍然可以采取消极应对的态度。因此，在无行政隶属关系和政策法规支持的情况下，记者只有熟练地掌握采访技巧，并且善于运用心理调节与控制的手段，才能让采访对象自愿接受且配合访问。

第二节 访问的氛围

在有限的时间里营造出有利于访问的氛围是记者的一项基本功。访问过程中，访问对象的性格心理、身份经历、兴趣爱好等都可以成为调动现场氛围的元素。为此，记者应该通过前期准备和现场观察分析访问对象的行为心理，并借助各种技巧，拉近双方的距离，化解访问中遇到的障碍，营造融洽的访问氛围。

一、把握访问的心理场

个体的行为总是受心理因素的影响。"每一心理事件,都取决于其人的状态及环境,虽然其相对的重要性随不同的个人而异。"① 著名心理学家库尔特·勒温(又译库尔特·卢因)借用物理学中场论的观念,提出了心理场概念。他认为,生活空间就是人的行为发生的心理场,其中人与环境是决定个人行为的动力整体,并提出了著名的行为公式:

$$B=f(PE)$$

其中 B 表示行为(Behaviour),f 为函数,P 表示个体(Person),E 表示环境(Environment),即人的行为是个人和环境的函数。从这里我们可以看出对个体行为的分析和判断要考虑两个因素,"既要考虑到行为的主体个人,也要考虑到行为所发生的环境;既要考虑到行为者的过去经验,还要考虑到行为者当时的态度和情境因素"。②

记者要把握访问的心理场,预判受访者可能的态度和行为,同样也可以从个体因素和环境因素两方面着手,为营造氛围,使访问顺利进行做好准备。

(一)个体因素

不同的生理特征、生活经历、观点兴趣等,都会引发受访者在接受访问时的表现差异。因此,在访问准备阶段,记者就应该对受访者有基本了解,以便拉近距离、调节气氛。即使面对完全没有任何了解的受访者时,记者也可以凭借经验,通过观察和寒暄基本判断出受访者的特点并做出应对。

(二)环境因素

访问的时间、地点、参与人员、舆论气候、组织压力等综合构成了访问的环境。环境的变化会引发受访者心理空间的变化,进而影响他的行为。比如,面对一位性格内向、不善于与陌生人聊天的受访者,记者可以邀请其亲朋好友共同参与访谈,通过环境的变化来缓解其紧张情绪。与此同时,要注意,记者本身也是带动受访者心理发生变化的因素。记者的性格也会给受访者带来影响,比如开朗健谈的记者能够用积极的情绪打动受访者,帮助他打开"话匣子",激发谈话的兴趣。

二、营造融洽的访问氛围

个体和环境是把握访问心理场的两个要素,营造融洽的访问氛围同样也是从

---

① [美]库尔特·勒温:《拓扑心理学原理》,高觉敷译,商务印书馆 2003 年版,第 14 页。
② 申荷永:《充满张力的生活空间——勒温的动力心理学》,湖北教育出版社 1999 年版,第 44 页。

这两个方面出发，通过各种方式影响受访者心理，为访问顺利进行创造有利条件。

人际间的社会交往包括信息交流和情感交流，后者决定了前者的深度和广度。多数情况下记者与受访者是首次见面，互相并不熟悉。这种陌生带来的距离感可能会影响受访者，使其对访问产生排斥和应付心理。为了取得更好的访问效果，记者要尽可能地去了解自己的访问对象，营造融洽的访问氛围，让受访者更好地配合访问活动。从个体和环境因素出发，氛围的营造可以从以下几个方面着手。

（一）选择合适的时间地点

记者要根据受访者的生活习惯，选择合适的访问时间。一般来说，在受访者时间充足、精神放松的时候去访问，受访者往往会有谈话的兴致，回答问题会更积极、思路会更开阔，反之，在受访者十分忙碌、紧张的时候去访问，就会事倍功半。比如，在事故现场将话筒对着正在抢救伤员的医生，问伤者情况严不严重，势必会遭到拒绝。访问的时间选择，要尊重受访者的意见，与其协商确定。

此外，访问地点的选择也很重要。理想的访问场所能让受访者放松心情、减少干扰，甚至还能让受访者触景生情，唤起回忆。一般而言，人们更喜欢在自己熟悉的环境下与陌生人交流，例如在车间里访问工人、在田地里访问农民、在书房或办公室里访问专家学者等。选择这些地点不仅可以使受访者畅所欲言，而且这些地点本身还可作为记录和观察的对象加入到报道当中，增强现场感和感染力。

（二）留下良好的第一印象

第一印象是增进双方了解、信任的重要因素。心理学研究发现，一般人在与对方初次会面45秒内就能产生第一印象。这个印象会长期存留在人的脑海中，并影响今后对对方的进一步认识和判断，这又被称为首因效应。第一印象的好坏关系到双方能否迅速而融洽地开始交流，因此，记者在面对陌生的受访者时应当注意首因效应的影响，要注意自己在行为举止和言语方面的细节，尽量给受访者留下良好的第一印象。

1. 遵约守时

守时是人与人交往的基本要求，也是约谈的基本准则；而迟到普遍被认为是一种不礼貌的行为。与受访者约好了时间，记者应该准时赴约；出发时要注意将堵车等各种可能因素考虑在内，宁可早到半小时也不要迟到一分钟。万一遇到特殊情况不能准时到达，记者也应与受访者及时沟通，获得其谅解。

2. 称呼恰当

记者与受访者见面之初要注意选择正确、恰当的称呼。除了根据年龄特征来称呼外，面对政府管理者可以称呼其职务，如"王局长""李主任"等；面对专家、学者可以用其职称称呼，如"张教授""周研究员""陈工（程师）"等；面对普通人则可以用其从事的职业称呼，如"赵医生""刘警官""张老师"等。如果双方关系好，比较熟悉，则可以直呼其姓名，或以"老×""小×"称之，以示亲切。

3. 举止得体

记者与受访者交谈时的距离、目光和动作等也会对"第一印象"产生影响。一般来说，初次见面时，彼此的间距应在1.5米左右，相熟之后，则可在1米左右。如果站立交谈，记者应该和受访者在一个水平面，避免仰视或俯视。记者的视线应该停留在受访者的眼睛周围，一是有目光交流表示尊重，二是可以对受访者的神色、表情进行观察。如果是坐着交谈，双方座位的距离不能太远，可根据具体环境相邻或对坐都行；切忌跷二郎腿。还要注意，交谈时随意吐痰、乱扔垃圾，或者不经许可便抽烟等细节，都可能损害记者在受访者心目中的形象。

（三）寻找相似或接近元素

在访问的开始阶段，通常不宜急于直接进入话题，而要有一个与受访者接近、熟悉的"搭桥"过程。所谓"搭桥"就是建立起记者与受访者之间的某种链接，这种链接可能是共同的出生地、共同的熟人或者共同的兴趣爱好。通过这些相近或相似的特征和经历，找到共同语言，拉近双方的距离。比如，记者可以先从口音上判断受访者的籍贯，然后在自己的经历或人际圈当中寻找有关这一地区的话题。再如，进入受访者的办公室，记者可以从室内摆设、布置等，发现其爱好，从中寻找一些能引起其兴趣的话题。当然，如果对受访者的背景资料有足够了解的话，还可以打好腹稿，直接谈些让对方感兴趣的话题。此外，需要注意的是，方言也是拉近双方距离的重要工具。如果长期在一个地域采访，记者应该锻炼自己方言运用的能力，要能够听得懂、说得出。

三、应对访问中的冲突

访问中的冲突，主要是指访问过程中出现的影响采访顺利进行的记者与受访者之间的矛盾。受访者在冲突中主要有三种表现：问而不答，回避和拒绝回答记者提问；答非所问，所说内容与记者提问关联不大；所答非实，面对提问提供虚假或片面信息。

（一）问而不答

受访者面对记者提出的问题置之不理。造成这种情况的原因是多方面的：有些是因为受访者面对访问不知所措，怕说错、说不好，这就需要记者去引导。2007年除夕，胡锦涛在陕西与农民康海发全家一起过年。年后，当地记者去采访康海发时，却发现他面对采访只是笑，一句话也不说。这时，记者意识到对方是怕说错话，因为他从没接受过记者采访，突然涌来一大批记者，问的又是和总书记在一起过年的情况，他不知道该怎么回答。于是记者换了一个角度，和他聊家常，从他家小孙女在哪里上幼儿园聊到他儿子在县里的打工收入，从老两口的饮食起居聊到下一代的教育问题。半个小时过后，康海发终于打开了话匣子。这时，记者再让他回忆一下和总书记一起过大年、炸年糕的场景，他也就有说有笑地讲起来。①

在采访实践中，还要注意不是所有的问题都能说服受访者回答，当涉及个人利益和个人安全的时候，受访者的抵触心理最严重。此时，记者可以采取其他方式去寻求答案，或者退而求其次询问对方一些敏感性较弱的问题。当然，敏感问题不能放在访问开始，而应该在访问的中后期提出。当敏感问题提出后，如对方不愿作答，可以先退一步回到中性话题，双方聊开后，再尝试换个问法进入。

（二）答非所问

受访者在采访过程中可能因为谈话过于投入，或者故意回避某些问题，而向记者提供大量与采访目的无关的信息，使对话偏离主题。遇到这种情况，记者应该适时地插话和打断，设法将话题转回来。但是，为了保持谈话氛围，不要生硬地打断受访者："你说的这个和我问的没有关系，我的问题是……"而应该在对方说话的间歇巧妙插入："你说的这些确实令人印象深刻，但是……""对啊，这种情况我也遇到过，的确令人生气，可是……"通过自然过渡、转折回到问题当中。

（三）所答非实

"真与假"的矛盾，也是访问过程中记者与受访者间容易出现的冲突。记者以追求真相为己任，而受访者出于各种目的，可能会向记者提供虚假或不完整的信息，误导记者。这便要求记者在访问中善于发现疑点，通过提问和多信源印证来避免被虚假信息所迷惑。在质疑、印证的过程中，记者要遵循的原则是不要粗暴打断对方谈话，不和受访者发生争论，不直接否定其说法。即使受访者表达明显错误的观点或者提供虚假的事实，也不能直接说"你这是错的""你说谎了"，而是可以从受访者的对立面提出问题，或者借助事实作反问。

例如中央电视台《新闻调查·事故的背后》（2007年1月25日播出）节目中，记者通过先期调查已证明了海正药厂污染物排放严重超标的情况，然而面对采访，厂方却矢口否认和狡辩。对此，记者只是将一个个证据抛出，而不做争论，甚至连节目结尾都没有总结，戛然而止，令人回味。

> 记者：海正存不存在直排的情况？
> 陈志明（海正总经理）：我可以负责任地答复你，海正不会做这种直排的事情。同时为海正蒙受不白之冤感到非常痛心。

---

① 陈毅铭、张蕾：《解析广播新闻采访中提问的作用与技巧》，《中国广播》2011年第2期。

记者：说海正直排是冤枉你们？

陈志明：不但是冤枉我们，应该是无中生有。

记者：我这里有一份今年 7 月 28 号，省四厅局联合检查组来这里检查针对海正的一个意见，说海正 COD（主要污染物）排放严重超标，企业废水处理设施运转不正常，废水未纳入污水处理厂统一处理，废水排放严重超标。

陈志明：在调试过程中有一些波动。

记者：你把这个称作波动？

陈志明：对。关于这次抽查，海正集团的解释是：第一，抽样的水池里淤泥太多；第二，取水的容器表面严重脏污，影响了水质，使得水样的 COD 含量超标。

记者：现在已经不是这个情况了？

陈志明：对。基本控制在标准之内。

记者：但是我们还有一份 9 月 14 号对于海正的检测报告，COD 同样超标。

陈志明：有时候比如说装置出现了故障，可能会有些波动。

记者：就是这两次检查刚好不凑巧碰上了波动？

陈志明：对。

记者：海正有没有给附近的环境造成污染？

陈志明：应该说，基本做到了达标排放。

记者：你能在我们的镜头面前保证海正现在的排污是基本达标的？

陈志明：对。

记者：陈总，我们坐在这儿闻到的刺鼻的味道是什么味道？

陈志明：我的嗅觉可能不像你们那样灵敏。

记者：您说您闻不到？

陈志明：没有您的灵敏度。

（节目结束）

第三节　提问的类型和方法

访问中，记者主要通过提问来搜集、挖掘有关的新闻事实及其背景材料和观点。要确保访问的顺利进行，记者应了解和掌握提问的基本类型和方法。

一、提问的基本类型

新闻采访实践中，记者提问的类型通常可分为两种：开放式提问和封闭式提问。

（一）开放式提问

开放式提问所提的问题一般比较宽泛，能给受访者的作答以一定的伸缩余地和灵活性。在人物访谈和询问对方态度、情感、观点等主观性内容的时候，经常采用开放式提问。

例如：

"是什么原因促使你选择辞职下海？"
"你觉得这两种生活有什么不同吗？"
"你能给我们说说是怎么一回事吗？"
"你对这个政策有什么看法？"

开放式提问的优点是提问轻松、自然，对话的气氛比较缓和，有利于受访者发挥，甚至会主动向记者提供一些没有问到的情况。缺点在于，容易导致谈话松散、空泛，对方回答不易聚焦，甚至可能跑题。因此，开放式提问比较适合那些知识文化水平较高的受访者。

（二）封闭式提问

封闭式提问又称闭合式提问，这类提问的指向具体、明确，要求一个有针对性的答案。在了解和调查具体事件信息的时候，或者时间紧迫的场合，多采用封闭式提问。例如：

"你今年多大了？上几年级啊？"
"事件发生时，你在现场吗？"
"新建体育馆能容纳多少人？"
"是他告诉你这个消息的吗？"

在受访者回答问题主动性不强、积极性不高，或者情绪不好的时候，也适宜用封闭式提问来展开对话。中央电视台记者王志在采访重庆开县井喷事故幸存者唐晓英时，并没有用简单一句"那天晚上什么情况？"这样的开放式提问来发问，而是用连续的封闭式提问将受访者带入到回忆当中。[①]

王志：那天晚上有风吗？

[①] 刘丹：《浅析王志的主持风格》，《新闻传播》2005 年第 7 期。

唐晓英：只是觉得很冷，下霜了，雾不大，也有风吹过来。

王志：有星光吗？

唐晓英：没有。

王志：有月亮吗？

唐晓英：没有，根本没有月亮。大概凌晨四点钟的时候，我们正睡觉，听见我的公公在外面叫他，重庆市开县发生特大气矿井喷事故，大家都快起来，那边的情况已经不好了。

王志：你们准备去哪儿呢？

唐晓英：到公路上。

王志：那个时候能闻着有什么气味？

唐晓英：对，钻井的气在不停地喷，密度越来越大，气味很大。周围没有别的动静。我看见有人倒下，大人、小孩儿都直叫，当时我想自己背上有一个孩子，没想到害怕两个字，就使劲地跑，想到孩子要冲出去。

王志：你当时有感觉吗？

唐晓英：感觉胸闷。我们还没走多远，走了两三米远就倒下了。我自己苏醒的时候，当时眼睛睁不开，好像是睡觉，很困，睁不开，努力地睁开，但睁不开。当我睁开的时候，觉得眼前是模模糊糊的一片。

王志：孩子那时还活着吗？

唐晓英：我以为她在睡觉，因为她脸上有泥土，她脸上这么多泥土，就把脸上的泥土轻轻抹掉。

王志：孩子有反应吗？

唐晓英：没有反应。我就看到孩子嘴唇，嘴角就已经吐白沫了，孩子脸还是红的。

王志：脸还是红的？

唐晓英：嘴唇还是红的。我就叫冰清，我使劲地叫，可是没有答应。

封闭式提问简单、具体，既有利于受访者回答，又让其难以回避，这是其优点。缺点在于，所提问题是单独、孤立的，不利于记者得到准确和深层的信息，有时甚至会得到错误的信息。对此，可以运用组合的方式，将所提的问题化整为散，分解成若干的小问题来予以弥补。比如，前些年美国有个女记者去调查"黑人在就业上是否受歧视"的问题。她向许多黑人提了一个封闭式的问题："你有没有受到过歧视？"回答总是说"没有"，而谈到具体事情时，又证实他们受到歧视。这让她觉得受访者都不说真话，后来主编提醒她："可能是你提问的方式不对。你问别人是不是受过歧视，这就非要别人回答受过，或者是没有受过。不要这么单刀直入。可以问他们：和他们具有同等资历的白人，是不是比他们提升得快？和他们同样工作的白人，工资是否拿得比他们多？如果他们是白人，现在可能在做什么工作？有没有黑人有工作能力却找不到工作？"

二、提问的一般要求

尽管好的提问在面对不同的访问对象、针对不同的问题时有不同的表现，但通常情况下，它们具有新闻业界普遍认同的标准和要求。

（一）提问要简洁

提问要简洁，就是要求记者所提的问题既要明白无误，让人容易理解，又要注意简练，切忌啰唆。记者提出的问题不能杂乱，引述性话语也不要太长，否则会使受访者抓不住重点，或者听了后面忘了前面。同时，陈述要围绕问题核心，不要将无关信息夹杂进来，混淆重点。

在2009年全国政协十一届二次会议新闻发布会上，个别记者的提问就存在无关信息太多的问题。

> 记者：近几年，新兴媒体已经成为汇聚民意、聚集民智的重要渠道，但是有些人群既看不了电视，也没有钱上网，也买不起报纸，他们就是农民工。今年我们知道有2 000多万农民工失业需要工作，他们的就业问题既牵动政府的心，也牵动网民的心，我们"××手机报"已经收到5 000多万农民工发来的短信，一毛钱就可以把他们对政府的一些意见、呼声、建言献策通过手机发到这个平台上。目前为止，请问，已收到的委员提案当中有多少是关于农民工问题的？委员关注的农民工问题主要集中在哪些方面？
>
> 赵启正（大会新闻发言人）：我听得很明白，你问题的重点是你们的手机网成就很大，让大家都知道，顺便问了我一下有多少关于农民工的提案。提案每次有4 000~5 000份，这个数据要在会议结束的时候才能出来。谢谢大家。①

新闻采访实践中，当需要提出一些比较复杂的问题时，记者一定要注意将其分解为一组问题来提问。例如：

> 州长大人，您的两个高层助手已经辞职，整个州的花费高出预算几百亿，根据最新的财务计算，税收至少减少了11个百分点，而且您的决策总有些负

---

① 王晓映：《精彩，来自实力与自信——两会新闻发言人速写》，《新华日报》2009年3月5日。

面作用，反对党正呼吁您辞职，民意调查显示您的受欢迎度已经下降到37%——在这样的情况下，您怎么可能对自己在明年秋天选举中的连任还如此乐观呢？①

这个长问题中蕴含了多个背景信息，便可将其进行拆解，递进式发问：

  州长先生，据说您的两个高层助手辞职了，是吗？
  最新的财务计算显示，整个州预算超出几百亿，而税收减少了11个百分点，为什么会出现这种情况？
  反对党认为您的决策总是带来负面作用，呼吁您辞职，而民调显示您的受欢迎程度已经下降到37%，您是否感受到压力？
  面对这么多的问题，是什么原因使得您依然对连任如此乐观？

（二）提问要具体

提问要具体，就是要求记者所提问题的指向明确，不笼统、不抽象。对于善言的受访者，具体的问题能限制他"跑题"。对于不善言谈的受访者，具体的问题能起到提示和帮助作用，问什么答什么，有一说一。因此，记者的提问一定要注意"化虚为实"。比如，问一个学生"学习压力大吗"，不如将问题转化为"作业多不多？每天做作业到几点？""一周上多少节课？休息几天？"等更为具体的问题。记者问得具体，获得的信息也更具体，稿件里的"干货"也就更多。

问得具体还有利于记者从受访者的回答中找疑点、找漏洞，以判断其有没有提供真实的信息。中央电视台《新闻调查·虎照疑云》（2007年12月8日播出）节目中，记者从周正龙与老虎的距离开始发问，再针对对方"看见老虎耳朵动"提出质疑；接着又问对方拍了几张照片，当对方表示拍了一张时又提出相机时间记录的差异，最终对方只能回答"讲不清楚"和"记不清楚"。细节是判断真伪的重要参考，问得具体才容易从对方提供的信息细节中找到破绽，接近真相。

  记者：你当时大概离它有多远？
  周正龙：从这儿就到上面那个树。
  记者：山崖上那个树吗？

---

① ［美］肯·梅茨勒：《创造性的采访》，李丽颖译，中国人民大学出版社2004年版，第45页。

周正龙：可能比那个还远一点。

记者：离咱们这儿。

周正龙：嗯。

记者：那这么估计的话，也就是不到50米吧？

周正龙：那不止的，我往前头爬的时候，它耳朵一下就竖起来了。

记者：隔了50米之外你能看到老虎的耳朵竖起来吗？

周正龙：哎呀，那就讲不清楚了，反正很近了。那个闪光灯我也不清楚是怎么打开的，我也不太会使，反正这么一按，咔嚓一下，当时我把那个机子都甩掉了。

记者：你就没拍了？

周正龙：它听到一响"嗷"的一声。那个时候你还拍什么？拍石头啊。

记者：但是根据你数码相机的时间记录，你相机闪光灯亮起的时候是你30多张照片当中的第4张。

周正龙：第4张？

记者：对。

周正龙：还有20多张是不是？

记者：对，这是相机的记录。

周正龙：现在有点记不清楚了，到底是在这儿闪的，还是在那儿闪的，时间有点长了。

（三）提问要有逻辑

提问要有逻辑，就是要求记者围绕着采访目的，有层次、有针对性地展开提问，避免东拉西扯。比如，采访事件可以按"起因——经过——结果——影响"几个环节分别提问，采访人物则可以以其人生经历的时间顺序为轴提问。在采访之前，先对问题进行梳理，按照逻辑关系循序渐进地发问，这样既方便记者的记录和稿件撰写，也有利于受访者作答。

此外，也可以按漏斗式和倒漏斗式的方法提出问题。所谓漏斗式就是由大到小、由笼统到具体的组织问题的方式。倒漏斗式就是从小到大、由具体到一般、由微观到宏观的组织问题的方式。

漏斗式：

问：王校长，请问您对此次高校综合教育改革有何看法？

答：中央改革的决心……推动我们学校的发展。

问：那我们学校在教育改革方面有什么设想或计划吗？

答：我们将计划开展以实践教学为核心的课程改革……
问：哪些专业会率先进行试点呢？
答：将挑选一些技术性强，对实践能力要求高的，例如……
问：对于动画设计专业，将会有哪些具体变化？
答：首先，在课程设置上……

倒漏斗式：

问：王校长，听说动画设计等几个专业的培养方式从下学期起将有调整？
答：是的，根据学校的安排……
问：为什么挑选这些专业？
答：因为这些专业技术性强，对实践能力要求高……
问：以后会推广到其他专业吗？
答：教学改革是学校的一项系统工程……
问：这是否意味着我们学校的办学方针将出现重大调整？
答：学校的改革是适应国家高等教育综合改革的要求、立足本校的资源和特色……以后我们将在其他几个方面……

（四）提问要看环境氛围

提问要看环境氛围，就是要求记者的提问不仅要讲究内容，同时也要注意提问的时机、场所等环境因素。在一些记者无法把控和设置的环境中，记者应该因势利导，把握和揣摩受访者当时的心态，提出适合当时情境的问题。1998年九届人大一次会议之后的记者招待会上，香港凤凰卫视记者吴小莉向新任总理朱镕基提了一个侧重个人心理感受的问题，这个问题契合了新一届政府领导就职第一次直面媒体和全国观众的情境。于是，朱镕基总理借助现场直播向广大民众表达了他的就职宣言和执政理念。

吴小莉：……海外媒体对您的评价相当高，有人说您是铁面宰相，或者是经济沙皇。外传您在进行经济改革时，也曾对您的家人造成一些困扰，想请您谈谈您在推动改革过程的心路历程中，有没有曾经沮丧，想要放弃过？

朱镕基：……对于外界叫我"中国的戈尔巴乔夫"也好，叫我"经济沙皇"也好，叫我什么东西也好，我都不高兴。目前，我的思想非常单纯。在这一次人大会议上，人民代表给我以重任。我自己感到了这个任务的艰巨。

我现在非常惶恐，就是怕辜负人民群众对我的期望。但是，不管前面是地雷阵，还是万丈深渊，我将勇往直前，义无反顾，鞠躬尽瘁，死而后已。①

提问如果不看环境氛围，即使问题设计得再精巧，也难以得到好的反馈。2005年，在陈凯歌执导的新片《无极》公开上映的新闻发布会上，某记者问道："陈导，你说'我的电影永远和我的尊严有关'，这句话是不是说，如果《无极》票房完蛋，那么你的尊严也就没了？"陈凯歌非常生气地回答："你这是什么意思？这个问题很不友好。影片还有三天就要上映了，你问我这样的问题，很伤我的自尊，这好比我为孩子摆满月酒，你却问我孩子如果夭折了怎么办，你这个问题太过分了。"虽然记者援引受访者本人言语进行激将式发问的做法不能说没有技术含量，但是在新片上映的公开场合，说出"票房完蛋"这种令电影人忌讳的言语，也就只能起到激怒对方的作用了，最终记者也是含泪离场。如果换成两人单独聊天的场合，前面先进行铺垫和过渡，慢慢引出这个问题，受访者不一定会产生如此强烈的抵触情绪。

三、提问的主要方法

提问的方法是多种多样的，采访中通常都是多种提问方法综合运用，而不是孤立地使用。

（一）正问法

正问法又叫开门见山法，即记者直截了当地提出问题，是一种简单、直接的提问方法。当记者与受访者彼此熟悉，或是受访者比较了解事件情况，且表达能力较强的时候，适合运用正问法。

当年，意大利著名记者法拉奇在采访邓小平时，就对中国是否会形成资本主义、主张吸收外国资金和技术是否意味着承认资本主义也有好的一面等敏感问题直接发问。②

奥：四个现代化将使外国资本进入中国，这样不可避免地引起私人投资问题。这是否会在中国形成小资本主义？

邓：归根到底，我们的建设方针还是毛主席过去制定的自力更生为主、争取外援为辅的方针。不管怎样开放，不管外资进来多少，它占的份额还是很小的，影响不了我们社会主义的公有制。吸收外国资金、外国技术，甚至

---

① 《1998年吴小莉获朱镕基总理"钦点"提问（文字实录）》，凤凰网2013年3月14日。
② 《邓小平文选》第2卷，人民出版社1994年版，第351页。

包括外国在中国建厂，可以作为我们发展社会主义社会生产力的补充。当然，会带来一些资本主义的腐朽的东西。我们意识到了这个问题，但这不可怕。

奥：那么，你是否认为资本主义并不是都是坏的？

邓：要弄清什么是资本主义。资本主义要比封建主义优越。有些东西并不能说是资本主义的。比如说，技术问题是科学，生产管理是科学，在任何社会，对任何国家都是有用的。我们学习先进的技术、先进的科学、先进的管理来为社会主义服务，而这些东西本身并没有阶级性。

不少有经验的记者，常常运用正问法，借助连续的正面发问，给受访者带来一定的心理压力，从而逼迫其道出事件的真相或真实的想法。比如中央电视台《新闻调查·山阴的枪声》（2004年5月17日播出）节目中，记者采访开枪伤人的警察刘宏胜时的一段对话：

记者：今天见到你，特别想问的一个问题就是，当时你为什么要开那两枪？

刘宏胜：撞了车了，都站住以后，李智堂下车就打我，紧接着有好几个他们一块儿围着打我。我说我是公安局的，我有枪，我掏给你们看，我就拔枪，他们就从后头抱着我了，这时候枪就响了。

记者：你的意思是枪走火了？

刘宏胜：（点头）

记者：走火的情况下怎么会出两发子弹？

刘宏胜：当时人多，有点不冷静。

记者：你拿的这把五四式手枪，我们都知道一个普通的常识，开枪之前是必须要先上膛。

刘宏胜：当时我没上膛。

记者：没上膛只能理解为就是你使用的那把五四式手枪，在你掏出的时候就已经上好膛了？这也不符合常规啊。只有两种可能，一种就是你那把五四式手枪，一直在上着膛的这种状态下，还有一种可能就是你掏出来以后上了膛。

记者：但是如果在现场上膛的话，必须有一连串的动作，打开保险，拉开枪栓。

刘宏胜：（沉默）

（二）侧问法

侧问法又称迂回法，指记者不直接从正面提出问题，而从侧面入手，或者绕个弯子，提些表面看来与访问内容无关的问题，以引发受访者讲出真实情况。这种提问方式一般适用于不善于表达、有疑虑顾忌以及可能提供不实信息的受访者；也常用于对一些敏感信息进行了解和对有矛盾的信息进行验证。

中央电视台《新闻调查》记者在采访国内第一家将被退市、让无数大小股东血本无归的国有大型企业"郑百文"董事长李福乾时，就运用这种提问方式，取得了很好的效果。

作为记者的长江如果一上来就直愣愣地问人家："你这些年是怎么把一个好端端的企业搞垮了的？"或者："一个好端端的企业究竟是被谁给搞垮了的？"那采访的结果可想而知，完全没有可看性了。然而，她从寻找"共同语言"这个角度去做文章。由于长江事先做了充分的准备，知道"郑百文"在企业发展、辉煌到实际破产过程中，曾经"成也萧何，败也萧何"地与"长虹"、建行运作过"工、贸、银"一体化的"三角信用关系"，于是在采访中就选择了这条"直通线"，让李福乾开口了。在聊到本来运作得好好的"三角信用关系"怎么突然逆转，李福乾自然回避不了企业破产的原因，而且不得不讲到自己的某些决策失误。就这样，观众不仅了解了"郑百文"破产的直接原因，而且观众通过电视屏幕还看到了因为公司严重亏损、股票停牌几乎毁掉自己一生辉煌的一个临近退休的老企业家无以言状的悲痛心境。①

侧问法也可以通过转换角度来实现迂回提问。比如，问一个学生"你对学校收资料费和补课费有什么看法？"由于还在学校读书，这位学生可能为避免压力而对此回避或敷衍。这时，如果换个提问角度，将问题改为"学校收资料费和补课费，其他同学都有些什么看法？"这样既可得知学生的态度，让其借他人之口表达意见，而且对受访者也是一种保护。

（三）激将法

又称反问法或故意错问法，即从相反方面提出问题，或者有意误解对方的意思，以刺激、激化其情绪，使其不吐不快。激将法提问，一般适用于那些虽然健谈，但有思想顾虑而不愿谈的受访者。使用这种提问方式时，要注意语气和使用频率，一次访问中，刺激性的问题不宜太多，这是因为生硬的语气和态度往往容易使对方产生被嘲弄感，从而拒绝接受访问。

1. 用敏感问题刺激

敏感问题首先立足于记者对受访者的了解，知道什么问题对受访者来说是重要的、关键的、不能回避的。法拉奇在采访时任美国国务卿基辛格时，她面对不停躲闪的对方，直接问道："很多人认为您和尼克松接受那个协议实际上是对河内

---

① 张洁、吴征：《调查〈新闻调查〉》，文化艺术出版社 2006 年版，第 154 页。

的投降，对此您也不愿意谈论吗？"① 逼迫对方正面回答这一问题。

《南方人物周刊》记者在采访毛泽东的扮演者唐国强时，也有过这样类似的对话②。

> 记者：有人觉得你的外形并不像毛泽东。
> 唐国强：双胞胎还能区分呢，再像也不够像，都是个近似值。有人说，有的演员形似，有的演员神似，我不太同意，"形"与"神"怎么能分开呢？不过我更多还是在"神"上面下功夫，因为"神"是人物流动的东西，"形"相对比较固定。当然演特定的历史人物，如果形根本不像，那也很难被人接受。

2. 用错误事实刺激

也称为错问法，就是记者故意用明显错误的事实或者说"反话"来刺激受访者应答。通常而言，人们在听到与自己情况不符的负面信息时，都会主动辩解，"错问"利用的就是这一心理。埃德加·斯诺在《西行漫记》中讲述了他在火车上的一次采访经历。当他得知坐在对面的年轻人要回有土匪的四川老家时，展开如下对话③：

> 问：你是说红军吗？
> 答：哦，不，不是红军，虽然四川也有红军。我是说土匪。
> 问：可是红军不也就是土匪吗？报纸上总是把他们称为赤匪或共匪的。
> 答：啊，可是你一定知道，报纸编辑不能不把他们称作土匪，因为南京命令他们这样做。
> 问：但是在四川，大家害怕红军不是像害怕土匪一样吗？
> 答：这个嘛，就要看情况了。有钱人是怕他们的，地主、做官的和收税的，都是怕的。可是农民并不怕他们。有时候他们还欢迎他们呢。

（四）假借法

假借法指记者通过假设环境或借用他人的表述作为问题引出的依据，来进行提问。

---

① ［意］奥琳埃娜·法拉奇：《风云人物采访录——20世纪后期世界历史的见证》，柏桦编著，内蒙古人民出版社1998年版，第39页。
② 《唐国强 我是长跑运动员》，《南方人物周刊》2009年第39期。
③ ［美］埃德加·斯诺：《西行漫记》，董乐山译，解放军文艺出版社2002年版，第9页。

1. 借受访者的话

在受访者曾经公开讲述的话语和公开发表的文字中寻找提问的元素。在对方的原话中找问题，不仅可以对对方的经历进行回顾和呼应，还能够建立问题与对方经历的连接点，引起对方的兴趣。比如 2010 年，《南方都市报》记者就广州十年城市变化采访时任贵州省长（前广州市委书记）时，先后提了 10 个问题。第一个问题是："2001 年站在中信广场 67 层，与 2010 年站在广州新电视塔'小蛮腰'450 米高塔顶，极目羊城，感觉有什么不一样？"这个被对方回复为"一个很有意思的问题"，便是记者在看了无数关于这位原广州市领导人的材料后，从其讲话中提炼出来的细节：这两个建筑都是他在讲话稿里提及的与广州"三变"有关的象征性建筑。①

2. 借第三者的话

在访问中，记者用从其他信源获得的信息来提问，或者记者虚构一个"第三方"来提一些不方便直接发问的问题，以避免双方的对立和冲突。比如，中央电视台《新闻调查·绛县的经验》（2001 年 4 月 7 日播出）节目中，记者采访主管副县长就多次使用这种方法。

  记者：这两天我们采访听到这样一种说法，县里组织了很多参观团。
  副县长：县里面没有组织参观团，是他们外边听到以后参观来了。
  记者：一些媒体在调查过程中感觉到绛县在进行农业科技示范县的建设过程中有一些弄虚作假的行为，您觉得他们说得有道理吗？
  副县长：弄虚作假，从主观上来讲没有一个人所为，从操作方法上有些检点不到，我也很难说。作为我们干部，我们基层来讲，你说有意地、故意地，谁吃了喝了没事了自己的活都干不完，谁再哗众取宠弄那个事情？
  记者：外界曾经说过，绛县搞的农业科技示范县很多做法是在搞"科技大跃进"，您怎么看待这种评论？
  副县长：因为 1958 年我才三岁，我也没有参加过"大跃进"，我不知道"大跃进"是个啥概念。

3. 假设话题

即记者借助设置虚拟情景、提出设想等方式进行提问。假设话题能够构建一个较为轻松的对话环境，当正面发问不易回答或不易突破的时候，假设话题往往能收到奇效。中央电视台记者在采访金庸时，希望他能对自己做个评价，但几次

---

① 杨兴锋：《南方报业采编经典案例（第一辑）》，南方日报出版社 2011 年版，第 140 页。

转换发问都被对方化解。在访问的最后,记者设置了一个虚拟场景,通过墓志铭的撰写,终于让对方道出了自己的心声。①

> 记者:我现在来设计一个场面,在很久很久以后,一个大人领着一个孩子,走过了一片墓地,突然这个大人指着一块墓碑对这个孩子说,你非常喜欢的那个金庸,那个名字就在上面,就在那个墓碑上,然后两个人就走过去了,在那个有金庸名字的墓碑上面,会写着什么?
>
> 金庸:这里躺着一个人,在二十世纪、二十一世纪,他写过几十部武侠小说,这些小说为几亿人喜欢。

(五) 盘问法

这是调查性报道中记者经常使用的方法,特指围绕着某一问题不断变换发问角度或进行连续追问。如在中央电视台《焦点访谈·假酒真相再追踪》(2010年12月25日播出)节目中:

> 记者:之前我们的记者拍到在这个厂子里都是有监控镜头的,都是连接到质监局的,是吧?(设问)
> 赵立文:对。
> 记者:那你们通过这个镜头,以前发现过他们生产假冒酒的这种情况吗?(追问)
> 赵立文:生产假冒酒,我们单位能看出它生产,因为这个摄像头不能看出它生产真假,这个看不出来。
> 记者:要是不能看出真假的话,装这个摄像头的目的是什么?(反问)
> 赵立文:这个你问我们领导,行吧。

1. 一题多问

为了核实事实、去伪存真,针对某个问题反复变换角度向受访者提问。尤其在受访者不配合的情况下,更需要围绕核心事实,借助多角度、多方位的提问予以求证。比如,在中央电视台《新闻调查·天价住院费》(2005年11月23日播出)节目中,记者围绕着一天输血94次这一费用单据,不断变换角度,盘问相关人员:

> 记者:那一天之内在这个账单中输血费收了94次是不是意味着输了94

---

① 《香港著名作家金庸专访》,中央电视台《面对面》栏目2005年5月21日。

袋血?

ICU 主任：94 次，这个我跟你说句实话，那我不好回答你，我不太清楚这个问题，这也可能不是什么，你说问题也可能不是什么问题，但是我们不知道是怎么回事，你一会儿找输血科和护士长，可能一下子就说清楚了，就是一目了然的东西，就是我不太清楚这个东西。

记者：怎么会在一天之中输血输了 94 次？

ICU 护士长：那肯定是输血量多的时候。

记者：您遇到过这样的病人吗？94 次。

ICU 护士长：遇到过输血量多的病人，但是具体的次数我记不清了，多到多少次，那么到 94 次，我记不清了。

记者：假如一个病人他 24 小时连续几天都用最快的速度输血，他一天能够被输的血的上限是多少？

ICU 护士长：这个我没计算过。

记者：能否解释一下什么样的情况可以使得输血一天最后在收费单上达到了 94 次？

医院党委副书记：这个具体问题我没法回答。

ICU 主任：这个是领出来的量，领出量。血浆是血制品，有的时候是非常紧俏的，或者是你赶上星期六星期天，这个时候你就得多领，把它领出来备用，放那个地方，因为这个病人大家都知道他血量用得非常大的，也确实是非常大的，所以得事先都给领出来。

输血科主任：没有这个情况，我们 24 小时值班，我们要有规定的，特别到病房，它没有保存血液这个条件，我们都让它分次取。

记者：会不会因为 ICU 的科室和你们科室的某一些人工作关系比较好破了特例呢？

输血科主任：不会，我相信不会。

2. 连续追问

一环扣一环，接连发问，以避免给对方回避问题的空间。比如，厦门远华案后，中央电视台记者采访厦门市原副市长蓝甫时，便通过连续的正面发问，使观众通过蓝甫的回答，清晰地看到了一个腐败分子的贪婪：①

记者：赖昌星要结识你，他求的是什么？

---

① 《厦门远华案之罪恶陷阱》，中央电视台《新闻调查》2001 年 8 月 18 日。

蓝甫：他的目的还是看中我们手中的权力。

记者：你需要他什么？

蓝甫：我看中的就是他的钱。

蓝甫：比方我个人来讲，我小孩在澳洲读书，我曾经找赖昌星借二三十万块钱。

记者：人民币？

蓝甫：澳币。

记者：一般咱们要是朋友和同事之间借钱，一般会打个收条。在这件事情上有给赖昌星收条吗？

蓝甫：没有收条，一般都是一个电话。

记者：一个电话，30万澳元？

蓝甫：对。

记者：真的有一天你能有这笔钱了，还给赖昌星，他会要吗？

蓝甫：据我了解他不会要。

记者：那能理解为你名义上是借，实际上还不还的问题再说了，是这么个情形吗？

蓝甫：是。

记者：除了这个房子，赖昌星还有没有给过你钱？

蓝甫：到香港去给过。

记者：给了多少？

蓝甫：给过零花钱。

记者：你说零花钱是什么概念？

蓝甫：几万块钱。

思考题

1. 什么是采访氛围？在访问中记者如何调节采访氛围？
2. 运用本章所学知识，对一位你不熟悉的同学或者老师，进行一次人物访谈。
3. 在学校围绕某一事件或主题，进行一次实地采访，设计和使用各种提问方式和技巧。

第十章 采访的实施——现场观察

本章知识点：① 现场观察的作用和观察内容；② 现场观察的方法与技巧；③ 现场观察力的培养途径。

所谓现场观察，就是指记者抵达新闻事件现场所进行的观察。记者尽可能并尽快抵达事件发生的核心地带，进行现场报道，这是新闻采写始终追求的目标。现场观察不但能够帮助记者迅速捕捉到现场的氛围和让人难忘的细节，而且能够帮助记者敏锐地意识到事实背后潜藏的意义与新闻价值。

第一节 现场观察的作用和内容

一、现场观察的作用

作为最重要的采访手法之一，现场观察的作用是非常突出的。

（一）还原事件现场

现场观察能够还原除语言之外的气氛、环境与细节，还原新闻事件的现场。比如，在《惊心钱塘潮》（《广州日报》2002年9月10日）这则报道中，记者便通过深入、细致的现场观察，把钱塘大潮的壮观景象惟妙惟肖地呈现在不在现场的读者面前：

> 钱塘九溪的大潮8日下午3时左右涌到桥边，远远望去，一道白线缓缓推进。
>
> 白线到达一桥桥墩时，突然向上翻，最高水位竟然与铁桥持平。面前的江水瞬时像被抽空一样，还没等人反应过来，翻滚的大潮腾空而至，冲过防浪堤，迅速向珊瑚沙水闸方向涌去，只听得"砰"的一声巨响，浪竟窜起十余米高。岸上的人逃跑不及，被浪头打倒在地。停在路边的十多辆汽车被浪头抛到数米外，更有一辆飞越了绿化带而撞上一辆反向行驶的出租车。
> ……

（二）凸显现场场景

现场观察能够具体、生动地呈现现场场景，使报道更加视觉化、立体化。在《大公报》记者朱启平记录日本投降仪式的报道《落日》（《大公报》1945年9月

3日）中，视线由近及远，从日本投降者—密苏里航舰—空中的超级堡垒机群—飞向东京，呈现出一幅开阔的胜利场景：

> 日本代表团顺着来路下舰，上小艇回去，在还没离舰时，十一架超级堡垒列成整齐队形，排空飞至密苏里上空，随着又是几批超级堡垒。我正在数的时候，后面黑影点点，蔽空而来，不知有几千架航舰上的飞机列队渐近。不到半分钟都到了上空，大家看得张着嘴出神。这些飞机都向东京飞去。

（三）调动意象语言

现场观察能够调动意象语言，使报道具有更大的容量。在《遗骸归来》（《南都周刊》2014年第12期）这篇报道中，现场观察的这个特点就表现得十分突出。报道通过对时间、天气、气氛和人们行动的描写，使"魂兮归来"的悲凉气氛荡漾在字里行间：

> 封闭了两天之后，沈阳抗美援朝烈士陵园在3月29日上午8点重新开放。
> 其时正值清明前夕，沈阳薄雾冥冥。9时许，十几名来自全国各地的志愿军后代，来到陵园的纪念碑前祭奠。就在前一天，437具志愿军烈士遗骸正式由韩国移交到中国，暂厝沈阳抗美援朝烈士陵园。
> 悲戚弥漫在陵园中。
> 来自西安的志愿军后人康明，领读着在前一天晚上反复修改过的致辞："亲人们，我们回家。""回家"的呼喊，也让其他人的情绪崩溃。苗务才屈膝跪地，放声大哭："爸爸，你咋不回来看看？你走了六十多年。"

除了上述三项作用，在一些特殊情况下现场观察还可以成为记者的一种有力的采访武器。例如，在很多领导人就职演说的场合，记者无法进行提问，此时，观察就成为在现场唯一可行的采访方式。再如，当年在韩国轮船倾覆的现场，环境非常嘈杂，家属极度悲痛，在这种情况下大声提问是非常不合适的。因此，CNN的记者在这个场合放弃了提问，只是忠实地记录下了家属们向政府官员愤怒责问的场景。在这种时刻，记者的现场观察能力、观察技巧就决定了采访的成败。

二、现场观察的内容

当记者来到现场，需要观察的内容是非常多的，那么，如何提纲挈领又有条不紊地将报道需要的观察内容一一尽收眼底，并组织进自己的报道中呢？这就需要注意观察报道对象的形貌、行动、所处环境，以及被报道事件的发展过程。

(一) 观察报道对象的形貌

新闻事件现场的场景、气氛和环境对于表现与理解新闻人物及新闻事件有着重要的意义，能够起到烘托新闻人物、深化新闻主题的作用，同时，现场情境的渲染与描绘，能够增加新闻报道的感染力，使受众如临其境，感同身受。比如，在见证世界上第一颗原子弹试爆的过程中，《纽约时报》记者威廉·劳伦斯采写的《世界末日即将来临——第一颗原子弹试爆记》（《纽约时报》1945年9月26日），准确细致地记录了这亘古未有的毁灭性武器的试用过程，详尽地说明了爆炸地点、爆炸的过程和爆炸的形貌：

> 我从新墨西哥沙漠地带的一个小山坡上目睹了原子威力时代的降临，此山坡位于阿拉马戈多航空基地的西北角……
>
> 炸弹放在100英尺高的钢结构塔上。西南9英里处是基地，这是发出高级科学指令的大本营。……
>
> 就在那一刻，地壳深处发出光亮，不是来自这个世界，而是合为一体的许多太阳。
>
> 这是一次亘古未有的日出。一个巨大的绿色太阳于转瞬之间升至8 000英尺的高度，越升越高，直抵云霄，耀眼的光辉照亮天地万物。
>
> 大火球继续上升，直径约1英里。它飞射入空，异彩纷呈，从深紫到橘红，膨胀，扩大，膨胀着上升，可怕的力量在束缚了亿万年后终于摆脱羁绊，爆发了。
>
> 顷刻间火球碧绿异常，好似我们在日全食时才见到的日冕。

对采访对象形貌的观察中，除了要注意对环境的观察，还必须注重对人物外貌的观察。

案例 10-1

<h3 style="text-align:center">在被告席上①</h3>

……

在两名身穿蓝色制服的女法警押送下，一心想当"女皇"的野心家江青走进了法庭。今天，她身穿黑色上衣，脚穿黑绒棉鞋，头发照旧梳得溜光，鼻梁上架着一副深色宽边眼镜，一举一动还保留着她惯有的那种矫揉造作的姿势。她还运用了当电影演员时的一

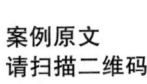

案例原文
请扫描二维码

---

① 《在被告席上》，《人民日报》1980年11月21日。

点表演技巧,在众目睽睽之下,故意抬着头,把脚步放得很慢,做出一副令人恶心的样子。她的座位排在被告席中间的一个小铁栏里,在宣读《起诉书》的过程中,她有时摇头晃脑,有时左顾右盼,以掩饰自己心头的不安。

……

在这则报道中,记者通过对江青之流外貌的细致观察,将"四人帮"的丑恶嘴脸描绘得惟妙惟肖,让人读后难以忘怀,进一步加深了对这伙反革命分子的蔑视和仇恨。

（二）观察报道对象的行动

仅仅观察和描写采访对象的形貌,好似一张静物素描;要让这个画面动起来,还必须注意观察其行动。报道对象的行动,就是其富有个性特征的动作与语言。现场观察中,有意识地抓住这些动作和语言,并将其呈现出来,不仅能充实、丰富报道的内容,而且能增强报道的可读性。

案例 10-2

北京有个李素丽
——21 路公共汽车 1333 号跟车记①

……

车厢里挤满了人。李素丽:"现在车上人比较多,不知年老的乘客都有座位没有?如果有我没看到的,请互相关照一下。"于是人们纷纷给老人让座,有六七位老人都落座了。李素丽发现有两位头发花白的老人还站着。她挤到两位年轻人面前,细语轻声地说:"请给老人让个座好吗?"年轻人应声站起。两位老人也坐下了。李素丽露出欣慰的笑容。记者顺着李素丽的耳际望去,司机背后的挡板上,"乘客之家"四个大字赫然映入眼帘。

月坛车站。

一位行动蹒跚的大娘被李素丽搀扶上车,然后又给老人找座位坐下。

"姑娘,你真好。"老人拉住李素丽的手心事重重地说,"前两天我也坐公共汽车,没座位就靠售票台站着。谁知那个售票员说:'躺热的,你还倚着我,一边去!'硬把我轰走了。"李素丽俯身宽慰说:"大娘,别往心里去,以后会好的。"汽车在运行,几站过去了。李素丽的服务让大娘激动不已,她忽地站起来,大声说:"乘客同志们,你们看这个售票员的服务有多好,咱们为她鼓鼓掌吧!"话音刚落,车厢里响起一片热烈的掌声。这掌声让李素丽愣神

---

① 《北京有个李素丽——21 路公共汽车 1333 号跟车记》,《工人日报》1996 年 10 月 4 日。

了,她眼含泪连声说:"谢谢大家,谢谢大家!"车到军博站,大娘要下车了。她走到车门口又转过身来,用颤抖的声音说:"让我们再给售票员鼓个掌吧!"说着,她又鼓起掌来。车厢里掌声一片。李素丽哭了。司机也哭了。

  车在运行。一个留着长头发的年轻人上了车,摆出一副玩世不恭的样子。"啪"一口痰顺口而出,吐在地板上。小伙子抖着腿若无其事地看着窗外。"同志,请你把痰蹭掉。"有人劝道。小伙子鼻子里哼了一声,理也不理。乘客们不满了:真不像话!小伙子轻蔑地扬扬脑袋扫视一下众人,一副玩世不恭的神态,这一切李素丽看在眼里。她走到小伙子身边,面带笑容地说:"这是公共场所,随地吐痰,污染环境,对您的健康也不利啊!"没等李素丽把话讲完,小伙子冷冷地瞪了她一眼,示威似的又在洁净的地板上吐了一口痰。车厢里乘客气愤了。人们一齐把目光投向李素丽。李素丽心里咯噔一下子,有股怒火直冲脑门,满脸憋得通红,她理了理头发,微笑又出现在她的脸上,她转身回到售票台,从自己的挎包里取出一团卫生纸,走到小伙子眼前,俯下身子,默默地擦去地板上的两块痰迹。此刻,车厢里静极了,没有一点声响。人们给她闪开了一条回到售票台的通道。谴责的目光一齐射向小伙子。小伙子低下了"高贵"的头,再也没有抬起来。到站下车了,小伙子拿着月票特意走近售票台,低声对李素丽说:"大姐,对不起。"

  ……

  这则荣获第七届中国新闻奖特等奖的报道,就是记者通过现场观察,准确地捕捉到李素丽在公交车上的一系列动作与语言,并且客观地把它们一一呈现出来,从而让"北京有个李素丽"的美好形象栩栩如生,令人经久难忘。

(三)观察报道对象所处的环境

  所谓环境,包括社会环境和自然环境。社会环境主要指报道对象与时代、社会背景的联系,自然环境主要指报道对象所处的位置及其周边事物。观察报道对象所处的环境,不仅可以深入地认识报道对象,还可以从一隅之地窥视整个时代与社会的大天地。

  获得《新京报》人物报道奖金奖的《药家鑫父亲坦言不理解儿子》(《新京报》2011年8月5日),便是通过对人物生活典型场景的细节描写来展现巨大的悲剧感。由于此前公众对药家鑫是否属于富二代有许多议论,因此,记者把环境描写的笔力集中于药家的住地及房间布置上:

  药家鑫家的古筝琴谱依然停留在2010年10月23日翻开的那一页,还有很多东西停留在那一天,比如药家鑫床上毛绒熊摆放的位置。那天上午,药家鑫被药庆卫夫妇带着到公安机关自首,从此他再未回过自己家,家里的古筝也再没有响起过。

这个家位于西安东郊,在一座20世纪90年代的职工住宅楼的五楼。房间里,白墙,瓷砖地板,大幅的风景画。

……

在这则报道中,记者借助现场观察,勾画出了药家鑫家庭生活的细节风貌。"90年代的职工住宅楼的五楼""白墙,瓷砖地板,大幅的风景画"都是中国家庭最普通、最熟悉的生活场景。这个场景的刻画,不仅质证了当时"药家鑫是富二代"的传言,更凸显出中国家庭教育悲剧的普遍性。

(四)观察报道事件的发展过程

事件的发展过程是新闻事实存在的依托和表现形态,自然是现场观察的主要内容。

案例 10-3

红场易旗纪实①

公元1991年12月25日晚7时许。莫斯科。隆冬中的红场。

由于莫斯科电视台头天就预报了戈尔巴乔夫将在今晚7时发表辞职演说,许多人便预料克里姆林宫顶上将要更换旗帜。莫斯科市民,还有许多外地人冒着凛冽的寒风赶来观看这一历史性场面。一些人带着半导体收音机来到红场,一面等,一面收听戈氏的辞职讲话;电视和摄影记者在选择拍摄角度;人们在谈论着自己的看法,并不时抬起头来,眺望着在暮色中飘动着的苏维埃社会主义共和国联盟国旗。人群中,有的举着苏联国旗,有的举着过去加盟共和国的国旗。

看得出来,此时此刻,人们的感情是十分复杂的,对联盟的解体态度也很不一致。有人在高声呼喊口号:"苏联万岁!"一对来自乌克兰的老年夫妇说:"怎么能没有联盟呢?苏联分裂成15个国家,就不再是一个大国了。"一位来自雅罗斯拉夫尔的工人说:"这标志着俄罗斯又复兴了,现在就看叶利钦有没有办法防止饥民造反啦!"几名女青年说:"换旗是自然的,因为苏联已经不存在了。"来自格鲁吉亚的一个俄罗斯人反对易旗,这时,人群中开始争论起来。他们的观点各异,有的甚至截然对立,对戈尔巴乔夫和叶利钦的评价也不尽一致。有一位中年妇女插进来无可奈何地说:"挂什么旗都可以,只

---

① 《红场易旗纪实》,《人民日报》1991年12月27日。

要让人们有吃的就行，因为我有六个孩子。"一位来自萨拉托夫的青年工人说："这么大的事件应当举行一个仪式，现在的做法未免太简单了。要知道我们几代人生活在这面旗帜下，我从小就知道我是苏联人，没想到这么突然就改变了祖国。"另一个人说："举行不举行仪式无所谓，重要的是不能再像过去那样只说空话不干实事。"

7时25分，戈尔巴乔夫电视讲话结束了，苏联总统府的屋顶上出现了一个身影。人们屏住了呼吸。7时32分，那面为几代苏联人熟睹的镰刀锤子旗开始徐徐下落、下落……7时45分，一面3色的俄罗斯联邦国旗取而代之，升上了克里姆林宫上空。此时此刻，广场上的人们意识到，克里姆林宫已成为俄罗斯的总统府，苏联从地图上消失了。

莫斯科的夜空开始飘起雪花，气温明显下降。但仍有不少人陆续来到红场。人们还在红旗落地的地方发表自己的看法，还在那里争论……

在这篇报道中可以看到，记者观察的是整个红场易帜的全过程。从人们聚集到红场—收听消息—在红场上展开争论—戈尔巴乔夫电视讲话结束—苏联国旗被俄罗斯联邦国旗取而代之的全过程，都被准确地记录和呈现。对于"苏联解体"这样一个世纪性的重大历史事件，如果只仅仅呈现"易帜"历史性时刻中的一个小小片段，其力量将远逊于完整记录全过程。因此，在重大事件中，记者应当抓取有代表性的一个时间段，记录它发展的完整过程。

第二节 现场观察的方法和技巧

一、现场观察的方法

（一）观察的顺序

现场观察不是杂乱无章的，有经验的记者会归纳出对自己最有效的观察顺序，以便在紧张乃至混乱的新闻现场迅速地把握住观察的要点。总体而言，记者应该将整体观察与局部观察相结合，这样既能够把握住大的场景，又能够注意到其中动人的细节。其中，总—分—总的观察顺序是记者们最为常用的。比如，新华社有则关于"巴以冲突"的报道《一切在无望中前进》（新华社2009年1月10日播发），其中写道：

3日傍晚时分，我到达以色列南部城市阿什凯伦，跟前一拨记者交接。晚霞，浮云，红彤彤金灿灿，模糊了天与地的界限，一时想起从前在加沙办公室阳台，两年间无数次面对地中海落日，奢侈又孤独。

不容遐思，天上煞风景地响起直升机螺旋桨声。一架接一架，全部朝向加沙。……接下来的整个晚上，炮声、火光不断，交火持续。

从这段报道中可以看到，记者正是使用了总—分—总的结构，观察的焦点从远处的天际线壮美的景色转回到朝向加沙的直升机，再转向地面的炮声、火光，形成了天地大美与残酷战争的鲜明对比。

另一种常见的观察顺序是依据事件发展的过程，逐次展开对现场场景和人物言行的描写。

案例视频
请扫描二维码

在中央电视台《新闻调查》的一期节目《北京："非典"阻击战》中，记者冒着被"非典"病毒传染的危险，跟随北京市急救中心的收治救护车贴身随访。报道的一开头，就是揪心的警笛声；随后，镜头如实记录下急救人员接收求助信息、穿上防护服把自己包裹得严严实实的细节；而后是前往疑似病人家中，抬出病人，用隔离袋装好病人的随身物品，进入急救车回到医院的过程。在高度紧张的气氛中，记者并没有过多提问，而是依靠镜头的密切跟随，为受众呈现出医疗人员英勇抗击"非典"的紧张而又悲壮的片段。

第三种观察顺序则是从事件中最能够触动人心的细节入手，精细刻画一个事件的断面，而后再拉开视野，描绘宏观的场景。比如，一则有关洛杉矶暴乱的报道《纵火者口号："烧吧，孩子，烧吧！"》（《洛杉矶时报》1965年8月15日），其中写道：

黑人纵火分子驾车穿过洛杉矶空荡荡的街道，把燃烧瓶扔进一个又一个商店，大声叫喊着一个从唱片音乐节目广播员那里借用的时髦口号："烧吧，孩子，烧吧！"

这是星期五晚上的奇异景象。星期四晚上还挤满了上千名暴徒的街道现在却满地碎石、空无一人。亮着灯的窗户寥寥无几。它几乎成了一座鬼城。

这三种观察方法可以结合使用，例如，当观察现场环境与气氛时，可以重点采用第一种；而在对事件的观察中，则可以视情况采用第二种或是第三种。如果有特别触动人的场景和细节，不妨从这里开始，浓墨重彩地进行刻画。如果打算记录事件的全貌，则不妨从一开始就采用叙事结构，观察开头—发展—高潮—结局的全过程。当然，在这个全过程的记录中，也需要寻找重点，而当记者打算采用第二种方式时,也仍然需要注意叙事的流畅,不能让受众觉得杂乱无章。

(二)观察中的互动

在现场观察中,记者要格外注意对"互动性"的把握,把新闻人物的行动放在他与其他人、与周围环境的互动中考察。

案例 10-4

含泪再炸邱家湖①

......

"要炸,他们自己去,我不当这个坏蛋!"安徽省颍上县半岗区委书记两眼血红,火爆爆地冲着报话机嚷。尔后,他甩掉话筒,看也不看在场的省防汛指挥部来人一眼,转身奔戴家湖指挥护堤去了。

报话机仍开着。县防指负责人语调硬如铁:"为确保下游两岸煤矿、津浦铁路和重要城市安全度汛,邱家湖炸堤必须执行。工兵即刻就到。"

......

这是《中国青年报》记者笔下一位正在抗洪抢险的区委书记。从中可以看到,记者不仅描写了区委书记的行动,同时还注意观察了他与其他人之间的互动关系,也注意观察他所在的环境——报话机里的声音准确地还原出情势危急的抗洪现场,而人物的言与行也在这现场中显得格外真切可信。

二、现场观察的技巧

(一)注意观察的位置和角度

如同摄影记者经常强调的,在现场观察中,一个好的观察位置和角度往往是获得好照片的关键。同样,文字记者对现场的观察成功与否,也时常与观察的位置与角度紧密相关。观察可以由远及近、由高到低或反之,也可以借鉴摄像记者的手法,先"逼近"一个场景进行特写,然后再拉开;也可以用聚焦的手法,始终以一个移动中的焦点为画面描写的核心,并依此展开对周围场景的描述。

在新闻名篇《血肉筑成的滇缅路》②中,前辈记者萧乾正是使用了这种手法,他始终以自己乘坐的车的位置为中心,视线移动由远及近进行观察:

车沿怒(潞)江岸,沿梅子箐驶过,筑路的罗汉们却还在屈着腰,在炽

---

① 《含泪再炸邱家湖》,《中国青年报》1991 年 7 月 13 日。
② 萧乾:《血肉筑成的滇缅路》,载《中国名记者传略与名篇赏析》,新华出版社 2010 年版,第 113 页。

热的太阳下操作。车驶到脚前他们才闪开,立在那陡岩绝壁的新缺口。山是巉峭森凛得怕人,亚热带古怪的藤蔓植物盘缠在硕大的木棉、蜂桐上宛如梁柱。汽车爬坡时,喘吁也正如幼时登罗汉殿石级那样吃力。千千万万筑路罗汉们:秃疮脑袋上梳着小辫的,赤背戴草笠的,头上包巾、颈下拖着葫芦形瘦瘤的,捧着水烟筒的,盘坐捉虱的,扶着锹镐的,一个个站在路边,或蹲在山脚,定睛地望着。(嘿,悬崖上竟跑起汽车了,他们比坐车的还高兴!)罗汉们老到七八十,小到六七岁,没牙的老媪,花裤脚的闺女。当洋人的娃娃正在幼儿园拍沙土玩耍时,这些小罗汉们却赤了小脚板,滴着汗粒,吃力地抱了只簸箕往这些国防大道的公路上"添土"哪。那些羞怯的小眼睛仰头望到我时,真像是在说:"你别嫌我岁数小,在这段历史上,我也搓了一把土哩!"

文字记者应该意识到,既然摄影记者能够凭借独到的角度使片段定格,成就一幅伟大的作品,那么,文字记者同样也能够凭借自己独到的观察角度做到这一点——散乱或平铺直叙的角度很难使描写脱颖而出,一个特殊的视角往往是成功的关键。

有的时候,一个角度还不足以观察到事件的全貌,这时,记者需要寻找不同的角度和位置,从不同群体的角度去观察新闻事件。例如,在广西玉林狗肉节的报道《"狗肉节"漩涡下的玉林狗市》(《东方早报》2014 年 6 月 14 日)中,记者就分别选择了不同的现场,在街头、活狗交易市场和隐蔽宰狗点等不同地点观察当地市民、狗贩子、宰狗人和动物保护人士的活动。

在街头,记者观察到:

> 不足 50 米长的路上,有 11 家吃狗肉的大排档、狗肉馆。6 月 10 日晚 7 时许,华灯初上,这里每家餐馆爆满。店主将已宰杀好的狗挂在路边,论斤购买后烹饪,32 元一斤,2 斤起购,"少了不做"。圆形的餐桌从店内一直摆上了人行道,每桌都坐满了人。玉林人用当地方言划着拳喝着酒。夜晚的道路车流少,销售荔枝的摊贩们索性将车推至路中央售卖,紧挨着吃狗肉的人群。

在活狗交易市场,记者则观察到这样的细节:

> 昨日凌晨 4 时许,玉林城北一处活狗交易市场,没有通明的灯火,黑暗中已聚集了近 30 名售狗商贩。在二环北路明亮的路灯照射下,一辆面包车和一辆皮卡停放在非机动车道上,两车间有一条不宽的泥路通往黑暗中的一处空

地。3名中年男子坐在绿化带道沿上,吸着香烟"把守"在路口。

四面八方的摩托车、面包车、小型货车、轿车陆续向这个狗集涌来。每一辆摩托车后都安装有一个铁笼,塞满了大小颜色各异的狗,铁笼一侧还插着一把捕狗用的狗钳。

每个大小相差不多的铁笼最少关着一只狗,最多达近10只,有体形较大的,也有刚出生不久的小狗崽,品种为本地土狗。

狗集的每一位商贩似乎都不愿与讲普通话的陌生人交流,或不理不睬,或厉声用方言呵斥。隐约中听见有人说"人都爱不过来,还爱狗"之类的话语。……接近清晨6时,一辆黑色小轿车驶进了狗集,一位衣着体面、体态丰腴的戴眼镜妇女紧跟着轿车走进集市,回头不停地打量扛着摄像机的记者和几位志愿者。

约5分钟后,戴眼镜的妇女又走了出来,身后跟着近20名狗集市场内的商贩,有人拖着狗钳、木棒、钢管之类的器具,向媒体记者和志愿者们靠近。

此间,有志愿者以900元买下了4只小狗崽,送往当地朋友家中暂养。

位置、角度的变化自然地形成了文章结构的张力,使玉林狗肉节这一争议性话题背后的冲突与矛盾凸显无遗。

(二)观察全局与观察细节并重

案例 10-5

外包的维稳职能①

……

"黑监狱"设在四合院里,用围墙隔绝起来,两层小楼,上下两间大厅,各有5间房子。已经人去楼空,一楼大厅里竖着一面衣帽镜,写着"北京保安"四个字。屋内所有窗户都被木板钉上,并用棉被堵住,黢黑一片,封闭的空间内,空气混浊,散发着霉味。地上散落着访民们撤走时来不及收拾的衣服和方便面袋。二楼一间房间的窗台上,有两张纸屑,分别写着访民的名字和家乡地址。因为撤得突然,一楼铁门上,还挂着一顶黑色的保安帽,帽檐上别着国徽。

……

这段描写是记者在私设黑监狱的"安元鼎"公司所记录下的现场情景。通过

---

① 《外包的维稳职能》,《南方都市报》2010年9月24日。

这段描写可以看到，记者首先对黑监狱的地点、空间安排等总体情况进行了观察和叙述，而后很快进入到具有典型意义的细节观察和描绘：写着"北京保安"四个字的衣帽镜，"所有窗户都被木板钉上，并用棉被堵住"，"因为撤得突然，一楼铁门上，还挂着一顶黑色的保安帽，帽檐上别着国徽"。结合全局描写与细节刻画，一个非法的黑监狱的内部状况就跃然于读者眼前。

（三）用眼观察与用心去"看"

在观察采访中，记者当然需要尽量用眼去观察，但体验、倾听、质证、思考和提问也非常重要。如果能够把这些方法结合在一起，将会获得比单纯的观察更加丰富、生动且深入的内容。

"非典"期间，中央电视台《新闻调查》报道组以非凡的勇气进入"非典"现场，因零距离呈现医者、患者与病毒抗争的现场场景而为人们所称道。事后，该报道的记者回忆说："采访的时候，我跟摄像都同时注意到了这一点，就是房间里面充满了可怕的传染病的气息，但是窗外是北京 4 月的春天，特别的鲜美，特别的充满生机，我们俩都注意到了这种反差和对照。所以，最后我问她，这个春天差不多快要过去了，你一直躺在病床上，最想的是什么？没戴口罩的患者跟我说，这个春天我一天都没有好好过，我特别想等我出院了，能好好地放回风筝。她的回答没有剪进去。摄像把镜头从病床上一直摇到窗外，我想他是想告诉大家，一切都充满生机和希望，生活会继续下去的。"①

从这段记者的回忆中可以看到，记者在"非典"病房中的采访，把观察和访问结合在了一起，又运用了对比的手法，将窗外明媚的春天的气息与"非典"病房中的死亡威胁相对比，使得这段报道格外具有感染力。而记者对环境细节的观察，也因此起到了画龙点睛的作用。

在某些特定的题材中，记者的观察还可以加入自己的体验、感受和思考。比如《中国青年报·冰点》的一则报道《北京最后的粪桶》（1995 年 1 月 6 日），不仅有记者独具匠心的观察，还融合了记者的切身体验：

化粪池的盖子冻上了，樊用石头砸了半天，再用铁杆把井盖挑开，上面一层是黑色的硬块，用铁杆捅半天，把硬块捣碎，然后用粪杓把它舀到粪桶里，背桶的人下蹲，把背带背上肩，右脚一使劲站起来，桶就上肩了。粪杓有点长，难免把粪泼到桶的外面，他们的衣服头发上就都溅上一些黄的黑的污点，鞋子上就更免不了。他们穿着一种已经不多见的大头棉鞋。樊说，就这还是争取了半天才争取到的，我们的工作服一年就一身。我问为什么没

---

① 《"非典"前线的女记者——柴静》，央视网 2003 年 5 月 19 日。

有口罩,他说原来有,后来就不发了,不戴口罩还喘粗气,戴上就别呼吸了。

每个人背了十几桶后,第一车装满了,司机马师傅去卸粪。樊班长就带我到附近的大杂院看看那里的公共厕所。每进一个院就跟走迷宫似的,绕过各种煤堆、板房,到了院子尽头,对着一个铁皮钉的破门,樊大喊一声:"里面有人吗?"没人答应,他就径直推开门,让我进去瞧瞧。

我已经做好了各种思想准备,甚至准备好了要屏住呼吸,但仍无论如何也想不到在繁华现代的北京城,居然还有这样落后的厕所,地面上只有一个浅浅的坑,坑里的粪便快溢出来了,没有下水道,坑外一滩滩说不清是什么东西,这是一个到处透风的简易房。樊班长和他的背班每星期必须来清扫一次,否则那院里十几户人家几十口人简直没法过日子。

如果没有记者在北京寒冷隆冬的早上 6 点半与淘粪工一起出发,一步步跟随他们进行实地观察和体验的经历,这令人难以想象的、北京底层社会的生存状况,以及一个不易为人所知的人群——淘粪工的生活就无法这样活生生地展现在读者的面前。当细致的观察和自身的体验结合在一起时,记者笔下喷涌而出的文字就充满情感,《北京最后的粪桶》由此成为《冰点》的代表作。

(四)结合背景资料进行现场观察

在现场观察中,如果能够将事前搜集的背景资料与现场观察的内容结合起来,将会起到深化现场内容的效果。

案例 10-6

战争气氛紧张的华盛顿①

今天是这里近来少见的一个晴和的冬日,阳光普照,但是海湾战争的迫近却成了亿万美国人心头的一块乌云。联合国安理会规定的伊拉克从科威特撤军的期限到今天午夜截止,而为和平解决海湾危机所做的一切努力均以失败告终。我们在这里接触的各阶层人士中,甚少人对和平前景抱有希望。

从外表看,白宫、国务院、国防部等重要政府机关今天似乎一切正常,但是可以感觉到空气中弥漫着紧张与不安。在这几个部门的记者室里,除了不断的电话铃声外,人们都表情沉重地静候着可能的重要宣布。官员们来去匆匆,对任何问题都是两肩一耸、两手一摊,表示无可奉告,当布什总统今天上午会见他的顾问们时,神情严肃,拒绝回答记者的任何问题,国务院通常准时的例行新闻发布会今天一再推迟。

---

① 《战争气氛紧张的华盛顿》,新华社 1991 年 1 月 15 日。

由于伊拉克早就扬言：如果美国发动进攻，将在世界范围内发起针对美国和某些西欧国家的恐怖活动。这里的保安工作明显加强了：白宫院子里的安全人员比平常多好几倍；国会布双岗，即使是议员出入也必须出示证件；连平常不设防的全国新闻大楼也加了警卫。地铁车站、博物馆等公共场所也是如此。今天中午的五角大楼中央大厅理发店发现一只黑色皮包，引起一阵惊恐。这就足以证明人们对恐怖活动的担心。

各种反战活动仍在继续举行。白宫对面的拉斐亚特公司的示威活动从早到晚不断。示威人群举着标语牌上写着："把部队撤回来！""不要海湾战争！"有人高呼口号，唱歌，有人俯首合掌祈祷，许多人贴着白宫铁栅栏久久凝视，似乎想探明这座白色建筑物的主人要把美国引向何方。在示威者当中有人参加过侵越战争，至今余悸犹存。一位须发斑白的越战老兵对我们说："去过越南之后，我再也不想看到战争。"在美国民众是否支持对伊拉克动武的问题上，据美国哥伦比亚广播公司和《纽约时报》15日公布的一项民意测验表明，有46%的人表示反对，但有47%的人表示赞成。

……

在这则报道中，记者把"联合国安理会规定的伊拉克从科威特撤军的期限到今天午夜截止，而为和平解决海湾危机所做的一切努力均以失败告终。""伊拉克早就扬言：如果美国发动进攻，将在世界范围内发起针对美国和某些西欧国家的恐怖活动。""在示威者当中有人参加过侵越战争，至今余悸犹存"等背景资料，巧妙地穿插在现场观察的内容之中，从而让受众既身临其境，又加深了对事件意义的理解。

第三节　现场观察力的培养

现场观察的能力不是天生的，是长期训练的结果。记者要在日常的工作和生活中有意识地训练和培养自己的现场观察力。现场观察力的培养可以从以下几个方面进行。

一、努力抵达现场

"我不在新闻现场，就在去往新闻现场的路上。"——这句新闻人耳熟能详的话，显示出新闻采访对于现场观察在新闻报道中的价值的推崇。

现在，随着微博、微信及其他社交媒体的兴起，记者更要重视现场观察，要尽一切可能抵达现场。这是因为,不少没有受过专业训练的现场目击者,通过各种社交媒体发布的信息可能是错误的、有偏向的,或者只是人云亦云,以讹传讹。因此,记者应该努力抵达现场,通过自己专业性的现场观察及采访获得信息并进行求证,以准确和全面地报道新闻。

案例 10-7

山西繁峙金矿爆炸:部分遇难矿工遭焚尸掩埋①

6月30日下午3时许,记者突然接到从陕西赶来的岚皋县法院副院长储刚的电话,储刚非常急切地告诉记者,他在繁峙县金山铺乡碱峪梁村附近找到了遇难矿工的尸体。记者立即赶往现场,路上看见几名岚皋县遇难矿工家属朝碱峪梁村方向跑,记者便拉他们上车。下午3时30分左右,到达现场,在路边的一条沟里可以看到,刚挖开的土里用蛇皮袋子裹着一具被电线捆着的尸体。沟边的一块平地上,还有两处焚烧过的痕迹,约有三四平方米,被盖上了土,但土里居然挖出了几块人骨。遇难矿工家属终于找到了藏尸处。

……

7月1日零时50分,记者在繁峙县政府安排的住处,听说公安局在碱峪梁村的藏尸点只移走了部分尸体,还有几具埋在那里无人看管。记者非常震惊,也担心有人趁机偷走尸体,于是赶到藏尸点。记者跳下藏尸的大坑,点燃打火机一步步查寻,发现三个藏尸坑都有被挖过的痕迹,七八个可能用来装尸的尼龙袋凌乱地扔在地上。回到车上后,大家打开暖气,拥挤地靠着,一直等到天亮,直到看见闪烁着警灯的车辆开来。

从这则报道中可以看到,正是由于记者不顾一切抵达现场,发现并记录下事件的真相,才使得这起特别恶劣的矿难焚尸案大白于天下。

二、感受现场气氛

在新闻采访中,记者进入报道现场,就应该有意识地感受现场气氛,把握住事件的总体氛围和基调,获得事件的整体印象,而后再从画面、细节等不同的角度进行观察,最终获得完整、全面并具有丰富细节的报道素材。简言之,感受现场气氛,会让记者在现场观察中既避免大而化之、浮皮潦草而缺少生动细节,同时,又能够不拘囿于某几个零碎的场景,完成对现场总体的准确描写。

著名记者霍默·比加特对原子弹轰炸后的广岛所做的报道就是这样,他对现

---

① 《山西繁峙金矿爆炸:部分遇难矿工遭焚尸掩埋》,《华商报》2002年7月1日。

场气氛的感受在一开头就牢牢抓住了读者。请看《原子弹轰炸下的广岛》的导语：①

> 今天，记者巡视了广岛市各条大街。
> 来到城边，只见许多房屋的屋顶都被掀掉，面向市中心的墙壁都向里倒塌。
> 一片平坦的瓦砾看上去令人胆战心惊，荒芜一人的废墟一片死寂，偶尔能见到的熏黑了的光秃秃的树木残干和钢筋混凝土建筑物空壳，使这一片死寂更加触目惊心。

作为人类历史上第一次原子弹袭击，它的巨大伤害和独一无二的特征，通过该报道对现场的总体描绘显露无遗。在这里能够看到，记者对于现场气氛的把握是报道获得力量感的关键。

报道的客观性要求记者必须控制自己的情感表达，不得肆意宣泄自己的情感。然而，"人非草木，孰能无情，"记者可以借助对现场气氛的准确观察和呈现，让自己的情感在报道中引而不发。霍默·比加特在这则报道中，便是通过这种方法，极大地增强了现场的悲剧气氛：②

> ……四处都是碎砖破瓦，但是要比正常的小得多。
> ……附近见不到许多人，只有几个衣衫褴褛的男人和女人——他们都睁大了眼睛盯着我们。

中国记者在把握现场气氛时，同样也有着出色的表现。比如，《中国青年报》记者对河南陕县矿难救援所做的报道《激动人心的75分钟——69名被困矿工安全出井目击记》（《中国青年报》2007年8月2日），便是借助现场观察，准确地把握住现场紧张而又充满希望的气氛，从而使报道闪现出人道主义的光芒：

> "出来了！出来了！"上午11时38分，在河南省陕县支建煤矿东风井口，当第一名获救矿工兰建宁在救护人员的搀扶下走出井口时，现场顿时掌声雷动。
> 一名在井外等候多时的老矿工激动得双膝跪地，痛哭流涕。

---

① ［美］霍默·比加特：《原子弹轰炸下的广岛》，转载自周克冰：《中外经典采访个案解读》，北京广播学院出版社2003年版，第223页。
② 转载自周克冰：《中外经典采访个案解读》，北京广播学院出版社2003年版，第223页。

......120救护车随即拉着长笛而去,另一辆救护车马上过来,到了指定位置。

旁边,是待命的20多辆救护车和100多名医护人员,所有急救设备,包括氧气袋、眼罩、衣服等,都已准备妥当。

11时46分,第二名、第三名获救矿工陆续从井下被救出送往三门峡市中心医院。

第四名、第五名……在救护车停位处立着的工作人员拿着纸和笔记录着数字。一名工作人员告诉记者,69个人员已按顺序编号。

记者在现场看到,已经升井的人员全部蒙着眼罩,有的在武警战士的搀扶下勉强还能走,有的则身体虚弱,几乎是被武警战士抱着、背着或抬着送上救护车,还有两个身体几乎虚脱的,则被武警战士和医护人员用担架抬上了救护车。

在这段现场观察中,记者很好地突出了新闻事实的时间节点,同时,也通过对救护车和救治人员准确的数据统计,通过对语言节奏感的精确控制、直接引语的精心选择,以及被救治人员的典型特征的细节描写,塑造出"时间就是生命"的事故救援主题。

三、树立画面意识

在现场观察力的培养中,记者应该牢牢地树立画面意识,捕捉具有典型意义的画面,勾勒出让受众印象深刻的场景。

树立画面意识,就是要求记者拥有一双擅长发现和体察独特性的眼睛,从而让报道为受众提供其他人无法复制的画面。比如,《满语消失的最后一瞬》(《南方周末》2007年7月26日)中的这段现场描述,就让人难以忘怀:

......

在三家子屯,生活仍旧像普通的东北汉族村落一样冗长地继续着。早上4点半到7点钟极其喧闹,奶牛忧郁地哞叫着,鹅像一队将军踱过街道,而母鸡总是贪吃而慌乱地制造出巨大的声响。6点半,太阳大了,村子才安静下来。墨绿色的玉米在风中伏低、摇摆,伏低、摇摆,像梦境一般枯燥又永无休止。于是整整一天屯子里再无生气。直到夜里9点半,整个屯子上炕睡觉。这就是一个不停地遗忘着的地方拥有的东西:现在。

......

树立画面意识,还要求记者在观察中注意"五官并用",捕捉现场的声音、气味、触感等元素并准确描述，从而为现场画面提供更为丰富的内容，让受众"感同身受"。在有关无锡太湖的水污染报道《无锡太湖沿岸已成化工厂聚集区》（《中国青年报》2007年6月12日）中，记者不仅抓住了视觉元素，还注意在画面中加入嗅觉元素，甚至运用比喻来表达自己的感受：

> 湖边大约一二百平方米的范围内，都被蓝、绿、黑、灰等颜色覆盖，湖面散发着一股恶臭，有些地方已经看不到水面，都已经凝固成块，如同粪坑一般。

同样，在获得普利策奖的"9·11"事件亲历报道《风暴之眼：一次穿越绝望与混乱的旅程》（《华尔街日报》2001年9月12日）中，记者也调动了自己的所有感官，准确描绘出现场画面：

> 在人行道外面，那场景就像是维苏威火山爆发后的庞贝古城。地上的粉尘有几英寸厚，烟尘遮蔽了天空。一路上，我的喉咙痛极了，我走过一辆辆急救车和被世贸中心倒塌拦在外面的EMS工人。急救人员正努力地寻找同事。在寂静中，漫天粉尘像雪花一样落下来，无线电对讲机发出轻微的啪嗒声："史蒂夫，史蒂夫，你在哪？"

在这篇报道中，记者不仅运用了视觉手段，也运用了听觉手段——"无线电对讲机发出轻微的啪嗒声"；触觉手段——"我的喉咙痛极了"，使得画面丰富而充满动感，而不是一幅静止的静物描写。

四、捕捉典型细节

在现场观察中，对典型细节的深入观察和理解占有重要的地位。所谓典型细节，就是能够使报道的主题被鲜明地凸显出来的细节。它不仅可以给报道主题的表达赋予丰盈的质感，还可以赋予新闻画面生动的现场感，让受众身临其境。在《"我还有很多要做的事"——专访诺奖得主屠呦呦》（新华社2015年10月7日播发）这篇人物专访中，记者对摘取诺贝尔奖桂冠的屠呦呦及其周围环境的刻画，就是通过对典型细节的选取来完成的。比如典型的人物外貌细节："年过八旬的屠呦呦身着紫红色飘带领衬衫，外披一件驼色勾花针织开衫，整洁利落的卷发全部梳向脑后"；典型的人物行为细节："6日上午，一直不愿接受采访的屠呦呦终于把记者请进家门，但一再强调'也没什么好讲的。'""由于听力原因，她向记者的方向前倾身体，专注地望着记者的眼睛"；以及典型的人物身处环境细节："茶几上，放着屠呦呦向记者推荐的两本书，一本是化学工业出版社出版的《青蒿及青蒿素类药物》，另一本是《20世纪中国知名科学家学术成就概览》。前者是她学术研究常用的，厚厚的卷册被翻得起了毛边；后者刚刚从柜子中取出，藏青色的皮质封面蒙了薄薄的尘。""屠呦呦的书柜中，大大小小的奖状、奖杯、出席证、获奖照片摆满了格架。摆在正中的是2011年赴美接受有'医学界的诺贝尔奖'之称的拉斯克奖时，老两口与大女儿一家在白宫门前的合影"。所有这些细节，组成了生动而丰富的现场画面。

现场观察力的培养，一定要学会捕捉典型细节。那么，如何捕捉典型细节呢？

(一) 寻找与报道主题密切相关的典型细节

记者在选取细节的时候，一定要考虑细节与报道主题之间的关系。例如，前文提到的案例《北京有个李素丽——21路公共汽车1333号跟车记》中所描绘的李素丽提醒乘客给老人让座、搀扶行动蹒跚的老大娘下车、劝诫小伙子不要随地吐痰、俯下身子默默擦去地板上的两块痰迹等细节，彰显的便是"李素丽的美丽心灵——全心全意为人民服务"这一报道主题。

(二) 寻找具有反差感的典型细节

这是要求记者注意从与现场情景的对比中寻找"反差感"强烈的细节。反差感越强，给受众留下的印象越深刻。比如，前文提及的报道《北京最后的粪桶》，讲述的是三位当年留在北大荒落户的老知青回到北京后，无怨无悔地背起粪桶，从事淘粪工作的故事。其间有一段记载了记者跟车观察他们淘粪时的情景：

见他们把桶卡在一个圆环里，然后摇动手柄，桶被抬高，等抬到一定高度，摇把，桶向前倾斜，哗……粪桶倒进车里了。一位师傅说："站远点，当心溅你一身。"

——能溅出来吗？

——当然。我经常被浇得满头满脸。

我往后挪了挪，回头忽然发现，我们车正停在一家豪华美容厅边上。橱窗里美人头像，潇洒飘逸，价格表上面写着：皮肤护理200元，纹眉140元，纹眼线160元。

——樊师傅，背一车粪你们能收多少钱？

——没钱，我们每月开支，多少车都拿一样的钱。现在比过去强点，全加起来差不多有五六百。要是下粪池可以提成15%，150元钱的15%是多少，哥儿几个分。

在这里，受众可以通过记者的"回头忽然发现"，感受到报道主人公的生存状态与当下时代环境所形成的令人深思的巨大反差。报道正是借助这一巨大反差，展现了普通百姓的生活现状和美好的生活情怀。

（三）寻找具有突出画面感的典型细节

捕捉典型细节，一定要注意细节的画面感，典型细节通常都具有突出的画面感。比如，获第十五届中国新闻奖一等奖的报道《昆山31万农民刷卡看病》（《苏州日报》2004年3月4日），其中有这样一段细节描述：

> 昨天下午，在该市周市镇市北村的社区卫生服务站，村民张燕君拿着刚刚领到的医保IC卡开始了自己70岁生涯中的第一次"刷卡"看病经历。经过一番"望闻问切"，社区医生给她开具处方，一盒是感冒清胶囊，一盒是珍菊降压片。收银处是一套崭新的电脑设备，输入处方，卡一刷，随即打出一张清单，显示划卡消费9.5元，卡上余额140.5元。老太太开心得合不拢嘴："没想到政府为我伲老百姓考虑得这么周到，送钱给我伲看毛病！"

在这里，老太太"70岁生涯中的第一次刷卡""卡一刷，随即打出一张清单，显示划卡消费9.5元""开心得合不拢嘴"的描写，具有强烈的画面感和感染力。

（四）寻找能够说明问题的数字细节

现场观察，不仅要注意寻找现场的场景与画面，还要注意寻找能够说明关键问题的数字。

案例 10-8

迎着炸药扑上去①

我市警方昨日又显神威，在马路中央成功制服一名胸绑炸药的男子，制伏过程不足10秒钟。

据目击者介绍，这名男子昨日13：50到陇海路与京文路交叉口欲图谋不轨。记者赶到时，附近围观群众已达数千人，交通受阻；警方与这名男子正在紧张对峙。记者看到，这名男子胸前捆着数瓶炸药，左手握一用以引爆的手电筒，并连连发出威胁要与警方谈判，但又不许警方人员靠近，对峙长达1个小时。

二七公安分局、巡警三大队数名民警穿着便服，内藏短枪，在激烈的对话中逐渐靠近这名男子。市公安局副局长关福昌与民警正面喊话，以分散其注意力。时间一分一秒地过去，现场气氛异常紧张。14：50许，当这名男子

---

① 《迎着炸药扑上去》，《郑州晚报》2000年1月29日。

威胁着又向西移动时，在其前侧和右侧的巡警支队副队长韩海斌、巡警三大队二中队中队长冯献彬，一个箭步冲上去，控制其两手，以迅雷不及掩耳之势，将引爆装置拿下，冯献彬等一拥而上，将这名男子摁倒在地制伏。围观群众纷纷叫好。民警们从出手到将这名男子制伏，用时不足10秒钟。

警方从该男子身上搜出4个盛满爆炸物的仰韶酒瓶子，内有炸药、柴油及锯末等物。

据警方初步审讯，这名男子名叫李桂欣，漯河郾城人，44岁。

这是一篇获得第十一届中国新闻奖一等奖的报道。报道中，"制伏过程不足10秒钟""围观群众已达数千人""对峙长达1个小时""身上搜出4个盛满爆炸物的仰韶酒瓶子"等具体数字的陈述，让这场民警与歹徒搏斗的生死毫厘间的紧张感纤毫毕现，从而充分展现了人民警察为人民奋不顾身的良好形象。

五、体悟人与人、人与环境的关系

记者在现场观察时，一定要注意把新闻事件中主要人物、次要人物的相互关系，以及他们的各种细节、行动、语言与周围环境之间产生的互动关系结合起来，才能取得理想的观察效果。

比如，在中央电视台《新闻调查·大官村里选村官》（1998年4月24日播出）这期节目中，记者便有意识地把一组处于利益竞争环境中的人物的行动和外貌描写置于一处，凸显出有意味的细节对比，从而形成了一幅立体、丰富的现场画面：

……

竞选这天，王臣穿了件平常穿的衣服，和女儿搭别的村民的拖拉机去几里外的村部所在地大官村参加选举。他告诉记者，这几天睡觉感觉挺好。

刘晓波换了件干净的衣裳，衣袋里揣了事先准备好的演讲稿，开着摩托车上路了。他告诉记者他好几天没有睡好觉。

……

思考题

1. 就食品安全问题进行一次以现场观察为主的采访。注意运用教材中提及的方法、技巧来观察。

2. 对你所在大学的一次讲座进行人物观察练习,并用500字对主讲者的外貌、行动、语言及其与周围人物及环境的互动进行描写。
3. 在雾霾严重的地区,就雾霾污染问题进行一次现场体验式采访。注意在观察中进行体验和思考。

第十一章 采访的实施——记录与核实

本章知识点：① 采访记录的作用与内容；② 采访记录的方式与技巧；③ 采访记录的整理与核实。

采访的记录和核实是采访的重要环节，是记者确保采访内容准确、可靠地还原采访时所见所闻的前提和保证。面对各种鲜活的新闻事实，尤其是其中的人物或地点名称、相关数据、现场细节等，记者仅仅依靠采访中的瞬时记忆，是难以将完整的新闻事实还原的。同时，记者有责任对自己的采访内容进行核实，以质疑的态度和"挑剔"的眼光，对采访得到的素材进行一一甄别，以确保素材的全面、真实、可靠，这也是确保新闻真实性的重要步骤。

第一节 采访记录的作用与内容

采访记录是记者对采访活动过程中所采集的各种材料的记载。其内容包括具体事实、生动细节、背景资料、直接引述句等。做好采访记录是记者必须具备的基本技能。

一、采访记录的作用

（一）为写稿提供帮助

采访记录的目的和最直接的作用就是帮助记者写稿。在采访过程中，记者面对不同的采访对象，要接收各种不同的信息，而人的记忆是有限的，常常会出现误差或遗忘。哈佛大学心理学教授丹尼尔·沙克特指出："记忆力记住一天的经历还不错，但是它随着时间的推移变得模糊。随着时间的推移，从复制到重建过去，记忆的转换在很大程度上被一般知识和信仰所影响。"① 因此，记者很难仅仅依靠大脑中的记忆来写稿；尤其是面对事件繁杂、对象众多的采访，记者不及时作记录，往往容易混淆事实、张冠李戴，最终不得不舍弃部分辛辛苦苦采来的素材。与此同时，记录的过程也是稿件酝酿的过程，边记录边思考，可以帮助记者厘清思路，发现问题和亮点，形成对事件或人物的初步判断。

---

① 转引自［美］梅尔文·门彻：《新闻报道与写作（第11版）》，展江主译，世界图书出版公司2014年版，第313页。

（二）防范报道带来的风险

对于记者而言，采访记录还是一把"保护伞"。当出现与报道有关的纠纷时，采访记录是记者最有力的证据。因此，要养成保存好记录的习惯，笔记本不能乱撕，一本一本要保存完好。录音应该做备份，不能只存储在录音笔中，以免自动清洗或遗失。有些调查性报道记者，在从事批评报道的时候，甚至会要求"报料人"和受访者在采访笔记上签名确认，防止对方后期因各种原因拒绝承认所提供的信息。在遭遇报道争议的时候，有无采访记录、记录是否完整都会对事件的处理产生重要影响。

（三）记录也能独立成文

采访记录本身也能成为独立的新闻作品。类似于"记者手记""采访手记"等样式的新闻作品时常出现在媒体上，这些作品主要反映的是记者在采访中的所感所想，它们或与报道搭配，或融入相关内容，以独立的形态展现新闻事件。记录保存完整，还可以作为资料著书出版，既可以展现新闻报道的原委，也能够对记者的职业生涯进行回顾。许多著名记者的文集都得益于采访记录的保存和整理，如穆青的《新闻散论》、郭超人的《西藏十年间》和苏兹贝格的《七大洲风云40年》等。

（四）帮助记者提高业务水平

采访记录既是记者每一次采访活动的"历史见证"，也是记者的"工作日志"。作为记者，经常翻阅一下采访记录，可以对自己以前的采访经历进行思考和总结，发现亮点和不足。有的记者还会在每次采访之后对自己的采访记录做小结，总结得失和体会，这也是一种宝贵的财富，有利于自身的成长和业务水平的提高。

二、采访记录的内容

采访中需要记录的内容主要有采访对象所说的话语和记者的所看所想。

（一）问答内容

采访中的问答内容是记录的主要部分，其涉及面广泛，主要包括以下几个方面。

1. 事件的要素信息

这包括事件发生的时间、地点、人物、主要情节，也包括事件的背景、原因、影响及其典型事例等重要信息。尤其是人名、地名、时间、数字等信息必须记录，人名地名要核实每一个字，防止同音差错，时间、数字也要反复核对，确保准确。在记录事件要素信息时，还要注意记录其中的细节。例如对方说那天是乘飞机急忙回来的，就可以询问并记下航班号和时间，以及当时"赶飞机"的情景等。细节的记录不仅有助于记者对新闻事件的认知，而且在写作时将其添加进稿件，可以增加报道的感染力。

2. 重要或精彩的原话

采访对象所说的与事件有重大关联的、特别精彩的、直接表露态度或观点的话语要记录完整。这些内容是稿件中的重要部分，必须原汁原味地记录下来。为确保其准确、完整，在采访时记者还可以对受访者进行补充性询问，"您刚才说的是……对吗？""对于这个问题，您有什么要补充的吗？""有没有什么你想说，而我却没有问的事情？"受访者的补充性回答，也别忘了记录。

3. 其他相关资料和信息

采访对象所提到的其他相关的人、事、资料、书籍等对补充和核实信息有帮助的内容，也要注意记录。例如，受访者说某人和他一起见证了这个情况，或者根据某个报告的研究显示得出了什么结论等，这里的"某人"和"某个报告"都应在采访中通过追问了解详细信息，并且认真做好记录，以备使用。此外，采访本中还应有采访对象个人信息的记录，如姓名、职务、单位、电话号码、电子信箱、QQ、微博、擅长领域等，方便以后补充采访或建立长期联系。对于党政机关的高级干部或者企事业单位的高管等，还可以记录下他们秘书的联系方式。

（二）观察内容

观察内容是指记者在采访中现场观察所收获的信息，包括现场环境和人物细节等。现场环境包括天气情况、场面、气氛、摆设布置等，人物细节则包括采访对象的穿着、打扮、动作、语气、表情等信息。在这些观察内容中，要注意对与主题相关的、能加深受众对事件或受访者了解的信息进行记录和整理。比如，2014年第13期的《南方人物周刊》有则报道《侯小强：在佛心与"野心"之间》，其中有这样一段描写：

> 与侯小强一年后的两次见面，都是在今年3月，没有雾霾的大晴天，一次在798的咖啡屋，一次在三里屯的书屋，他会选定时间和地点，还要挑选靠窗或露台有阳光的座位。他说话时的语速比从前平缓了许多，稍显慵懒，但思维依旧敏捷，总能讲出一大堆道理，回忆被疾病折磨的那些日子，情绪也没有太大波动，抑郁的痕迹正从他身上褪去。

这里，就包含了记者对采访时的天气（没有雾霾的大晴天）以及采访对象的行为（选择靠窗或露台有阳光的座位）、语速（平缓稍显慵懒）、情绪（没有太大波动）等方面的观察和记录。报道通过现场环境和人物细节的描绘，展示出了侯小强从过去"身处绝境，无比恐慌"到现在轻松悠闲的生活状态的转变。

（三）思考内容

采访是记者和采访对象的互动过程，语言和思维的交流碰撞会激发记者的灵感和思考。采访中，有时记者会因采访对象的某句话或者某个行为，产生一定的联想，不管这些联想与当前的采访任务是否直接相关，它们都是记者应该珍视的，都要马上记录下来。与此同时，采访中记者对有关素材的收集、使用，稿件结构安排、报道主题提炼等方面的思考，也要及时记录。这些思考内容的记录，不但有利于当前采访任务的完成，而且也有助于为后续报道提供思路和线索。

第二节 采访记录的方式与技巧

新闻采访实践中，不同的场景、不同的对象都会对记者采访记录的方式与技巧提出不同的要求。记者只有掌握各种记录方式和技巧并灵活运用，才能作好采访记录。

一、采访记录的方式

记录方式的选择，要根据访问目的、访问时间长短、访问的情景、采访对象的性格等多种因素来衡量。比如，人物专访需要当场做详细记录，甚至全部录音；如果是就某件事询问知情者几句话的采访，可以当时靠大脑记，晚些时候再用笔写下来；如果是边走边聊的采访，显然不方便做笔录，但事后一定要用笔"追记"；如果采访对象对记录特别敏感，为了营造好的氛围也要求用脑多于用笔。所以说，记者面临的情境和对象是多样的，应该熟练掌握各种记录方式，不能过于依赖某种方式。

（一）用笔记

虽然有了录音笔等先进的记录设备，但笔记依然是最常用和最高效的一种记录方式，是记者的一项基本功。

用笔记录时，一些细节需要注意。如果对方不习惯接受采访，显得比较紧张，就不要一见面就拿出笔记本；而要等对方开始放松、愿意接受采访之后，再随意、自然地打开笔记本作记录。有些受访者希望记者作记录，觉得受重视，而且不担心记者会记错自己所说的内容。遇到这种采访对象，记者就应该首先拿出笔记本，表现出非常正式、严谨的姿态。笔记本不宜过大，要方便随身携带，能装进衣服口袋为佳。要注意本子有没有记满，剩余的空白页够不够，防止出现无处可记的情况。笔的使用同样重要，包里多放几支笔芯不同颜色的笔，既能备用又能用于区别记录、勾画，方便事后整理。采访结束后应该尽快回看笔记，趁记忆还比较清晰及时辨认记录中的潦草内容。

（二）用脑记

脑记也称为"心记"，就是用大脑作记录。民国时期著名记者邵飘萍采访后回到家，常跟家人说的一句话就是："快！拿纸笔来，我的肚子快要撑破了！"因为他采访时都是跟人随意聊天，同时将有用的信息牢牢记在脑中，回到家中则要赶快补记。脑记是最没有限制的一种记录方式，任何场合都可以记下所见所闻。尤其是在一些场合，采访对象可能会限制记者用机器设备，也可能不允许记者作笔录，但是没有办法禁止记者用脑记。与此同时，脑记又是局限性最大的一种记录方式，因为人的生理特征决定着看过和听过的东西无法长时间在大脑中保存，过目不忘和过耳不忘只是一种特例。

（三）用录音设备记

随着科技的发展，录音设备已经由以前的磁带式向数字化转变，数码录音笔已经成为记者的必备工具。当下，众多智能手机在软件的支持下也能充当录音笔使用。用录音设备做记录，是确保记录全面、正确，帮助记者集中精力提问、思考的一个很好的方式。但需要指出的是，借助录音设备作记录也会带来弊端，诸如可能造成采访对象的紧张、拘谨；可能因访谈环境嘈杂或采访对象口齿不清而造成记录杂乱；可能因设备、电源等原因（如换电池、磁带）而造成记录间断，这些都会加大记者整理记录的难度。因此，在常规访问中，使用录音设备作记录务必要征得对方同意，使用前要对电池的电量和内存进行检查，随身携带备用电池或移动电源，以便及时充电；使用时还要注意尽量将录音笔正面朝上放在一个不起眼、但在你视野之内的地方，一旦设备发生故障可以及时应对。

二、采访记录的技巧

在新闻采访实践中，有多种多样的做采访记录的技巧。这里介绍其中常用的几种。

（一）巧记和快记

采访中要将采访对象说的话一字不漏地记下来是不太可能、也是没有必要的。巧记就是记者作记录时，注意对对象所说的话进行区别和筛选，拣其重点择要而记，而不是从头记到尾，"有闻必录"。"最好的策略是，让对方说下去，而你却集中注意力记录前面真正重要的一句或两句。如果你能在写的时候保持半听的状态，你就可以培养边听边写的能力。有时候你会放弃记录一句引语，而去记另一句更好的。最终，你能将自己锻炼得记笔记'笔下如流'。"① 快记就是记者想方设法提高笔记的速度，做到快速书写。记者最好学点速记，也可使用一些自己创造的"速记"方法，诸如用记音符号或词语缩字符号，甚至用画画的方法来作记录。

---

① ［美］谢丽尔·吉布斯、汤姆·瓦霍沃：《新闻采写教程——如何挖掘完整的故事》，姚清江、刘肇熙译，新华出版社2004年版，第236页。

（二）简记和补记

简记就是记者作记录时，注意对受访者的话进行简要归纳，写出要点和关键词。而补记则是采访结束后，记者凭借这些关键词和要点进行回忆而作的记录。当出现受访者紧张、时间匆忙、环境恶劣等状况，无法当场记笔记的时候，记者也可以先用脑记，事后在第一时间补记，尽快将脑海中的信息变成文字。

（三）分类记和分区记

这就是记者作记录时，对笔记本页面进行分类布局，在相应的区域记录对应的信息。笔记本页面的右侧，通常应留有一条占三分之一左右的侧边栏，在栏中记录记者的想法、疑问等其他一些辅助性信息。与此同时，要注意将问题页与答案页分开，不要采取一个问题后面预留一段空白这种一问一答格式。因为针对一个问题采访对象说多少是难以把握的，一旦留的空白记录不下，就会使记录散乱，不方便后期整理。

一般来说，采访的内容可以按照背景信息、事实信息、观点信息、观察信息四大板块进行区分；也可以按照观察、引用、轶事、事实和数据几个板块，根据个人习惯和访问类型进行优化设计。对于分属不同板块的信息，可以用不同的记号注明，方便后期整理。

第三节　采访记录的整理与核实

对采访记录的整理可以帮助记者更好地进行信息搜集和筛选，也方便日后查找；而对采访记录的核实，则是确保采集素材真实准确，维护新闻真实性原则的一项不可或缺的重要工作。

一、采访记录的整理

整理采访记录的方式是多种多样的，可按照事物发生的先后顺序进行整理，可按照不同的事件性质进行整理，可按照不同的问题归纳进行整理，可按照不同的人物特点进行整理，也可按照设想的稿件内容进行整理。整理记录很大程度上依赖于记录的条理和标注，如果记录的时候眉毛胡子一把抓，整理就需要付出很多努力；如果记录的时候做好了区分、进行了标示，则整理就会更加顺利。

整理采访记录时要注意，面对已经进行了区块分割的记录，应首先按新闻价值对记录内容进行筛选和取舍，并对标注、符号和缩写内容进行整理。然后按照信息的可靠性和有效性进行分类处理，从中初步把握新闻稿件的结构，并为后续采访核实确定方向和范围。

整理采访记录时，还要注意做好录音材料的分类整理工作。通常可按时间顺序建立相关专题材料夹，将其存放在电脑和移动硬盘中，并用关键词将材料内容标出，以方便查找。

二、采访记录的核实

采访记录需要核实的内容，包括采访对象所提供的信息及其所引证的材料或人言的真实性。当采访对象不是目击者或参与者时，他所提供的信息和材料更需要慎重核实。

（一）向受访者核实

现场没有听清或不能确认的信息，要尽可能向受访者当场核实，例如时间、地点、姓名的写法等。与此同时，还要注意对关键信息进行复述确认，记者可以用自己的话将受访者所述的重点内容复述一遍，向对方询问自己的理解是否正确，有无需要补充的。

如果现场时间匆忙，缺乏复核的条件，就要采取其他方式进行确认。通常在采访即将结束时要留个"尾巴"，例如，"您今天说的是不是这么个情况……""我在复核笔记时，可能有些情况还要向您核实一下，到时候跟您电话或邮件联系，您看方便吗？"

（二）与其他信源交叉核实

虚假新闻常与单一信源紧密相关，只有采访对象单方面提供的信息，是不能轻易采用的，而应该与其他信源交叉印证，核实其真实性。其他信源包括其他人、其他媒体以及其他的文献数据资料等。在信息真伪难辨、无法还原现场的情况下，记者需要多方面收集信息，进行比较分析，或向第三方求证、向专家求证、向文献资料求证，这样可以有效避免虚假新闻的出现。

（三）现场调查核实

对于受访者所提供的信息，记者还可以通过现场调查来核实。现场是新闻发生的原初地，现场调查能让记者获得大量的第一手资料，而不是单纯依靠他人的转述，自然有助于信息真伪的辨别。

思考题

1. 做好采访记录有哪些要求？
2. 了解一种汉语速记法，总结和归纳一些适合自己的速记方法。

3. 将课堂笔记当作你的采访记录,锻炼自己的速记和整理能力,看看是否能完整、准确地还原课堂上老师所讲的内容并附上自己的观察和思考。
4. 采访记录的核实要注意些什么?

第三篇 | 写作篇

第十二章 消息写作

本章知识点：① 消息的特点与类型；② 消息的构成要件；③ 消息导语的写作要求与技巧；④ 消息背景的写作要求与技巧；⑤ 消息主体的写作要求与技巧。

消息是新闻媒体最常用、最主要的新闻文体，世界上众多的新闻机构和新闻从业人员都以写作消息作为自己的首要之责。

第一节 消息的特点与类型

作为一种迅速及时呈现新闻事实的新闻文体，消息有着自身鲜明的特点。同时，由于所呈现的新闻事实不同，以及受众需求的不同，消息也有着多种多样的类型。

一、消息的特点

（一）事实简明

报道的事实简明，是消息的一大基本特征。事实简明，是指所作报道抓住主要事实，不枝不蔓；对事实作概要式叙述，言简而意赅；对新闻要素（时间、地点、人物、事件、原因等），既交代清楚，又绝不占用很大篇幅。消息总是用尽可能精短的文字，简明扼要地反映新闻事实，用短小精悍的篇幅把新闻信息的价值最大化。

（二）注重时效

报道注重时效，是消息的又一鲜明特征。注重时效，就是指消息总是用最快的速度，迅速、及时地呈现新闻事实，以争取最佳的报道效果。

为保证消息的时效性，面对重大突发性新闻事件时，记者通常会在有限的时间里把最重要的事实抢先报道出去，用最快的速度抢发快讯，然后再通过滚动方式连续播发新闻。"快讯"的篇幅，少则一句话，多则两三百字；而每一条滚动播出的消息，其报道的时间则尽可能精确到几时、几分乃至以秒计。

（三）倒金字塔结构为主

这是消息区别于其他新闻体裁的再一个突出特点。倒金字塔结构，就是按照重要性程度递减的顺序来编排、呈现新闻事实。倒金字塔结构强调的是"先入为主",最重要的事实内容放在最前面,然后再根据事实内容的重、轻程度依次叙述。

二、消息的类型

消息的类型大体上有这样几种:

(一)简讯

简讯又称为短讯、快讯,本质上属动态新闻,以最精练的文字报道新闻事实。

据考证,在我国报业发展历史上,简讯最早出现在近代报纸上,辛亥革命后开始大量运用。当时常用二号或三号宋字体刊登简讯,报道重大的突发事件。后来随着其他新闻体裁的崛起,简讯逐渐成为版面上的配角。

简讯的特点主要有:迅速快捷,争分夺秒;篇幅短小,信息单一;结构简单,不分导语与主体。

简讯的写作形态主要有两种:一种是一句话新闻。即用一个单句或复句,简洁而明确地把最重要、最新鲜的新闻事实告知受众。另一种是一段话简讯。即用一段话把一个信息量稍大的新闻事实简明扼要地告知受众。

简讯写作的要求是:简而不陋,简而明确,一事一报。

(二)动态消息

动态消息是迅速及时地反映现实世界最新变动状态的消息的统称。各种重要的国际国内动态、突发性事件的报道,与广大群众切身利益密切相关的政策、措施的出台,社会各个领域的最新发现、最新成果和最新信息的报道都属于动态消息。动态消息以变动着的事物为报道对象,主要用来反映事物发展进程的变化和动态。动态消息所涉及的报道面很广,但一般时间跨度小;报道只抓住一件事、一个侧面来叙述,力求通过选择新闻价值最高的内容,将抽象复杂的事物简单明了、生动形象地表述出来。

动态消息有三大特点:

第一,以事物的最新变动为主要着眼点。动态消息注重刚刚发生的、正在发生的或即将发生的新闻事实,并以此作为报道的重点。以往的事实只做背景处理,以新带旧,由近及远。

第二,以客观叙事为主要特征。动态消息以提供新闻信息为主,因而在写作上以客观叙事为主,一般不允许记者出面发表议论。

第三,以突发性事件为主要报道内容。动态消息所呈现的是自然界的最新变化(如地震、洪水灾害)、人类社会最新变动状态(如经济危机、政权更迭、政策变化等),以及科学技术中的最新发明、社会各阶层代表人物的最新动向等。

案例 12-1

武汉出台全国首份"餐饮行业工资专项集体合同"范本
餐饮行业最低工资上浮 30%①

（本报讯）我市餐饮行业的 45 万职工工资有了标准。昨日，武汉市餐饮行业工资专项集体合同签订仪式暨工资集体协商工作推进会召开，今后我市区域内餐饮企业支付的劳动报酬，不得低于这一标准。

武汉餐饮业较为发达，全市有近 4 万家餐饮企业，国际连锁店占 3.3%，国内连锁店占 6.5%，省内地区连锁店占 6%；中小企业占 84%；年产值 500 多亿元，常态从业人员 45 万余人，占全市从业人口的 20%。

然而，全市近 4 万家餐饮企业，只有 15% 左右有比较规范的制度管理，八成以上业主只管大厨和服务总监等少数几个人。由于采取的是包干管理办法，职工的基本权利缺乏强有力的保障，工资收入的随意性大。

为改变这一状况，2010 年下半年，市总工会着手启动全市餐饮行业工资集体协商工作。今年 3 月 25 日，《武汉市餐饮行业工资专项集体合同（草案）》在本报进行了为期一周的公示，向全市公开征求意见和建议。

合同草案重点对工资分配制度、工资支付办法、最低工资标准、工资增长机制、加班工资、医疗待遇、工作时间和休息休假、女职工保护、职工保险、职工福利等涉及职工切身利益的问题给出了"说法"。其中餐饮行业最低工资比全市标准上浮 30%，今年员工工资涨幅不低于 9%。

中华全国总工会集体合同部部长张建国昨日表示，这是全国第一份"餐饮行业工资专项集体合同"范本，对于规范餐饮行业劳动关系具有积极意义。

这是一篇获得第二十二届中国新闻奖一等奖的消息。消息所呈现的新闻事实是，武汉出台全国第一份餐饮行业工资专项集体合同，以集体合同的形式保障劳动者报酬权。报道的内容集中在武汉推出的这一创新社会管理方式的新举措上，导语开门见山，叙事客观、紧凑，充分彰显了动态消息的特点及其写作要求。

（三）综合消息

综合消息一般是报道发生在一段较长时间内或较大地区的某一事件、成就、趋势或问题的新闻。其特点是报道面宽、气势较大、点面结合、总览全局，既有

---

① 《武汉出台全国首份"餐饮行业工资专项集体合同"范本 餐饮行业最低工资上浮 30%》，《长江日报》2011 年 4 月 24 日。

广度又有深度，能让受众了解事件的完整情况以及发展的规模和程度，从而得出全面的认识和结论。

综合消息的写作通常有以下几种方法：一种是横向式综合，即从空间的视角，综合呈现一个地区或者一个部门、一个行业所开展的某项活动或某项工作的全貌。第二种是纵向式综合，即从时间的视角，综合反映一定时期内某条战线、某个领域或某项工作所取得的成就、变化和出现的问题。第三种是纵横交叉式综合，即依照时空顺序对上述两种方法进行综合运用。无论哪种方法，综合消息的写作都务必注意立足全局、材料充分、形式灵活。

案例 12-2

<h3 style="text-align:center">今年我国农业农村经济全线飘红[①]</h3>

（本报讯）"十二五"开局之年，我国农业农村经济保持了全面发展的好势头。农业部部长韩长赋在 27 日召开的全国农业工作会议上说，2011 年是粮食喜获大丰收、再上新台阶的一年，是农民收入增长最多、增幅再次超过城镇居民的一年，是农业农村经济捷报频传、全线飘红的一年。

韩长赋说，这一年，我国面对异常发生的自然灾害和异常波动的市场环境等严峻挑战，圆满完成了"两个千方百计、两个努力确保"的目标任务，粮食增产、农民增收，成为我国经济发展中的突出亮点。

粮食生产登上历史新台阶。预计全年粮食总产 11 424 亿斤，比上年增加 495 亿斤，首次迈上 11 000 亿斤新台阶，连续第五年稳定在 1 万亿斤以上，实现半个世纪以来首次连续 8 年增产。粮食全面均衡增产，面积、总产、单产全面提高，水稻、小麦、玉米全部增产，3 大主粮总产首次超过 1 万亿斤。同时，主要农产品全面增产，近 16 年来首次实现棉油糖、果菜茶、肉蛋奶、水产品全面增产。

农民收入实现两位数增长。预计全年农民人均纯收入实际增长 10% 以上，增幅再次超过城镇居民可支配收入，实现连续 8 年较快增长。同时，农民收入增长呈现"多轮驱动"的新格局，前 3 季度农民家庭经营性收入、工资性收入和转移性收入增幅均超过 20%。

农产品质量安全水平稳步提高，重大动物疫情形势总体平稳。据统计，蔬菜、畜禽产品、水产品监测合格率分别为 97.4%、99.6%、96.8%，全年没有发生重大农产品质量安全事件和区域性重大动物疫情。

农机、农垦、乡企持续发展。全国农业机械化保持了整体推进、快速发

[①] 《今年我国农业农村经济全线飘红》，《经济日报》2011 年 12 月 29 日。

展的良好态势，耕种收综合机械化水平达到54.5%，提高2.2个百分点；农垦经济增长快、运行稳、质量好；乡镇企业、农产品加工业平稳发展，预计规模以上农产品加工业总产值增长达到25%，农产品出口首次突破500亿美元，增幅超过20%。

这篇获得第二十二届中国新闻奖一等奖的报道很好地体现了综合消息的写作要求：首先是主题鲜明，亮点突出。报道把宏观经济背景的交代与具体成就的呈现较好地结合起来，既含义丰富、立意深刻，又突出了最新最亮的新闻事实。其次，点面结合，有血有肉。报道开头借农业部部长之口，对"面"上情况作了概括：我国面对自然灾害和异常波动的市场环境等严峻挑战，圆满完成了"两个千方百计、两个努力确保"的目标任务，粮食增产、农民增收，成为我国经济发展中的突出亮点。接着，报道从"点"上将这些亮点一一加以展现。

第二节　消息的构成

这里所说的消息的构成，是指组成一篇消息的基本要件，通常包括标题、导语、背景、主体、结尾等部分，下面分而述之。

一、消息的标题

消息的标题就是一篇消息的题目，是一则消息最显眼的部分，一般用大于消息正文的字号置于篇首。人们在阅读报纸或接收广播、电视等媒体的新闻传播时有一个选择性注意、选择性理解和选择性记忆的信息接收过程。标题的作用就是吸引受众注意，促使受众在瞬间做出阅读（听、看）决策。因此标题好比消息的眼睛，制作得好，可以吸引受众；制作得差，一篇好的消息也会被埋没。消息的标题必须简明、准确地概括消息内容，帮助受众理解报道的事实。

除了吸引受众注意，消息标题还可以用来概括和提示新闻的内容，突出新闻的精华，揭示新闻事实的新闻价值，表明编辑部的立场、观点与态度等。

消息标题从功能来划分，有主题（正题）、引题（眉题）、副题（次题）三种。主题概括与说明主要事实和思想内容；引题揭示消息的思想意义或交代背景，说明原因，烘托气氛；副题提示报道的事实结果，或作内容提要。消息标题从构成形式来看，可分为单行标题、双行标题和多行标题。其中双行标题又包括引题加主题和主题加副题两种形式。在具体提炼消息标题时，采用单行还是多行，应依据稿件的内容确定。

消息标题首先必须确切，这是对它的基本要求，消息标题不是对新闻内容的简单摘取，而是对其浓缩和概括。其次，消息标题必须简明扼要，好的标题应当是"文约而意丰"，能够概括出新闻的精髓，使人一目了然。再次，消息的标题要具体、生动，力避抽象、枯燥和呆板。

二、消息的导语

导语的英文单词是"lead"，意为消息的开头部分。导语是消息开头用来提示新闻要点与精华、发挥导读作用的段落，一般由最新鲜、最重要的新闻事实或依托新闻事实的精辟议论组成。具体地说，导语有四个特征：首先，它是消息体裁所特有的；其次，它位于消息的开头；第三，它提炼了新闻事实的最重要的部分；第四，它的作用在于吸引受众阅读（收听、收看）。作为消息整体结构布局的主轴，导语担负着三项使命：一是要反映新闻的要点，二是要确定新闻的基调，三是唤起受众的注意。

新闻写作上的突破往往取决于社会需求的变迁和科学技术的进步，导语的产生与发展也与这两个因素紧密相关。19世纪60年代，美国南北战争爆发，许多记者去战地采访，当时电报技术不成熟，发稿经常被中断，因而迫使记者把主要新闻事实塞进报道的开头，以免延误，导语由此形成。第一代导语于1889年3月30日出现，又称为"六要素"俱全的导语；第二代导语于20世纪30年代出现，又称部分要素导语，即从六要素中选取一两个最能激起人们的阅读兴趣的要素，突出地写入新闻导语中，以达到"立片言以居要"的目的；21世纪兴起的第三代导语也称丰富型导语，其突出的特点是具有个性化。

导语精选新闻事实的精华，一般由新闻诸要素中最重要的要素提炼而成。它可以让受众了解消息传递的主要内容，或者给受众留下悬念，最大程度吸引受众的注意。

三、消息的主体

消息主体又称为"新闻躯干"，是消息的中心部分。消息的主体其实是新闻较为全面的展开，是报道思想较为深入的揭示。

消息的主体主要担负着两大任务：一是解释和深化导语，二是补充导语没有涉及的新事实。第一项任务表明，对导语所涉及的要素，主体部分必须进一步提供必要的细节和有关材料（包括背景），以便受众对新闻事实有更清楚、更具体的了解。这就是所谓的解释和深化。第二项任务表明，导语一般只涉及最重要和最新鲜的事实，而且简明扼要，不能扩及多个方面，有时连新闻的五要素也不全，大都只突出一两个要素。这就要求主体补充导语尚未涉及而又应当涉及的内容。

如将新闻的几个要素补充齐全,提供新闻事实的背景,以便受众对消息的主题和事件的来龙去脉形成比较深刻的理解。

案例 12-3

世界首例青海蒙古族人"生命密码"成功获得并有效破译①

(青海日报西宁讯)人类基因组图谱如同"生命密码"一样密含着人类生命的遗传密码,人们只有去获得、破解这些"密码"才有可能洞悉生命的奥秘。破解人类遗传密码计划,与曼哈顿计划、阿波罗登月计划,被并称为20世纪人类自然科学史上三大科学计划。7月19日,世界顶级遗传学杂志美国《科学公共图书馆——遗传学》宣布,世界首例青藏高原蒙古人全基因组序列图谱(命名为"天骄一号")被成功绘制并有效破译。

青藏高原蒙古人的这部"密码"由青海大学格日力教授与美国犹他大学科技创新联盟琳恩·焦德教授共同领导绘制和破译。破译出的"密码"展现了青藏高原蒙古人的种族延续历史、遗传素质及其高原适应遗传机制等重要信息。"天骄一号"是继我国"炎黄一号"(全球第一例中国人标准基因组序列图谱)后发布的又一重大国际性学术成果。

此次通过绘就、破译"天骄一号"图谱获得重大发现:青藏高原蒙古人存在大约2%的基因组变化,300余个基因的变化从未在其他人群中发现过,这个发现对进一步了解亚洲人群的多样性,以及研究和低氧环境适应性有关的基因提供了重要启示;将42名青藏高原蒙古人与该课题组前期研究的高原地区藏族人,以及低海拔地区的汉族人的相关数据进行比较发现,青藏高原蒙古人不但和其他蒙古族人群有密切关系,还和同样生活在高海拔的藏族人有相似的基因,这种跨民族的交流也许促进了他们对高海拔生活环境的适应;在对基因组行正基因筛选时发现,青藏高原蒙古人和藏族人群共享几种异于低海拔人群的基因,这些基因的发现对于研究人对高海拔低氧环境适应性具有里程碑意义。

《科学公共图书馆——遗传学》是由众多国家诺贝尔奖得主主持的学术组织——美国公共科学图书馆创办的国际顶级水平科学期刊。

这篇消息不到800字,但是有细节有全貌,基本概括了事件全景。文中第二段和第三段是消息的主体,展现了青藏高原蒙古人的种族延续历史、遗传素质及其

---

① 《世界首例青海蒙古族人"生命密码"成功获得并有效破译》,《青海日报》2013年7月20日。

高原适应遗传机制等重要信息，使受众对新闻事实有了更清楚、更具体的了解。

四、消息的背景

任何一个新闻事实的出现，都不可能是偶然现象，都有它的发展过程，有它的前因后果和来龙去脉；同时任何一个新闻事实都不可能是孤立存在的，它总会跟周围的某些事实发生一定的联系。这些便是新闻事实的背景。在新闻报道中，背景就是在新闻事实之外对新闻事实进行解释、补充和烘托的材料。

新闻背景在新闻报道中有着多重作用。首先是提供知识，答疑解惑。消息的内容有时会涉及一些一般人不懂的知识，如果不作注释，就会给受众造成信息接收障碍。其次是补充新闻事实，突出新闻特点，提升新闻价值。第三是代替记者的议论，表明、暗示记者的观点。如上文提及的《武汉出台全国首份"餐饮行业工资专项集体合同"范本 餐饮行业最低工资上浮30%》（见案例12-1）中第二、三自然段的背景，将武汉市餐饮行业发展现状和工资管理的制度建设情况进行补充介绍，其作用一目了然。

五、消息的结尾

消息结尾是消息最后收束全文的部分。它既可以是所报道事实的自然收束，即将呈现事实的最后部分视为结尾；也可以是对所报道事实的归纳总结或延伸、补充。

除了常见的水到渠成的自然结尾外，消息结尾通常有以下几种类型：

一是拾遗补缺。或补充新闻事实、背景材料，或回应导语。如《火车站见证兰考经济变迁》（《河南日报》2012年12月3日）的结尾就是补充背景资料："2011年，兰考县财政一般预算收入完成5.1亿元，同比增长76%，由2008年的全省排名第103位上升到第42位；固定资产投资完成63.5亿元，增长30.7%，增幅居全省10个直管县第一位。"

二是画龙点睛。概括中心，突出主题。1991年，在入侵科威特一周年之际，伊拉克人都在悄悄地遮掩这场曾经搅得天翻地覆的事件。对此，路透社记者在消息《这边喧闹那边静，同是纪念两样情》（路透社巴格达1991年8月2日电）的结尾写道："巴格达街头到处都是萨达姆·侯赛因各种着装的画像，有人戏称：这个400万人口的城市有800万张面孔。"借口传话，巧妙地暗示了巴格达市民的精神状态和萨达姆统治这个国家的手段，一针见血，堪称神来之笔。

三是别开生面，借题发挥。1997年7月1日，香港回归。接载查尔斯王子和末代香港总督彭定康回国的英国皇家游轮"不列颠尼亚号"驶离维多利亚港湾，消失在南海的夜幕中。新华社的报道《别了，"不列颠尼亚"》（新华社1997年7

月1日播发）以史家之笔记录了这一历史性的时刻："从1841年1月26日英国远征军第一次将米字旗插上港岛，到1997年7月1日五星红旗在香港升起，一共过去了156年5个月零4天。大英帝国从海上来，又从海上去。"这不仅是一个精彩的消息结尾，更是一句代表历史趋势的结论。

在消息结尾写作中，应注意以下三点：一是紧扣事实，自然得体，做到首尾呼应；二是简短精练，不重复主体的内容；三是切忌空泛、啰唆，要有滋有味。

第三节 导语的写作

曾获得普利策新闻奖的美国记者亨利·费尔利这样描述导语的重要性："每个认真研究过导语的新闻记者都懂得，为什么导语必须经过这么多的努力才能写成。导语对于他和对于读者是一样的重要。写作导语能够集中记者的智力，迫使记者决定新闻中什么是重要的，他想强调什么；同时，记者写作导语时就能最终地确定新闻的其余部分是什么样子。"① 导语之于消息，真正是"立片言而居要，乃一篇之警策"。

一、导语的分类

根据不同的写作形式和不同的分类方法，消息的导语有着多种多样的类型。

（一）按新闻要素分

按照所突出的新闻价值要素不同，导语可分为以下几类。

1. 侧重人物要素的导语

这类导语突出的是所报道的人物。这些人物往往是名人，从国家元首到影视明星，从银行家到阶下囚，只要是名噪一时的人物都能成为受众关注的对象。例如：

（华尔街日报讯）美国总统奥巴马周四任命白宫预算办公室主任丹尼尔·韦尔弗担任国税局代理局长。该任命于5月22日生效。（2013年5月18日）

2. 侧重事件要素的导语

这类导语把何事这个要素置于首要地位，突出强调发生了什么事情。例如：

---

① 转引自刘海贵、尹德刚：《新闻采访与写作新编（第二版）》，复旦大学出版社1997年版，第197页。

（南方日报讯）"腾笼换鸟"引来一批重大项目落户，给广东产业"骨骼"带来了巨变。昨日省发改委提供的最新数据显示，今年前7个月，我省获得国家批准建设的中委合资广东石化工程、广东湛江钢铁基地、广州白云国际机场扩建工程等11个重大项目，总投资超过3 000亿元。（2012年9月6日）

3. 侧重时间要素的导语

这类导语主要是突出时间这一要素的重要性。例如前文提及的《今年我国农业农村经济全线飘红》（见案例12-2）这则报道，其导语突出的便是"2011年""'十二五'开局之年"这一时间要素。

4. 侧重地点要素的导语

这类导语主要是突出事件发生地点的重要性。例如：

（华尔街日报讯）纽约、伦敦和巴黎可能真的是富得流油。但在中国南部的制造业中心地区，见一位亿万富豪的可能性也许更大。（2013年5月14日）。

5. 侧重原因要素的导语

这类导语主要是突出何因这一要素的重要性。例如：

（北京晨报讯）近日，宜昌、西安、深圳、玉溪等地相继发生电梯伤亡事故，引起广泛关注。昨天，国家质检总局发出通知，要求各地质监部门加强对电梯的监督检查，对整改不到位的依法封停，对违法违规行为依法严肃处理。（2013年5月18日）

6. 侧重结果要素的导语

这类导语主要突出事件的结果。例如：

（农民日报讯）近日，北京市发布关于进一步推进户籍制度改革的实施意见，宣布将取消北京地区农业户口和非农业户口区分，统一登记为居民户口。作为特大型城市和首都，北京加入"农改居"行列，对于户籍制度改革而言，尤其具有里程碑意义。至此，全国31个省份均出台了以"农改居"为核心的户籍制度改革意见，全面取消了农业户口。这标志着自1958年实行以来的二元户籍制度退出历史舞台，也是推进国家治理现代化和"三农"改革发展的

一件大事。(2016 年 9 月 23 日)

(二) 按表达形式分

按照写作的表达方式的不同,导语可分为以下几种。

1. 叙述型导语

这类导语就是用叙述的方法,把新闻中最重要、最新鲜的事实简明扼要地写出来。其中又可分为直陈式和概括式两种。

(1) 直陈式导语。从全部新闻信息中撷取最能突出新闻价值的信息,以直接陈述的方式写作,简洁明了。例如:

(新华网北京 4 月 21 日电) 记者从中国地震局了解到,截至 21 日 8 时,四川省雅安市芦山县地震共记录到余震 1165 次,其中 3 级以上余震 67 次,包括 5~5.9 级 3 次,4~4.9 级 16 次,3~3.9 级 48 次。(2013 年 4 月 21 日)

(2) 概括式导语。用高度概括的语言,对事实要素做综合性的概述。例如:

(黑龙江日报讯) 失地后的哈尔滨市南岗区王岗镇红星村壮大集体经济,带领农民共同富裕,不仅解决了失地农民的就业问题,村民们除了工资,每年还有股金收入。(2011 年 7 月 4 日)

2. 描写型导语

这类导语抓住典型事项,运用白描的写作手法,真实地重现新闻场景。其画面感和现场感非常强,能给受众身临其境之感。例如:

(羊城晚报讯)"嘶"——一声骏马的长鸣,揭开了 2001 年中国武术散打王争霸赛总决赛的序幕。两匹高头大马信步走进场内,两面红、黑方大王旗更是引人注目;接着,战鼓擂响、白衣侠女雪花飞剑、各路绿林高手比武的武侠小说的意境,顷刻间展示在观众面前;著名歌手屠洪刚的一曲《霸王别姬》更是将全场气氛推向了高潮。(2001 年 12 月 26 日)

3. 议论型导语

这类导语在叙述新闻事实的同时,对事实做画龙点睛式的评价。常见的表现形式有:或先叙述事实,然后进行议论;或先作评论,再写出评论的根据,即事实。例如:

(人民日报讯)随着美国司法部秘密窃取美联社记者和编辑长达2个月的电话通话记录的曝光,美国政府与新闻界的斗争掀开了帷幕。当然这不是第一次,但也有可能是被定义为"水门事件"的一次。西方的新闻自由在"绝对"二字面前越发站不住脚。(2013年5月18日)

在新闻实践中,议论型导语要慎用,只有当新闻事实的内在价值及其深刻含义难以为受众及时明了时,才有必要运用议论型导语。运用议论型导语时要注意借助新闻人物之口表达记者的观点和看法,力求避免记者在报道中直接发表议论或公开表达倾向性。

例如:

(人民日报讯)"上上下下说要为居委会减负,减了几十年了,没有感觉到减了多少事,却感到事情越来越多、越来越难。"这是上海长宁区虹储居民区的党总支书记朱国萍的心里话。她与另外3位基层干部纪维萱、徐遐蓉、杨兆顺一道,走进上海市委常委学习会,以亲身经历讲述官僚主义、形式主义的危害。基层干部的担心,让出席会议的所有干部出了一身"汗"。(2013年8月11日)

二、导语的写作要求

导语写作要遵循以下三大原则:

（一）最新原则

这就是要求突出最新时间。导语的基本功能是导读,在于让受众了解最新发生的、最紧要的新闻信息,好的导语一定是最新的、实质性内容的聚焦。因此导语中要尽量用时效性最强的时间副词,突出最新时间。下面这则新闻导语开篇就明示新闻发生的最新时间要素:

(新华社北京9月29日电)29日10时许,在毗邻长江口的上海浦东外高桥,微软全球资深副总裁、大中华区董事长贺乐赋从上海市委书记韩正手中接过合资企业营业执照,双方满面笑容。(2013年9月29日)

如果新闻事实的时间副词为一段持续的时间,则要注意将离新闻发布最近的时间放在最前面。比如:

(海南经济报讯)记者昨日了解到,今年上半年,海口检察机关共批准逮捕刑事案件777件1 058人,提起公诉712件1 028人。共受理贪污贿赂、渎职侵权案件线索 121 件，查结 92 件，立案 33 件 39 人。其中，立案侦查贪污贿赂 5 万元以上、挪用公款 10 万元以上大案 21 件 24 人，立案侦查县处级以上领导干部要案 8 件 8 人。（2008 年 7 月 28 日）

(二) 吸引受众原则

一是要从受众的角度认识新闻事实，将受众最关心的事实写进导语。例如报道一项科研成果，一般受众最关心的不是这项成果有哪些单位讨论通过鉴定，而是这项成果对人民生活有何实际意义。因此，要善于选择最重要、最新鲜或最有趣、最有人情味的信息放在导语里。例如：

（第一财经日报讯）昨日，《第一财经日报》从汇丰、花旗、渣打、东亚四家在华转制外资法人银行获悉，它们均已获得监管部门确认，从今天起就可以向本地居民提供全面人民币服务。（2007 年 4 月 23 日）

二是不能仅仅交代什么事（What），还要交代受众感兴趣的与什么事（What）相关的怎么样（How）。例如：

（本报讯）国务院近日召开国务院常务会议，研究部署全面免除城市义务教育阶段学生学杂费工作，审议并原则通过《中华人民共和国专利法修正案（草案）》。

会议决定，从 2008 年秋季学期开始，在全国范围内全部免除城市义务教育阶段学生学杂费。对享受城市居民最低生活保障政策家庭的义务教育阶段学生，继续免费提供教科书，对家庭经济困难的寄宿学生补助生活费。

这则消息中最有价值的信息是"在全国范围内全部免除城市义务教育阶段学生学杂费"。导语中只提到"研究部署"这一事件（What），但受众最关心的不是"研究部署"，而是"研究部署"的具体结果怎么样（How）。导语可改为：

（本报讯）近日召开的国务院常务会议决定，从 2008 年秋季学期开始，在全国范围内全部免除城市义务教育阶段学生学杂费。

三是导语要力求形象、生动，增强可读性。好的导语多是抓住新闻事实的特

点进行描绘。例如:

（泰晤士报讯）八国集团的"工作午餐"至少包含 1622 卡路里的热量（男性每天需要摄取 2550 卡路里热量、女性需要 1940 卡路里），其中有 80 克蛋白质（这几乎是女性每天 45 克需求的两倍，也大大超出了男性每天摄取 55 克的需求）。(2008 年 7 月 8 日)

粮食紧缺及增加非洲粮食产量等问题，是此次八国集团首脑会议的重要议题。这则导语以八国集团"工作午餐"所含热量为报道切入点，进而与正常人所需摄入热量加以对比，反衬出八国集团首脑的奢侈浪费。导语的语言生活化又极具亲和力。

（三）最简原则

导语要简单明了，字数不宜过多；切忌主次不分，"眉毛胡子一把抓"。例如：

（本报讯）当前，正值各类野生草生长的季节，也是毒草中毒的高发季节。为防止误采食野生毒草发生中毒，确保广大人民群众的生命安全，云南省卫生厅发出预警公告，提醒大家要加强防范。

这则导语要表达的核心信息是：云南省卫生厅发出预警公告，提醒大家防范误食野生毒蕈发生中毒。但是，其中对背景材料的交代过于烦琐，行文显得啰唆。可将其精简为：

（本报讯）云南省卫生厅日前发出预警公告，提醒大家不要误采误食野生毒蕈，以免发生中毒。

三、导语的写作技巧

导语的写作技巧是多种多样的，且在不断创新中。目前常用的导语写作技巧主要有以下几种。

（一）开门见山

开门见山就是要求导语表达一语中的，用最凝练的文字做到"抢耳""抢眼"，抓住受众的注意力。例如：

（重庆日报讯）重庆，作为"中国早期共产主义运动发祥地之一"的结论，最终被史实印证。(2011 年 3 月 12 日)

这条全国首发的原创性独家报道,事件重大,引发了新闻界和党史界的轰动。这一句话导语精练、严谨,是这则消息的精华部分。

(二) 设置悬念

设置悬念,也就是常说的"卖关子",常用于文学作品和戏剧表演。在导语中设置悬念,吸引受众阅读(收听、收看)兴趣,"逼"得你不得不继续读(收听、收看)下去,自然富有魅力。例如下面这则获第二十二届中国新闻奖一等奖的消息的导语:

(扬州日报讯)昨天中午,扬州宝亿制鞋厂,60多名云南曲靖市的务工人员前来报到。欢迎新员工的典礼上,一位戴眼镜、挎皮包的中年男子,从人群中挤上主席台,向乡亲们挥手致意:"我叫陈家顺,曲靖市就业局副局长,去年曾在宝亿制鞋厂打工一个月……"这一句自我介绍,令宝亿鞋厂的新老员工惊讶地瞪大了眼睛。(2011年3月8日)

悬念的设置意味着打破常规的叙事逻辑,将可以正面、直接铺叙的内容、情节、人物等,或暂时搁置,或"引而不发",造成完整叙事中一个不确定的因素,以吸引受众。例如路透社1998年10月25日的新闻《昔日伐木劳模成为今天的环保英雄》的导语:

在散发着清新空气的山林里,黑龙江省具有传奇色彩的昔日伐木工、现年85岁的马永顺放开嗓子喊道:"倒了!"不过,这次他并不是真的在提醒人们躲避一棵已被截断、即将倒下的大树,而是在为记者演示当年劳动的情景。今天让马永顺闻名遐迩的是种树,而不是伐木。

(三) 化静为动

化静为动,就是用动态的记叙手法交代静态的新闻事实,使其富有动感。化静为动的导语,新颖生动、充满活力,更能引人入胜。例如:

(解放日报讯)年初,万物通计算机服务有限公司办理名称变更登记,曾遭遇尴尬——对照现行国民经济行业20个门类98个大类,竟找不到相关的匹配项。上个月,这家公司备齐材料,当天就在长宁工商分局完成名称变更登记,成了"万物通物联网技术有限公司"。这一变化,得益于上海工商部门转变观念跨前一步,从在现有行业分类中"查词典",到为暂无明确定义的94个新兴行业和业态"编词典",主动为新型企业"接生"!(2011年9月24日)

（四）以小见大

从小处着手，从小事写起，由小到大，小中见大，这样的导语往往具有更强的感染力。例如获第二十一届中国新闻奖的消息《古老技艺发新枝 政策帮扶结硕果 吐鲁番市农村妇女"绣"出新生活》（《吐鲁番日报》2010年3月16日）的导语：

> （本报讯）3月2日，吐鲁番市葡萄乡农民阿力吐米古丽·买买提一大早就兴冲冲地来到一家邮政营业厅。原来，她是按照约定把价值5000元的绣品寄给一位库尔勒市客商，仅这一单生意，阿力吐米古丽·买买提就赚了2000元。

这则消息讲述的是一位普通维吾尔族农村妇女凭借传统刺绣技艺走上致富道路。导语通过一个小故事反映了边疆少数民族地区农村妇女在新农村建设过程中，在国家、自治区、地区的政策扶持下，创造新生活，积极向上，求富、求稳、求发展的精神风貌。

第四节 背景的写作

新闻背景是新闻报道的组成部分，是补充、反衬或烘托新闻事实和新闻主题的材料。

一、背景的分类

根据背景材料承担的功能，可以将其分为以下几类：烘托对比性背景材料、说明性背景材料、注释性背景材料。

（一）烘托对比性背景材料

烘托对比性的背景材料主要用来与新闻事实构成对比关系，从某一方面烘托新闻事实。记者在报道某一新闻事实时，运用与新闻事实形成明显对照和衬托的材料（今—昔—今、正—反—正），对新闻事实的历史形态或相反情况作一定的介绍，有助于说明事物的特征、地位和变化，也有助于发现问题，展示出新闻事实的特点和意义。例如第二十二届中国新闻奖二等奖获奖作品《牧民开始用卫星放牧》（《内蒙古日报》2011年11月23日）：

> ……
>
> 有关数据显示，2010年我区因灾死亡牲畜近20万头（只）。失去了看护

的畜群，会在一场沙尘暴中惊慌失措，消失得无影无踪；会因突降的暴雪，刨不出一点干草，冻饿致死。图门桑说："一场大雪之后，你总会听说谁家的牲畜找不回来了，谁家的牲畜死掉了。"

……

在这段背景材料中，作者交代了在 2010 年实施卫星放牧之前，畜群遭遇暴雪后的境况，凸显了卫星放牧这种高科技的优势。

(二) 说明性背景材料

说明性背景材料用来说明新闻事实的由来，对新闻事实产生的相关条件——如历史演变、地理环境、经济物质条件、政治、文化、社会、人物资历等——进行交代。说明性背景材料可以使新闻更容易理解，使新闻报道更全面深刻，使新闻的意义更突出。例如前文提及的《武汉出台全国首份"餐饮行业工资专项集体合同"范本 餐饮行业最低工资上浮 30%》（案例 12-1）中写道：

> 武汉餐饮业较为发达，全市有近 4 万家餐饮企业，国际连锁店占 3.3%，国内连锁店占 6.5%，省内地区连锁店占 6%；中小企业占 84%；年产值 500 多亿元，常态从业人员 45 万余人，占全市从业人口的 20%。

在这段背景材料中，记者对武汉市餐饮业的经营现状、从业人员的数量进行了说明，突出了餐饮行业工资上浮 30% 的意义。

(三) 注释性背景材料

对概念、术语、著名历史事件和人物、有关科学知识进行解释的文字，就是注释性材料。注释即注解，用文字去解释字句。注释性背景材料，旨在帮助人们看懂新闻内容，增长知识和见闻。具体包括：名词术语的注释，产品或其他物品性能特点的说明，科技成果的通俗介绍，技术性问题的解释，文史知识、风俗人情的介绍，等等。例如获第二十二届中国新闻奖三等奖的消息《"秋日"成我国首获欧盟授权非洲菊品种》（《云南日报》2011 年 10 月 6 日）中，对"秋日"这种菊花进行了注释。

> 本次获欧盟授权的非洲菊新品种"秋日"由花卉所历经 5 年选育而成，其花色为橘红色，色彩独特，单株年产量高达 30 枝，瓶插期长达 15 天，耐储运，抗疫病，属标准型切花品种。该品种仅在 6 个月内就通过欧盟植物新品种测试中心严格的 DUS 测试。获授权后，"秋日"在出口欧盟时不但无须缴纳高

昂的专利保护费，还能受到欧盟品种权的保护。

这段背景材料介绍了菊花品种"秋日"，对"秋日"独特的花色、年产量、花期等特性进行了描述，属于名词术语的注释。

除此之外，从背景材料的性质角度分，可以分为政治背景材料、经济背景材料、文化背景材料等，也可分为人物背景材料、事件背景材料等。从新闻背景与新闻事实的时间和空间距离分，背景材料则可分为历史性背景材料和现实背景材料。

案例 12-4

631 平方公里内蕴藏 18 种矿产
东江源区域对开采说"不"①

（本报安远讯）在安远，有一个部门"门难进""事难办"——当你跨进该县矿产资源管理局，只要是提出想在东江源区域开矿办厂，对方肯定会将你拒之于"千里之外"。今年，就有 10 多批来自全国各地"热心"开采地下资源的人，在这里碰到了"冷面孔"。因为在东江源区域内进行开采，势必对生态环境造成一定的污染和破坏。

安远境内的三百山，是香港同胞饮用水东江的源头。东江源区域覆盖该县 8 个乡镇，面积达 631 平方公里。这个区域蕴藏着丰富的稀土、铁、铀、钼等 18 种矿产资源，其中已探明的铅锌保有储量就有 3 万多吨，瓷土保有储量 300 多万吨。据初步估算，这些矿产资源潜在的经济价值可达 60.2 亿元。

安远虽然地处偏远，属国家扶贫开发重点县，财政收入低，但在关系到东江源头的生态保护上，却毫不含糊，坚决做到放弃小利保大局，拒绝在源头区域内对矿产资源进行开采。11 月 24 日，县矿产资源管理局干部孙屹凛告诉记者，2006 年，新余一家公司提出投资 5000 万元，在东江源区域内的鹤仔镇圩头附近开办多金属深加工厂，由于会对环境和水资源造成污染，被矿产资源管理局亮了"红灯"；今年 3 月，定南一位老板提出投资 4000 万元，在该区域内镇岗乡开采、加工瓷土，被有关部门"谢绝"；今年 9 月，深圳一家公司意向投入 1.5 亿元，在离东江源头最多 40 公里左右的孔田镇大围村附近进行稀土深加工，被县里"婉拒"。一些不理解的客商，说安远是手捧"金饭

---

① 《631 平方公里内蕴藏 18 种矿产 东江源区域对开采说"不"》，《江西日报》2008 年 11 月 25 日。

碗""挨饿",安远人却笑道:保护好东江源头区域的生态环境,才是捧到了真正的"金饭碗";再说,留着地下的东西不开采,也是为子孙们留下了"饭碗"。

孙屹凛告诉记者,近年来,安远县还对20世纪80年代初东江源区域小打小闹的非法开采进行了严厉的清理整顿,关闭开采点80余个,并积极进行了生态修复。

采访结束,孙屹凛把记者送到县矿产资源管理局大门口。握别时,他加重语气说道,想到东江源区域开矿采矿,我们的回答就是两个字:免谈。

这篇消息正是通过丰富的背景资料(文中画横线部分),很好地回答了为什么香港同胞能够喝上无污染、优质达标的饮用水;表现了安远的干部群众自觉实践科学发展观,不追求所谓的"政绩"和"数字",坚决不走资源高消耗、环境高污染的老路。

二、背景的写作要求

背景材料的写作关键在于如何选择与表达。

(一)精心选择背景材料

首先要围绕主题选择背景材料。消息中背景材料的运用,不仅是为了更全面地呈现新闻事实,也是为了帮助受众更准确地理解新闻报道的主题,即所报道事实的内在价值与意义。因此,背景材料的选择和运用必须服从新闻主题的需要,受新闻主题制约,必须能够说明主题、表达主题,而不能冲淡主题或者冲击主题。

其次要有的放矢,自然联系。有的放矢有两个层面的含义:一方面是指不同的消息类型,要选用不同的背景材料;另一方面是指背景材料的使用,要因时因地因受众对象而异。不同的媒体拥有不同的受众群,他们对事物的接受能力、关心程度、了解程度各不相同,新闻背景材料的运用也应有的放矢,区别对待。这就要求媒体和记者研究受众,关注受众心理。选用的背景材料要有明确的目的性,注重回答大多数受众关心的问题。

消息中对背景材料的运用,务必要同新闻事实有本质的、内在的联系,或互相映照,或互相制约,不可生搬硬套、牵强附会。要将背景与事实自然衔接、有机结合、水乳交融,才能收到良好的表达效果。

(二)灵活运用背景材料

背景材料的灵活穿插主要有以下几种表现:

1. 主体中分散穿插独立的背景段

案例 12-5

平垸行洪退田还湖带来历史性大转折
洞庭湖长大五分之一①

（本报讯）洞庭湖变大了！经过三年规模空前的综合治理，洞庭湖面积扩大 1/5。这个自明清以来不断萎缩的湖泊，终于出现了历史性大转折。

12 月 25 日，省有关部门的权威统计表明：1998 年以来，我省已对 220 处阻洪堤垸实施了平垸行洪、退田还湖，洞庭湖蓄洪能力增加 27 亿立方米，扩大蓄水面积 554 平方公里。水利专家称，整治后的洞庭湖如果再遇到 1998 年那样的特大洪水，水位可平均降低 0.1 米。岳阳城陵矶的水文标尺上，凶猛的洪水再也爬不到那令人毛骨悚然的高度。

长大了的洞庭湖别是一番景象。隆冬时节，记者在湖区采访看到，原来人丁兴旺的华容县小集垸、汉寿县青山湖垸已无人迹。成千上万的白鹭、野鸭、天鹅在栖息、飞翔，成片的杨树在风中摇曳着，赶走了冬天的苍凉。

据史料记载，明朝嘉靖年间，洞庭湖方圆八九百里，号称"八百里洞庭"，洪水期湖面达 6000 平方公里。此后数百年泥沙淤积，盲目开垦，致使"堤垸如鳞"。在实施综合治理前，这个长江水系重要调节湖泊的面积减少到 2691 平方公里。湖面锐减，调蓄能力削弱，灾害频频发生，湖区人民深受水患之苦。仅以 1998 年为例，洪涝灾害造成的直接经济损失就达 197 亿元。洞庭湖失去了宝地的光彩，成为一块不得安宁的险地。

治理洞庭湖，还历史的本来面貌！1998 年特大洪水过后，党中央、国务院对整治洞庭湖极为重视，投资 70 多亿元支持我省。改变单纯加高加固大堤"堵"的传统办法，实施以疏导为主的综合治理方略，湖区 30 个县（市、区）及大型农场实施了平垸行洪、退田还湖、移民建镇。广大群众对治理洞庭湖期盼已久，表现出极大的热情，使这项浩大工程进展顺利。三年中，湖区 8.4 万农户、30 多万群众告别故地，实施大迁移，成为湖湘史上的一大壮举。澧县的澧南垸、西官垸是治理的重点地区，许多老人虽难舍故土，但更感谢党和政府让他们离开了"水窝子"。两个垸子 7 万多人有序搬迁，实现了安居乐业。"平垸行洪还洞庭浩浩荡荡，移民建镇让百姓世代安康"，搬迁户新居门

---

① 《平垸行洪退田还湖带来历史性大转折　洞庭湖长大五分之一》，《湖南日报》2001 年 12 月 26 日。

上贴的这副对联反映了湖区人民的共同心声。

　　人与自然在洞庭湖开始和谐相处。随着治理的深入，烟波浩渺的八百里洞庭将再现人间。

在这篇消息中，主体的第三自然段正是以丰富的史料作为背景材料，真切地反映了洞庭湖的历史性巨变。

2. 将背景材料化作句子成分糅进主体，模糊背景与事实的界限

例如获第二十届中国新闻奖二等奖的消息《全球最快列车驰骋南中国》（《人民铁道》报2009年12月27日）中写道：

　　武广高铁沿线重峦叠嶂，高速列车风驰电掣，穿越226座隧道，跨过684座桥梁。与去年8月在华北平原通车的京津城际铁路相比，武广高铁在速度、技术、难度上都堪称"升级版"。一位铁路专家形象地比喻为"短跑变长跑加跨栏"。

三、背景的写作技巧

通常来讲，背景材料在新闻写作中发挥着"绿叶衬红花"或者说"烘云托月"的功能。在消息写作中，可以通过灵活变换背景位置，丰富背景材料的写作手法等方式来提升背景的价值、增强消息的可接受性。

（一）开门见山，铺陈渲染

这是将背景置于导语中，主要是起到引领、渲染、起兴、衬托、对比等作用。

1. 背景本身是一个事实信息

例如路透社这则报道：

　　（路透社纽约1月22日电）致力于基因疗法研究的专家们今天表示，他们对美国食品和药品管理局下令宾夕法尼亚大学暂时中止基因疗法实验表示欢迎。去年9月，18岁的杰西格尔辛格在宾夕法尼亚大学的一项基因疗法实验中不幸死亡。治疗专家认为，暂时中止此类实验并展开调查的做法也许可以帮助人们恢复对基因疗法研究的信心。

2. 将背景材料用作定语修饰导语

例如美联社这则报道：

　　（美联社马萨诸塞州大巴灵顿4月4日电）<u>以与阿尔贝特·爱因斯坦站在</u>

一块黑板前和墨索里尼拧鼻子等照片闻名于世的摄影记者卢西恩·艾格纳昨天在一家私人疗养院去世，终年 97 岁。

3. 新旧对比，形成反差

例如前文提到的获第二十二届中国新闻奖二等奖的消息《牧民开始用卫星放牧》：

（本报 11 月 21 日讯）"图门桑，牛群已离开您的牧场，在伊克尔湖东南约 3.5 公里处"。11 月 20 日下午，鄂尔多斯市杭锦旗牧民图门桑看了一眼手机上的短信，急忙骑上摩托，向着伊克尔湖方向疾驰而去。<u>在卫星放牧系统应用之前，图门桑为了找寻在沙尘暴中迷失的牛群，曾在草原上转了整整 15 天。</u>

（二）正反对比，凸显个性

在消息的背景材料中，提供相反的案例，与新闻事实进行对比分析，能够引领受众温故知新，有助于深化消息的主题。例如获得第二十二届中国新闻奖三等奖的消息《台儿庄古城：舍了房产换遗产》（《大众日报》2011 年 9 月 25 日）：

9 月 23 日下午，枣庄市台儿庄古城重修的晚清鲁南民居"保寿堂"，以每平方米 3 万元的价格，被深圳海王集团购得，用于展示医药文化。"这是为准确评估古城价值而拍卖的唯一一座建筑，去年 5 月完工时核算出的成本是每平方米 2658 元"。古城管委会主任王广部说，"按此计算，古城一期净资产已达到 153 亿元，无形的遗产价值更是不可估量"。

作为古城重建的具体指挥者，王广部当初差点成了古城的"毁灭者"。5 年前，时任台儿庄区委副书记的他，为改造古城 2 平方公里的棚户区，跟上海绿房子投资公司谈成了近 6 亿元的房地产项目。没想到，项目报到市里，却被叫停了。

这则报道通过增添叫停"近 6 亿元的房地产项目"的背景资料与按照世界遗产标准重建古城，把房产变成文化遗产进行对比，对如何看待文化资源、保护文化遗产、发展文化产业，以及台儿庄古城重建具有重要的启示意义。

第五节 主体的写作

主体是消息的躯干部分，其位置处于导语之后，其内容比导语更详尽、充实。

主体要回答导语提出的有关问题,阐明新闻事实的来龙去脉以及彼此间的因果关系,以彰显报道的主题。

一、主体的结构

在新闻实践中,消息主体的写作主要有以下四种结构形式:按事实重要性程度递减的顺序安排结构、按时间先后的顺序安排结构、按逻辑关系安排结构、按时间顺序与逻辑关系相结合安排结构。

(一)按事实重要性程度递减的顺序安排结构

这种结构一般将最重要的事实放在最前面写,次要的事实内容则放在以下的段落中交代,形成一个"头重脚轻"的倒三角,所以这种结构形式也称为"倒金字塔"结构。其优点是能迅速地将最新鲜、最重要的事实,开门见山地告诉受众,使受众一目了然。

案例 12-6

世界上最大的石油钻塔开始移动[①]

(美联社苏格兰基肖恩5月5日电)世界上最大的石油钻塔——也许是世界上最大的能够移动的东西——今天开始了从苏格兰西岸到尼尼安油田的430英里的第一段旅程。

这个价值3亿英镑(5.4亿美元)的60吨钻塔正在由8个牵引船拖到它的新址,该地设在德兰群岛西北105公里。这一行程需用14天。

随着这个钻塔的启运,美国的钻机工业发现自己再度陷入危机。苏格兰北部的8个建造厂有一半现在关门了,只有一个工厂今年年底以后才有工作。

这个钻塔高达500英尺,它的混凝土钻台伸入水面以下275英尺。

建造这个巨型钻塔的霍华德·多丽丝公司的肖基恩湖建造厂,目前也成了寻求订货的厂了。

预计今年北海石油开发工程的投资为5亿英镑(9亿美元),其中不到五分之一用来建筑混凝土钻台。

据认为,混凝土钻台性能较好,因为它抗腐蚀。

在这种倒金字塔结构中,重头在前,有助于突出消息中心,也符合受众的接受心理;其缺点是有点虎头蛇尾,虽先声夺人,却难以一以贯之。

(二)按时间先后的顺序安排结构

这种结构有两种形式,一种是顺叙,另外一种是倒叙。顺叙就是根据事实的

[①] 引自陈力丹:《谈谈消息的倒金字塔结构》,《采写编》2000年第5期。

前后次序排列，也就是按照时间顺序步步推进、层层深入，使受众对事件的全过程有明晰完整的印象。顺叙的写法通常脉络清晰，有头有尾，写起来比较自然。与顺叙相反，倒叙则是按照事件的结果—经过—起因这一逆转的时间顺序，来组织报道事实内容。倒叙的手法，往往出人意料，引人入胜。在写作中，两者可以交叉使用，顺叙中有倒叙，倒叙中往往也有顺叙。但一定要注意衔接自然，不要跳跃过大，使人觉得突兀。例如《解放军报》的这则报道《我海军船坞登陆舰首次在远海实施沉浮作业》（2010年7月5日），就是采用时间顺序结构。

……

上午9时，随着一阵急促的铃声信号，"昆仑山"号舰员立即跑向指定战位，战舰迅速调整至舰艏顶浪状态，并降低航速。随后，坞舱门缓缓打开，备便前后泵舱、液压泵站、沉浮控制台等工作同时展开。登陆长夏俊启动沉浮系统液压阀门，0.2米、0.4米、1米……当舱内进注的海水达到坞载艇吃水深度时，两艘坞载高速巡逻艇如飞鱼般疾驰而出，朝大海驶去。

30分钟后，两艘高速巡逻艇完成规定训练课目后驶进坞舱，解固小组迅速对艇体进行固定，压载泵随即启动，排出压载舱内的海水，坞舱内的水也随之从后门流出。整个沉浮作业比预定时间缩短了30分钟。

……

（三）按逻辑关系安排结构

这种结构是根据事物内在的逻辑关系，比如主次关系、因果关系或是并列关系、点面关系，来安排主体结构。

案例 12-7

2009浙江农村人均收入超万元——成为中国首个突破万元的省区①

国际金融危机的寒流，没能阻挡浙江农民增收的脚步。国家统计局浙江调查总队和省统计局今天发布消息：2009年浙江农村居民人均纯收入达10 007元，成为中国首个农村人均年收入超万元的省区。当记者今天把这个消息告诉兰溪种粮大户黄崇茂时，这位老农感慨万千："万元户"曾是富裕的代名词，当年想都不敢想，现在一年的收入就是"万元户"！

我省在2009年实现这一历史性突破弥足珍贵。"受金融危机影响，农民

---

① 《2009浙江农村人均收入超万元——成为中国首个突破万元的省区》，《浙江日报》2010年1月16日。

增收难度明显加大。"省农办主任夏阿国告诉记者,得益于省委、省政府一系列助农增收措施和经济整体回暖,全省农村居民人均纯收入比 2008 年增长 8.1%。

1949 年,浙江农民人均纯收入仅 47 元,1978 年略高于全国平均水平,新中国成立 60 年以来增长逾 200 倍。

浙江农民富甲天下的背后,是一部波澜壮阔的创业创新史。省政府咨询委"三农"发展组组长顾益康说:"浙江农民富,是因为改革开放以来浙江农村率先推进市场化、工业化、城镇化改革,掀起了创富浪潮。"

临安市横路乡登村农民徐吉军记了 20 多年家庭收入账。10 多年前,一家人守着几亩口粮田维持生计;5 年前,徐吉军贩起了山核桃,家庭收入节节攀升;2009 年,全家收入超过 8 万元。

徐吉军是浙江农民致富的缩影。国家统计局浙江调查总队高级统计师张祖民介绍,浙江农民收入构成中,农业以外的收入超过 80%,农村劳动力中从事非农产业的逾七成。2009 年,全省农村居民工资性收入和家庭经营收入相加人均达 8 983 元,占全部纯收入的 89.8%。

尽管越来越多的农民告别稼穑,但浙江人在"希望的田野"上收获越来越丰厚。磐安农妇厉秀月 2000 年起种辣椒,带动全县 3000 多位农民创富,人均年收入过万元。改革开放以来,浙江不断深化农业生产经营体制和农产品流通体制改革,"什么来钱种什么",高效生态农业蓬勃发展。

与此同时,浙江在全国率先消除了贫困县和贫困乡镇,目前正在实施的"低收入农户奔小康工程",将带领全省农民向着"户户小康、人人小康"迈进。

这则消息是根据由点及面的逻辑关系安排层次结构,多角度地描述了种粮大户、计账农户,甚至正在田里干农活的山区农民的生活变化,生动鲜活地反映了浙江农民走向富裕的喜人进程。

(四)按时间顺序与逻辑关系相结合安排结构

这种结构就是通过时间顺序与逻辑关系的结合来呈现新闻事实。该结构便于安排材料,使事实条理清晰,又能把各个层面的事实之间的逻辑关系理顺,更好地为主题服务。

案例 12-8

天安门广场见证国防现代化建设历史性跨越[①]

(新华社天安门广场 10 月 1 日电)"多想开开我们的新战车啊!"开国阅

---

① 《天安门广场见证国防现代化建设历史性跨越》,新华社 2009 年 10 月 1 日。

兵时的战车团团长田申指着崭新的 05 式两栖战车说。

10 月 1 日，中国以一场气势恢宏的国庆 60 周年阅兵，展示了在国防和军队现代化领域的历史性跨越。包括新型战略核导弹、歼 11 战机在内的新装备成为瞩目的焦点。

中共中央总书记、国家主席、中央军委主席胡锦涛检阅武装力量后，指出，中国军队"要发扬光荣传统，加强自身建设，切实履行使命，为维护国家主权、安全、领土完整，为维护世界和平再立新功"。

10 时许，象征着中国 56 个民族的 14 个徒步方队、30 个装备方队和 12 个空中梯队依次展现在世人眼前。

鲜红的军旗，严整的军容，精锐的装备。秋日阳光下，古老的天安门又一次见证中国军队的崭新风采。

本次受阅的 52 种装备均为中国制造。

"脱胎换骨"，85 岁的田申这样描述新中国 14 次国庆阅兵所发生的变化。这位中国国歌的词作者之子说，"开国时的受阅武器 95% 是从战场上缴获来的。"

即使与 10 年前相比，中国军队的变化同样可以用"脱胎换骨"来形容。在这次 8 000 人参加的阅兵中，近九成受阅装备是国庆 50 周年后列装的。

预警机、机动雷达、通信车，这些让中国军队"耳"更聪"目"更明的装备首次出现在受阅方阵中，标志着在加速向机械化转变的同时，中国军队信息化建设也取得了重大进展。

"上世纪 90 年代后期开始，中国军队武器装备建设加快发展。"国防部长梁光烈上将说，"西方发达国家拥有的各类装备，我军基本都有了。"

虽然海军舰艇无法开到今天的受阅现场，但在今年 4 月 23 日海军成立 60 周年海上阅兵中，中国海军已向世界展示了核潜艇、驱逐舰等一系列达到或接近世界先进水平的主战装备。

中国军队的"跨越"，是由中国的整体"跨越"所支撑的。今天，中国每一天所创造的财富，是 10 年前的 3 倍，超过了新中国成立初一年的财富总量。

富国强军，中华民族的百年梦想正在变为现实。

相对于阅兵中这些可见的变化，"人"的素质等无形变化同样巨大。仅徒步方队中，就有 62 位硕士和博士。目前，解放军 74.1% 的军官拥有大学本科以上学历。

"尽管战略预警能力、机动能力、中远程精确打击能力有了提高"，军事专家陈舟说，"但积极防御的战略始终是中国的选择。"

中国已宣布，21 世纪中叶基本实现国防和军队现代化。

> "人民解放军是维护世界和平的一支重要力量",阅兵总指挥说,"我们不对任何国家构成军事威胁。"

这则获得第二十届中国新闻奖二等奖的消息,其主体遵循时间顺序,叙述国庆60周年阅兵的过程,同时又注重逻辑关系,将笔触伸到阅兵式之外,纳入了其他重要信息,从而使报道的内容充满张力:体现了中国军人素质的变化,介绍了国防建设未来走向和中国的国防战略,立意深远。

二、主体的写作要求

消息的主体是对导语进行补充说明和解释深化,因此,其容纳的新闻要素和事实信息远比凝练的导语多。主体的写作首先要注意,选取的事实应与主题有必然的联系,联系越紧密,就越能深化主题。在消息主体的写作过程中,要根据主题的需要,对素材进行严格的筛选,哪些可以写,哪些不能写,哪些详写,哪些略写,都要有利于主题的表现。与此同时,主体的写作还要注意内容充实,提供的事实、细节、数据等既要典型又要充分。具体地说,主体的写作要注意以下几点。

(一)展开导语要素,解释和深化新闻导语

美国著名记者约翰·钱塞勒说过:"导语提出一个或几个观点,然后就要在报道中加以证明。"① 由此可见,主体的作用之一就是解释和深化导语。例如第二十一届中国新闻奖获奖消息《海南反对空谈求实事》(《光明日报》2010年8月6日),其导语如下:

> 不出题目,不发材料,不写论文,不念稿子,不分级别,近百名省、市县、厅局领导每人限时十分钟,登台讲实话:你行在哪?不行在哪?怎么干?干什么?海南省委日前召开的2010年度理论研讨会一扫老套路,别开生面,用省委书记、省人大主任卫留成的话说:"转变作风,从改变会风开始,紧扣海南发展和建设国际旅游岛主题,找差距,说办法,不空谈。"

其主体部分则这样写道:

> "我们以万泉河为灵魂,把嘉积上游真正经营成漂流区,把城区八公里经营得将来可以媲美夜游珠江、黄浦江,把嘉积到博鳌片区建设成像样的自行

---

① [美] 约翰·钱塞勒等:《记者生涯》,世界知识出版社1985年版,第36页。

车道和步行区……"琼海市委书记祝春荣摩拳擦掌，细细道来。"我觉得在实力不济的时候，我们的开发建设，尤其要解放思想，扬长避短，同时要坚持高起步、大手笔。"万宁市委书记李秀领结合实际，深有感慨。"眼下是不缺观念缺理念，不缺雄心缺用心，不缺规矩缺尺度，不缺钱花缺标准。"交通厅长董宪曾谈起交通建设中存在的问题一针见血。

这则消息中，记者在主体部分通过摘录研讨会上的发言，解释导语中提出的"转变作风，从改变会风开始"。同时，主体部分对于"改变会风"的具体描述不落俗套，直观生动，有效地深化了导语。

（二）补充导语中未出现的新闻要素，将概括的事实具体化

在导语有限的篇幅里，很难将新闻要素中的"5W"和"1H"叙述充分，往往导语中呈现的只是最重要、最富有吸引力的新闻要素，所以在消息的主体部分，有必要对事实的其他要素进行补充说明。例如获第十三届中国新闻奖二等奖的消息《请过路吧，亲爱的藏羚羊》（《中国铁道建筑报》2002年8月17日）导语部分：

　　昨晚，约有500只藏羚羊带着刚满月的儿女们，通过可可西里青藏铁路建设工地，向黄河源头的扎陵湖、鄂陵湖迁徙。

其主体部分：

　　今年6月20日前后，两万多只雌性藏羚羊北上产崽，铁路夜间停止施工10天，为它们开辟通道。一个多月里，两万只小羔羊诞生在那块神秘的"天然产床"上。据估计，从8月4日到8月15日，将有4万只大小藏羚羊跨过铁路安然回迁。

　　青藏铁路开工后，环保理念渗透到建设者的血脉之中，青藏高原成为他们心目中的环保圣地。他们精心爱护每寸绿草，善待每一种动物。一年来，他们将五只失去母爱的小藏羚羊送到自然保护区机关，可爱的小宝贝得到妥善的保护。在他们的精神昭示下，没有一只藏羚羊在捕杀的枪声里倒下。

这则消息主体部分呈现的新闻事实，对于导语中简略概括的藏羚羊的迁徙进行了补充说明："铁路夜间停止施工10天"，建设者"将五只失去母爱的小藏羚羊送到自然保护区机关"。这些保护举措为藏羚羊的生存繁衍做出了贡献。消息的主体部分凸显了铁路建设者的环保理念，更深化了保护动物、人与自然和谐相处的

主旨。

（三）为受众解疑释惑，满足受众的接受心理

主体的写作还要注意针对受众接受事实信息时可能产生的疑问，借助对事实的陈述，为受众解疑释惑，满足受众的接受心理。

案例 12-9

从受触动到行动 知识改变命运
629 户人的藏乡走出 359 名大学生①

（本报讯）"这两年，别人想在我们村寨娶个媳妇都难。"3 月 25 日，记者在阿坝州若尔盖县求吉乡采访时，噶哇村村委会主任仁卓的一句感慨引起了记者的注意。为何难？原来，村里年轻人不少都出门上大学去了。全乡共 629 户人（家），近 7 年间已有 235 人从大学毕业，还有 124 名大学生在读。

求吉乡地处若尔盖县和甘肃省迭部县交界处，只有 7 个村、21 个自然寨，却是全县走出大学生最多的乡镇。乡党委书记张建荣说，乡里不少学生考进了中央民族大学、四川大学等知名大学，还出了全县第一个留学生。

一个偏远的藏区乡，为啥能培养出这么多大学生？

张建荣介绍，上世纪末，求吉乡村民组建了潘州物流车队，走南闯北跑运输。眼界打开后，不少村民才发现，由于自己文化程度低，做事受限，于是空前地重视起子女教育问题来。

下黄寨村村民尼美多吉开货车已有 20 年，"我小学二年级都没读完，好多路牌认不到，找路很不方便"。同村的巴千学不认识几个字，跑运输时要记录饭店电话，就在电话本上画个碗和筷子，再记上数字。尼美多吉一家省吃俭用，支持独生女儿罗措考入了阿坝师范学院。巴千学的儿子多吉扎西已大学毕业，正在自己创业搞现代农业。

近年来，对国家和省里的"两免一补""9+3"免费职业教育等政策，求吉乡党委、政府大力宣传，让家家知晓。每年 6 月 1 日，乡上召开群众大会，以藏族的最高礼仪，给尊师重教的好家长和爱岗敬业的好老师献上哈达，给品学兼优的好学生发放学习用品。连续多年，求吉乡的入学率、巩固率、升学率均保持在 100%。

求吉乡并不富裕，村民们千方百计筹措教育费用，有的不惜卖掉家中全部牦牛。

---

① 《从受触动到行动 知识改变命运 629 户人的藏乡走出 359 名大学生》，《四川日报》2015 年 3 月 26 日。

去年夏天，上黄寨村召开了一次村民会议，议题是：把重视教育列入村规民约。原来，比起邻近的苟哇村、下黄寨村，上黄寨村的大学生较少。村民们商定，凡是有人考上大学，村上给予1 000元奖励，每户村民还要各凑一两百元给他们当学费。

社会各界也伸出援手。由退休干部牵头成立的求吉乡教育助学协会，募集爱心资金70余万元，已对全乡所有在校大学生进行了资助。

据初步统计，求吉乡的大学生毕业后，少数去了成都等大城市，约90%的人回到了阿坝州工作，成为教师、医生、公务员、技术员，其中科级干部已近百人，求吉乡成为阿坝州双语干部的一个摇篮。

29岁的更巴措是苟哇村人，她从绵阳师范学院毕业后主动回乡当了一名小学语文老师，"希望帮助更多孩子走出藏寨"。

这篇获得第二十六届中国新闻奖一等奖的消息，其成功之处便在于主体着力于对导语提出的"629户人中走出359名大学生"这一事实加以解释，因为这在内地教育发达地区也是一个不错的数据，更何况是在偏远的藏族乡村！主体以讲故事的方式，用村民的具体事实反映教育滞后、人才匮乏如何成为藏区发展的现实短板；并从国家政策、村民自助、社会援手等几个方面入手，把"教育促进发展、知识改变命运"的观点融入流畅叙事中。消息生动叙述藏族农牧民的命运起伏和人生感悟，不仅折射了发展教育、培育人才是落实中央关于"富民兴藏、长期建藏、凝聚人心"等治藏方略的重要基石，也充分回应了受众对此事的"关注点"。

（四）增添细节性材料，以增强消息的可读性

消息写作贵在以细节描写打动读者，细节性材料在主体中运用，能够带动受众的思维，强化受众的理解，增强消息的可读性，深化消息的传播价值。例如获得第十七届中国新闻奖二等奖的消息《地学科研愁的是"没人花钱"》（《科技日报》2006年4月11日），其主体部分有多处细节描写：

内蒙古地区矿产丰富，在人类已发现的135种元素中，探明92种在内蒙古地区。2005年，内蒙古自治区为了加快找矿步伐（包括找铁、金、铅、锌、煤等矿），投入6个亿的项目费。而地勘局总共在职人员7 900人，从事地质学专业的1 100人，纯搞地质的仅300多人。局里把所有离退休地质科技人员基本上都返聘回来，即使这样人还是不够用。不得已，2005年地勘局只干了2个多亿的地学项目。

他分析说，地质行业是个艰苦行业，常出野外，待遇又不高，再加上子

女上学困难等,地质队伍人才外流现象严重。上个世纪90年代出现了负增长,人才缺失,造成了钻探工作量下降。

这则报道中,内蒙古自治区矿产项目费和地质人才数量就属于细节性材料,数据的运用增强了报道的直观感。

三、主体的写作技巧

主体的写作要围绕报道主题,以生动具体、"以一当十"的典型事实,进一步阐释和深化导语中所涉及的内容,提供与之有关的新事实。主体的写作技巧主要有:

(一)根据新闻事实的特点组织材料

主体是新闻事实呈现的依托,不同新闻事实的报道,要求具有不同的主体结构。因此,主体写作一定要注意根据新闻事实的特点,运用不同的主体结构来组织材料。新闻实践中,常用的组织新闻素材的方法有:按照主次关系或从属关系组织材料,按事物内在逻辑或问题的重要性组织材料,按时间顺序组织材料,按空间转移组织材料,按时空交叉(又谓纵横交叉)组织材料,按并列或层进方法组织材料,按事物的分类组织材料,按先总后分的方法组织材料等。

案例 12-10

农民租飞机给农田喷药 榆树种粮大户实现"飞速度"[①]

(本报7月8日讯)今天,种粮大户陈卓只用了一天的时间,就完成了100公顷玉米地的喷药作业,而在往年,这项工作至少需要5天。

帮助陈卓实现这种"飞速度"的,是他租来的一架小型农用飞机。农民自己租飞机给农田喷药,这在我省还是首次。

今天早上8时,在榆树市五棵树镇合发村的一条笔直公路上,一架有着彩色机翼的蜜蜂3号超轻型飞机,经过100米的加速滑行腾空而起,飞向10公里外的一片玉米地。飞机从玉米地上空快速掠过,机翼下面喷洒下一片白色的药雾。

现在正是玉米的拔节期,也是对玉米进行抗倒伏、增产、抗菌、杀虫等喷药作业的关键时期。陈卓说:"人工2个小时喷洒1公顷地,高架车1天喷洒20多公顷地,采用飞机航化作业省时高效,就是为了抢到庄稼用药的时

[①] 《农民租飞机给农田喷药 榆树种粮大户实现"飞速度"》,《吉林日报》2015年7月9日。

间点。"

陈卓是榆树市远近闻名的种粮大户，他牵头成立的田丰合作社今年托管了601公顷土地。从合作社成立开始，陈卓就下决心走现代农业发展的路子，合作社的机械化水平逐年提高，现有60多台（套）农机，实现了耕、种、收全程机械化。这次租来飞机喷药，让合作社的现代化水平实现了一次真正的飞跃。

飞机是陈卓从哈尔滨一家公司租来的。该公司负责人王立辉介绍说，今天是他们第一次与我省农民合作开展玉米航化作业，"农民自主开展的航化作业在全国也比较少见，吉林农民的思想真是现代。"

航化作业是农业机械化的一个"高端"标志。近年来，我省不断提高农机装备水平，去年全省农作物耕种收综合机械化水平达到77.8%，今年这个数字将达到80%，航化作业面积计划达到200万亩，我省现代农业生产将迎来"飞速度"。

这篇获得第二十六届中国新闻奖二等奖的消息，其成功之处在于主体对新闻素材的巧妙组织和安排，从而深度挖掘了新闻事实的"内核"。消息导语报道了种粮大户陈卓完成100公顷玉米地的喷药作业，往年至少需要5天而今年只用了一天的事实；主体根据这一事实的内在逻辑组织材料，先交代事实发生的原因："租来的一架小型农用飞机"帮助陈卓实现这种"飞速度"，然后具体介绍飞机给农田喷药的过程，其间还运用精当的背景材料对基本新闻事实进行解读，从而将这一具有示范效应的种粮大户个人出资用飞机为托管土地喷药的做法及其意义和盘托出。

（二）提行分段，层次分明

消息的主体部分要求层次分明。首先必须注重提行分段，这属于消息写作的观念表述和组织结构的方法技巧问题。主体的写作要善于以简洁明了的行文传播信息。如果一则消息的主体部分过长，内容过多，就会导致层次不清，重点模糊。其次，从消息的特性来看，作为叙事性传播，主体部分一定要按照事物的内部联系、自身规律和特点来安排事实、阐释意义，运用科学思维的方法和原则来说明事理，有因有果，有理有据。

（三）语言生动，注重可读性

消息主体的写作要注重可读性，要设法带给受众冲击力和感染力。首先语言要力求通俗、准确、朴实、鲜明、生动，有起伏波澜，符合广大受众的阅读（收听、收看）习惯。其次要展现，不要讲述。这也是西方新闻界流行的一种观点，即用文字来描述一幅画面。"展现"就是表现的意思，也是我们常说的白描，即以质朴的文字抓住对象的特征，不加渲染，淡淡几笔，简明生动地描绘新闻事件，再现新闻现场。

思考题

1. 如何认识消息的特点？
2. 在不同媒体中查找有关同一消息的报道（5~10例），分析其导语类型与写作特点。
3. 从近期报道中，找出动态消息、综合消息各一例，分析其写作特点。
4. 在采访的基础上，写作一篇消息。

第十三章　通讯写作

本章知识点：① 通讯的文体特点；② 通讯的分类；③ 通讯的结构及其优化；④ 通讯的主题确立与提炼；⑤ 通讯的表达；⑥ 通讯表达的创新。

通讯是采用多种表达方式，较之消息更为具体和详尽地反映报道对象的新闻文体。广义的通讯是一个文体群，包括特写等多种文体。狭义的通讯，则是与消息相对应的文体概念，包括叙事记述型通讯、调查分析型通讯和谈话实录型通讯三种类型。

第一节　通讯的特点

通讯和消息统称为新闻报道。它们都必须体现很强的新闻时效性，都必须恪守新闻所要求的真实性，都必须报道具有新闻价值的事实。这是两者的共同之处。但与消息相比，通讯又有自己的特点。

一、细化报道内容

就同样的题材而论，消息受篇幅限制，所作报道比较简略，大致是概要式的，一般对内容不加细化，不作详尽叙写。而通讯对有关人、事、景、物的叙写较为具体和舒展，会将新闻事实的细节以及相关的历史事实（背景材料）叙述得很详细。例如通讯《连云港浦南镇太平村三千村民推举民警当村官》（《新华日报》2009年8月29日）中的片段：

> 连云港市浦南镇太平村前些时出了件"不太平"的大事，由于村民对两委班子不满，联名上书镇党委要求更换村支部班子。在此情况下，两委班子全体辞职。谁来当新村官？这是个大村，共有1 342户、5 672名常住人口，却竟有3 000多村民联名推举一个28岁的民警万峰。万峰何德何能，能在这个村情复杂的村如此得人心？……
>
> 万峰回忆说，农村人吵架，很多是小事，他觉得鸡毛蒜皮很无聊，一上去就讲人家：你们吵什么吵啊，有什么大事啊?! 这下好了，两个吵架的人不吵了，掉过头来一起骂他：这事小吗？这事很大！

听着就像春晚小品。后来怎么就服人了？有什么诀窍？

万峰说，磨嘴皮子磨多了悟出来：乡邻之间的很多纠纷争端多是为个"面子"。前两天，一个老头打了小伙儿一拳，吵起来，叫万峰去评理。小伙儿一定要老头道歉。万峰说：按辈分，他和你父亲平辈，他给你道歉，你受不起，你把你父亲叫来，让他们平辈之间道个歉吧。小伙儿父亲来了，老头儿觉得这个歉能道了，刚一开口，小伙儿父亲不好意思了：哎哟，多大个事，不要讲了不要讲了。双方的面子都过了，事情就了了。

这篇通讯注重细化报道内容。特别是对万峰前后两次劝架的叙写，既具体生动，又耐人寻味。前一次劝架，结果他成了吵架双方共同的对立面；后一次劝架，他以智慧平息了挨打的小伙与打他的老头之间的争端。文中没有使用抽象空洞的词语，鲜活的内容和质朴的语言使文本具有了一定的魅力。

一般来说，消息引用人物语言（直接引语和间接引语）不多，对此也没有特别的要求；但通讯写作的成功秘诀之一，则是比较多地又是恰当地直接引用人物（报道对象和采访对象）语言。此外，通讯还会比较多地写人物的神态、动作，这是通讯细化报道内容的又一含义。由新华社记者、《人民日报》记者、《西藏日报》记者、《大众日报》记者共同撰写的通讯《领导干部的楷模——孔繁森》（《人民日报》1995年4月7日），对孔繁森二次进藏前告别老母亲时的情景，是这样叙写的：

要走了，孔繁森默默地站在母亲面前，用手轻轻梳理着母亲那稀疏的白发，然后贴在老人的耳朵旁，声音颤抖地说："娘，儿又要出远门了，到很远很远的地方去，要翻好几座山，过好多条河。"

"不去不行吗？"年迈的母亲抚摸着他的头舍不得地问。

"不行啊，娘，咱是党的人。"孔繁森的声音哽咽了。

"那就去吧，公家的事误了不行，多带些衣服、干粮，路上可别喝冷水……"

想到也许这是同年迈多病的老母亲的最后一面，孔繁森再也抑制不住内心的感情，"扑通"跪在母亲面前："自古忠孝不能两全，娘，您要多保重！"说完，流着泪给母亲深深磕了一个头。

文中如实记录了孔繁森临行前与九旬母亲之间的一番深情对话。在对话中，母亲的话不多，但她的深明大义表现得淋漓尽致；而孔繁森对母亲的依恋、不舍以及关于"忠孝不能两全"的慨叹，让人久久难以忘怀。对话是那样本真、实在、感人。如果删去对话，以记者概括性的话语来代替，能产生这样的效果吗？如果将直接引语改成间接引语，即由记者转述母子对话，效果也会大为逊色。而对孔繁森默默站立、说话颤抖、声音哽咽、"扑通"跪下、深深磕头等一系列动作的叙写，无疑也使作品的感人程度大增。

二、讲究主题表达

主题是作者通过所写内容表达的统摄全篇的思想观念，它是整个文本的灵魂，是全部素材和文字的凝聚中心。

通讯作品需要有主题，在这一点上，它与一些篇幅短小的消息有所不同。有些短消息，只是客观地传递一个相对简单的事实或信息，未必表现或隐含什么主题。而通讯则必须有主题，否则就会导致两个后果：一是文本失之松散，二是立意失之肤浅。

《不获全胜决不轻言成功——坚决打好湖北保卫战、武汉保卫战》

诚然，通讯的主题所表达的是记者的认识，但记者的这种认识既不应脱离事实，也不应违背事实；它是记者在反复审视、观照采访所得材料以后获得的智性认识和精到见解。

叙事记述型通讯的主题，一般不应该由记者直接点明，而应该通过对人和事的叙写表达出来；调查分析型通讯，在陈述调查所得材料的基础上，借助对材料的分析呈现主题；谈话实录型通讯，主题是在谈者与访者的交谈中得到表现的。

三、注重讲述故事

通讯是以讲故事见长的新闻文体，既可以讲首尾圆合的故事，也可以讲某些故事片段；既可以只讲单个的故事，也可以讲成串的故事。在通讯中讲故事的前提是：故事具有新闻性；故事服从于表现主题的需要，围绕主题展开。这就要求记者在采访时注意发现具有新闻价值的故事，再将其写进新闻报道中。

（一）讲情节生动的故事

请看通讯《老郭脱贫记》（《人民日报》2016年12月25日）：

贫困户吃低保，别人争得面红耳赤，老郭却总想让出去："脱贫靠劳动，不能躺在'政策温床'上！"

老郭叫郭祖彬，今年56岁，是河南封丘县王村乡小城村农民。年轻时的老郭并不穷，开四轮，拉红砖，日子过得去。没承想，儿子3岁患病，摘除脾脏，手术费花了1万元。老郭把积蓄拿出来，勉强渡过难关。10年后，儿子再次病发，做心脏搭桥手术花了6万多元。这回，老郭借遍"村里一条街"，才凑够医药费。为了还钱，他到天津打工六七年，窟窿没补上，还落下脑梗病。乡邻们忧心地说："老郭脱贫——猴年马月的事！"

封丘是国家级扶贫开发重点县，建档立卡贫困户1.86万户，5.8万人。该县对因病、因残等7种致贫原因分门别类，采取"1+2+N"帮扶模式，即每户1名帮扶责任人，2项以上扶持政策，家庭成员每人1条帮扶措施。拿老郭来说，安排公益岗位，每月挣400元；孙子享受教育补助，每年1000元；儿媳转移就业卖手机，每月工资1500元。全家享受人身意外险、医疗补充险，阻断"因病致贫"。

政府"兜了底"，致富靠自己。封丘县实施产业扶贫项目81个，户均可享产业扶贫资金8000元。村支书郭祖良选定种植中药材，请来中医药大学教授，测土、配方。老郭一听，第一个报名。

4月，是种地黄的最佳季节。可这时麦子已长到腿窝，首批报名的50户农民看不到效益，谁也舍不得铲麦子。

老郭的老伴儿着急了："万一出不来苗，地黄收不着，麦子也毁了。"

"村支书一心为咱，能把你带到沟里？"老郭坚持己见，并辞去公益岗，专心种药。

第一批10户，种了50亩，老郭种4.5亩。半月后，地黄没出芽。村民议论，老伴数落。老郭一天到地头转几遍，悉心照料。40天，地黄出齐，一地绿色。老郭长出一口气："心里石头落了地，我瘦了18斤。"

村支书郭祖良压力更大："万一种不成，咋有脸见乡亲？"他请专家"把脉"指导，成立种植合作社，与安徽企业达成协议，以优惠价回收药材，让农民吃上定心丸。

12月，地黄叶枯，眼看就到收获的季节。为解销路之忧，村党支部组织贫困户到安徽找市场。见中药材需求旺盛，更多贫困户以土地入股，加入合作社。如今，合作社种3种药材，共计400多亩，明年将扩至1000亩。依托中药材产业，村里将建中药材展馆，开设中医疗养一条街，发展"养生小城"特色游。

挖出一根弯弯的地黄，老郭算了笔账：4.5亩药材，纯收入1.8万元。自己在合作社干工，月工资1500元；老伴在合作社除草、浇地，可挣500元；儿子开车耕地，也能收入3600元。加上养猪，全家年收入5.6万多元，家里6口人年人均纯收入9300多元。

这篇不足千字的通讯，讲述了贫困农民老郭脱贫的故事。通讯的起句不凡：面对贫困户才有的"吃低保"份额，别人争得面红耳赤，而老郭却总想让出去。

这无形中造成了设置悬念的效果。接着，通讯讲述了老郭人生路上的诸多磨难：先是从不贫到贫——因为要给儿子治病四处举债，后是自己也落下了脑梗病——父子俩在治病方面花去了大把的钱，以致"因病致贫"。然后，又具体讲述了老郭面对政府的扶贫政策和举措，不愿意"躺在'政策温床'上"，坚持"政府兜了底，致富靠自己"，终于成功脱贫。通讯的情节曲折生动，既充满故事性，又富于启发性。

（二）讲意味深长的故事

前几年，问题奶粉事件使企业和个人的诚信问题成为社会关注的焦点。当时，《兵团日报》刊登了一则通讯《"我要做一个诚信的人"》（2008年11月13日），讲述了吴兰玉老人拾荒9年积攒微薄收入还债的故事。这个年迈、羸弱、贫困的老太太所演绎的故事，凸显出的诚信，正是如今一些社会组织和个人所欠缺的。故事发人深省、催人振奋。

（三）讲感人至深的故事

请看通讯《默默芬芳最动人——献给"把脉江河"的水文工作者》（《光明日报》2011年11月16日）中的一个片段：

> 循化水文站的郭建林也养了一条可爱的小狗。他是个心态乐观的"老水文"，他说自己当初在青海省果洛州玛沁县拉加镇军功水文站工作时，海拔有3 100多米，见不着蔬菜和水果，后来见到一种水果时，怎么也想不起来叫什么，只好跟家人说要吃"那个"。过了好长一段时间，他才想起，"那个"就是香蕉。
>
> "你说我傻吧？"他一边说一边哈哈大笑。
>
> 他还养过一只鹩哥，模仿人说话惟妙惟肖。到了工作时间，同事会喊一嗓子："小郭，测流！"日子久了，鹩哥记住了，一见到他，就会主动"吩咐"开来——"小郭，测流！"

很久没见过蔬菜和水果了，甚至到了叫不出香蕉名称、把它称为"那个"的地步；终日与鹩哥为伴，以至于鹩哥熟记了"他"的日常工作用语，每每主动吩咐"他""测流"；终日孤苦寂寞，只得养狗与自己作伴。在这个故事背后，受众可以体悟到水文人所面对的极端艰苦的条件和寂寞难耐的生活，可以感受到他们所经受的严峻考验。而这一切，都让人为之感动。

四、展现生动细节

凡是叙事性文体的写作，都必须注重细节。细节是指人物、事件、场景中有意味的细微之处。它有时是人物的举手投足，有时是事件的一个细小情节，有时是关于人物、事件的一个镜头。

请看穆青等人撰写的通讯经典名篇《县委书记的榜样——焦裕禄》(《人民日报》1966年2月7日),其中写到这样的细节:

> 很多人都发现,无论开会、作报告,他(编者注:指焦裕禄)经常把右脚踩在椅子上,用右膝顶住肝部。他棉袄上的第二和第三个扣子是不扣的,左手经常揣在怀里。人们留心观察,原来他越来越多地用左手按着时时作痛的肝部,或者用一根硬东西顶在右边的椅靠上。日子久了,他办公坐的藤椅上,右边被顶出了一个大窟窿。

"右脚踩在椅子上,用右膝顶住肝部",棉袄上第二、三个扣子不扣,"左手经常揣在怀里",左手按着肝部,"用一根硬东西顶在右边的椅靠上",办公坐的藤椅"右边被顶出了一个大窟窿"——这些堪称细微的叙写,凸显出病魔给焦裕禄带来的巨大痛苦和焦裕禄与病魔抗争的坚强毅力。无须记者发什么宏论,用细节说话,细节本身自会体现出说服力和感染力。

再看通讯《公仆本色——追记湖南省委原副书记、省人大常委会原副主任郑培民同志》(《人民日报》2002年10月14日)中,有这样一段文字:

> 在湖南,常常会听到人说:"培民书记是我的好朋友。培民书记像我的好兄长。"
>
> 说这话的人大都是普通百姓。该有多么深厚的感情和多么平等的关系,才能让他们自信地将一个省委副书记称为自己的朋友?
>
> 曾令超,一位司法干部,在一次维护社会治安的事件中受伤,双目失明,后来从事文学创作。他听说了兼任省残联名誉主席郑培民的名字,写信希望得到郑培民的题词。
>
> 犟犟的老曾打定主意只写一封信:如果郑培民不回信,那我也犯不上巴结他,管他是多大的官!
>
> 回信来了,曾家的电话也响了。
>
> 半个多小时的电话里,郑培民详细询问了曾令超的各种情况。他怕在纸框子里摸索着记录的曾令超不方便,把自己家里和办公室的电话(号码)重复了三四遍。
>
> 最后,郑培民一定要等到曾令超放下电话后,自己才挂电话。老曾实在受不了这等"待遇",坚持让郑书记先放电话,推来推去,还是老曾拗不过书记。以后,在他俩的交往中,这已成为习惯,也成了默契:每次,郑培民都

要听到电话那边"咔嗒"一声，自己才轻轻挂上电话。

见了面，郑培民一把抱住了什么都看不见的曾令超："你摸摸我，咱俩高矮胖瘦差不多！"他又摸摸曾令超脸上的伤疤："阴天下雨会疼吗？"

热茶倒好，先放在一边。等到不烫了，郑培民才端到老曾手上，"现在可以喝了。"

上述文字包含了一系列细节：（1）电话。此处的细节元素十分丰富，作为高级干部，主动给残疾人曾令超打电话，一打就是半个多小时（这是并不多见的）；为方便双目失明的曾记录，郑将自己的办公电话和住宅电话重复了三四遍（这也是不多见的）；郑坚持让曾先挂电话，自己方才挂电话（表现出对曾足够的敬重）。（2）见面。见面后，"一把抱住"曾，抚摸他脸上的伤疤，充分显示出与曾的亲近与亲密。（3）倒茶。沏茶，并不让人代劳；等茶不烫了，才端到曾手上（唯恐什么也看不见的曾被热茶烫着，体现了无微不至的关心体贴）。有了上述一系列耐人寻味的精彩细节，感人的元素和深刻的含义尽在其中，比抽象地空发议论效果更好。

五、表达方式多样

记者在写消息时，使用得最多的表达方式是叙述，描写和说明次之；议论和抒情则受到较为严格的控制。记者不宜直接站出来进行议论；一般来说也不宜抒发自己的情感，否则会使报道带上比较浓厚的主观色彩。而在通讯中，上述五种表达方式往往是同时并用的，呈现出表达方式的多样性。

在通讯中，作为表达方式之一的抒情被比较多地运用。比如，通讯《红山嘴，大雪即将封山》（《解放军报》2011年9月28日），报道了戍边连队在"红山嘴"度过艰难的"封山期"。通讯中有这样一段叙写：

2010年1月20日，龚黎明的妻子金兰查出卵巢肿瘤，急忙给丈夫打电话："肿块有拳头大，医生说一天都耽误不得！"

因为大雪封山，龚黎明同样回不了家。几天后，坚强的金兰只身起程，从祖国的西北边陲回到东北老家。

"做手术那天，是妻子金兰代我签的字。"龚黎明说。术后，妻子长时间直不起腰，身体弯得像一张弓，购物、买菜，样样都得自己干，连邻居看了都觉得心疼。可她倒挺乐观，说活着就是一种幸福。

也许是因为爱得太深，也许是因为愧疚太多，从得知妻子患病那天起，身处"雪海孤岛"的龚黎明，每天都要用一个心形巧克力盒子当模具，用洁净的清泉浇冻一颗"冰心"，以寄托对爱妻的思念。这个冬天，他总共浇冻了九十多颗"冰心"。

有道是"无情未必真豪杰。"通讯着力写了龚黎明自责对妻子"愧疚太多"，浇冻"冰心"。字里行间，既饱含了报道对象的浓浓情意，又隐含了记者的丰富情愫。

再如通讯《在大海中永生——邓小平同志骨灰撒放记》（新华社 1997 年 3 月 2 日播发）中，记者以饱含深情的笔触写道：

飞机盘旋，鲜花伴着骨灰，撒向无垠的大海；大海呜咽，寒风卷着浪花，痛悼伟人的离去……

邓小平一生迷恋大海，与波峰浪谷有着不解之缘。一下海，他就舒展双臂，游向深处。无论海多深，风多急，浪多大，他都劈波斩浪，勇往直前。

大海的无垠，开阔了他博大的胸襟；浪涛的汹涌，塑造了他顽强的性格。

潮涨潮落，大海沉浮，就像他人生的三落三起。半个多世纪的革命生涯中，虽历经风险，但他始终百折不挠，总是能一次次在历史的紧要关头挽狂澜于既倒，在沧海横流中显出伟大的无产阶级革命家大无畏的英雄本色。

全篇通讯在较多使用叙述和描写的同时，抒情和议论也占了很大比重。不仅如此，文本还得益于对仗和比喻等修辞格，体现出特有的诗意。

第二节　通讯的类型和结构

根据写作的方式与要求，通讯通常分为叙事记述型、调查分析型、谈话实录型三类。通讯的结构，涉及通讯文本的内部构成，不同类型的通讯有着不同的结构要求。

一、叙事记述型通讯及其结构

（一）叙事记述型通讯概述

这类通讯，以叙事的方式记人、记事、记地（分别对应通常所说的人物通讯、事件通讯、风貌通讯）。在这类通讯中，使用比较多的表达方式是叙述和描写。

（二）叙事记述型通讯的结构

叙事记述型通讯通常的结构方式有：

《总书记的深情牵挂——来自贫困乡村的精准脱贫故事》

1. 纵式结构

具体又可分为两种：

第一种，按时间顺序安排结构。这种结构脉络清晰，操作简单，但易流于平铺直叙，不易使受众保持持久的兴趣。当然，如果事实本身足够有价值、有趣味，采用这种结构方式仍能获得不俗的效果。20世纪90年代的一则短通讯《商业部长买鞋上当记》（新华社1990年9月11日播发），就是比较成功的例子。

案例原文
请扫描二维码

第二种，按逻辑层次安排结构。调查分析型通讯和谈话实录型通讯，往往较多地采用这种结构方式；素材丰富的叙事记述型通讯，也会采用此种结构方式，如长篇通讯《守望精神家园的太行人——红旗渠精神当代传奇》（新华社2011年10月16日播发）就是如此。采用这种结构方式写通讯，要对繁杂的素材加以梳理、归类，起关键作用的是逻辑的层次而不是时间、空间的顺序。

案例原文
请扫描二维码

2. 横式结构

具体也可分为两种：

第一种，截取某个时间点或跨度较小的时间段，由此对不同空间中的人和事进行报道。粗看起来，此类通讯的结构较为松散，给受众的感觉如同在做散点透视。事实上，某种内在的神韵是贯通全篇的关键。

第二种，从逻辑关系上体现各个构成部分的并列存在和平行推进。前文提到的通讯《默默芬芳最动人——献给"把脉江河"的水文工作者》，共有四个部分，分别是——A. 水文人说："一天一个点，一年一条线"；B. 村民说："水文人是鸭子变的吧？"；C. 孩子说："发大水的时候，我爸爸能上电视"；D. 鹩哥说："小郭，测流！"四个部分处于同一逻辑层面上，它们之间是并列关系，而这四个标题也颇能吸引人。

3. 纵横交叉式结构

在以时间为纵轴叙事的过程中，注重其间某些时间点沿着空间的横轴延伸，这种结构便于叙述复杂的新闻事件，并能造成立体感和纵深感。比如通讯《秋天，我们发起进攻》（《中国青年报》1991年1月23日），写的是一支现代化、正规化的部队在秋天进行演练的情景。通讯分为四个部分：A日、B日、C日和D日，这就构成了总体上的纵向结构；而对一天中某些时间节点上发生在不同空间的事件的叙述，又显现出报道者对横向空间维度的自如把握。

4. 其他结构

"文无定法"。研究者和实践者都无法用几个概念来框定通讯的所有结构方式。事实上，在通讯结构方面，人们的写作实践丰富多彩，且处于不断创新之中。改革开放以来，就出现了不少在文体和结构方面创新力度很大的通讯作品。例如，《汉城决战的最后 40 秒——男子 4×100 米决赛画外音》(《体育报》1986 年 10 月 11 日)，报道的是 1986 年汉城亚运会压轴大戏男子 4×100 米决赛情况。这篇通讯中，记者将赛前、赛后采访得到的内容，以画外音的方式，巧妙地融入扣人心弦的最后 40 秒的比赛之中；与此同时，通讯还以宋体文字叙写现实赛事，以楷体文字标明画外音，完全突破了通讯结构的固定模式。再如，通讯《巡视组长——追记李泉新》(《江西日报》2016 年 12 月 16 日)，按照"十一个'一'"谋篇布局：一场较量、一大收获、一次小聚、一次"说情"、一台收音机、一声道歉、一块手表、一门家风、一次辞行、一场送别、一声绝唱，以故事或片段的方式讲述巡视组长李泉新的方方面面，既写出了其凛然正义、铮铮铁骨，又写出其人格魅力、人文情怀。从通讯结构来看，可谓自由灵动。

二、调查分析型通讯及其结构

(一) 调查分析型通讯概述

调查分析型通讯是记者对现实生活中存在的问题进行调查和分析后写成的通讯。在调查和分析中，前者是后者的前提和基础，后者是前者的价值所在和旨归。这类通讯以负面题材居多，也正因为如此，它有着无可取代的舆论监督作用。

(二) 调查分析型通讯的特点

1. 注重问题意识

与一般通讯有所不同的是，记者在采写此类通讯时，侧重于发现问题并围绕问题进行采访。在这里，具有问题意识特别重要。比如通讯《金牌不是名牌》(《经济参考报》1991 年 8 月 24 日)，便是从辽宁省许多厂家生产的获得金银牌的产品没有市场这一严酷现实中，发现并提出了"金牌非名牌"的问题，并对如何改变现状作出了分析思考。

2. 就问题进行分析探究

调查分析型通讯，不仅要告诉受众发生了什么事，而且要告诉受众何以如此和此事有何意义。在这里，由结果追溯原因尤为重要。分析探究的工作，当然是由记者完成；但与学术论文有所不同的是，记者往往要通过对专家学者或其他权威人士的采访并引用他们的意见，来推进对问题的分析探究。而且，这类报道往往会大量引用采访对象的原话。

(三) 调查分析型通讯的结构

1. 顺藤摸瓜型

顺藤摸瓜，即由结果出发去追溯原因。一些通讯所涉及的事件结果已经显现出来并广为人知，或者是虽并未浮出水面但已经被具有新闻敏感的记者捕捉到，直奔这些引起现有结果的原因去采访，便是顺藤摸瓜型的调查分析。这类结构写作时，记者通常是将结果前置以吸引受众注意，然后层层推进展开探究，最终揭示出事件原因。采用这种结构的通讯，侧重于在时间维度上对事件进行开掘。

2. 内容归类型

这种类型的通讯，通常围绕一个问题展开调查，调查的内容涉及问题的方方面面。比如前文提及的通讯《金牌不是名牌》便属于此类结构。该类通讯的若干部分之间是相互并列的板块关系，几个板块组成了一个有机整体。它注重的是内容之间既可以相对独立又存在着紧密联系的逻辑关系。

三、谈话实录型通讯及其结构

谈话实录型通讯，是以记录人物谈话方式写成的通讯。近年来，这种通讯有逐渐增加的趋势。

在上述两类通讯中，记者也会记录人物（报道对象或除此以外的采访对象）的谈话，但细加比较，谈话实录型通讯与它们还是有所不同的：（1）谈话实录型通讯由人物谈话充当"主角"。就此而论，在谈话实录型通讯中，人物谈话的水准决定着整个通讯的水准。而另两类通讯中的人物谈话则不是"主角"，记者充当着叙事的"主角"，人物谈话的不足在相当程度上可以由记者来弥补。（2）在谈话实录型通讯中，记者的提问以及采访对象所说的内容被大量引入文本，这也是与另两类通讯不同的地方。

在谈话实录型通讯中，话题的选择、谈话人的选择、所提问题的选择，都很重要。宜选择公众关注、有新意和有谈论价值的话题，选择本身有故事或有思想见解的谈话人，选择适合的问题及恰当的提问方式。

案例 13-1

26 名同学资助病逝同学父母 15 年 称承诺无期限[①]

对话动机

1996 年，河北农业大学果树 93（01）班学生李宝元病逝，此前他哥因同样的病去世。靠种地为生的李维贺夫妇成了"绝后户"，还欠下七万块钱的

---

① 《26 名同学资助病逝同学父母 15 年 称承诺无期限》，《新京报》2011 年 4 月 10 日。

债。当年12月22日，"河北农大果树93（01）班"给李维贺寄出一封信。信中称："二老以后的生活费用将由我们承担，宝元没有完成的事情将由我们来完成。"这封信成为"班级承诺"。15年来，93（01）班全体26名毕业生每到过年都给李维贺汇款。至今保存下来的有56封信，15张汇款单。

……

对话人物：李维贺，河北承德市板城镇乌龙矶村人，两个儿子因患扩张性心肌病相继去世。15年间，他受到儿子生前26名同学汇钱资助。

……

新京报：宝元病逝时，家里情况怎么样？

李维贺：宝元和他哥哥都得这病没的，为给他俩治病，亲朋好友、哥儿兄弟、邻居凡是能开口借的都借了。结果俩人的命还没保住，财去人空。

宝元咽气时，他妈偷偷服了一把安眠药，喂小米汤都不知道咽。到第九天醒来昏昏沉沉，说话颠三倒四。

新京报：那时挺难熬吧。

李维贺：可不就是。家里的烟火在农村来说已经断了，不冒烟了。他哥俩一没了，就是绝后户，没了依靠。给他们看病欠七万块钱的债，压得喘不过气儿。心里就像刀子扎的，感觉天塌下来了，一秒一秒熬。

新京报：第一次接到宝元同学们的信是什么时候？

李维贺：1996年12月底，他们是12月22日寄出的。那天挺冷。邮局把信送到村政府（村委会），村政府通知我去取信。

新京报：意外吗？

李维贺：我没想到，信上同学说要代替宝元照顾我们的生活。

新京报：当时相信吗？

李维贺：我自己亲生儿子不管我了，离我而去了。我不相信，想着他们那是安慰我。

头一回我不相信，第二回我不相信，第三回第四回，年年给我邮信，给我汇款，哪能不相信？

……

对话人物：李宝元所在班级同学，杜彦敏（班长），现在河北省林业局工作。牛树启，现在保定市公共事业管理局工作。侯英武，现在保定顺平县政协工作。

……

新京报：宝元病逝前，有没有嘱托你们照顾父母？

杜彦敏：我们到医院看他，感觉他对生活无限留恋，对父母深深地牵挂。他不想走。他走了，父母怎么办？虽然他没有说，我看他眼神，有那意思。

牛树启：我跟宝元一个宿舍，他曾跟我聊过，大学毕业后要孝敬父母，爹妈挺不容易的。得病后宝元和我说，他哥哥就是这个病没的。他心理压力很大。

新京报：为什么以班级名义给李大爷写那封信？

杜彦敏：宝元病逝以后，李大爷写信告诉我们宝元没了。全班 26 名同学都很难过，我们想代替宝元照顾大爷大娘。我作为班长起草的那封信，是给李大爷的回信。

新京报：那时候你们还没毕业，说要照顾宝元的父母，是年轻义气吗？

牛树启：是我们真实的想法，不是年少头脑发热。

侯英武：为了给宝元治病，他家债台高筑。大家都觉得，没人管，他们就没法儿过。

新京报：毕业前，全班为照顾宝元的父母专门讨论过？

杜彦敏：1997 年 6 月，我们都要毕业，各奔东西，再聚就难了。班里少了一个人，咋办？一次聚会上，牛树启说，"宝元的父母咱们得管"，然后把宝元父亲的姓名、通信地址和邮编写到黑板上。

新京报：全班同学什么反应？

杜彦敏：大家想起宝元很难过，都沉默了，把李大爷的地址抄下来了，那是一种默认。

……

新京报：第一次给李大爷寄了多少钱？

侯英武：我刚毕业，拿到第一笔工资 300 元，给宝元父母寄了 100 元。我们班赵高峰发了 300 元，全部寄去了。

新京报：同学们有没有分工，谁每年寄多少钱？

杜彦敏：这个没有，也没有任何强制性。毕业后同学们有的在保定、有的在承德、有的在石家庄，各自寄各自的。有的同学中间两年家境不好没寄钱，但没忘记大爷大娘，也给去信。同学间聚会通电话，每次都会提起宝元父母。

新京报：有没有遇到困难？想过放弃？

牛树启：从来没有。我们写第一封信就觉得大爷大娘已经是我们的父母了。从没想过把两个老人丢下不管。

……

在这篇通讯中，记者分别实录了与病逝同学李宝元的父亲李维贺、与李宝元的三名同学的对话。26 名同学资助非亲非故的病逝同学的父母，已经资助了 15 年，还将无期限地资助下去，这样的事实，感人肺腑；这样的话题，极具社会价值。记者的提问既具体实在，又便于对方充分讲述感人的故事。不仅提问被忠实地记录下来，而且每个人对问题的回答也都保留了原汁原味。

对于电视媒体来说，不用"谈话实录型通讯"的概念，而代之以"谈话节目"。这两者有很多相通之处，但也存在着明显的不同。在电视谈话节目中，主持人是需要出镜的。他（她）先要说一段开场白，然后通过提问与嘉宾交谈，其间会穿插解说词和相应镜头画面。

请看电视谈话节目《天河一号：速度背后的较量》（天津电视台《观点强中强》2010年12月30日播出）中主持人的开场白：

主持人：观点影响生活，这里是《观点强中强》。我们今天的话题和速度有关，有人说一秒钟能做什么？刘翔能够跑9米，飞机能飞300米，运载火箭可以飞行8公里，还有更快的吗？"天河一号"不久前代表中国成了世界超级计算机的速度之王，它的速度是多少呢？每秒钟2 570万亿次。这个速度超乎了我们的想象。今天我们就来了解一下"天河一号"和超级计算机的速度竞赛。

我们请到的是……（略）我们一起参与讨论。欢迎大家。

以下是解说词：

超级计算机是指当前时代运算速度最快的大容量大型计算机，是计算机领域的珠穆朗玛峰，运算速度远非普通计算机所能企及。超级计算机的运算能力曾先后经历过每秒万亿次、十万亿次、百万亿次的高峰。而随着"天河一号"在国家超级计算天津中心的问世，这个纪录被刷新到了每秒4 700万亿次。北京时间2010年11月17号，在全世界最权威的第36届世界超级计算机五百强排行榜中，"天河一号"高居榜首，比排名第二的美国"美洲虎"超级计算机每秒钟快了将近一千万亿次，这是一个什么样的速度？做个换算对比，"天河一号"一天的运算工作量，相当于人们使用一台普通计算机160年才能完成。"天河一号"的存储容量大得惊人，它能够容纳一千万亿个汉字，相当于一个存储十亿册一百万字书籍的巨大图书馆。再来看看具备如此超级能力的"天河一号"长相如何，它由140个机柜组成，每个机柜1.45米宽，1.2米深，2米高，排成13排，占地约700平方米，你也许以为它太大了，可是比起世界上已有的千万亿次超级计算机基本上占地都要近千平方米来说，"天河一号"不折不扣是个身材苗条的小个子。所以"天河一号"在超级计算机当中也称得上是一台相对节能绿色的超级计算机。目前，"天河一号"已经作为天津滨海新区和国防科大共同建设的国家超级计算天津中心的业务总机，面向社会开放，实现资源共享，为国内外提供超级计算的服务。

在以上开场白中，主持人开宗明义，提出"一秒钟能做什么？"的问题，并以刘翔能跑9米、飞机能飞300米、运载火箭能飞行8公里作出了回答；进而提出"还有更快的吗？"，吸引观众进一步关注"世界超级计算机的速度之王"。而在解说词中，主持人则概要介绍了"天河一号"运算的快速和"身材"的"苗条"，其技术含量之高由此可见一斑。

第三节　通讯的主题与表达

通讯的主题，决定着作品立意的高下和穿透力的强弱；通讯的表达则是记者对事实及隐含于报道中的理念的呈现，决定着受众对通讯作品的接受和认可的程度。

一、通讯的主题

（一）对通讯主题的要求

1. 确保正确

通讯主题，作为特定的观念形态，是记者在采访获得的丰富素材的基础上提炼出来的。它统摄全篇，是通讯作品的灵魂，集中体现了报道的舆论导向。任何新闻作品如果导向出错，就会满盘皆输。通讯的主题，理应与社会发展的方向相一致，与公众利益相一致，体现社会主义核心价值观。例如，获得第二十六届中国新闻奖一等奖的通讯《马氏"兄弟"跨越二十年的诚信》（《河南日报》2015年2月15日），讲述了一对非亲非故的"马氏"兄弟，在20年的交往中坚持诚信友爱的感人故事。20年前，河南开封人马保东在新疆做生意时，因资金缺口，欠下了哈密人马奋勇5.3万元无力偿还。之后，马奋勇也陷入了资金困境，但他不忍心让同样身处窘境的马保东还债，而是北上去蒙古国做生意。十几年后，一心想还债的马保东"线上线下"打听马奋勇的消息，苦于"失联"而酿成"心病"。这对"马氏兄弟"以贯穿20年的诚信和友爱，践行了社会主义核心价值观。

案例原文
请扫描二维码

2. 务必新颖

主题新颖才能吸引受众，产生应有的传播效果。新颖的主题，固然与某些时候降临的灵感不无关系，但不下苦功夫、空等灵感突降，显然是不现实的。因此，在通讯写作过程中，必须掌握主题创新的方法：（1）在发散思维中择优。提出确立主题的多套方案，然后反复比较、权衡、挑刺，将不新颖和不够新颖的主题逐一淘汰，由此进行优选。（2）打破思维定式。思维定式束缚了人们的创造力。思维定式不破，通讯的新颖主题就不可能产生。在人们习惯于正向思考问题的情况下，不妨从逆向对问题展开思考。例如，谈到精简机构，一般总是说"精兵简政"，这在以前相当长的时间内无疑是正确的；但现在官员人数猛增，有新闻评论者提出应"精官简政"，这种逆向思维就是一种创新。（3）拓展思维空间。不要捆住自己的思想翅膀，要在广阔的思维空间中思考问题。

3. 力求深刻

主题深刻，才能使通讯不停留于事物表层的阐述，而能深入揭示事物的本质，从而具有穿透力和启发性。比如新华社记者撰写的通讯《在痛定思痛中浴火重生——从瓮安之乱到瓮安之变警示录》（新华社 2011 年 10 月 23 日播发），直面瓮安之乱、之痛，表达了这样的主题："人民，是我们党的根基所在、血脉所在、力量所在。如果根基动摇了，血脉割断了，大地之子'安泰'还会有无穷的力量吗？"由此反映出朴素而又深刻的真理。再如问世于市场经济体制确立之初的通讯《人民呼唤焦裕禄》（新华社 1990 年 7 月 8 日播发），针对各种社会乱象，呼唤焦裕禄和焦裕禄精神，表达了深邃的主题。

（二）通讯主题的确立和深化

通讯主题，需要记者在采访所得材料的基础上确立，也就是说，主题受制于采访以及从采访中获得的素材。不仅如此，记者还需要在不断深化对素材的认识的过程中深化主题。1988 年秋，经济日报社驻沿海和开放城市的记者齐集福建，研究关于改革开放的报道选题。此时，该报驻广东记者站站长想起：一次，他参加中共广东省委扩大会议，多位厅级领导干部在发言中谈到改革开放形势时，都用了"香一年，臭一年，香香臭臭又一年"这句话。于是，他以这句话为关键词，报了自己想做的选题，得到了时任《经济日报》总编辑范敬宜的肯定，选题定为《香香臭臭话广东》，并成为一组 11 篇系列报道的开篇之作。就这样，在范敬宜的指导之下，这位记者确立了新颖且深刻的报道主题。诚如他自己所言，"香臭"并提、辩证地"话"广东的改革开放的主题，并非一蹴而就，而是在反复思考中逐渐形成和深化的①。

二、通讯的选材

（一）选材和材料

选材，即选取题材和素材，题材和素材统称为材料。题材是指社会生活某些领域的内容（如工业题材、农业题材等），可分为历史题材和现实题材。通讯属于新闻文体，被选入通讯的题材，通常是现实题材。素材是指记者在采访中获得的

---

① 刘杰：《〈香香臭臭话广东〉的采访过程和感受》，见武春河：《深度影响·〈经济日报〉经典报道案例》，经济日报出版社 2005 年版，第 31—33 页。

具体的"原材料"。题材、素材都有正面和负面之分。不是说一定要正面的题材和素材才能写进通讯,但有一点是肯定的,那就是必须确保写进通讯的题材和素材能产生良好的正面效果。

选材是通讯主题确立以后必须做的一项工作。选,就是要放出眼光,进行挑选,既要有所取、又要有所弃。弃可能产生负面效果的材料,弃无用的或用途不大的材料,弃属于大路货的材料,弃与表现主题无关的材料;取最为优质和最能表现主题的材料。

(二)选材的具体方法

选材方法大致有如下几种:

1. 围绕主题选材

《压倒性态势是如何形成的——党的十八大以来反腐倡廉工作综述》

主题是通讯的"魂",对所用的题材和素材有着统率作用。通讯写作中存在这样一种情况:有些材料,用于此篇中或许是有价值的,而用在彼篇中则不一定能体现其价值。因此,题材和素材再好,如果不符合特定主题的需要,或者与通讯的主题相游离,那么就只能忍痛割爱。通讯所选之材,应有利于支撑主题,有利于充分地表现主题。材料与主题之间应有很高的契合度。

2. 选取优质之材

把优质之材用到通讯中,可能会收到不俗的效果(当然,材料优质并不能确保通讯必定上乘;然而,优秀的通讯一定离不开优质的材料)。材料优质,首先是指其富含价值。一般而言,记者通过采访能获得大量的素材。其中,有些是富有价值的,有些则价值不大甚至毫无价值。价值不大或毫无价值的材料不可取。在撰写通讯的过程中,对采访所得的素材,要进行精心选择,做到"优存劣汰"。其次,材料优质是指有深刻的意味。材料要有深厚的内涵,有发人深省之处,据此写成的通讯才可能具有穿透力。最后,材料优质也是指或生动,或鲜活,或感人,非同一般。这种材料,不可能俯拾皆是、轻易获得,而有赖于记者在采访中刻意搜寻和挖掘。

3. 在比较之中选材

此处的比较,包含两层意思:其一,对自己所掌握的各种材料加以比较,在比较的基础上,用严格的眼光进行优选;其二,与已有的同题材的通讯进行比较,淘汰与之雷同的材料,以体现选材、用材上的独特性。

三、通讯的表达

(一)通讯的表达技巧

1. 紧扣主题进行表达

通讯的主题一经确立,就不仅是取舍素材的依据,而且成为进行表达的依据。

与主题无关的素材，当删；与主题间接有关的素材，略写；与主题直接相关的素材，详写。采用什么文本样式、结构形式和报道方式，也要以主题得到最优化表现为原则。就此而言，主题在通讯的表达中无疑居于核心位置。

2. 有层次感地进行表达

在一篇通讯中，先写什么后写什么，要有通盘考虑和精心安排。比如，前文提及的《守望精神家园的太行人——红旗渠精神当代传奇》，分为五个部分，小标题分别是：

> 太行之梦——一个永不坠落的理想
> 太行之气——一派正大沛然的气概
> 太行之力——一种滴水穿石的坚韧
> 太行之爱——一首奉献当代的颂歌
> 太行之魂——一曲民族精神的咏叹

这篇通讯中，记者通过对采访所得大量素材的审视和梳理，将它们置于"梦""气""力""爱""魂"五大板块之中，使之在最恰当的地方发挥作用。五个板块体现出相当分明的层次感，相互之间存在着紧密的内在联系。与此同时，在这五个小标题之下，还分别引述了《山海经》《淮南子》《列子》等古文，不仅与相应的关键词紧紧相扣，成为每一板块的点睛之笔，而且使文本平添了丰厚的文化底蕴，使报道显得功力不凡。

3. 富于特色地进行表达

通讯的表达，基本要求是把可以作为新闻来报道的人、事、景、物说清楚。但若仅仅如此，难以吸引人、感动人、启迪人，必须另辟蹊径，富于特色地进行表达。比如通讯《栾城草农敢闹海——听栾城农民种草者说》（《石家庄日报》2009年6月9日），抓住"说"字进行表达，采用了另类语言方式，不是以记者自己叙说为主，而是把"话筒"交给了草农，让草农去讲述，写得有声有色、原汁原味，从而给人以新颖感。在这篇通讯中，记者记录了多位草农叙说的"闹海"经历。以下是其中的片段：

> "德州一个客户拿着一万元的汇票给了李书贤，李书贤的家人把汇票当人民币锁进匣子里，等用钱时再取出来，汇票上的钱早不翼而飞了。"
> "一个翻译的几句洋话就骗走草业公司33万元"。如今听着这些流着眼泪带着苦涩的诉说，不难想象当初草农闯市场的尴尬。
> "经过市场上十年摔打，我们该承受的也承受了，现在都成了种草能手，

成了市场主体。不经风雨,难见彩虹。"地头上挂着"国庆草坪苗木"大幅招牌的刘固庄的马国庆,正兜着一布袋皮尺给山东的客户丈量草平方,他只能见缝插针地应答记者的采访。地里的人忙乱得成了一团麻,有开起草机的,有举着铲刀一段一段分割草卷的,有装车的男人一不小心踩了妇女的脚而招致惊叫或嬉骂的。

"我的体会是三年一个周期,去年草价高,今年价格低迷。凡是能坚持下来的都挣钱了,盖了洋楼,买了轿车。种的多挣的多,因为这是个朝阳产业。种赔的也有,但总是少数,我也有赔的年份,在我们这里挣少了就算赔。既要学会种草,更要学会卖草。在十年卖草过程中我也被皮包商骗过几次,把草倒腾走以后就找不见人影了。有些单位和部门用了草以后迟迟不付款,逼着我学会了依法讨债,学会了诉讼打官司。"说完这些话后,老马就坐上小车陪客户吃饭去了,他给我们留下一个活脱脱的草皮大亨的背影。

这则通讯直接引用了诸多草农所"说",穿插叙述现场所见,将两者糅合起来,产生了很好的效果。"听""农民种草者说"实际上是采用直接引语的方式进行表达,因为每一位草农都有自己的鲜明个性和独特经历,他们所"说"自有其吸引人之处,加之体现出原汁原味和乡土气息,使报道显得不落俗套。

(二)通讯表达的创新

1. 在思维上求新

思维上求新包括两层意思:(1)打破思维定式,摆脱惯性思维和模式化思维的束缚。比如,前文提及的《香香臭臭话广东》这则通讯,一改以往的非白即黑的僵化式思维,对改革开放以"香臭"并提的方式进行思考、探讨,辩证地介绍了广东改革开放的进展情况,从而体现出强大的震撼力。(2)拓宽思维空间,注意从多角度选择报道选题及其表达方式。比如,前些年反映一座城市变化的报道并不少见,但多是从经济发展、市场繁荣、市民生活改善等角度着眼的。而新华社的一则通讯《上海人越走越高》(1999年9月24日播发),从上海的高楼越建越多、越建越高,电梯也随之增多增高的角度,描述了上海20世纪90年代之后发生的巨大变化。由于变换了思维视角,其选题与报道自然富有新意。

2. 在文体上求新

1997年7月间,《新华日报》推出了一组系列报道(7篇),总题为《苏锡常:关于结构调整的对话》。这组报道的每一个单篇,都由"调查实例""记者观察""领导观点""学者点评"4个部分构成。每篇作品没有任何起承转合的文字,而只是4个部分的组合。这一组报道,既不像消息,也不像通讯,也不属于新闻评论,可谓"四不像"。唯其如此,人们阅读此系列报道,觉得眼前一亮,就此留下了深刻印象。

3. 在选材上求新

对采访所得的素材，要进行精心选择，力图使用鲜活的材料。2000年，在西部大开发的背景下，《经济日报》先是刊登了系列报道"东人西行记"，后又刊登了其姐妹篇——系列报道"西人东行记"。报道中所选材料，是记者随行的采访记录，借"东人"的眼睛看西部，又借"西人"的眼睛看东部。报道连续推出，像连载小说一样深深地吸引着读者。记者以朋友结伴同行的身份来行文，所见所闻都是新鲜生动的。两组系列报道，所选材料充分体现出新颖性，在其他报道中是见不到的。由此，它们就成为独家报道。

4. 在语言上求新

语言的使用，对通讯而言至关重要。在通常情况下，通讯的语言应忌老套、刻板，要力求不落俗套、另辟蹊径。

标题是通讯内容的凝练表达，尤其吸引受众眼球，因此，标题语言当是通讯语言的重头戏。2006年8月，《新华日报》先后刊登"南京建设五个中心"系列报道，三篇通讯的标题语言堪称新颖。《从"枪炮车间"到"创意工场"》中，"枪炮车间""创意工场"都有颇深的寓意，且相当形象；《从长三角"末梢"到全国创新高地》中的"末梢"一词极妙；《从"绿化中心"到"绿色中心"》中，"中心"前冠以"绿化"和"绿色"，虽只差一字，意思却相去甚远，"绿化中心"远非"绿色中心"可比。上述语言出新、出巧，彰显了睿智，让人回味无穷。

思考题

1. 请就通讯和消息的文体特点进行比较。
2. 在老师指导下做一次模拟的叙事记述型通讯采访，并提炼通讯主题。
3. 请谈谈对通讯结构优化的理解。
4. 通讯在表达上可以进行哪些创新？
5. 按老师的命题要求写一篇人物通讯。

第十四章 特写写作

本章知识点：① 特写的特点；② 事件特写、人物特写、场景特写的写作要求；③ 特写的写作技巧。

新闻特写也是新闻媒体上常见的一种新闻文体，它以真实的现场感和画面感赢得受众的广泛认可。穆青在一次关于新闻改革的谈话中曾经提到："我们要鼓励和支持记者捕捉社会生活中最重要、最生动、最活泼的新事物，鼓励和支持记者探索最能反映丰富多彩的社会生活的新闻形式。我们的时代，应当是新闻、速写、特写比较发达的时代。但实际上还不够发达。"① 新闻特写的重要性可见一斑。

第一节 特写的特点

美国学者丹尼尔·威廉森认为："特写是一种带有创作性的，有时也带有主观性的文章，旨在给读者以精神享受，并使他们对某件事、某种情况或对生活中的某个侧面有所了解。"② 这段话可谓是对特写的特色作了提纲挈领的概括。

一、捕捉有意味的瞬间

一般的新闻报道要求展现新闻事件的完整性，但新闻特写不要求将新闻事件从头至尾细细写来，而是注重放大新闻事实诸要素中有意义、有情趣、有影响的一两个要素或片段，主要向受众说明事情是如何发生的，当时的情景怎么样。抓取现实生活中的一两个场面、镜头，从一个点、一个侧面、一个口子切入进行放大，充分展示生活的横剖面，便是特写的一大特点。

例如，获得第二十五届中国新闻奖三等奖的新闻特写《人生第一次，我不再热爱海》（《新华每日电讯》2014年5月9日播发），运用白描手法，抓住几个具有代表性的片段，再现了马航飞机失联后，中国海军舰船在海上搜寻时全体舰员的努力、渴望、焦虑和悲愤："一块黄色漂浮物远远进入视线。在飞机上有没有见过这样的东西？经济舱、头等舱、还是空乘工作间？同行者自责：以前坐飞机怎么就没好好观察一下舱内环境？""目标锁定，时速160公里的直升机90度转弯，

---

① 穆青：《新闻工作散论》，新华出版社1983年版，第364页。
② [美] 丹尼尔·威廉森：《特写写作技巧》，陈章鸿译，新华出版社1986年版，第2页。

倾斜着向漂浮物绕飞而去,在距离海面约 30 米处悬停。漂浮物是一块木格子,木条相互衔接的钉子清晰可见,显然并非机上物品。""当天下午,井冈山舰又发现一个红色桶。将长焦拍的照片一张张放大察看,桶底部竟然有一枚类似飞机形状的白色标志!舰员们一片惊呼。顷刻出动的橡皮艇从风浪中跌跌撞撞带回红桶,却不过是渔船丢弃的油料桶……"这则特写紧紧围绕这些有意味的瞬间,通过文字的细致描绘,从多个方面调动起受众的情感和想象力,使受众好似身临事件发生现场,有亲观"大海里的一根针在寻找另一根针"之感。

二、展现精彩的场景

注重对新闻事件现场的情景、气氛的描写与渲染,引领受众产生共鸣和联想,这是新闻特写的又一特点。例如,获得第十九届中国新闻奖二等奖的新闻特写《那一夜,我们没有采访》(中新社 2008 年 5 月 18 日播发),对事件现场场景进行了细致刻画:"垮塌的房屋中,不时透出被埋学生凄惨的呼救声。天一直飘着小雨,焦急的家长无助地围在废墟前,哭成一片""窝在妈妈怀中的小孩满脸是血、双眼微闭,只能喃喃发出不明吃语""已经停电的绵竹市内一片漆黑""前来采访的我们,面对那一张张泪脸,面对他们哀求的目光,一时不知所措"等,给受众留下的不仅是立体的视觉形象,还有强烈的情感震撼。

再如,获得第二十届中国新闻奖三等奖的新闻特写《惊心动魄的生死营救》(《兵团日报》2009 年 7 月 30 日)讲述的是在乌鲁木齐市发生的一起打砸抢烧严重暴力事件中,武警兵团指挥部三支队警通中队年仅 22 岁的一级士官张磊在险象环生、惊心动魄的 6 个小时里,同暴徒斗智斗勇,成功保护了 19 名群众生命财产的感人故事。开始张磊看到"不远处一股浓烟直冲向天空,上百人手持棍棒、砖块向巷子里冲过来";安置好群众后,"张磊立刻拿出手机拨打报警电话,但此时手机信号中断了";暴徒施暴时,"张磊紧握双拳,几次要冲下去,都被房东大姐和房客们拽了回来";准备反击时,"张磊手持菜刀,守在楼梯口";暴徒在被反击后"在楼下威胁群众:'把救火的人交出来,不然我们就炸楼!'"这篇特写借助事件现场情景、气氛的描写与渲染,将这一扣人心弦的事件高潮展现得淋漓尽致,用生动鲜活的事实塑造了一位可歌可泣的 80 后青年英雄,给人留下了深刻的印象。

三、着意细节描绘

以描写为主,注重截取新闻事件或人物的某个最能反映其特点的细节与片段,集中笔墨加以细致描绘,以生动地再现新闻事实,这是新闻特写的再一特点。

例如,获得第二十届中国新闻奖三等奖的新闻特写《凌晨三点的送饭人》

(《乌鲁木齐晚报》2009年10月22日），一开始便通过对主人公何萍一系列动作的描写，展现出一个勤劳朴实的妇女形象："摸进了厨房，开灯。……从冰箱里取出白天准备好的牛肉、萝卜、白菜和皮牙子（洋葱），洗干净，切成小丁，然后再和在一起轻轻地剁碎。面是头一天就和好的，搓成条，切成均匀的面丁，擀开……烧水，下锅，煮熟，再准备蘸料"。接着又通过对志愿兵、女儿、邻居等人原话的转述，展现出何萍善良、坚持、一心为执勤武警特警服务的人物性格。一名特警说："姐，我们晚上执勤，无论有多冷，一看到你我们感觉特温暖"；女儿的理解："没事的妈妈，叔叔们晚上执勤那么辛苦，我又不累，什么时候吃都行"；邻居的赞赏："我很佩服她，武警特警每天执勤很辛苦，我们也想过送饭送东西，但一天两天可以，要送上一百多天，我还真不敢想。"报道中还有多处对细节的描绘，例如在送饭时，"何萍站在旁边搓着手，看着大家吃得很香，疲倦的脸上露出了欣慰的笑"；在饭菜选择上，"何萍了解到许多援疆武警特警吃不惯羊肉，所以她做的饭里放的都是牛肉。而爱吃羊肉的她们母女两个，也改吃牛肉"，等等。通过这些细节，能让受众从平实的描写中感受到主人公高尚的情操，引发受众对主人公的真挚敬意。

再如，获得普利策新闻奖的新闻特写《我看见历史在爆炸》（合众国际社1963年11月23日播发），讲述了肯尼迪总统被刺的经过："突然，我们听到'啪、啪、啪'响了三声，声音很响，几乎响得刺耳。第一响听上去像是放爆竹，到第二、第三响传来时，我们就意识到出事了：肯定有人放枪""总统乘坐的汽车此刻离我们约有150或200码，看来似乎摇晃了片刻。紧跟在总统敞篷车后面的，是特工人员乘坐的汽车。我们看到那些特工人员跳下车来，一窝蜂地朝前冲过去。""我们直着嗓子喊：'快，快！'我们的车不顾一切地绕过约翰逊副总统和他的保卫人员的车，终于也登上了那条公路。……我们的车向左猛地转了一个弯，开上医院的车道。没等车停稳，我们就跳了下来。"这些细节描绘再现了事件现场的各种关键性场面，令人读之而心惊。

第二节　特写的类型

新闻特写是一种富有表现力的写作体裁，按其写作内容，通常可分为事件特写、人物特写和场景特写。

一、事件特写

事件特写主要选取某些重大新闻事件的局部和片段进行集中描写。选取的局

部和片段在整个新闻事件中是最有意义和最富特征的,也是受众普遍关注的。在进行事件特写时,要注意以下几点:

(一)要注意选材的典型性

随着社会的发展,各种新闻事件层出不穷。事件特写既要注意选取有代表性的典型事件,新近发生的重大事件,或者能给人们带来深思的事件,又要注意把握事件中值得"放大"的关键点。只有这样,才能引起人们的关注。例如刊登于1987年10月26日《人民日报》的报道《党的盛会,人民的节日》,便是一篇报道中国共产党第十三次全国代表大会的事件特写。在这篇特写中,记者抓住了中央领导人在大会开幕前一起互相祝贺、问候、谈笑的细节:"83岁的邓小平同志红光满面,健步走进人民大会堂,迎面遇见了邓颖超同志。'小平同志,向你祝贺十三大的召开。'邓大姐高兴地对邓小平说。'大家一起祝贺,向大家祝贺。今天是党的盛会,人民的节日,值得祝贺。'邓小平一边同邓大姐热情握手,一边笑着说""邓小平看到88岁的聂荣臻元帅坐在不远处的轮椅上,就约请邓大姐一起去和聂帅合影留念""邓小平见到了85岁的彭真,两双手紧紧地握在一起"。这些细节的呈现,使这篇特写赢得了海内外读者的广泛好评。记者李尚志在回顾这篇特写的写作过程时,将报道的突破点概括为两点:"一、党和国家重要会议和重要活动时,中央领导同志在幕后的谈笑风生,这不就是十分鲜活的新闻素材吗?这不就是广大读者十分想了解的事情吗?二、党的全国代表大会的政治报告、全国人大开会时国务院总理的政府工作报告、国家五年计划等重要文件、国家重要法律等,这些对全党、全国人民有重要意义的文献、文件,到底是怎样立意、起草的?又是经过怎样的程序,多大的范围内酝酿、讨论和修改的?这些报告、文献、文件为什么这么说而不那样说?这些内容能不能找个适当的方式报道出来?我坚信,如果报道出来,广大读者是很喜欢读的,而且对帮助读者加深理解这些报告、文献、文件是有好处的。我们这些记者又何乐不为呢?"① 由此可见,事件特写特别要注意选材的典型性,方能成就新闻佳作。

(二)要注意侧重于事件过程的画面感呈现

事件特写要以事带人,以事件的发展过程为中心,要注意处理好写人和写事的关系。例如上文提及的案例《惊心动魄的生死营救》中,对张磊的人物描写只用一语带过:"张磊年轻、腼腆的脸上立刻充满了刚毅",而更多的是通过对整个营救事件的展开,来展现张磊果敢、智慧等品质。报道不单单是写张磊的行动,还有暴徒的恶行、群众的表现等,报道的节奏和主题都紧紧围绕着营救事件,使

---

① 李尚志:《"歪打正着,立了标杆"——党的十三大一篇新闻特写的回忆》,《新闻记者》2002年第11期。

报道有血有肉，情节跌宕起伏，而不会仅仅是对个人的赞歌。与此同时，事件特写要特别注重画面性，有具体、形象的细节描写。如上述报道中，用"上百人手持棍棒、砖块向巷子里冲过来""几辆汽车被掀翻在路边，已经烧得看不出车型"等细节体现出当时情势的危急；用"火苗已经蔓延到了煤气罐旁边的木制架子上，连接煤气罐的橡胶管被烧断，正往外喷火""罐身已经被烤得发烫"等细节将现场面临爆炸的危险形象地展现出来；面对暴徒，张磊"立刻拿起身边准备好的茶几底座狠狠地砸下去"，使暴徒"跌跌撞撞地开始向楼下退"。这一系列细节刻画，再现了当时的场景，充满画面感。

（三）要注意融情于事

事件特写不能追求面面俱到，也不能对事件的来龙去脉平铺直叙，而应该放大其中有意义的或有特点的地方，同时也应融入记者自身的情感。只有记者自身被所描写的新闻事件或人物所感染，才能使笔下充满激情，使受众也受到感染，产生共鸣。比如，美国记者威廉·克莱格的报道《日本投降》中，从描写重光葵登软梯爬上"密苏里号"战舰时的痛苦："日本代表团第一个登舰的是重光葵。美军西尼·麦什比尔上校充任联络官，重光葵随他艰难万分地爬上摇摇晃晃的软梯。想来，此刻他那经过截肢手术的残肢更疼了"；联想到战后日本的境况："同这个重光葵一样，日本现已肢体破碎，再也站不起来了。"对签约过程的描写更是生动传神："重光葵掏出钢笔，目不转睛地瞧着桌子上的文件，似乎有些茫然。这时，麦克阿瑟严厉地说：'苏士兰德，告诉他在哪儿签字！'苏士兰德参谋长走到桌子旁，指点重光葵签字的地方。这位外相很难为情，脸孔涨红了。他低下头去签字，这时是10时零4分。梅津美次郎接着走到长桌旁。他连这文件看也不看一眼，便在重光葵的名字下迅速写下了自己的名字。签完字后，他毫无表情，目不斜视，正步走回日本代表团的行列。这时，泪水从一些日本人的脸颊上滚了下来。"① 这段描写不仅将战胜国的威严和战败国的颓败之态展示得淋漓尽致，而且还融入了记者的感受，使报道耐人寻味。

二、人物特写

人物特写，是以报道新闻人物为主的新闻特写。人物特写和人物通讯都报道新闻人物，两者之间有相似之处，都要求具有新闻性和真实性，也要求用形象化的方法写人。不同之处在于：首先，人物通讯的时间跨度长，材料比较丰富；人物特写强调突出一个片段或者一个镜头，要求笔力集中。其次，我国人物通讯往

---

① 转引自《时代报告》，1982年第10期。

往注重表现人物的先进性,而人物特写则注重写出新闻人物的特点和亮点。人物特写要注意这样几点:

(一)要善于捕捉典型动作、行为和语言

人物的个性、特点以及心理活动,往往都是通过人物的动作、行为和语言等细节表达出来的,没有这些细节,新闻人物就只是一个模糊的形象。就像世上没有相同的树叶一样,人物的性格特点也千差万别,不同的新闻人物,具有不同的个性和特点。只有善于捕捉新闻人物的细节,才能把人写活,才能给人留下深刻的印象。

案例 14-1

基辛格:三面人①

(合众国际社北京 1975 年 10 月 22 日电)今天,在参观首都自然博物馆的时候,亨利·基辛格把他的三副面孔表演得淋漓尽致,这使周围的人大为开心。

北京文物局王延洲指着一件古物,说那是一个龙头。前哈佛大学教授基辛格立即摇头:

"不对,那是猫头鹰。"

"是的,是猫头鹰。"王说。

当王介绍一具古动物的角是犀牛的角时,基辛格又摇头了。

"不对!"他说。

"对!是犀牛角!"王说。

"不对!"基辛格说,"我从来没有见过长一对角的犀牛!"

这时,一位中国专家挤到前面对王说那是一副古代牛角。

外交家基辛格立即满面春风地对左右的人说,他先后八次访问中国,每次都是王充当他的向导,王既忠于职守,又有学问。

外交家基辛格旋即口若悬河讲了起来,感恩节福特总统访华时,务请王先生到场。

作为丈夫的基辛格转向妻子南希,请她同他一道,在两个武士陶俑前合影——这两个武士俑同真人一样大小,它们是去年秦朝皇帝陵墓中出土的。

他的妻子咧嘴乐了,她说:"啊,亨利!你太像皇帝了,我哪里配同你照相。"

---

① 潘程:《人物特写要突出人物个性》,《新闻采编》2007 年第 4 期。

基辛格说:"这我可当不了,不过,你也够瞧的!"

　　基辛格夫妇仔细观赏从古墓中出土的文物,王说:"墓中的骨头表明,墓主人有不止一个妻子。"

　　基辛格点头同意。王还说,在中国古代,有的妇女可以有一个以上的丈夫。

　　"一个妻子有几个丈夫吗?"基辛格瞧着妻子说,"我们可不喜欢那个时候!"基辛格夫人大笑起来。

　　……

　　一位摄影记者请他在一匹同真马一样大小的陶马前摆好姿势照相,基辛格说:"是不是要我骑上它跑到大门外?"在场的中国人无不捧腹大笑。

　　这篇人物特写抓住几个镜头,淋漓尽致地刻画了基辛格的机智、幽默,甚至有些圆滑的性格,同时也表现了基辛格作为历史学者、外交家、丈夫的多重角色。作为一个历史学者,他坚持自己的观点,不管对与错;当他在同中国专家的争论占了上风时,他又表现出外交家的风度来,"满面春风"地介绍自己的中国向导,态度近乎讨好,表现了基辛格既坚持原则,又要在一些问题上作出让步的职业习惯和职业性格。其间基辛格处处流露出对夫人南希的亲切感情,又不失时机地开一些无伤大雅的小玩笑。从这些琐事当中,我们看到基辛格在外交方面是一个颇难对付的人物。

　　(二)要选取一两个镜头或一两个片段进行重点刻画

　　人物特写主要是集中对一两个片段或者一两个镜头进行重点刻画,这可以说是人物特写区别于人物通讯最大的特点。

　　如获得第十八届中国新闻奖三等奖的特写《刘翔夺金 创造世界高栏史传奇》(新华社2007年8月31日播发),将镜头瞄准刘翔在大阪世界田径锦标赛上的出色表现,在写作时抓住比赛最具戏剧性的场面,捕捉住刘翔的典型细节,整个报道现场感很强。"大屏幕中的刘翔咬紧牙关、双眼爆出血丝,拼命地追赶着领先的美国名将特拉梅尔。""最后10米,刘翔宛如霹雳雷神,以惊人的速度冲刺。"比赛的紧张和激烈,通过精彩描写,跃然纸上;而刘翔不断超越、永不言败的精神也让受众印象深刻。

　　(三)应注意"以情动人"

　　这里的情,即指在写作时要注意写出新闻人物的感情。新闻人物也是生活中有血有肉的人,也有喜怒哀乐,写作时把人物的感情写出来,这样的人物才是真实、鲜活的,才能打动受众。此外,"以情动人"也指在写作时注意凸显记者对人物的感情。

例如，获得第十九届中国新闻奖三等奖的特写《县委书记直陈统计数据漏洞》（《南国早报》2008年1月31日），关注的是在广西融水救灾动员会上，县委书记即兴插入的一段讲话："有107多万根竹子折倒，杉木断了多少多少株……你们这些统计数据是怎么来的？我昨天下乡走了两个小时，才探访到4家受灾户，有谁在冰天雪地里去一根根点过那些倒伏的竹子？这些数据一看就像造假！""明明有灾你不报或漏报，有人被冻死了怎么办？明明是小灾你报成大灾，影响政府救灾物资的调拨分配，谁负得起这个责？"通过这些语言，我们可以感受到这位县委书记在看到那些拍脑袋、想当然、忽悠上级的数据时的愤慨。这样一位关心群众、实事求是的县委书记也让受众由衷敬佩。

三、场景特写

场景特写是对具有新闻价值的新闻现场进行集中描写、生动再现的一种特写形式。场景特写虽然也会涉及人物或事件，但人物与事件都不是描写的重点，只是必要的铺垫。在进行场景特写时，要注意以下几点：

（一）重在摄取新闻事件最典型、最感人的场面

常言道，百闻不如一见。场景特写最有效的采访手段是现场直接观察，以再现新闻事件的典型片段。

案例 14-2

尼克松一行到达北京①

（美联社北京2月21日电）被共产党人斥为资本主义的象征的尼克松今天已在中国首都落脚，以举行他希望能使全世界更接近于和平共处的一种手段的最高级会谈。

北京的官员们为他们所邀请的客人们安排了一个降低了调子的欢迎仪式，但是，兆头却是令人愉快的。在总统着陆的几个小时之前，太阳冲出了冬天寒冷天空上的云层照耀着大地。

北京机场几乎没有迎接到达的色彩——没有红地毯，只有一面中国国旗和一面美国国旗。

然而，有一支中国仪仗队和一支乐队奏国歌。

没有邀请外交团。

机场上没有群众，没有像欢迎埃塞俄比亚皇帝塞拉西那样有嘹亮的吹奏乐。

---

① 《尼克松一行到达北京》，《参考消息》1972年2月22日。

美国电视对飞机降落的情况通过卫星做了实况电视广播,这是第一次从中国大陆做这种广播。

周(恩来)在迎接总统及其一行人时看来面带笑容而且是诚挚的。

在停机坪上互相致意后,中国的乐队奏起了美国国歌,尼克松、周(恩来)和双方的随同人员立正,面对着已经升在旗杆上的美国国旗。

尼克松微笑着聆听中国人演奏美国国歌。在中国国歌《义勇军进行曲》奏起时,他也持立正姿势。

然后,尼克松和周(恩来)在一位女译员和他们的高级助手随同下慢步检阅了中国仪仗队。

电视评论员说,迎接是"合乎礼仪的但不是丰富多彩的",这种情况——包括美国和中国之间无外交关系——看来是无可指责的。

1972年美国总统尼克松访华,打开了中美两个大国紧闭了20多年的大门。在这个世界性的重大政治事件中,每个步骤、每个情节都极具新闻性。而尼克松到达北京的时刻,更是世人关注的最具典型意义的片段。美联社记者抓住这个片段,通过细致的现场场景观察,描绘了欢迎现场不同人等的表现、动作、议论和心态,真实地还原、记录了尼克松访华的这一历史时刻。

(二)场景的选择应为表现主题服务

场景特写的主题,是记者思想观点和感情的集中体现。要注意选择那些最能寄托记者思想观点和感情的材料,来为表现特写的主题服务。例如,特写《航天英雄凯旋——西郊机场欢迎仪式侧记》(新华社2003年10月16日电),以简练的笔法,横向截取了若干重要的、有代表性的迎接仪式片段,将其组接在一起,为读者再现了航天英雄杨利伟凯旋时的动人场景:

杨利伟稳步走下舷梯,以洪亮的声音向前来迎接的中共中央政治局委员、中央军委副主席、国务委员兼国防部长曹刚川报告:"中国航天员大队航天员杨利伟乘坐中华人民共和国第一艘载人飞船'神舟'五号,经过14圈太空飞行,胜利返航。在太空飞行期间,飞船工作正常,我感觉良好。我为我的祖国感到骄傲!"

曹刚川紧握着杨利伟的手说:"我代表党中央、国务院、中央军委,代表江主席,向你表示欢迎。你为祖国和人民立了一大功,祖国和人民感谢你!"……

在喧天的锣鼓声中,杨利伟的妻子张玉梅和儿子杨宁康怀抱鲜花迎上前去。

杨利伟一手将妻子拥在怀里，一手将儿子抱在胸前，脸上挂满着幸福的笑容。

现场爆发出一片欢呼声。众多的摄影、摄像记者将这动人的一幕摄入镜头。军乐队演奏出高亢嘹亮的迎宾曲，杨利伟与前来迎接的人们一一握手。从中国载人航天工程总指挥、副总指挥到7大系统的总设计师，一张张熟悉的面孔都洋溢着由衷的喜悦。

在这篇特写中，作者紧紧围绕主题选择场景、结构作品，既生动地展现了一个庄严、热烈、盛大的场面，又时刻不忘突出新闻事件，抓住航天英雄杨利伟的活动这条主线，运用分段突出的写法，基本上一句话一个自然段地描述事件发生的一系列过程。全文一浪接一浪地渲染迎接仪式的高潮气氛，节奏紧凑，现场感、镜头感十足。

（三）注意记者的主观情感与报道对象的交融

场景特写不仅要注意对场景画面性的呈现，更要注意记者的主观情感与报道对象的交融。只有情景交融的场景特写才能打造出生动的画面，才具有撼动受众心灵的力量。

例如，新华社记者采写的特写《梦碎雅典》（新华社雅典1997年8月3日电），在叙述具备夺取世界女子百米冠军实力已达17年之久的37岁牙买加老将奥蒂，因再次失误而与世界冠军失之交臂的场景时，饱含着对奥蒂的深深惋惜与赞美：

经过三轮出色的表现，奥蒂最终站到了决赛起跑线前，观众送给她的激励掌声超过了所有其他选手。她太珍惜这次机会了，这将是她人生最关键的一次搏击，就像剑手要毕其功力于一击。

奥蒂蹲下了，全场静默着。发令员举起手臂。反常的两声枪响表明有人抢跑。所有人跑出后都停下来，唯独奥蒂没有听出是犯规的枪声。这对于比赛经验最丰富的她来说，真是不可思议。

起跑通常不好的奥蒂这次"启动"完美之极。她像旋风般掠过跑道，人们惊呆了。夜色中，孤独的奥蒂如黑色的闪电射向终点，转瞬之间，她已经跑过80米！

现在，奥蒂那两条修长的腿沉重地走着，分明是一步一个坎坷，一步一个艰辛，那条跑道浓缩了她20多年的运动生涯和一个未能如愿的梦。数万观众以静默表示着他们的深深的同情。

出乎所有人的意料，奥蒂没有沮丧，没有发脾气。她的脸上是坚毅的神情。奥蒂以永不向厄运低头的勇气证明了什么是奥林匹克精神。她的世界百米冠军梦虽然没有实现,但在世人的心中,奥蒂何尝不英雄!

在这篇特写中,记者将事实的叙述与对事实的评判、感受紧密结合,实现了主观情感与报道对象的有机交融。

第三节　特写的写作技巧

作为一种特殊的新闻文体,特写有着自身规定的写作技巧与要求。

一、精心选择题材

特写的题材无处不在,各种类型、各种内容的新闻事实都可以写成特写。好的题材,取决于记者是否有一双善于"发现"的眼睛,精心选择。

(一)注意从寻常的人物、场所、事件中选择题材

日常生活中的一些寻常人物、场所、事件只要具备富有新闻价值的细节,便可以成为特写的题材。比如获得第十八届中国新闻奖三等奖的特写《40 市民抬高公交车半米救女童》(《中国妇女报》2007 年 4 月 11 日),报道的是哈尔滨市民齐心协力抬高公交车救助一名女童。该篇特写取材贴近百姓生活,语言质朴、描写细腻生动:"小女孩被撞在车下了,瞬间周围群众围了上来。看着车下的小女孩,大家的心都揪了起来。围观者中不知谁喊了一句,'大家一起抬车吧',周围的 40 多名群众马上响应起来。为了避免拉拽过程中对女孩的二次损伤,一位在公安系统工作的男同志和其他两名男乘客自告奋勇钻入车底救人。在众人的齐心努力下,公交车被抬起半米高,爬到车下的三位男同志抱住女孩头部,轻轻拽着女孩上衣和裤子,慢慢将其从车下拽了出来。"这则特写的题材,看似一件"小事",但这一救人现场的还原,让人感受到了"我为人人,人人为我"的温馨的社会风尚。

(二)注意从有普遍影响力的重大事件选择题材

一些有重大历史意义的事件,如香港和澳门回归祖国、2008 年北京奥运会开幕式、国庆 60 周年庆典等,以及地震、海啸、矿难等一些重大的突发事件,往往是新闻报道的重点报道对象,这些事件中必定存在典型场面或感染力强的素材。对这些场面或素材采用特写的方式进行报道,不仅能避免雷同,写出新意,而且能够吸引受众的注意力,引起受众的感情共鸣,从而达到更好的传播效果。

对于这类题材,可以抓取其中的一两个场面、一两个镜头,通过绘声绘色的刻画来展示事件。例如获得第十九届中国新闻奖二等奖的特写《高二 8 班 一个人的复

课》(《重庆晨报》2008年5月29日),报道选取了汶川地震中北川中学伤亡最严重的班级,通过唯一幸存者(因请病假未到学校上课的学生)的讲述,深刻地反映了地震给人们带来的巨大灾难和心理创伤,以及师生们不屈不挠的抗争精神。报道中,采访对象面对灾难时的心理状态的展现,有力地揭示了"灾后心理救援"这一发人深思的社会问题,从而唤起公众对"心理废墟"的关注。

(三) 注意从有趣味性的事件中选择题材

有趣味性的事件,往往也能成为特写的好题材。比如获得第二十届中国新闻奖三等奖的特写《给地球测量体温》(《西海农民报》2009年12月29日),介绍了大气本底基准观测站瓦里关站检测人员为人类作出的贡献。瓦里关"作为世界气象组织全球大气观测系统的26个大气本底基准观察站之一,在整个亚欧大陆腹地,它是唯一的站点,其观察数据的可靠性和国际可比性已经得到世界公认"。哥本哈根世界气候大会上"中国代表团引用的一幅曲线图就出自瓦里关。那是他们给这个世界的一份礼物"。报道中用青海自然环境的变化来描绘这根曲线:"对一个普通人来说,这根曲线是很抽象的。但是,对地球来说,这根曲线却意味着灾难。在青海,有一个现象可以作为这根曲线的佐证。20年以前,西宁的树叶10月中旬就落完了,现在到11月底才能落完。20年前,冬天的青海湖边根本看不到白天鹅,现在它们从更远的北方飞临青海湖时已是冬天了。而且它们飞来的时间越来越晚,在湖边栖息的时间也越来越长,如果把这种动植物习性在每一年的细微变化画成一根曲线,那么,它就跟瓦里关的曲线相吻合了。这就是碳排放带来的地球温室效应。地球年平均气温升高一点,青藏高原都会最先有反应。由于特殊的地理位置,近百年来,青藏高原一直是全球年平均气温升高速度最快的一个地区。"正是由于所述的事件形象生动、富有趣味性,使得这则原本专业性很强的科技特写产生了良好效果。

二、刻画现场细节

成功的特写有赖于精彩的细节,细节是特写鲜活生动且耐人寻味的关键。一般来说,对细节的刻画可以从以下几点入手。

(一) 抓住关键片段进行重点刻画

特写要善于将镜头聚焦,对新闻事件的关键片段进行重点刻画,对某一重要的瞬间进行细致的描写,这样写出来的作品才是真实感人的,才能给受众留下深刻的印象。一个新闻事件通常有开头、发展、高潮和结尾,也有很多场景和细节,特写不可能从头到尾均详细描写,只需要将笔墨放在最有价值的部分。

例如获得第十四届中国新闻奖二等奖的特写《生死交易6小时》(《山西日报》2003年9月22日),以现场实录的形式披露了毒品交易的过程,也展现了缉毒过程中生与死的较量。从"线人"提供线索,到与毒贩进行交易,再到最后抓捕毒贩,整个过程环环相扣,惊心动魄。此次缉毒行动历经 6 个小时,记者冒着生命危险假扮购毒者参与其间;并将镜头聚焦于 15 时 56 分至 18 时 25 分这段时间,将卧底购毒者与贩毒分子会面、警察的抓捕行动等场景一一展示出来。这样的报道,自然让受众有身临其境之感。

（二）抓住特征精心刻画主体

新闻事件的发生和发展都离不开新闻主体。新闻主体的特征往往是新闻事件中较为关键的部分,也是受众特别关心的。注意对人物形象、举止的特征或事物特征进行细腻的刻画,能够使新闻事件主体跃然纸上。

例如获得第十四届中国新闻奖二等奖的特写《她们用膝盖攀上 40 级台阶》（《中国妇女报》2003 年 6 月 4 日）,抓住新闻事件主体——柔弱的女性医护工作者,担架上的患者体重 200 多斤、人高马大,走过的台阶漆黑、陡峭、狭窄等特征,精心刻画了 7 名女护士为及时抢救患者,抬着担架,用膝盖攀上 40 级台阶的场景:"她们咬紧牙关,用膝盖攀登着每一级台阶。不一会儿,隔离服磨破了,膝盖也钻心地疼,流下的汗水模糊了她们的视线。由于无法擦拭眼睛,她们只能凭着感觉往上爬。当爬到圆形楼梯的转弯处时,两米长的担架却无法顺利地转过只有 1.39 米宽的楼梯。紧急关头,赵爱武和张晓玲二话没说,趴下身子用自己的身体支撑着担架。当她俩从担架下爬出来时,前面的同志又趴下了……"这些富有主体特征的细致描绘,让人印象深刻,白衣天使忘我奉献的精神跃然纸上,成为"非典"时期的一个经典镜头。

三、注重情景交融

特写是一种描述性的新闻,在对精彩瞬间、场景气氛及人物特征进行刻画时,要想使报道感染力更强,就必须将记者的情感融于报道的人、事、景、物中,做到借景抒情、情景交融。

案例 14-3

这电灯,像是晚上的太阳①
——夜宿我省最后一个通电村紫云大地坝村见闻

此刻已是 11 月 21 日的深夜,"快到我床上睡,你不歇气,我心头不安逸。"村民冉小笔把记者拉进他的房间,接着自己在地铺上躺下……

---

① 《这电灯,像是晚上的太阳——夜宿我省最后一个通电村紫云大地坝村见闻》,《贵阳晚报》2007 年 11 月 24 日。

望着窗外麻山腹地朦朦胧胧的群山，想着从进村到现在近10个小时的所见所闻，记者仍很激动，尽管十分疲倦，却怎么也睡不着，便披衣坐在床上，打开笔记本电脑，记下那难忘的一幕又一幕。

"看了两个通宵电视，还觉得不过瘾"

从贵阳出发到紫云县宗地乡，再从宗地乡沿布满嶙峋怪石的崎岖小道前行26公里，我省最后一个通电村——大地坝村就坐落在这"寸土难觅，滴水如油"的麻山深处。在爱迪生发明电灯的一百多年后，我省20 413个行政村的村民终于全部用上了它，大地坝村是其中的最后一个。

"我最爱看成龙的动作片，已经两个通宵了，还觉得不过瘾啊。"一进村，村民冉兴国兴致勃勃地向记者谈起了他这两天来的感受。他8岁的儿子正站在电视前跟着成龙比画，母亲杨三妹笑得合不拢嘴，说通电后儿子整天比画，都不会正常走路了。

"从11月15日开始，我们村已有半数人家用上了电，估计再有20天，就能实现全村通电了。这可是乡亲父老们几十年的梦想啊。"村委会主任杨光应动情地说，大地坝村共18个自然寨，416户1 936人，99%是苗族。从今年7月开始，安顺市和紫云县在贵州电网公司的协同、支持下，响应省委、省政府号召，投资155.8万元，立电线杆373根，安装配电变压器7台，历时4个月终于把光亮带进了苗家村寨。

"孩子们再也不会被煤油灯伤害眼睛了"

在自然条件稍好的大地坝村民组，大约每两户人家就有台20寸左右的电视，电视前均摆满小板凳，能供数十个人围着看。77岁的老人仝小云正坐在电视机前，她说里面演着什么，她根本不知道，只是觉得好。"村里原来没有娱乐活动，大家天一擦黑就闭眼。现在气氛好咯，再闷的人都会咧嘴笑。"

村里最普及的电器是"打苞谷机"，几乎家家有。过去一个壮劳力磨50公斤苞谷粉要一天工夫，现在只需要20来分钟。村民杨秀全兴奋地说："用电打苞谷粉太快当啦！下一步我们还要靠电整其他生产，头一个主意就是把石头打成石粉、石沙和碎石卖钱。"

小学校长杨通伦也异常高兴："孩子们晚上学习再也不会被昏暗的煤油灯伤害眼睛了。我们还准备晚上开办扫盲班，现已有不少村民报名。"

"我看见了比星星还亮的东西"

下午5时30分，大山深处传来断断续续的爆竹声。村民们介绍说，几公里外的打朗村民组今晚通电，正在提前庆祝。记者提出要去打朗采访，村民们犯了难，低声用苗话商量起来。村支书杨昌荣和村委会主任杨光应说："你不了解情况,去那边路太险,我们怕你走不了。"见记者坚持要去,杨昌荣便递上一根竹竿:"拄着走路安全些。"

5时45分,记者和两位村领导踏上了去打朗村民组的山路。记者这时才反应过来,哪里有什么路,其实是用炸药沿陡峭高山炸出来的一条险峻小道。小道上坚石密布,许多路段只能用手扶着岩壁,身体几乎半跪着朝前挪步,同时还要留心避免跌下身旁几十米高的悬崖,根本顾不上被尖石刺得生疼的脚底。

晚上7时,终于来到打朗村民组。村民们已在杀鸡宰羊准备迎接几百年来的第一道"光明"。组长杨秀清说,打朗村民组共34户人家,祖祖辈辈都居住在这深山里,几乎与世隔绝。由于山路太险,50岁以上的村民从未走出过环绕寨子的大山。"我们很多乡亲从不知道电究竟是什么东西,现在寨子里有两台电视,是8月份就借钱买来等电的。大家早盼着今晚到来。"

晚上8时,第一盏灯,亮了!村民们欢呼起来,唱歌跳舞,喝酒狂欢,大山的寂静被打破了。66岁的杨胜清独自一人站在自家电灯下面,老泪纵横。"感谢党感谢政府,让我在临死前看见了比煤油灯,比星星还亮的东西。"

晚上9时30分,记者和杨光应走在返回村委会的险峻小道上,他突然回头,望着打朗村民组依稀可见的灯光,感慨地说:"这电灯,真像是晚上的太阳。"

这篇获得第十八届中国新闻奖二等奖的特写,是记者在深入现场进行采访的基础上写成的。报道将记者在贵州省最后通电的大地坝村近10个小时的见闻展现给受众,表达了大地坝村民在通电之后的激动心情:有村民通宵看了两天电视都觉得不过瘾,学生再也不用担心煤油灯伤眼睛了,等等。报道中,除了语言和动作描写,记者还运用了大量的景物和场景描写,将村民兴高采烈庆祝的气氛表现出来。

四、善用背景材料

巧妙地使用背景材料,不仅能更好地补充、衬托新闻事实,而且也能更清晰地表达报道主题。因此,特写的写作也需要善用背景材料。

首先,由于特写主要突出的是新闻事件中的一个片段或者瞬间,一些细枝末节可能被省略;这时添加适当的背景材料,有助于使事件显得更加完整和丰满,便于受众更好地了解新闻事件。比如,在特写《萨科齐惊魂特拉维夫机场》(《中国青年报》2008年6月26日)中,记者适当穿插了时任法国总统萨科齐访问以色列的背景资料:"这是萨科齐去年5月就任总统后首次访问以色列和巴勒斯坦"

"以色列《国土报》认为,萨科齐此行,旨在加强法国在中东地区的影响力,继续推行他所倡议的'地中海联盟'构想""访问期间,萨科齐一方面表示会在以色列受到威胁时站在以方一边,一方面批评以色列在约旦河西岸和东耶路撒冷扩建犹太人定居点的做法"等。这些背景资料的运用,揭示了萨科齐出访以色列的用意,大大丰富、充实了报道内容。

其次,任何一个新闻事件,都有其产生的历史背景,在特写的写作中注意添加一些背景材料,有助于受众了解新闻事件背后的真相。例如,获得第十四届中国新闻奖一等奖的特写《医药代表向"老百姓"下跪》(《浙江日报》2003年2月25日),报道以医药代表向平价药店"老百姓"大药房负责人下跪和制药厂竟要封杀"老百姓"大药房这两件既典型又奇特的事件为切口,揭露了药价虚高的内幕,吸引了受众的眼球,极具冲击力。在该篇报道中,记者介绍了"老百姓"大药房自开张以来因"低价"而受到围攻的情况,通过这些历史资料,受众了解了为什么医药代表要向"老百姓"大药房下跪:是因为该店"低价"竞争,打破了医药零售业的暴利行为。

最后,在场景刻画中注意灵活穿插适当的背景材料,既可以起到烘托现场气氛的作用,还有助于突出报道主体的特点,增强报道的可读性。如特写《别了,"不列颠尼亚"》(新华社1997年7月1日播发),报道将目光集中于英国撤离香港的最后时刻,并运用背景资料来烘托现场气氛:"掩映在绿树丛中的港督府于1885年建成,在以后的近一个半世纪中,包括彭定康在内的许多港督曾对其进行过大规模改建、扩建和装修。随着末代港督的离去,这座古典风格的白色建筑成为历史的陈迹。"这段背景材料的运用既是回应前段彭定康乘车离开港督府,同时,由于港督府是英国统治的象征,对港督府的介绍,也回应了英国撤离香港的气氛。

在使用背景材料的时候,要注意灵活运用,尽量少而精,避免喧宾夺主;同时要有针对性,着重解决关键问题。

思考题

1. 如何认识特写的特点?
2. 事件特写、人物特写、场景特写各有哪些写作要求?
3. 找一篇特写报道案例,分析其写作特点。
4. 外出进行采访,在此基础上写一篇特写。

第十五章 其他报道样式的写作

本章知识点：① 调查性报道的特点及其写作要求；② 解释性报道的特点及其写作要求；③ 预测性报道的特点及其写作要求；④ 突发性事件报道的特点及其写作要求；⑤ 专题报道的特点及其写作要求；⑥ 系列报道的特点及其写作要求。

其他报道样式，通常是指调查性报道、解释性报道、预测性报道以及突发性事件报道、专题报道、系列报道等。这类报道并非是独立的新闻文体，但其在写作对象和表达方式上有着自身独特的要求，且社会影响力不容低估，因此，这里专列一章阐释。

第一节 调查性报道

调查性报道是以调查事件来龙去脉、揭示某些涉及公众利益的事件及其原委为己任的一类报道。它能够满足受众对新闻事件知情和思考的深度需要，是一种广受欢迎的报道样式。

一、调查性报道概述

甘惜分主编的《新闻学大辞典》是这样界定调查性报道的："一种以较为系统、深入地揭露问题为主旨的报道形式。此为西方新闻学术用语，中国新闻界类似的提法为'批评性报道'。"①

调查性报道的称谓来自西方。在西方，人们往往将调查性报道与揭丑报道归为一类。20世纪70年代，《华盛顿邮报》的记者鲍勃·伍德沃德和卡尔·伯恩斯坦，以调查性报道揭露了"水门事件"丑闻，此类报道由此而名声大振。

自20世纪80年代起，调查性报道开始在中国兴盛起来。1987年6月，《中国青年报》先后刊发的关于大兴安岭森林火灾的系列报道《红色的警告》《黑色的咏叹》《绿色的悲哀》（又称"三色报道"），被认为是中国调查性报道的代表性作品。

中国的调查性报道与批评性报道联系紧密，但不能完全等同，这是因为：调

---

① 甘惜分：《新闻学大辞典》，河南人民出版社1993年版，第153页。

查性报道的外延大于批评性报道的外延；而且前者较之后者，往往更具有深度。

二、调查性报道的特点

在中国，调查性报道相比于一般报道（消息、通讯、特写等），有着自己的鲜明特点。

（一）题材具有负面性

调查性报道涉及的多为负面题材。对报道对象而言，报道往往带有批评的性质，评价多是否定性的。正因为如此，此类报道常用于新闻舆论监督。

（二）内容体现深刻性

调查性报道是深度报道的一种，体现出较为显著的深刻性。首先，其深刻性来自调查采访所达到的深度。记者不仅对人物、事件的现状有全面了解，而且对其历史也有所知晓；不仅能准确把握特定事件的结果，而且能深入追寻其原因，在报道中令人信服地揭示因果之间的联系；不仅采访当事人、知情人、目击者，而且采访有关专家和其他人士（包括权威人士）。其次，其深刻性来自记者思考所达到的深度。记者对所报道的问题有着比一般人更深入的思考，他们的思考更具有深邃性和洞察力。最后，其深刻性来自所使用的背景材料具有的厚度和力度。调查性报道通常都会使用比较多的背景材料，这些背景材料能构成相应参照系，帮助受众深入思考问题。

（三）调查呈现艰难性

调查性报道一经发表，就会使报道对象不愿公开的信息被曝光，使之"原形毕露"，其社会评价随之降低。由于这个原因，记者调查采访的难度大、要求高。采访对象往往不仅不予配合，而且还会设置障碍甚至对记者进行威胁利诱；而相当一部分知情者，出于自身安全和利益的考虑，也往往会回避采访，或虽勉强接受采访但却吞吞吐吐、避实就虚，或是提供虚假信息，或是发违心之论。因此，记者为了获取和甄别素材，就必须花费更多的精力，付出更多的艰辛。为写作这类报道所进行的调查采访，还必须做取证的工作，以回应报道刊播后可能招致的来自报道对象的质疑，或应对一旦打官司而可能面临的司法调查。这是调查性报道与一般新闻报道在调查采访中有所不同的地方。

（四）采写不强调时间性

对一般新闻报道而言，时间性的要求是不可或缺的；而对于调查性报道，则不宜从时间性方面提出要求。由于调查采访的艰难性和报道的深刻性，使得调查性报道通常不具备很强的时间性。获取素材的过程会历经很长的时间，对素材进行反复核实以及对文字加以仔细推敲，都会占用很多时间。

三、调查性报道的选题

调查性报道在选题方面也有着不同于一般报道之处。通常它不选讴歌性、褒扬性的内容，而是选择能反映深层次矛盾和问题的选题。因此，从事调查性报道的采访写作，报道者必须具有强烈的问题意识。

（一）公众关注、影响广泛的话题

选取公众关注、影响广泛的话题，这样写成（制成）的调查性新闻才具有较高的价值，能够引起人们的高度注意。在社会生活中存在着各种各样的话题，有些话题影响到人们的生存，比如食品安全、环境污染等；有些话题与公众的切身利益密切相关，例如社会保障、医疗改革、房价调控等；还有些突然而至的灾难，例如地震、洪水、泥石流等。这些都可以成为调查性报道的选题。2009年2月，广州市近百人因吃猪内脏引起腹痛、腹泻。卫生部门检验显示，凶手就是"瘦肉精"。中央电视台《每周质量报告》栏目将此作为调查性报道的选题。2011年3月15日，其专题节目《"健美猪"真相》在新闻频道播出，揭露了"瘦肉精"重现江湖的惊人内幕，一时引起社会各界的强烈关注。

再如，宁波市的一栋居民楼建成23年就倒塌了，导致两人被埋，其中一人死亡。新华社记者前往事发地进行了调查采访，在此基础上写成调查性报道《三问宁波建成仅23年就倒塌的居民楼》（新华社2012年12月17日播发）。在这篇报道中，第一问是："预警长达两小时，为何还有两人被埋？"第二问是："建成仅23年，怎么就倒塌了？"第三问是："居民多次反映房子有安全隐患为何没及时处置？"每一个问题都是公众所关心和关注的，声声叩问直逼居民楼倒塌事件的责任人。

（二）众说纷纭、莫衷一是的话题

越是众说纷纭、莫衷一是的话题，越是有待记者通过深入的调查采访加以厘清，使真相和真理得到传播。2013年3月初，上海黄浦江上出现大批死猪。死猪从何而来？猪因何而死？江水是否会造成污染从而引起疫病？一时间人们议论纷纷，各种说法都有。针对这种情况，中央电视台《新闻调查》栏目及时跟进，制作并播出了《黄浦江死猪事件调查》（2013年3月24日播出）。这档节目顺藤摸瓜，寻找死猪的源头，由专家就死猪对黄浦江水质的影响作出权威性回答；同时，还对猪死亡的原因、死猪的处理、处理中存在的问题进行了分析探讨。该报道既释疑解惑又启发思考，满足了受众的新闻需求，也止住了谣言的流传。

（三）受到遮蔽、真相不明的话题

由于种种原因，社会生活中的某些事件，尽管其性质严重，然而真相却被恶意隐瞒。如果不是记者采写相应的调查性报道，这些事件的真相也许永远不会公之于众。从这个意义上说，公众对调查性报道寄予厚望。2011年4月揭晓第九十五届普利策新闻奖，《萨拉索塔先驱论坛报》记者佩奇·约翰独立完成的关于"佛罗里达州保险危机"系列调查报道名列其中。佩奇花了两年时间调查了佛州财产保险市场，写成了该组报道，为公众揭开了被掩盖的事实真相——对佛罗里达州业主有着重要影响的财产保险体系存在黑幕。报道提供了来自保险公司的可靠数据，并促使监管部门采取行动。佛罗里达州州民交付着世界上最高的财产保险金，而这一笔笔保险金却蚕食了国家经济，摧毁了房地产交易，使很多家庭背井离乡。① 佩奇的持续努力终于使真相大白于天下。

调查性报道要揭示事实被遮蔽的真相，而遮蔽真相的原因多种多样：有的被权力遮蔽，有的被利益遮蔽，有的被道德观念和偏见遮蔽，也有的被人们狭窄的生活圈子和集体无意识遮蔽。总之，真相被遮蔽，其背后总有着人为的因素，记者要做的正是异常艰苦的"追寻"被隐藏起来的"人为因素"的工作。

四、调查性报道的写作

调查性报道是记者通过多方调查而获取的素材为受众讲述一个（或几个）真实的故事。其故事性来源于选题本身要有情节，要有可供调查展现的张力，要有展现矛盾冲突的空间。因此，调查性报道的采写要注重客观性，恪守平衡原则；要用脚去采访，用脑去思考，用证据去报道，想方设法追寻事实真相。

（一）调查采访务求深入

调查性报道对采访有着近乎苛刻的要求。不仅要通过采访搜集到写作所需要的确凿的材料，而且要对材料的真伪加以判断、甄别；除此之外，还要做好取证的工作。人民日报"求证"栏目要求记者在调查采访时，要搜集证明力较高的"原始证据"、第一手证据，避免使用"传来证据"或二手证据。对于事件类"求证"选题，记者必须到现场调查采访，接触核心当事人，掌握第一手信息，不能照抄材料。对于科普类、话题类"求证"，要获得准确数据、权威解读，必要时亲自进行实验。② "原始证据"、第一手证据的信度较高；"传来证据"或二手证据则不甚可靠，对此不可轻信，更不能未经证实就加以传播。

（二）由果溯因探寻联系

调查性报道多为事后报道。记者面对的往往是事件的严重后果或匪夷所思的结果。记者承担的重任，不是一般地再现结果，而是要由果溯因，探寻产生特定结果的原因并加以全方位的展现。比如，调查性报道《菜价追踪》（新华社 1994 年 4 月 12 日播发），其缘起是：近一个时期，京城菜价上涨，有些蔬菜比肉还贵。为了搞清菜价上涨的原因，记者来到北京的大"菜园子"——山东寿光市，从源头开始，行程千余里，对蔬菜价格的变化做了一次全过程追踪，从而揭示出蔬菜

---

① 黄超：《从多媒体呈现形态看调查性报道的变与不变：以第 95 届普利策调查性报道奖作品为例》，《新闻记者》2011 年第 10 期。
② 韩晓丽、罗彦、肖潘潘：《探索以证据为核心的调查性报道——从人民日报"求证"栏目两年实践说起》，《新闻实践》2013 年第 3 期。

价格飙升的个中原因。

（三）行文表述融入思考

调查性报道要求记者在采访调查至写作的整个过程中，要有自己的独立思考。比如，1984年，中美两国政府达成协议，为中国培养工商管理硕士（MBA）。经层层筛选，40人入学，至1986年9月完成学业。这是中国首批MBA，为此，国家耗资百万。但38位MBA回国后，在整整一年时间内，没有一人能够从事与专业相关的工作。《中国青年报》记者在接到其中一人所反映的情况后，派记者兵分六路进行调查采访，在此基础上写成了调查性报道《命运备忘录——38名工商管理硕士（MBA）的境遇剖析》（《中国青年报》1987年12月2日）。在报道中，记者们对一系列问题提出自己的思考。比如，使用了"在职失业"的概念，接着指出了"把人搞活的法律"的缺失，体现出相当的深度。在职失业——单位不放。中国有多少人才就此被窒息了创造力？38名MBA毕业生中，多数人表达了流动的意愿，但"单位不放"四个字成为流动意愿的牢笼。"我们如果只有把人管死的规章，而不建立把人搞活的法律，无论何等伟大的改革，都不能使人才获得最后的解放！"报道中记者的议论，可谓鞭辟入里。

案例原文
请扫描二维码

（四）运用背景帮助解读

在调查性报道的文本中，背景材料不是以附庸的角色出现，而是增加深度的重要手段。通过背景的使用，调查性报道能为受众提供与主要事实相关的知识、历史情况或另一部分事实，从而使受众的认知获得相应的铺垫，获得可供比较的参照系，帮助受众加深对主要事实的理解。例如，调查性报道《国际禁毒日：来自中国禁毒一线的特别报告》（《中国青年报》2002年6月26日），根据需要，在不同的地方使用了人物背景资料、历史背景资料和知识背景资料等，使报道具备了应有的深度。

（五）力求产生正面效果

调查性报道虽然是依据负面题材进行写作的，但处理得法完全可以产生正面效果。在报道中，不可不顾及客观效果，不可因处置不当而使题材的负面性得到渲染。中国青年报"今日出击"栏目推出过一系列有影响的调查性报道，其采编过程始终坚持"六不原则"，即不撕裂社会伤口。例如，不为吸引眼球而使用"官二代""富二代"等词，不增加社会焦虑，不扩大阶层裂痕，不加剧社会对立情绪，不作"一叶而知秋"的推论或判断，不低俗。①

---

① 吴湘韩：《在"六不原则"下深挖新闻——中国新闻名专栏"今日出击"的编辑理念与操作》，《中国记者》2012年第1期。

中央电视台记者潘明从事调查性报道 8 年，播出的调查类暗访专题节目近 60 个，迄今未曾有一起节目被诉讼。其原因，便在于实际操作中他一直坚守这样几项原则：第一，调查性报道必须出于维护公共利益的目的。题材要贴近生活、贴近百姓，紧紧抓住公众普遍关心的热点、难点、疑点问题，挖掘新闻背后的新闻、事实背后的事实。同时，还需具有高度的受关注度和新闻价值。第二，采访对象必须是公众利益的相关者，比如造假企业的老板、技术员、售假者。第三，采集证据的地点必须是公开或者是可以公开的场合，比如商店、车间、办公室。第四，采访内容必须和调查真相有关，不能带有隐私。在节目表现中必须删除涉及调查对象隐私的画面或声音。第五，采访程序必须得到上级主管部门和有关部门的批准，特别是要征求媒介内部法律部门的意见，以应付可能带来的新闻诉讼。①

第二节　解释性报道

解释性报道又叫解释性新闻或分析性报道，侧重于揭示和说明新闻事实的原因与结果。

一、解释性报道概述

解释性报道是在深入调查采访的基础上，着重通过新闻背景对新闻事件进行分析解读的一种新闻报道样式。其报道的重点放在为什么（Why）和如何（How）上，以此深挖"新闻背后的新闻"；并着眼于新闻事件的含义及其与其他事件的关系，还包括对事件发展的展望等。

解释性报道是在传统新闻报道的基础上发展起来的。在西方，它萌芽于 20 世纪初，是对自由资本主义时期"客观报道"原则的重大修改。在我国则出现于民国初年，著名记者黄远生所采访的一些"北京通信"，如《闷葫芦之政局》《张振武案之研究》等，实际上是解释性新闻的雏形。②

二、解释性报道的特点

（一）写作宗旨不强调对抗和揭露

解释性报道旨在对公众所关切的事件作出令人信服的分析、解释，关注的是受众有无这方面的需求。作为报道内容的特定事件，可以是负面题材，也可以是

---

① 赵新乐：《常在水边走 还能不湿鞋》，《中国新闻出版报》2011 年 12 月 27 日。
② 余家宏、宁树藩等：《新闻学简明词典》，浙江人民出版社 1984 年版，第 124 页。

中性题材，甚至可以是正面题材，并不一定都具有负面性质；记者与报道对象之间，并不一定存在"对抗性"关系；写作宗旨不强调对抗和揭露。

（二）文本重在分析、解释

解释性报道的重点在于对新闻事件进行分析、解释，帮助受众理解并加深认知。它不仅要求记者的采访深入、扎实，为写作时的分析、解读奠定坚实的基础，还要求记者善于思考，能提出具有新意的见解。

（三）背景是分析、解释的重要依据

解释性报道注重运用背景材料来分析一个新闻事件的原因、意义、影响或者预示其发展趋势。"背景"是解释性报道存在的前提。在解释性报道中，记者所做的分析、解释占有很大比重；而这种分析、解释，又是在发掘和提供新闻背景材料的基础上作出的。

三、解释性报道的选题

在新闻实践中，需要进行深度解释的新闻大致集中于四个领域：一是社会文明进步的重大动向，二是各级领导机构作出的重大决策，三是阻碍社会发展进步的障碍及弊端，四是重大的突发性事件。这些领域的话题大多是受众普遍关注但又难以真正明了的。因此，对于解释性报道的选题可以作如下考虑：

一是公众关注并存有疑虑的题目。唯其公众关注，媒体及从业者也就应当予以特别关注；唯其公众存有疑虑，也就特别需要媒体及从业者在报道中加以分析、解释。例如2010年1月7日，《中国环境报》针对南京市垃圾焚烧引发争议所做的报道《南京天井洼垃圾场调查：恶臭二十年真的没个头？》等。

二是公众虽然有所知晓然而存在着误区的题目。这类解释性报道中的分析、解释，可以帮助受众纠正误识、掌握真理。例如2006年10月27日，《新京报》刊发的《北京市卫生局：福寿螺致病患者未现复发》等。

三是涉及公众虽然能够明白其中事理，但是对事实或事件的意义或教训认识尚不足的题目。记者就此所做的分析、解释，可收到春风化雨、润物无声的效果。例如2012年12月1日，《中国石油报》刊发的《"美丽中国"踏上新征程——解读十八大报告的一些新提法、新名词、新变化》等。

四、解释性报道的写作

（一）采用多个信源

解释性报道中的解释，不是记者根据有限的素材所进行的议论分析和主观推断；而是在对各种机构和各方人士进行深入采访、掌握大量素材的基础上，有所选择、广征博引地使用信源而写成的。例如，获得2007年普利策新闻奖国际报道奖的《华尔街日报》刊载的一组对中国经济发展问题的报道。其中有篇题为《中国汽车业发展令决策层喜忧参半》的报道，便使用了众多的信息源：（1）非营利性机构/组织信息源。包括：中国官方信源——北京市市长、广东省省长、国家环保总局副局长、国家发改委负责人，以及安徽省、上海市、北京市等地方政府提供的信息和数据。美国官方信源——美国官方公布的数据，以及世界银行、世界资源研究所下设 Embarq 交通与环境中心研究部等机构和匿名官员提供的信息和数据。（2）个人信息源。包括：上海信息中心朱君奕、电脑硬件设计师刘允知、吉利汽车装配工人李齐生等人提供的信息和数据。（3）公司信息源。包括：北汽公司、麦当劳、上汽集团、吉利汽车、奇瑞汽车等提供的信息和数据。①

（二）使用背景进行解释

解释性报道的写作，要求以另一些事实来解释作为报道重点的、眼前的事实。所谓另一些事实，主要是指：当前的别的有关事实，历史上的相关事实，有关人物特别是专家的观念性的事实，与报道的事实有关的知识性的事实。其中相当一部分事实即背景。解释性报道有时被直接称为背景性报道，可见背景有着毋庸置疑的重要性。昨天的事实构成了今天的事实的背景，今天的事实将成为明天的事实的背景。从背景的角度，可以将今天、昨天和明天相贯通，使之成为一根链条。用背景对事实作出解释，既是解释性报道的基本要求，也是它的成功之道。

例如，解释性报道《重庆：1 000 万人的饮水之难》（《南方周末》2007 年 3 月 15 日）中写道：

> 人们曾认为重庆几乎是不可能缺水的：它的年均降雨量达到 1 208 毫米，在世界范围内的内陆城市中堪称水资源条件良好。入境河流多达 36 条，其中包括了长江和嘉陵江这样水量丰沛的大河，而三峡水库在重庆境内的长度亦超过了 600 公里。尤其是春天，干旱的概率更小，因为青藏高原的雪山总是像家书一样准时地为这里提供充足的融水。重庆通常并不缺水，如果你只是问它"有"多少水而不是可以"利用"多少水的话。相似的情况也出现在邻近的四川。四川省水文水资源勘测局和四川省经济信息中心完成的《四川省水资源中长期供需趋势研究》显示，目前，成都平原上的成都、德阳等 10 个城市人均年占有水资源不足 1 700 立方米，处于国际缺水警告线以下。

---

① 刘鑫、张咏华：《一组解释性报道的范本——2007 年普利策奖国际报道奖获奖作品简析》，《新闻记者》2007 年第 8 期。

这里所使用的基本上都是背景材料。有年均降雨量、入境河流、三峡水库在重庆境内的长度等数据，甚至还有邻近省份四川的相关数据，可谓有根有据、言之凿凿。这是对重庆表面上不缺水的解释，为重庆1 000万人的饮水之难做好了铺垫。

（三）分析、解释合乎道理

解释性报道中的解释，并不是记者的主观臆断和逻辑推演，而是记者凭借事实所做的分析、解释。解释性报道的写作要注意从事件中揭示其理，在叙事的基础上分析其中包含的道理；要注意借用专家的意见来解读事实，因为专家的意见比记者的意见更有说服力；同时还要注意将记者自己的意见隐含在对事实的叙述之中，而不是将自己的意见游离于事实之外。

例如，解释性报道《从"芭比"到"苹果"：笼罩在数据迷雾下的"中国制造"》（新华社2010年12月30日播发）。在对中国的贸易顺差被严重夸大的现实境况作出分析、解释时，记者并没有直接站出来自己说话，而是引用了专家的意见。报道这样写道："从'芭比'娃娃到'苹果'手机，有关中国贸易顺差'真相'的讨论重回公众视野。北京的学者指出，现行以国界为基础的贸易流向计算的顺差或逆差标准已经过时，中国的贸易顺差被严重夸大。"接着，记者摆出了富于说服力的事实及数据："一个芭比娃娃从中国的进口价为2美元，其中，中国仅获35美分的劳务费。但按原产地统计，2美元全部计为中国对美国的顺差。按增值比例计算，中国的顺差被夸大了近6倍。类似的，一部在中国组装的苹果手机对美国出口，如果按增值比例计算，中国的顺差被夸大了26倍。"这些事实及数据，与上述专家意见是互证和互释的，毋庸置疑的说服力由此而生。

第三节 预测性报道

预测性报道也叫预见性报道，即"依据现在和过去的事实，对事物或事态前景所做的报道"。[①]

一、预测性报道概述

预测性报道，是记者对目前已有事实的发展走向以及对目前尚未发生的事件的未来前景进行预测的一种报道。对于已经存在的事实，预测性报道旨在预测它将向什么方向发展和如何发展；对于今天还没有发生的事件，预测性报道将对它

[①] 甘惜分：《新闻学大辞典》，河南人民出版社1993年版，第155页。

会不会发生、会在何时发生和会怎么发生作出预测。

预测性报道大致分为两类：第一类，由记者依据专家的预测写成的报道（当然也包含着记者本身作出的取舍、分析和判断）。在此类报道中，专家的预测是否准确成为决定性的因素。第二类，以记者自身为主进行的预测。在此类报道中，记者采访多位专家，掌握相关权威信息，在此基础上进行独立思考，进而作出相应的预测。

二、预测性报道的特点

（一）预测的范围相当广泛

预测性报道涉及各个领域，范围相当广泛，包括政治、经济、军事、文化、科技、体育等。其中，对特殊天象的预测、对股市走势的预测、对局部战争发展态势的预测（如海湾战争、伊拉克战争等）、对体育赛事的预测，在媒体的报道中都曾经或经常占有很大比重。

（二）对未来进行预判预断

预测性报道总是体现出突出的前瞻性或曰超前性，但同时又是基于一定的事实基础的。这种事实基础体现在如下两个方面：一是有关人士就未来之事进行预测。预测性报道是对此事实所做的报道。二是记者本身在对以往事实和事物发展规律及趋势准确把握的基础上对未来所做的预测。无论是哪一种情况，预测性报道都不应当是记者的主观臆测、胡乱猜测，它必须接受未来实践的检验：检验记者预测的事实最后有没有发生，检验预测要发生的事实际发生后与预测相符合的程度，检验原有事实的发展与记者的预测是否吻合。

（三）受到不确定性的挑战

从当前到未来，其中有许多变数，存在着相当多的不确定性。事物在循规律发展的过程中，会遇到一些偶然因素的干扰，从而改变其正常运行轨迹。自然界的预测对象尚且如此，对属于社会生活范畴的预测对象，准确预测的难度就更大。记者既不是自然科学家，又不是社会科学家，写作预测性报道所面临的挑战可想而知。

（四）预测体现出科学性

新闻记者不是算命先生，也不是风水先生，所做的预测须有科学的依据。科学依据来自记者对专家的采访，来自对权威资料的占有，也来自记者对预测对象和相关资料的潜心研究。就像气象台的天气预报那样，是在对卫星云图做了科学研究的基础上作出的。

预测性报道常常会出现偏差，出现偏差的原因很多。其中一个原因是记者存在偏见，由偏见主导预测。2007年6月28日，美国《财富》杂志发表文章《哎哟，香港根本死不了》（OOPS! HONGKONG IS HARDLY DEAD），在正文开头第一句即道歉："啊，我们错了！"坦诚承认了过去预测性报道中的一项重大错误。原来，1995年6月29日出版的《财富》曾经预测：香港在回归后将丧失国际商贸和金融中心的地位，英文会被中文取代，商界会撤离香港，贪污会蔓延。但是事实证明，香港在回归后经济持续高速增长，在金融风暴、"非典"恐慌、禽流感等危机的巨大挑战下，依然坚守着亚洲最具活力城市的地位。《财富》所做的预测，既缺乏事实依据，也缺乏理性分析，失误是必然的。

（五）预测的准确率存在差异

对于不同的预测对象，客观上存在着准确率方面的差异：

一是对社会现象的预测与对自然现象的预测，准确率存在差异。社会现象中人为因素（个体心理的内在矛盾、群体心理的相互感染、行为背后的利益驱动、人际关系中的权力阴影等）的作用往往影响着预测的准确率。

二是对各类自然现象的预测，准确率也存在着差异。相比较而言，对自然界的天象和天气（包括台风、暴雨等灾害性天气）的预测，准确率比较高；对地震、海啸、火山爆发等突发事件的预测准确率就较低。与此相对应，记者根据专业部门或研究机构的预测写成的前一类预测性报道，准确性也就比较高；后一类预测性报道，准确率就会比较低。

三、预测性报道的选题

（一）公众关注的选题

预测性报道应取公众关注度高的选题。公众关注是记者采访、写作的原动力，也是报道具有价值的表征。比如，在2008年全球金融危机以后，人们极为关注我国和世界经济与金融的发展走势，亟须关于宏观经济走势和金融业发展趋向方面的预测性报道，从而决定自己理财投资的方向和策略。再如，房价与每一个人的切身利益密切相关，住房的未来价位是人人关心的问题，公众迫切需要关于房价的有理有据的预测性报道。只要是公众关注的选题，都值得记者去做预测性报道。

（二）存在悬念的选题

愈是存在悬念的事件，人们就愈是需要预测性报道。例如1991年的海湾战争、2003年的伊拉克战争、2011年的利比亚局势、2013年的朝鲜半岛危机等，当时的形势均扑朔迷离，充满悬念。人们由此产生了对预测性报道的需求。有关研究者指出："当一个事物的变化趋于缓和时，预测它的未来就越变得容易。相反，当一个事物的变化速度极快时，预测它的难度就会成倍放大，此时它对预测的需求也会增大。有西方传播研究机构对战时舆论传播做过这样的试验，当某个军事事件发生后,一天之内媒体的关注度以平均每小时 7.6% 的降幅在回落;而对某个预测性事件的关注度,一天之内却是以平均每小时 5.7% 的增幅在提升。预测性报道在预测事件发展趋势方向的同时,无疑在引导着舆论的走向。"①

(三) 具有魅力的选题

这是指一些能引起受众兴趣点或兴奋点的选题,其魅力在于能吸引人们的眼球。比如,一场高层次的竞技体育比赛,预测参赛队的输赢本身就是一件人们津津乐道的事情。再如,流星雨是当今青年人特别感兴趣的话题,选择这样的题材进行预测,就很符合年轻受众的需要。

四、预测性报道的写作

(一) 在掌握权威信息的基础上预测

记者撰写预测性报道的前提是,充分占有真实、准确的相关信息,特别是充分占有权威信息。通过深入、周密的采访,获得符合上述要求的信息,是写作预测性报道的关键所在。为此,在新闻采写实践中,记者应当搜集尽可能多的相关资料,除了需要间接引用他人的材料之外,还需要直接搜集与预测行为有关的原始资料,比如采访与事件相关的人士、学者、专家等所得到的第一手材料;然后在众多的资料中精挑细选,去粗取精,去伪存真,筛选出最可靠的资料。只有这样,在资料真实、完备的基础之上进行的预测才更为可信。

(二) 审时度势地进行预测

预测性报道要求记者掌握应该掌握的信息,细心揣摩其中的联系,审时度势地进行预测。1991 年,当美国向海湾地区大规模增兵的时候,有记者认为这是伊拉克人再一次和美国人玩的游戏,美国不敢轻易动手。而根据这一判断撰写的预测性报道发表时,海湾战争已经打响了。相反,"新华社记者曾经提前一周预测到了智利可能发生政变,当智利发生大规模群众示威,反对派和军方联手反对政府时,记者对各方人士进行了采访,写出了智利下周可能发生政变的预测性报道,不能不说有远见"。② 前者是记者对海湾战争形势的误判,而后者是新华社记者根据智利当时的局势和对有关人士的采访所作出的准确预测。准确的预测来自于记者审时度势的分析判断。

(三) 避免陷入经验的泥坑

进行预测性报道,以往的经验无疑是重要的,但仅仅以经验为依据推断未来又是很冒险的。因为从现在至未来与过去至现在,会有很大的不同;过去的经验

---

① 康庚:《军事预测性报道的实践与应用》,《军事记者》2012 年第 6 期。
② 鲍思佳:《浅谈怎样做好预测性报道》,《新闻世界》2012 年第 11 期。

是否适用于现在和未来，不可一概而论。2010年，中国证券市场陷入"内忧外患"之中，受欧债危机恶化和扩散、新股扩容"大跃进"以及上市公司业绩增长预期等因素影响，股指连续下跌不止，一时丧失了投资、价值发现和资源优化配置的功能。这期间，许多媒体根据以往经验，多次作出"价值凸显""市场触底"等预测性报道。投资者据此进场，结果是屡买屡套，损失惨重。市场失灵导致预测性报道的失灵。[①] 因此，注重研究已经出现的新因素和未来可能出现的新因素，对于预测性报道写作来说是至关重要的。

第四节 突发性事件报道

突发性事件报道，就是对突然发生的，可能造成重大人员伤亡、财产损失、生态环境破坏和严重社会危害的紧急事件所进行的新闻报道。当今时代，人类已经进入了风险社会，各类突发事件发生的频率明显增加。如何对突发事件进行报道，是新闻记者经常遇到的问题。

一、突发性事件报道概述

突发性事件报道可分为突发社会安全事件报道（如恐怖袭击、战争等）、突发公共卫生事件报道（如流行性疾病、瘟疫等）、突发事故灾难事件报道（如空难、矿难、交通事故等）和突发自然灾害事件报道（如地震、台风、水灾等）四种类型。

突发性事件报道通常具有风险预警、遏制谣言、社会动员、舆论引导、权力监督等社会功能。突发事件发生后，如果事件具有重大影响，公众往往会高度关注，事件中的利益相关者（如事故遇难者的亲友）也会非常担忧焦虑。这时候，媒体往往是他们信赖和易接近的消息源。不过，很长一段时间以来，由于受"报喜不报忧"等传统宣传观念的影响，突发性事件报道存在着隐而不报、延误时机、避重就轻等问题。如今，随着《中华人民共和国信息公开法》的实施，政府信息公开力度加大；加之新媒体环境中公众信息需求的提升，突发性事件报道的速度、力度和透明度都已经大大提高。

二、突发性事件报道的特点

（一）快速发稿，时效性强

突发性事件往往具有事发突然（事件发生的不确定性）、现场失序（报道环境

---

① 张圣荣：《财经媒体预测性报道失灵现象浅析》，《青年记者》2011年第34期。

的复杂性)、信息混杂(传闻难以快速核实)等特点,这对新闻媒体和记者的快速反应、迅速出击、现场报道的能力是严峻考验。面对突发性事件,媒体应迅速做出决策、提供保障,派出记者奔赴现场,围绕事件的原因、处置、影响和结果等方面进行滚动报道。为及时满足公众知情权,减小公众因信息缺失或流言传播而产生的心理恐慌和行为失控,媒体一般会针对突发事件在第一时间进行快速核实、发出快讯,然后再进行跟踪报道、披露事件进展,直到事件尘埃落定。比如美国"9·11"事件发生后,美联社在几分钟后就发出快讯"一架飞机撞向世界贸易中心",法新社、路透社也紧随其后发出了一句话快讯。对于这种全球关注的重大突发事件,谁抢发第一条消息谁往往就掌握了报道的主动权,所以时效性对突发性报道来说至关重要。

(二) 滚动更新,现场感强

重大突发性事件发生后,电视会采取直播、报纸会开辟专版、网站会推出专题,对事件的发生原因、应急措施、救援进展、造成后果等信息进行滚动更新和动态报道。往往第一时间发自新闻现场的图文报告或视频新闻最受关注、最有影响力。比如,2015年4月25日尼泊尔发生强烈地震,网易新闻立即推出滚动直播专题,三分钟内快速发出5篇简讯:

15:50 中国地震台网正式测定:4月25日14时11分在尼泊尔(北纬28.2度,东经84.7度)发生8.1级地震,震源深度20千米。

15:50 【西藏等地震感明显】#快讯#西藏拉萨、日喀则等地微博网友表示震感明显,"在六楼感觉很明显,灯也是晃的""家里晃得厉害,灯在摇,桌子也在动""刚刚好像地震了,整个房子都在摇"。中新社记者在尼泊尔首都加德满都感受到强烈地震,当时记者正在就餐,在跑出楼房时,身边一堵墙被震塌,周围大批居民奔跑到空旷地带。手机信号中断,记者发稿时震感仍在持续,附近一家中资企业的有线网络尚未中断。

15:51 【系本世纪陆地第5次8级大地震】据了解,这是本世纪以来发生在陆地上的第5次8级大地震,前4次中国和智利各有两次:2001年昆仑山西口8.1级和2008年汶川8.0级地震、2005年智利8.1级和2010年8.8级地震。

15:52 【西藏日喀则通往樟木口岸318国道中断】受地震影响,西藏日喀则通往樟木口岸318国道中断。吉隆震感强烈,吉隆口岸通信中断,房屋倒塌严重。目前还没有接到人员伤亡的报告。

15:53 【总理府一段围墙倒塌】中新社记者前往尼总理府途中看到一片混乱,总理府一段围墙倒塌。中资企业消息,一处水电站项目工地有人员伤亡。

这5篇简讯，不仅第一时间发出"发生8.1级地震"的重要快讯，而且快速提供了"墙被震塌""手机信号中断""大批居民奔跑到空旷地带"等具有现场感的滚动报道，并及时点出新闻背景——"这是本世纪以来发生在陆地上的第5次8级大地震"。这种滚动更新的报道形态，可以吸引公众持续关注突发性事件，还可以方便公众随时掌握事件的最新进展。

（三）形式多样，立体感强

突发性事件的报道，不仅运用消息、通讯、特写等各种新闻体裁，而且还经常使用文字、图片、音频、视频、新闻地图等融合手段，来表现突发事件的各个侧面，让受众对突发事件有更直观和理性的认知。比如，2015年5月人民网的专题报道《尼泊尔8.1级地震造成大量伤亡》，除设置滚动播报、伤亡情况、救援工作、中方表态、各方声音、中国西藏救灾情况等栏目，全方位地呈现事件的相关信息，还通过图文直播、3D卫星图和视频报道等视觉形式，立体化地展现地震现场的破坏、伤亡和救援情况。

需要注意的是，由于突发性事件报道注重信息的滚动更新和专题呈现，往往具有"碎片化拼贴"或"集成化组合"的特征。受时效性所限，各种报道文体会根据报道要求和发稿时间灵活使用。有时候，一张照片反映一个场景，一句话消息播报一个事实，一个专家访谈快速回应几个关键问题……这些写作体裁的组合，并不一定具有很强的逻辑关系，但恰恰体现出突发性事件报道的特点。

三、突发性事件报道的写作

（一）以简明消息快报事实

快速准确报道事件动态是突发性事件报道写作的第一要义。这就要求最初的报道一般采用简讯、快讯等消息文体，快速播报最重要的事实，而且要标题醒目、简洁明了。之后的动态报道，为增强新闻时效性、让受众有身临其境之感，也多使用叙事短句、直接引语、白描等手法，介绍事件进展并强化现场感。比如2014年"马航失联"事件，中新网3月8日发出的简讯用较短的篇幅快速提供了一些基本事实：

> 据外电报道，马来西亚航空公司一架载有239人的航班，在离开马来西亚首都吉隆坡后，与空中管制中心失去联系，据悉这架飞机的目的地是北京。
>
> 航空公司在一份声明中表示，航班"MH370"是在当地时间凌晨2点40分与管制中心失去联系的，本应于北京时间6：30抵达北京。机型为波音777-200。
>
> 目前马来西亚航空公司正在与马当局启动紧急行动搜救该飞机。

这篇简讯仅用三段，就交代清楚了失联航班的乘客人数、失联时间、出发和抵达地点、飞机机型和航空公司的应急行动。值得一提的是，这个事件的最早信息由马来西亚航空公司于北京时间3月8日早上7点24分在其官网上披露，美国有线电视网（CNN）总部注意到了这条消息，但当时并没有急于播报，而是迅速核实其真伪，直到北京时间早上8点38分才在推特（Twitter）上发布消息。由此可见，针对突发性事件的快速播报，必须建立在准确核实的基础上。

（二）以连续报道跟踪事件进展

重大突发性事件一般持续时间较长，因此，突发性事件报道不能只限于快播事实，还需要记者借助各种报道样式和多元化的报道手段进行连续报道和深度报道，追踪事件后果、应对措施、原因调查、责任追究、预防策略等，为公众提供更加完整的信息和更加具有深度的事实真相。

以《人民日报》关于"12·31"上海踩踏事件的报道为例。2015年1月1日（事发第二天），该报发表《上海外滩踩踏事故还原：从有序到混乱》，快速还原事故现场。1月2日到1月4日，《人民日报》持续更新遇难者和受伤者名单，如1月2日公布第一批初步核实的遇难者名单，1月3日发表《上海外滩踩踏事件所有伤员姓名已查明》，1月4日公布了上海踩踏事件中36位遇难者的准确名单。除了还原事故现场、更新伤亡名单，《人民日报》还在后续报道中追问原因、通报调查结果，被新华网、腾讯、网易、澎湃新闻等多家新闻网站转载。比如，1月21日，发表《五问上海外滩踩踏事件谁之过》，分析事件原因；1月22日，发表《上海严肃问责外滩拥挤踩踏事件》，通报"12·31"外滩拥挤踩踏事件调查报告和黄浦区部分领导干部违反中央八项规定的调查结果，宣布严肃问责处理决定。整个报道过程，不断根据事件进展进行追踪，给读者提供了比较完整和全面的信息，做到了有始有终。

（三）以报道预案做到未雨绸缪

做好突发性事件的报道，除了依靠记者敏锐的临场反应能力和熟练的新闻业务能力，还需要媒体和记者建立一套成熟、可操作的突发性事件报道预案，包括成立专门的决策执行团队、建立随时滚动报道的循环体制，以及后勤设施、硬件条件的保障措施等。比如，中央电视台专门组成了负责突发事件报道的"特快反应小组"，并建立了24小时记者值班制；新华社也实行了"全天候发稿"体制。

报道预案的制订，有助于媒体和记者"有备无患"，从容地应对突如其来的突发事件。比如，四川芦山地震发生前夕，四川汶川电视台就突然中断节目，插播防震减灾局和成都高新减灾研究所的紧急公告："四川芦山正发生有感地震，汶川将震感轻微，请做好避险准备。地震横波还有42秒到达。"这一紧急公告的播出，比官方中国地震台网发布地震公告的时间早了 14 分钟。

第五节 专题报道

专题报道是围绕同一主题或相同题材展开的、具有相当深度的一种报道样式。在我国的新闻媒体上，专题报道常用于重大事件和重大题材。

一、专题报道概述

专题报道是针对现实生活中具有重要社会意义的报道主题，以多篇稿件、从多个侧面揭示主题的丰富性与复杂性的报道，此类报道信息容量大，对报道深度要求高，通常具备一定的思想性和启发性。专题报道的报道手段多样，可以运用包括消息、通讯、评论、专家点评等多种文体和表现方式，是传统媒体常用的一种深度报道形式。

由于专题报道往往把同一新闻事实或同一新闻主题下的不同形式的新闻稿件组合编排在一起，因此专题报道也可以称为组合报道。组合报道将若干单篇新闻编排组合，能优化原有的新闻信息，产生"组合效应"。一个复杂的新闻事件，通过组合报道，产生集聚效应，能帮助受众透视新闻背后的背景、原因和真相。网络媒体在进行专题报道时还可以运用图片、视频、互动图表、新闻链接等多种纵深化的信息组合形式，使网络专题报道内容更加丰富、生动和具有交互性。

二、专题报道的特点

在新闻内容的广度和深度上，专题报道可以提供更全面的信息、更纵深的背景、更多元的观点。总体上看，专题报道主要有三个特点：

（一）多重整合

专题报道是一组具有共同指向的新闻的集合。传统媒体中，报纸非常强调空间的整合能力，如版式、信息量以及专栏的设置；电视和广播非常重视时间的整合，如时间段、节目长度和频率等。新媒体中，网络新闻专题将各种编辑符号进行整合，同时具备了报纸、电视的空间和时间的整合功能，并把二者紧密结合起来。

（二）体裁多样

为了能为受众快速呈现、深度解读，专题报道一般要综合运用长消息、现场特写、新闻评论等文体，把事实、背景、观点等信息要素在当天的多个版面上集中呈现。同时，单篇报道又需要体现各自的特点：长消息要披露事件的核心要素，现场特写要聚焦最有张力的瞬间，新闻评论既要找到权威专家，所谈观点又要言简意赅。由于专题报道通常是在同一版面上或多个版面上集中编排和呈现稿件，因此单篇稿件的写作未必要强调完整性和全面性，反而注重突出某个方面。

（三）逻辑严密

专题报道一般由数篇报道组合而成，分别从不同的角度、不同的侧面来阐释报道主题。这些不同角度、不同侧面的报道之间具有严密的逻辑关系。比如，要围绕某个典型人物进行专题报道，那么，整个报道的版面（栏目）布局和角度选择都要围绕这个中心，可以从学习、生活、工作等不同切入点来展现，也可以从人物性格、经历、事迹、社会影响等不同侧面来叙写。

三、专题报道的写作

由于专题报道往往运用消息、通讯、特写、评论等多种文体，因此很难以单篇报道为对象阐述其写作技巧，只能从整体上对选题判断、写作风格、报道侧重等作概要介绍。

（一）选题具有重大和纵深的特点

选题的价值和报道角度直接决定了专题报道的成败。适合以专题报道形式呈现的新闻选题，往往需要满足一定的标准：一是重。这类选题往往涉及重大公共利益或受到社会各界广泛关注。二是深。这类选题往往在思想价值和信息容量上具有可挖掘的深度空间。三是广。这类选题往往可以从多个角度和侧面进行充分挖掘和表现。

专题报道的选题通常有两类来源：第一类是"命题作文"，主要是围绕党和政府的中心工作和重大方针，基于正面宣传和舆论引导的需要而精心策划的专题。第二类是"自选动作"，是媒体根据新近发生的重大事件、出现的重要问题，从新闻媒体监测环境的需要出发，进行深度挖掘的专题。一般来说，党报等主流媒体主要选择第一类专题报道，市场化程度高的都市报主要选择第二类专题报道。

比如，为庆祝中国共产党成立九十周年，《人民日报》2011年7月1日推出90个版要闻和纪念特刊，这个纪念特刊就是典型的专题报道。这组专题报道通过选择、探索、宗旨、使命、创新、脊梁、忠诚、方略、凝聚、胸怀、挑战、强音12个主题词，生动解读了中国共产党领导人民创造的历史奇迹。内容包括：通过展示中国共产党加强自身建设的历程，揭示党如何不断推进建设新的伟大工程；通过对革命圣地的追寻，回顾红色足迹、寻根党的精神、挖掘时代内涵；通过展示党带领全国人民取得的成就，揭示中国社会发生历史性巨变的根本原因。

（二）形式上要丰富多样又逻辑统一

由于专题报道往往同时推出多个版面（栏目），因此，需要制作引人入胜的标题，刊登富有冲击力的图片，实现整体版面风格的一致。写作和表现形式上既要丰富又要统一。比如，采用不同的体裁，使新闻、评论和综述等相互搭配；运用背景资料或"编者按"，使专题报道的核心意义和选题价值充分凸显；包装形式上注重创意设计，使专题报道的视觉感和生动性大大提升；适应人们快速的生活节奏，尽量少用数千字一个整版的报道套路，而是将长篇报道切割成三五个部分，每个部分确定一个主题，加上小标题或者对关键句子做醒目的黑体处理，以方便读者快速阅读或抓住重点。

相比传统媒体表达形式的限制，网络媒体的专题报道更加多样化。比如2018年全国"两会"期间，人民网、新华网分别采用图文报道、微视频、H5、直播、VR等各种形态进行报道，移动化、产品化、视觉化和互动化成为"两会"新闻报道的新特点。其中，人民网推出全景式视频直播栏目《两会进行时》和《两会夜归人》，既传递"两会"资讯，也发表记者见闻；同时推出的短视频《Rap动画唱两会，带你唱响新时代！》，既有欢快鲜活的说唱，又有生动形象的动画，还有街头采访的镜头。新华网则通过创意短视频《跃然纸上看报告》来呈现政府工作报告，其中不仅综合运用了折纸动画、3D立体画等多种表现手法，还使用生物传感智能机器人，以"读心术"的方式描绘出公众听政府工作报告时的"情绪曲线"。

（三）写作视角要善于"以小见大"

专题报道的主题相对来说比较宏大，因此，从报道写作的叙事技巧看，要善于"以小见大"，从个体看行业、从区域看全国、从局部看全局。比如，2017年10月，人民网推出的党的十九大专题报道和中国共产党新闻网推出的"我是共产党员"栏目，用镜头记录十九大代表中来自基层一线党员的事迹，通过讲述他们在各自岗位上默默奉献的故事，展现了党员代表勤政为民的精神。

第六节 系列报道

系列报道是指围绕同一新闻题材、新闻主题，从不同侧面、不同角度进行多次、连续的报道。它由多篇报道构成，这些报道分之独立成篇，合之则成一整体，有利于深化报道主题，往往能产生集束效应。

一、系列报道概述

在西方新闻界，系列报道一般被称为"计划性连载"。中国新闻界通常也将系列报道和连续报道归入一类，如中国新闻奖的奖项设置就不区分系列报道奖和连续报道奖，只针对系列报道进行评奖。然而，细加比较，系列报道与连续报道亦有所不同。连续报道是对正在发生并持续发展的新闻事件在一段时间内进行多次连续报道，具有很强的时效性。而系列报道的时效性相对较弱，是围绕一个新闻线索或策划好的报道主题而展开报道，而且各报道之间并不存在时空上的必然联系。

二、系列报道的特点

总体上看，系列报道的主要特点体现在以下三个方面：

（一）主题统一，视角多元

系列报道写作必须围绕同一个主题，并多角度、多侧面地突出深化报道主题。系列报道中的单篇报道，视角和篇幅可以有所不同，但内容之间一定要具有关联性，做到形散而神不散。

2011年春节期间，中央和地方媒体都推出了"新春走基层"系列报道，旨在表现党领导下的中国社会经济建设取得的重大成就。围绕这个主题，《新安晚报》推出的系列报道，既有《农民过上市民日子》《古村民俗新春展魅力》《叠罗汉迎新春》《洋老板到我家过春节》《孩子们的嘴吃刁了》等展示农民生活水平提高的报道，也有《城里人回乡找年味》《又娶媳妇又过年》《老英雄爱看春晚》等体现老百姓欢度春节的报道，还有《助产师孙玉：让产房都传出喜讯》《铁路民警刘锦彪：旅客平安就没白忙》《地质移民平安过年》等反映加班在一线的普通劳动者的报道。[①] 这个系列报道，从农民衣食住行、民俗文化、节日婚庆、一线劳工等多元视角，烘托出百姓安居乐业、生活幸福的报道主题。

（二）紧扣热点，激发关注

与单篇报道不同，系列报道具有较长的时间跨度，需要精心策划、把握热点，通过层层递进的事实持续吸引受众的注意力。如2013年新华社刊发的反对奢靡浪费的系列报道，便是通过制造热点、逐层推进来激发社会共鸣。

2012年底中央出台"八项规定"倡导厉行节约，各地也在积极部署落实相关规定，新华社刊发在内部材料上的《网民呼吁遏制餐饮环节"舌尖上的浪费"》获得中央主要领导同志的批示。在这种背景下，新华社就遏制"舌尖上的腐败"现象组织的系列报道无疑抓住了一个非常好的报道时机。餐饮浪费、公款消费在中国是一个老生常谈，甚至见怪不怪的话题，但新华社独辟蹊径地选择了容易被人忽视的会所奢靡消费作为报道切入点，连续刊发多篇系列调查报道，包括《会

---

① 张苗、王欢：《系列报道策划探析——以新安晚报〈新春走基层〉为例》，《新闻世界》2011年第7期。

所的秘密》《北京北海地坛公园暗藏高端会所 公园方称"曝光也没用"》《记者暗访：那些隐入公园的高档"会所"》《水榭变身高档饭店 是为满足游人需求？》等。这样一来，老话题因为新角度而有了新的元素和题材，自然能够有效地激发受众的关注。

（三）层层推进、彰显深度

相比单篇报道，系列报道的信息容量比较大，可以从容不迫地剖析事件的来龙去脉，逐步深入地披露事件的前因后果，并由此展示事物本质、揭示其新闻价值。2008年12月1日至3日，《中国纪检监察报》在一版位置连续刊发了"问诊'阳宗海污染事件'"系列报道：《一诊"阳宗海"：根子在理念》《二诊"阳宗海"：作风是关键》《三诊"阳宗海"：体制机制保障不可或缺》。这组系列报道主题鲜明、逻辑清晰，深刻剖析了云南省"阳宗海事件"的来龙去脉及其暴露出的深层问题，充分反映了以科学发展观武装党员干部头脑的重要性和紧迫性，并由此荣获第十九届中国新闻奖三等奖。[①]

三、系列报道的写作

2012年9月3日，《羊城晚报》推出迎接十八大系列报道"再造珠三角"，在社会上取得了良好反响。这组系列报道，由五篇独立文章组成：开篇消息《再造珠三角，谱写科学发展新篇章》；结尾消息《"再造珠三角"昭示广东科学发展》；报道一，《广佛合体，幸福了双城千万百姓》；报道二，《政府机构虽少 百姓评价却高》；报道三，《脱胎换骨，废墟里站起新产业》。五篇文章虽然内容各不相同，但内在逻辑保持统一，始终与报道主题相呼应。在写作中如何将相对抽象的报道主题和相对具体的新闻事实结合在一起，其关键在于点面结合。

（一）运用故事化的写作技巧

主旋律题材的专题报道，由于主题相对宏大和抽象，容易导致报道的可读性不强。因此，要注意运用以小见大的故事化叙述方式，实现静态题材的动态表达，抽象主题的具体展现。

例如前文提到的《羊城晚报》系列报道"再造珠三角"之《广佛合体，幸福了双城千万百姓》，从一个年轻女孩的生活改变切入，以小见大，用讲故事的方式呈现了珠三角区域一体化建设、"广佛同城"等发展战略的推进给这个女孩学习和生活带来的便利。"从2002年考上广州的大学开始，家住佛山市禅城区的徐思颖就成了一只经常穿梭于广佛双城的'候鸟'，一飞就是十年。"报道的起笔，记者

[①] 王少伟：《事件折射观念——评获第十九届中国新闻奖三等奖系列报道〈问诊"阳宗海污染事件"〉》，《军事记者》2010年第11期。

运用了比喻的手法将双城居民形容为"候鸟",很贴切地展示了交通问题曾给双城居民生活造成的不便:

> 徐思颖记得很清楚,读大学时每周五放学从广州回家,就得先坐284路公交车到农讲所,转搭地铁一号线到坑口站,穿过一条两边永远都挤满"走鬼档"的天桥到芳村客运站,然后花上大概40分钟的时间排队搭乘广佛城巴到禅城,最后再转搭佛山的公交车回家。"顺利的话,从学校到家大概需要3个小时,车费加起来一趟是16块"。
>
> 2006年大学毕业后,徐思颖在广州的中山一路和朋友合租了一间房子。选择中山一路的理由很简单——地铁就在附近:"以前回一趟家要转四趟车,现在减少一趟,车费也降低到14块。"
>
> 但徐思颖的感觉还是不好,尤其是节假日:"芳村客运站里排队等候广佛城巴的人龙可壮观了,很多时候排一个多小时还上不了车。"
> ……

报道落笔,则放在了双城居民最为关心的医疗问题上:

> 2012年,是《珠三角规划纲要》颁行也是广佛同城的第四个年头,两地在医保互认、环境同治等众多问题上进一步突破。
>
> 徐思颖的爸爸今年在体检中检出良性甲状腺瘤,一家人决定到广州的医院治疗。为什么选择广州?因为只要办理了转诊手续,参保的佛山人到广州的大医院就诊,同样可以享受七成的医保报销。

(二) 关注现场要素和人物故事

系列报道的写作,要注意借助现场要素和人物故事具体、细致地展现报道主题。具体的写作策略是:抓住新闻现场、突出核心要素,让报道读来具有镜头感;紧扣新闻事件中的人物,描写他们的心路历程,以人物性格来烘托报道主题;邀请与事件相关的行业专家或政府官员,对报道主题进行新鲜而独特的评价等。

比如《政府机构虽少 百姓评价却高》(《羊城晚报》2012年9月11日)这篇报道,就抓住了很多小人物的内心世界,以生动的叙事笔法,把体制改革的进程与成果展现出来。请看以下片段:

> 顺德推行大部制改革,探索"大部制、小政府,大社会、好市场"之路。

29岁的陈媛媛三年前考上了佛山市顺德区地税局公务员，变成了"税官"，但高兴劲没缓过来，就变成了财税局的员工——地税局与财政局合并了。

陈媛媛的经历是顺德政改的一个缩影，被舆论冠以"石破天惊"的顺德"大部制"改革，41个党政机构（含双管单位）及群团组织统一整合为16个大部，精简幅度近2/3。

……

陈媛媛大学毕业后在一家外资银行工作，收入高，但辛苦，也不稳定。

看到越来越多的人挤向公务员队伍时，陈媛媛也心动了。

通过艰苦的笔试和面试，陈媛媛凭借过硬的外语水平和专业知识，考进顺德区地税局陈村分局，成为一名令人羡慕的"税务官"。但尚未品尝初为税官的喜悦时，她听到一则惊人的消息——自己所在的地方税务局与财政局合并为财税局。

由于刚考上公务员，陈媛媛对收入变化没有太大的体会，感受最深的却是合并后工作作风的变化。

"先是各镇分别成立了行政服务中心，几个同事去了服务中心上班，与其他窗口单位一起，为市民提供'一站式'服务"。与此同时，局里狠抓'服务意识'，'考察很严，每次办理完业务都要让服务对象打分，如果分数不高，就会被上级批评。"陈媛媛说，"还有首问责任制，第一次被接触的公务员，无论是不是你的业务，只要是首问，一律要负责到底。"

这与陈媛媛之前的想象不一样，本来觉得公务员高高在上，没想到实际中却要低三下四甚至委曲求全，"来办事的人对我们的评价倒是越来越高，但我们却越来越难当。"

这些人物的心理活动与报道主题遥相呼应，真实可感地反映了体制改革后公务员工作作风的变化。同时，报道还采访了广东省社科院的学者，援引省市领导的发言，使整篇报道的立意明晰而深刻。

（三）写作风格要保持相对统一

系列报道的写作中，宣传策划类报道通常要把握时代发展的重要脉搏，关注国家和经济建设中的焦点问题，其整体写作风格应大气庄重；而事件类报道，注重事件的来龙去脉、前因后果，揭示事件可能造成的复杂影响，其写作风格可以相对灵活多样。总之，保持写作风格的统一性和连贯性，是系列报道写作上的共同要求；是平实质朴，还是生动有趣，抑或言简义丰，应该有较一致的基调。系列报道写作风格的相对统一，有助于不同报道之间形成紧密的呼应关系；这些不同报道单看独立成篇、各具特色，合起来则能从不同角度突出和揭示同一个主题。

思考题

1. 较之一般的通讯，调查性报道在选题方面有哪些特点？
2. 解释性报道和预测性报道各有什么特点？请结合案例加以比较。
3. 在老师的指导下，写一篇调查性报道。
4. 突发性事件报道有哪些特点？在互联网环境中，突发性事件报道会面临哪些新挑战？记者应该如何应对这些挑战？
5. 突发性事件的报道预案，主要包括哪些内容？请具体结合地震灾害，谈谈需要做哪些准备。
6. 专题报道和系列报道有哪些异同？请结合国家即将举办的某项重大活动，从专题报道和系列报道的角度，谈谈你的报道策略、思路和切入点。

第十六章 广播新闻写作

本章知识点：① 广播传播的优势与劣势；② 广播新闻的特点；③ 广播新闻的分类；④ 广播新闻的写作要求。

在媒体融合和媒体多元化发展的今天，作为唯一能"解放"人眼球的伴随性媒体，广播是一种通达性最高的媒体，它在新闻传播中的地位与作用不可替代。

第一节 广播新闻的特点

广播媒体是一种通过无线电波或导线传送声音的媒体，广播新闻的特点是由广播媒体的特质所决定的。

一、广播媒体及其传播概述

（一）广播媒体的滥觞

广播媒体的诞生同电的发现、电话的发明和远距离声音传播技术的实现密不可分。1920年，世界上首次无线电广播由美国匹兹堡KDKA电台放送。1923年，侨居在上海的美国商人E.G.奥斯邦在外滩建立中国第一座广播电台；1926年，中国人独立创办了第一家自己的广播电台——哈尔滨无线广播电台。从此，中国的广播新闻事业拉开了序幕。

据统计，直至1949年中华人民共和国成立前夕，中国的收音机拥有量仅有100万台，并且主要集中在一些较大的城市，广播媒体基本上属于"贵族媒介"。

新中国成立后，广播媒体得到了快速发展。1950年，全国共有广播电台65座，1960年增至135座。20世纪80年代后随着中央"四级办广播"方针的提出与贯彻落实，广播更是进入了繁荣昌盛期。1985年，除中央台外，地方广播电台增加到了211座。到1986年底，全国农村还普遍设立了有线广播台（站），其中县级2 226座，乡镇级50 614座，有线广播喇叭总数达8 141万支。

在这之后，尽管遭到电视普及的挑战，但以1986年12月15日"珠江经济广播电台"开播为起点的一系列改革、创新举措，让广播媒体得到了持续不断的发展。尤其是进入21世纪后，在传播新技术的助推下，广播媒体的发展更是令人瞩目。比如，在广播终端上，不仅传统的中波、短波、超短波收音机已经为人们熟知，而且更为个性化的立体声收音机、收录机、手掌大小的 mini 版收音机也屡见不鲜。

（二）广播传播的优势

1. 突破空间限制

广播传播能突破空间的限制，把信息传到四面八方，其覆盖面非常广泛，不论在城市还是乡村，在地面还是空中，都可以收听。如中国国际广播电台目前已经向世界绝大多数国家和地区进行广播。据调查，该电台 2010 年共收到来自世界 161 个国家和地区的听众来信、电子邮件等 300 万件，遍布世界各地的听众俱乐部 3 165 个。

2. 即时传播信息

电子媒体可以在突发性事件发生时同步进行报道。在这一点上，广播传播甚至比电视更为快捷。电视进行现场直播时，必须配备各种录像录音设备，还需要考虑灯光、音响等条件；广播的直播设备则较为简单，方便易行。如在汶川地震、日本海啸等突发性事件的灾难现场，由于设备限制、信号中断等原因，电视无法及时进行现场直播，此时，广播传播就显示出了它的优越性。

3. 声音传播亲和

广播靠声音进行传播，诉诸人的听觉，能带给听众想象的空间，易调动人的情感。广播主持人往往会因其独特的音质、语气、谈吐，形成自己的播音风格，具有较强的亲和力，从而对受众产生吸引力。如中国国际广播电台的脱口秀栏目《飞鱼秀》，自 2004 年播出以来一直受到追捧，其主持人小飞和喻舟以清新自然的风格和富于想象力、创造力的幽默对话，拉近了与听众之间的距离，让听众从心底感到放松、愉悦。

4. 接收信息随意

收听广播较为简便、自由、随意。不管你在哪里，不管你在干什么，只要打开收音机，都可以收听广播。据赛立信媒介研究公司 2011 年 50 城市无主调查数据显示，大部分听众在收听广播时会同时做其他事，如开车、看书、浏览网页、从事商务活动等。另外，随着科技的进步，听众收听广播的途径越来越多，除了传统的收音工具（如收音/录机、音响等）之外，手机、互联网、车载收音系统也逐步成为听众收听广播的重要工具。这一发展趋势使听众接收信息更为方便。

（三）广播传播的劣势

1. 保存性较差

广播传播的内容稍纵即逝，过耳不留；信息储存性差，难以查询和记录。

2. 选择性较小

广播传播采用的是线性的传播方式，听众受节目顺序限制，只能被动接受既定内容，自主选择性差。

3. 吸引力较弱

广播传播靠声音传播，没有文字和图像，介质单一，听众接收广播信息的注意力容易分散。

4. 清晰度较低

广播传播对声音语言的要求较高，稍有不慎，受众就可能难以听清或产生误解。

二、广播新闻的主要特点

广播新闻，广义上是指以广播为传播手段，以声音为媒介，对新近发生、发现的或正在发生的事实的报道，泛指所有的新闻性广播内容和报道形式。狭义的广播新闻是指广播消息。这里通过与报纸、电视消息的比较，来介绍广播新闻的主要特点。

（一）传播快捷

广播新闻的快捷性是指能"先声夺人"，能迅速及时地报道新闻事件。它"快"在可以让记者和采访对象在话筒前直接向听众传话，不需要等待写稿、编辑或拍摄、制作画面，环节少且灵活，节省时间。例如，2008年南方雨雪冰冻灾害、汶川特大地震，2010年青海玉树地震和甘肃舟曲泥石流特大灾害，在电力通信中断、其他媒体无法通达的情况下，广播实时把信息传递给了听众，发挥了广播新闻时效性和实用性的优势。又如，2011年7月，湖南长沙一家4S店发生抢劫案，湖南电台交通频道从案件发生到犯罪嫌疑人被捕，进行了全程实时跟踪报道。再如，2012年初，为了给返乡农民工提供便利的交通指引，湖南电台893超级音乐广播开设了特别的交通信息节目，随时向听众传递即时路况信息。这些事例无不充分体现出广播新闻传播无可比拟的快捷性。

（二）"为耳朵传播"

广播是声音的艺术，广播新闻是"为耳朵传播"的，注重吸引受众的听觉注意和兴趣。因此，在新闻信息的传递上，广播新闻十分强调符合听众的听觉习惯，讲究篇幅短小和语言通俗。

1. 篇幅短小

广播新闻通常是用清晰简练的语言、短小精悍的句式，尽可能完整地表达思想、人物、事件。从这个意义上说，广播新闻又是一种"翻译"，即把冗长烦琐的内容翻译成言简意赅的语言。

案例 16-1

阿里巴巴或将淘宝旅行拆为独立公司　启用独立品牌①

昨天,据消息人士透露,阿里巴巴集团的在线旅游业务"淘宝旅行"将分拆为独立的公司,并启用新的品牌名称"飞猪"。另外,可能会邀请卡通形象"麦兜"作代言。

虽然阿里并没有证实该消息,但是阿里巴巴公关部门已经向媒体发出邀请,淘宝旅行将在下周二举行战略发布会,公布阿里巴巴在线旅游的服务升级、产品创新等内容。

其实,淘宝旅行的独立运营酝酿已久,2013年1月,阿里集团整合旗下旅游业务,并成立了航旅事业部。随后,阿里还对在线旅游行业进行了多笔投资,包括在路上、穷游网等。

启用独立品牌,进行多笔投资,可见阿里对于在线旅游业务的重视。

但似乎在 IPO 后,阿里对于各行各业都充满了兴趣。无边界扩张背后,阿里式"生态圈"版图日渐浮现。

这则报道只有短短300字,就清楚地交代了阿里巴巴意欲将"淘宝旅行"分拆为独立公司的完整新闻事件,条理清楚、明白晓畅。

2. 语言通俗

广播新闻通常用公众易于理解的语言表达深刻的思想、新颖的观点、重要的问题、发展的事物。从这个意义上说,广播新闻也是一种"解释",即用明白易懂的语言解释复杂多变的新闻事实。

案例 16-2

一条特殊的挂号预约热线②

导语:一对夫妻,上有四位老人,下有一个孩子,这是城市里再典型不过的4-2-1结构家庭。一旦老人生病,其他家庭成员往往会觉得焦头烂额、分身乏术。谁能在这些老人要看病的时候引一下、扶一把,帮他们迈过距离远、预约摸不着门的坎儿,还能有及人之老的态度?让城市广播记者刘聪带您去看看,一条特殊的挂号预约热线:

【压混:门诊大厅嘈杂的交费和拿药声,开门,安静下来】

---

① 《阿里巴巴或将淘宝旅行拆为独立公司 启用独立品牌》,中央人民广播电台"中国之声"《新闻晚高峰》2014年10月24日。
② 《一条特殊的挂号预约热线》,北京人民广播电台《新北京广播故事》2015年3月27日。

穿过宣武医院门诊楼一层大厅，走到北头儿，推开两扇大门，一路湍急行进的就诊节奏似乎被这门隔了一下，就静了、慢了一些。回头看看，门上白底蓝字的"老年门诊"标志清清楚楚，再听这声音：

【录音：铃声响，接电话，这里是宣武医院老年门诊……】

没找错，就是这儿。正在分诊台后接电话的，是老年医学门诊的热线值班护士张颖，利落的短发齐齐停在耳朵上方，像是怕给听电话添麻烦似的：

【录音：这就是您工作的地方，对，平时就在分诊台这儿，张颖咳嗽，我说您先喝口水。】

接热线，嗓子可得保护好。就在张颖去喝水的工夫，诊室里走出一位刚看完病的老人：

【录音：我挂普通号，就得3个月以后才能看上病，在这预约也就四五天的工夫就约上了。我知道的老年挂号就它这一份。】

像这样被老年热线牵进来的老人有多少？张颖拿出一本记录册子，从2007年老年门诊成立到现在每年一张。可以看到，去年老年门诊接受预约1206次，平均到每天也就三四个患者预约。嫌少吗？其实，想给老年患者省点线下看病的工夫，热线值班护士就得在线上多下功夫：

【录音：老年人打电话来说不清楚要看什么病，就说我不舒服，我要找大夫。我们就得引导他，以前得过哪些病？头晕吗？帮他选择、预约对应科室大夫。】

一线之差，门里门外，老年门诊挂号热线和普通预约相比，可说是顺风划船，又快又省。这么一来二去的，老人和医生护士越来越熟，反倒有位患者给张颖开了个药方，怎么回事儿呢？

……

整篇新闻用声音再现了接线员张颖接听老年挂号预约热线的场景。报道中使用了很多口语化的语言，如"走到北头儿""就静了、慢了一些""没找错，就是这儿""利落的短发齐齐停在耳朵上方""嗓子可得保护好""顺风划船，又快又省"等，这些语言通俗易懂，便于听众理解。

第二节　广播新闻的分类

根据广播传播的内容、表现形式、声音和播出方式的不同，广播新闻有着不同的类型。

一、广播新闻的内容分类

按内容分,广播新闻可分为:时政新闻、经济新闻、法治新闻、社会新闻、科教新闻、体育新闻等。这里主要介绍其中最常见的两种:时政新闻和社会新闻。

（一）广播时政新闻

广播时政新闻就是通过广播电台报道的时事政治新闻。在我国,多数时政新闻与各级党和政府的方针、政策,以及领导人的政治、外事活动有关。例如,2017年1月3日中央人民广播电台《新闻和报纸摘要》栏目播出的《习近平就土耳其发生严重枪击事件向土耳其总统致慰问电》《李克强就土耳其发生严重枪击事件向土耳其总理致慰问电》《人社部:将在全国12城市试点生育保险与医疗保险合并管理》《外汇管理局:个人年度购汇额度依然为等值5万美元》等。

（二）广播社会新闻

广播社会新闻是指通过广播电台报道的涉及人民群众日常生活的社会事件、社会问题、社会风貌的新闻,具有社会性、趣味性、思想性等特点。例如,《故宫2016年度年接待量突破1 600万》（中央人民广播电台《新闻和报纸摘要》2017年1月3日）、《海边休闲、登高望远、逛庙会、游古镇,各地旅游市场红红火火》（中央人民广播电台《新闻和报纸摘要》2017年1月31日）、《辽宁在全国首开"雾霾罚单",八城市被罚》（辽宁广播电台《新闻大视野》2013年12月11日）等。

二、广播新闻的表现形式分类

按表现形式分,广播新闻可分为:广播消息、广播通讯、广播特写、广播对话、广播深度报道、广播评论等。这里主要介绍广播深度报道和广播评论。

（一）广播深度报道

广播深度报道是以广播为媒介,以客观事实为依据,深入分析新闻事件的来龙去脉,并预示其发展方向的一种新闻报道形式和手法。广播深度报道重在揭示新闻事实的本质、价值及规律,具有较强的舆论引导力。

例如,获得第二十四届中国新闻奖一等奖的《一波三折,一桩医疗纠纷终于妥善解决》（天津人民广播电台《滨海第一线》2013年9月28日播出）,便是一篇聚焦于当前的社会热点问题——医患关系的广播深度报道。记者通过跟踪一例医疗纠纷一波三折的解决过程,报道了面对棘手的病例、复杂的人性,"医调委"的工作人员"情、理、法"相结合地开展工作,最终使一起走入僵局的纠纷峰回路转、得到妥善解决。该报道彰显了公平与正义,传播了时代正能量。报道直面社会矛盾却没有停留在单纯地暴露问题这个层面,而是通过纠纷的解决过程来探寻化解社会矛盾的制度完善之路,凸显了媒体的社会担当。

(二) 广播评论

广播评论,通常是指广播新闻评论,即以广播为媒介,对新近的或正在变动的新闻事实的评论分析,是一种有着鲜明针对性和指导性的政论文体。

案例 16-3

博鳌论坛看一个"新"字[①]

博鳌亚洲论坛 2015 年年会 26 日至 29 日在中国海南博鳌举行,主题是"亚洲新未来:迈向命运共同体"。

在亚洲未来的宏观认识上,一个"新"字增添了更多的实质内涵。从历史上看,亚洲曾经创造了辉煌的文明,影响了世界。时至今朝,命运共同体已经成为一种历史选择,亚洲各国"心连心、手挽手"会走出一片新天地,会给世界和平带来新的力量。

亚洲要做"新",亚洲各国自身先要重视历史,严肃对待历史,从中汲取经验教训,凝心聚力推动本国的政治经济社会协调发展,提出本国发展明晰的路线图。为此,中国提出"四个全面"的重大决策部署,即全面建成小康社会、全面深化改革、全面推进依法治国、全面从严治党。更完整地展现出新一届中央领导集体治国理政总体框架。出重拳反腐败深得民心,发展步入新常态,也激发出国内各民族发展奔小康的更多信心和干劲。

中国文化里蕴藏着"与人为善,与邻为友"的内涵,其逻辑放大到国与国之间也同样适应。中国与亚洲邻邦历来讲求和睦相处,中国重视历史,因为历史是很好的教科书,忘记历史就等于放弃了诚信,这也是世界各国的共识。中国总会站在历史的潮头向前看,毕竟,前方才有梦想,才有实际意义。中国提出"一带一路"也是历史与现实并重的举措,是迈向命运共同体的一条必经之路。"一带一路"战略的实施最终惠及整个亚洲乃至世界,这需要亚洲国家更多的智慧参与和相互配合。

亚洲的新未来还需要各国的新胸怀、新眼界,基于本国实际和亚洲发展大需求而做贡献、尽责任。亚洲基础设施投资银行是一个政府间性质的亚洲区域多边开发机构,重点支持基础设施建设。2013 年 10 月,中国国家主席习近平提出筹建倡议。在亚洲金融合作上开了先河,也极具创新性。美国芝加

[①]《博鳌论坛看一个"新"字》,中央人民广播电台"中国之声"《新闻纵横》2015 年 3 月 27 日。

哥商品交易所集团荣誉主席、有"金融期货之父"之称的利奥·梅拉梅德26日在海南博鳌表示，亚投行是一个非常好的举措。他相信亚投行会为亚洲整体发展提供很好的服务。他认为，亚投行将打开亚洲新的经济增长之门。这也印证着中国做好自己，也想着邻邦。

……

这篇广播评论紧紧抓住当年博鳌论坛年会的主题"亚洲新未来：迈向命运共同体"，对亚洲和中国的历史与现实，进行了分析、解读，并明确提出亚洲的新未来需要亚洲各国作出两方面的努力：一要从历史中汲取经验教训，"凝心聚力推动本国的政治经济社会协调发展，提出本国发展明晰的路线图"；二要敞开新胸怀，打开新眼界，"基于本国实际和亚洲发展大需求而做贡献、尽责任"。评论观点鲜明，论证有力，富有说服力。

三、广播新闻的播出方式分类

按播出方式分，广播新闻可分为新闻录播和新闻直播。

（一）广播新闻录播

广播新闻录播是指借助录制设备，即时记录新闻现场并制作成标准的播出格式，再通过广播系统发布信息的报道方式。广播媒体的新闻传播，大多采用录播形式。

案例 16-4

天堑之间架起"信息桥"①

今天上午，怒江傈僳族自治州独龙江乡信息通信网络正式开通，我省最后一个未通固定电话、宽带及第三代移动通信系统的少数民族乡实现了现代信息通信的跨越。请听报道：

【录音】现场："独龙江乡信息通信网络开通！"（掌声）

（压混）开通仪式以视频会议的形式进行，昆明主会场与会代表通过视频会议系统连线独龙江乡分会场，共同体验了部分信息网络业务。

【业务体验现场】："由我演示电信宽带业务，网速非常快。现在看到的是独龙江乡的实时画面……"

（压混）随后，省长李纪恒与独龙族代表高德荣进行了视频通话。

【录音】高德荣："今天起，我们独龙族能上网，让世界的人民看看独龙

---

① 《天堑之间架起"信息桥"》，云南人民广播电台《云广新闻》2012年9月7日。

江发展变化情况。"

【录音】李纪恒："希望你们用好这个网络，学习知识，尽快脱贫致富，让独龙江乡同独龙族人民走向现代文明。"

2010年，我省启动了独龙江整乡推进整族帮扶三年行动计划，推进包括基础设施、产业发展、安居工程等在内的"六大工程"建设任务。作为其中的一项，独龙江乡信息通信网络的建成使用，为独龙族人民架起了通连世界的信息桥，也标志着昔日封闭的独龙族正式步入现代信息通信网络时代。独龙江乡乡长李德明：

【录音】"独龙江与外面的硬件差距越来越小，必须奋起直追，建设好独龙江。"

（歌曲压混）看到独龙江乡的新变化，前来参加网络开通仪式的80多岁的纹面老人丙秀芳高兴地唱起了自己改编的独龙歌谣《独龙人民跟党走》。

在这篇报道中，这条"天堑"之间通信网络的开通仪式，通过视频连线的方式，完整地呈现给听众；同时，为了让听众全面了解信息网开通后对独龙江乡实现新发展的促进作用，记者还电话采访了独龙江乡乡长及村民，把通信网络开通当天两地的真实场景联系起来。报道以生动精练的音响和直陈式叙述，将"独龙江乡信息通信网络开通"这一事件生动形象地展现出来，极具画面感和现场感。

（二）广播新闻直播

广播新闻直播是指在新闻事件现场，随着事件的发生、发展进程同步制作，并通过广播进行信息发布的报道方式。在遇到重大、突发性事件时，便捷的广播新闻直播在传递信息方面往往能发挥十分重要的作用。例如，获得第二十四届中国新闻奖广播直播二等奖的《四小时广播大救援 被劫持的姐终脱险》（山西交通广播《家有TAXI》2013年3月14日播出）。

2013年3月14日，正准备直播的山西交通广播主持人少辉在离节目开始不到20分钟的时候，忽然接到了出租车司机杨师傅的电话，对方告知了一位的姐被劫持的信息。在进行简短询问确认信息并和相关部门沟通后，少辉决定用直播的方式来帮助寻找失踪的姐。在随后的四小时里，直播节目从发布信息开始，记录和呈现了全城的哥的姐们自发组织，集结救援，社会车辆积极参与，献计献策，"交广"主播记者多方联系，为救援竭尽全力，涉案地公安交警周密部署，全力营救，被劫持的姐勇敢机智，历经艰险最终获救的过程。

四、广播新闻的声音传播途径分类

按声音的传播途径分，广播新闻可分为口头播报、配音（乐）报道、音响报道。

(一) 口头播报

指单一运用有声语言的广播新闻表达形式，又称口语报道或文字报道。根据播报人身份的不同，可以进一步分为播音员播读、主持人讲述、记者播报等。比如中央人民广播电台的《新闻和报纸摘要》(2014年10月23日播出)，就是采用播音员播读的形式播报节目内容提要：

> 各位听众，早上好！今天是10月23日，星期四，农历九月三十，北京阴，20度到9度。以下是内容提要：
> "中国之声"特别策划《法治中国　我的故事》第四篇《全民守法　坚守法治》。
> "汉风——中国汉代文物展"在法国开幕，习近平主席和奥朗德总统题写序言。
> 第21届亚太经合组织财长会议召开，张高丽出席开幕式并致辞。
> 我国探月工程将首次实施再入返回飞行试验。
> 联合国第三次全球地理信息管理高层论坛在京召开，中国北斗卫星导航系统2020年前将覆盖全球。
> 甘肃省甘南藏族自治州把化解基层问题作为党的群众路线教育实践活动成果的检验，赢得群众信任。
> 中国外交部驳斥日本内阁官房长官模糊淡化"河野谈话"的言论，称强征"慰安妇"罪行，铁证如山，不容否认。

(二) 配音(乐)报道

指在口播消息、通讯、特写中配上相应的音乐或其他音效的广播新闻报道。这种形式能渲染气氛，拉近与听众的距离，引起情感共鸣。

近年来，广播新闻在对重大新闻事件进行报道时，往往运用或恢宏大气，或沉郁顿挫，或震撼人心的背景音乐。如2008年汶川地震发生以后，河南荥阳人民广播电台播报了全市进行募捐的新闻。接近尾声时，节目插入了背景音乐《相亲相爱》："因为我们是一家人，相亲相爱的一家人，有福就该同享，有难必然同当……"不仅较好地烘托了募捐的主题，增强了新闻的感染力，更激发了听众对受灾同胞们的深切关爱与同情，促使他们更加积极地投入支援灾区的活动之中。可以说，背景音乐的加入能使广播在更大程度上发挥"以声音凝聚力量、用电波汇聚爱心"的作用。

(三) 音响报道

指运用现场事件或人物自身的声音进行报道的一种广播新闻样式。它一般由实况音响与辅助串联语言共同构成，是广播新闻的主要报道形式之一，也是最具广播个性特点的报道形式。

如获得第二十四届中国新闻奖广播消息类一等奖的《总理向我问灾情》（四川广播电台"新闻频率"2013年4月20日播出），敏锐地捕捉到并及时传递了李克强总理的同期声："玉溪村你进了没有？那边伤亡情况怎么样？""一定要把这条徒步的生命线守住！""一定要把所谓的孤岛变成活岛。我们可以随时进入保证信息和物资畅通，保障生命线。""在灾难面前是压不垮四川人民的，而且有全国人民的支持。大家携手共渡难关，最终会战胜这个困难，一定会建设更好的家园"等，充分展现了党和国家领导人勤政务实的作风、亲民爱民的情怀以及领导灾区广大群众克服困难的决心。这种现场音响的运用，能让听众身临其境，提高报道的可信度，增强报道的感染力。

第三节 广播新闻写作的结构与语言

与其他媒体的新闻写作相比，广播新闻写作在结构安排和语言使用上有着特殊的要求：结构安排上，一般采用时间顺序和逻辑顺序，力求线索清楚、单一；同时，还要注意适时重复新闻核心信息。语言使用上，要求简洁明快、上口顺耳、严谨准确。

一、广播新闻写作的结构形式

受广播线性传播特点的限制，广播新闻写作的结构形式主要有时间顺序结构和逻辑顺序结构。

（一）时间顺序结构

按时间顺序结构行文的广播新闻，一般根据事件的发展过程采用顺叙、插叙、倒叙、分叙等方式。其中运用最多的是顺叙，因为这种叙述方式最符合听众的收听习惯。插叙、倒叙、分叙等方式采用相对较少，如果交代不清楚，容易使听众产生疑惑。

案例 16-5

洪峰袭来，五星红旗在祖国东方照常升起[①]

主持人：松花江、黑龙江、乌苏里江洪水持续暴涨。今天凌晨，黑龙江

[①] 《洪峰袭来，五星红旗在祖国东方照常升起》，黑龙江人民广播电台《早餐前后》2013年9月3日。

干流洪峰抵达抚远江段,超警戒水位2.36米,达到百年以来历史极值。洪水淹没了祖国最东端的领土黑瞎子岛,岛上群众全部转移。但是在黑瞎子岛上的"东极哨所"里,边防官兵们仍然坚守岗位。洪峰袭来时刻,五星红旗在祖国东方照常升起。请听报道:

【升旗仪式开始!齐步走!】

滔滔江水淹没了中俄界碑,淹没了整体垫高近三米的操场,只有一根旗杆、一栋建在高处的营房和一座瞭望塔还露在水面以上。晨曦中,全体官兵身穿救生衣,紧随三名护卫五星红旗的战士,迈着正步,走下营房的台阶,蹚进水中的操场。

【踏步,立定!向左转!】

【前进!(趟水声,压混)】

官兵们胳膊挽着胳膊,在齐胸的急流中艰难前行。入秋的气温不到10摄氏度,江水彻骨冰凉。升旗手步履坚定,把五星红旗高高举过头顶。

【升国旗,奏国歌,向国旗敬礼!】

【起来,不愿做奴隶的人们……(压混)】

迎着凛冽的江风,升旗手把五星红旗展开,抛向蓝天。

【8月16号(洪水)就开始陆陆续续进院了。水浅的时候,只有十多厘米的时候,我们穿水鞋,也能维持正常升(国旗);到后来没膝盖之后,我们穿上水叉;再后来穿水叉也不行了,往里进水,到现在只能是每天穿着衣服往水里蹚。】

【看到我们的五星红旗升起来的时候,心里感觉挺激动。随着水再涨,我们更坚定(每天升国旗)这个信心。】

1929年,中苏爆发局部战争,苏军强占了我国领土黑瞎子岛。新中国成立后,经过数轮谈判,直到2008年10月14日,阔别祖国79年的黑瞎子岛终于正式回归。从那一天起,连长刘奇每天都会和战士们一起在祖国最东方的领土上升起五星红旗。

【以前"东方第一哨"是祖国的最东端,现在是我们"东极哨所"、我们黑瞎子岛才是祖国最东端,我们的边境线向东推移了七公里,这七公里,代表的是我们祖国的强大、代表着我们国家的强盛。】

洪水肆虐,全岛被淹,断水断电,守岛官兵们仍然坚守岗位,用冲锋舟巡逻放哨,在营房里训练学习,他们仍然每天迎着朝阳,让五星红旗在祖国东方高高飘扬。指导员曾祥飞:

【国旗是我们主权的象征,也代表着我们军人的一种荣誉……即使水再大,我们也会坚持每天升国旗,让五星红旗迎风飘扬。】

这篇新闻以"洪水中升旗"的过程为线索,按时间顺序进行结构安排,巧妙穿插了黑瞎子岛汛情、被强占又回归的历史背景,以及边防战士们对领土主权的现实感悟,层次清晰,结构合理,转承自然,便于听众理解。

(二)逻辑顺序结构

逻辑顺序结构,是指根据事物内在联系或问题的逻辑关系组织材料。事物内在联系或问题的逻辑关系包括主次关系、因果关系、点面关系、并列关系、对比关系等。

案例 16-6

"低龄"大学生频现 专家:跳级还要看心智是否跟得上①

随着"低龄"大学生频频见诸新闻,不少家长对跳级充满了兴趣。近日,广东省教育厅规定,在德智体等方面全面发展且学业成绩特别优异的学生,经申请批准可以跳级。此规定引发热议,那么允许跳级到底是拔苗助长还是因材施教?别的省份有没有相应规定呢?

其实西安、上海等地,也都规定过优秀学生可跳级。今年4月份,河南省教育厅下发的《河南省义务教育学生学籍管理实施细则(试行)》文件中指出,义务教育一般不允许跳级。德、智、体、美等方面特别优秀,且具备超前学习能力确实需要跳级的学生,其父母或其他法定监护人可提出跳级书面申请,经学籍主管教育行政部门核准后,可以跳级。虽然此前就有规定可以跳级,但我也向很多学校核实,实际上学校里申请跳级的学生很少,郑州市某区负责小学学籍管理系统的老师告诉记者,在全国学籍系统联网前,也确实曾有学生申请过跳级,但4年中只有两个学生申请跳级。这两年启用了新的学籍管理系统,且学生是否真的很优秀不好界定,所以从去年起,几乎没有学生申请跳级。

而对于跳级,全国各地并非全都提倡。贵州曾规定,不提倡跳级。有家长表示,如果孩子真的很优秀,完全可以因材施教,让孩子跳级发展,在就业、毕业上都会有年龄优势。在郑州教育学会学习心理研究会咨询师王海勇看来,跳级并不是从低年级跳到高年级这么简单,因为年龄差异,孩子能否适应插班情况,与同伴相处问题等都需要综合考量。跳级还要看心智能否跟得上。情商、智商都超群的"神童"只是极个别现象,大部分学生还是应该尊重学习规律和教育规律,按部就班学习,这样才有利于学生的持久发展。

---

① 《"低龄"大学生频现 专家:跳级还要看心智是否跟得上》,中央人民广播电台"中国之声"《新闻纵横》2014年10月17日。

这则新闻采用了以点带面的逻辑关系结构，由广东省教育厅出台"在德智体等方面全面发展且学业成绩特别优异的学生，经申请批准可以跳级"的规定，联系到西安、上海等地允许跳级与河南、贵州等地的不提倡跳级的现象，进而得出"尊重学习规律和教育规律，按部就班学习，这样才有利于学生的持久发展"的结论。

除单纯的时间顺序与逻辑顺序以外，有时广播新闻也采取两者相结合的方式来安排结构。

二、广播新闻写作的结构要求

广播传达给听众的信息具有转瞬即逝、不可反复的特点，因此，广播新闻写作需要遵循一定的结构原则。明晰的叙事线索、有力凸显重点等，都是在广播新闻写作时应该考虑的。

（一）线索单一，脉络清晰

广播新闻写作要以线性结构为主，力求线索单一、脉络清晰、层次明了，使听众听得懂，记得住。线索复杂、脉络不清的广播新闻，容易使听众找不到头绪，不知所云，不仅在内容接受上形成障碍，还会削弱听众继续收听的兴趣。

案例 16-7

"数字敦煌"工程让敦煌文化遗产得以永续留存①

今天，敦煌莫高窟保护利用工程最后一个子项目——数字展示中心正式开放，数字敦煌工程正式在公众面前亮相，这一工程解决了游客欣赏与文物保护难以协调的矛盾，让敦煌文化遗产得以永续保存。本台记者王心怡、王成梧报道。

【解说】身穿彩翼的飞天，从头顶优美地舞过，佛像表情细腻传神、造型独特，一切华丽鲜艳、看得真切逼真，这是游客张女士在敦煌莫高窟数字展示中心虚拟漫游洞窟——梦幻佛空中体验到的一幕。

【同期声】太逼真了，太逼真了，就像我刚才看到的那个220窟，就是说，进去以后，感觉真的我到了这个窟一样。

【解说】莫高窟数字展示中心利用现代数字技术，展示莫高窟历史文化背景和精美洞窟艺术，使游客在球幕影院身临其境地观看洞窟实景，之后再适度实地参观洞窟，达到文物保护和开放利用的双赢。敦煌研究院院长樊锦诗。

---

① 《"数字敦煌"工程让敦煌文化遗产得以永续留存》，甘肃人民广播电台《资讯在线》2014年8月1日。

【同期声】原来我就是进洞,除了进洞还是进洞,现在我就把它近距离给大家看,……既是为了保护实物,让它永续地保存下去,另外也让观众看好。

【解说】近年来,随着自然环境的无常变迁,游客激增带来的多重压力,如何让敦煌文物得以更好的保存,成为摆在研究人员面前最重要的课题。2003年初,全国政协委员樊锦诗,联名其他委员提交了一份提案,最终促成了一个3.4亿元的莫高窟保护利用工程,其中,最重要的项目就是实现文物的数字化。敦煌研究院数字中心主任吴建研究员。

【同期声】我们的目的呢,就是让数字敦煌这样一个展览形式,向世界人民来展示敦煌艺术的伟大魅力。

【解说】十多年来,敦煌研究院通过全景式高清数字化采集和计算机二维、三维合成的方式,全方位记录、展示洞窟所有信息,目前已完成了60个洞窟的高清数字化采集工作,拍摄图片50多万张,预计到今年底,可以完成莫高窟A类洞窟的高清数字化采集工作。数字技术的运用使文物旅游资源得到更高效的配置,莫高窟单日游客最大承载量由3 000人次增加到6 000人次。数字敦煌工程改变了文物蜕化的不可逆转性,使文物永续留存成为现实。

这则新闻从"数字敦煌工程正式在公众面前亮相"入手,紧紧抓住游客欣赏与文物保护难以协调的矛盾,通过游客和文物管理者之口,阐述了这一工程的重大意义:让文化遗产得以永续留存。报道线索单一,层次明晰,自然便于听众理解。

(二)强化重点,便于收听

广播是一种伴随性媒介,听众在收听广播新闻时注意力比较分散,如果广播稿不在适当的位置强调、重复新闻的核心信息,听众往往难于把握新闻的要旨,甚至会对新闻产生误解。中央人民广播电台《新闻和报纸摘要》栏目曾播送过一篇波兰食品涨价的消息。许多听众一开始没仔细听,听到后面说面粉、面包、茶叶等食品从明天开始要涨价的消息后,一传十,十传百,都涌到商店去哄抢。如果这则新闻在末尾适当重复一下事件发生地点等核心信息,可能就不会产生这种误会了。

因此,在广播新闻写作中,应适时运用重复手法,变一次表达为两次甚至三次表达,以便听众准确无误地把握新闻核心,使信息传播更加有效。

案例 16-8

元上都遗址成功列入"世界文化遗产名录"[1]

【大会现场同期声】第36届世界遗产大会执行主席埃莱奥诺拉·米特罗

---

[1] 《元上都遗址成功列入"世界文化遗产名录"》,内蒙古人民广播电台《蒙古语广播》2012年6月29日。

法诺娃女士英文讲话（略）。

【记者同期声】各位听众，我在第36届世界遗产大会的现场。就在刚刚，也就是莫斯科时间18点23分，北京时间22点23分，我所在的圣彼得堡市斯莫尔尼宫会议中心会议厅内，随着本届大会执行主席埃莱奥诺拉·米特罗法诺娃敲响手中的小锤，现场响起的热烈掌声中，中国元上都遗址成功列入"世界文化遗产名录"。至此，元上都遗址成为我国第42处世界遗产。这更是内蒙古自治区世界遗产零的突破。国家文物局副局长童明康，代表参加本届大会的中国代表团此刻正在发言。

正如大会执行主席埃莱奥诺拉·米特罗法诺娃所说，"这一时刻是所有中国人最重要的时刻"。从现在起，历史上因《马可·波罗游记》而闻名于世，因英国诗人科勒律治著名诗篇《忽必烈汗》而令欧美人士向往的"梦幻花园"、神秘美丽地方的代言词、宛如仙境之意的Xanadu——上都城的遗址被送上了世界的大舞台，成为全人类共同呵护的瑰宝。

对于经历漫长16年申遗之路的元上都遗址来说，这是期盼已久的等待。但值得一提的是，在本届大会上，元上都遗址前后仅用十多分钟就顺利通过了大会表决。出席会议的内蒙古自治区代表团于莫斯科时间15点入场，在等待3个多小时后，18点10分，大屏幕上出现了元上都遗址资料照片。国际古迹遗址理事会资深专家介绍了元上都遗址的突出普遍价值以及世界遗产委员会的评估意见。伴随着专家的介绍，会场内巨大屏幕上逐一展示元上都遗址的地域图和实景图片。18点20分，大会执行主席埃莱奥诺拉·米特罗法诺娃请世界遗产委员会成员国对元上都遗址项目发表意见。现场，日本、印度、哥伦比亚等8个国家的代表相继发言，无异议地表示同意并祝贺中国。

元上都申遗成功了！会议中心外厅沸腾了！在现场，内蒙古自治区政府代表团团长、自治区副主席刘新乐高兴地接受采访，作出申遗成功之后的郑重承诺并向世界人民发出诚挚的邀请。

……

这则新闻多次重复提及元上都遗址申遗成功这一事实，如"中国元上都遗址成功列入'世界文化遗产名录'""元上都遗址前后仅用十多分钟就顺利通过了大会表决""元上都申遗成功了""元上都遗址经过漫长而艰苦的申遗之路，今天成功列入世界遗产名录"等，使听众能准确把握这一新闻核心信息，大大加强了传播效果。

三、广播新闻写作的语言运用

广播作为"听觉媒体"，声音是其唯一的传播介质，所以语言对广播媒体来说尤为重要。记者要想写好广播新闻稿，必须把握声音传播的规律，掌握它的语言特点。为此，应该做到以下几点：

（一）简洁明快，适应线性传播

广播新闻的语言必须简洁精练，"长话短说"。为顺应受众收听习惯，广播新闻语言应以短句为主，每句包含一个要点；句与句之间应保持连贯，尽量不要跳跃；在遣词造句上，宜采用常用词、双音字，忌用生僻艰涩词语和缀词过多的长句。

案例 16-9

老人被撞不求偿 一封书信唤良知①

今天，一个姓王的小伙儿给我们打来电话，说他几天前骑车撞伤了一位老人，当时在旁人的推波助澜下，他没有承认过失。可是现在，他要借助媒体公开认错，并且还要向警方承认自己的过失。

一大早，小王带着记者以及当时负责事故认定的警官来到陈奶奶家。看着被自己撞成骨折的陈奶奶躺在病床上，小王满脸愧疚，连连道歉。

【同期声】小王：这件事发生之后心里面太愧疚了，对不起。

原来，三天前，小王骑着电动车不小心将陈奶奶带倒在地。就在他打电话报警时，越来越多的围观者聚拢过来。大家纷纷臆断，是老人自己摔倒后，赖在小王身上的，并劝小王不要上当。据接警的徐警官回忆：

【同期声】民警徐忠明：小伙子报警的时候说是电动车撞老人了，那么这应该是一句实话。后来因为现场有好多围观的人，不明真相的人起哄，说老太太是讹诈人。小伙子想这么多人在帮我说话嘛，他就顺水推舟了，他就对警察说老太太是自己摔倒的，不是我撞的。

这次事故，造成了陈奶奶两节腰椎压缩性骨折。在病床上，老人没有因为遭人误解而去怨恨小王，而是写了一封信托徐警官带给对方。这封信明确表示，她一分钱的赔偿都不要，只是希望小王意识到，年轻人今后的人生路还很长，千万不能把自己的良知弄丢了。

【同期声】陈奶奶：我就告诉他，这样做不好，如果承认了，其他都没事，若不承认，那你一辈子这个道德底线就没有了。

正是老人的宽容和善良，让小王感悟到人心的温暖和良知的可贵，他决定必须面对自己的过失。

【同期声】小王：不这样做的话，就太对不起人家老奶奶了，因为人家对

---

① 《老人被撞不求偿 一封书信唤良知》，上海闵行广播电视台《新闻报道》2013 年 5 月 16 日。

我这么好，然后一些经济上的负担都不让我承担，还鼓励我。

陈奶奶告诉记者，自己身体上的创伤终究会好起来的，可如果年轻人的良知一旦丢了，就可能再也找不回来了。

这篇新闻在叙述事件的过程中，穿插了小王、民警、陈奶奶等多段同期声，没有生僻艰涩的字词和复杂冗长的语句，逻辑连贯，语言简洁，适应了广播线性传播的特点。

(二) 上口顺耳，符合收听习惯

广播新闻既要让说的人觉得"顺口"，更要让听的人觉得"顺耳"。为此，广播新闻的写作语言要注意：少用书面语，多用口语；少用行话，多用大众话；少用术语，多用熟语；少用虚词，多用实词；尽量使用全称，少用或不用简称；少用数字，将重要的数字具体化。入于耳、深于心的语言，才使人喜闻乐听。

案例 16-10

"树坚强"筑起三峡库区消落带"绿色长廊"①

三峡库区成库之后，伴随着每年一次的冬季蓄水和夏季腾库，库区两岸出现了被人们称为缠在库岸的"一道伤疤"，这片高约30米的消落带成为库区一道新的生态难题。从2009年开始，万州区在三峡库区消落带进行植被恢复试验，经过四年多时间的观测，一种名叫中山杉的乔木经受住江水的考验，成为淹不死的"树坚强"。

【记者现场】这里是万州新田镇的长江边，这里成片的绿色乔木就是被称为水中"树坚强"的中山杉，随着库区蓄水，这片刚种植一年多的中山杉又将再次经受江水浸泡的考验。

去年3月库区水位消退后，万州区林科所在这里试验栽植了15 000多株中山杉，树高在1米左右，栽植面积有380亩。万州区林科所所长任凭告诉记者：

【同期声】去年经过了一次江水淹没浸泡，存活率达到90%以上，最高达到97%，现在是在经历第二次江水淹没浸泡，如果经过这次浸泡后保存率能够达到90%以上，明年就可以对该树种在三峡库区进行逐步示范推广。

据介绍，中山杉是中科院南京林业所专家利用美国和墨西哥的杉树杂交选育而成，喜欢阴湿的环境。它能否成活的关键在第一年，第一年没有死亡，

---

① 《"树坚强"筑起三峡库区消落带"绿色长廊"》，重庆万州广播电视台《三峡新闻网》2013年9月17日。

今后就能够存活下来。而在2009年初,首批栽种在万州沱口江边的208株中山杉,有204株经受住了江水反复浸泡,现在已是郁郁成林。任凭告诉记者:

【同期声】这片中山杉在冬季蓄水达到175米的时候,是全部被水淹没,淹没的深度达到10米以上,浸泡时间达到4至5个月,目前这片中山杉能够存活下来,我感到是个奇迹。

【记者现场】在沱口江边,我们看到了这片被称为"奇迹"的中山杉林。林科所的技术人员告诉我,四年前栽植时,树苗米径只有5厘米,就跟甘蔗差不多粗,现在达到了13厘米,有碗口这么粗。而苗高也由当时的4.5米长到了现在的8米多,几乎接近三层楼房的高度。

……

这则报道中"一道伤疤""淹不死的'树坚强'"等词语,均呈现口语化、大众化的特点,耳熟能详;另外,"跟甘蔗差不多粗""碗口这么粗""接近三层楼房的高度"等描述,将抽象的数字具体化、形象化,上口顺耳,易懂易记。

(三)严谨准确,避免发生歧义

在电视节目中,主持人不仅依靠语言传播信息,还可通过手势、表情等非语言进行辅助,再加上画面对照、烘托,能更为准确地呈现新闻内容。而广播只有"声"没有"影",单纯靠词语、语音、语调、节奏等传达信息,可能会出现偏差。因此,广播新闻稿的语言必须用词准确,不能含混其词、模棱两可。

广播新闻的语言如何做到严谨准确呢?以下几个方面需要注意:

第一,遣词造句要认真推敲,做到恰如其分。如"批评"和"批判"、"变革"和"改变"等,具有性质或程度上的不同。

第二,要力戒词句歧义。汉语的同音字词非常多,如"切忌"和"切记"、"致癌"和"治癌"等。广播语言应尽量避免同音歧解和同义反复。

第三,要推敲词语的感情色彩。表述时要注意真实客观,避免夸大渲染,人为地拔高或贬低,不要总用"顶尖""最出色""几十年如一日"等夸张的词语。

第四,尽量不用倒装句式。作为书面语的一种特殊形式,倒装句用在口语里听起来很不顺畅,容易造成听众理解障碍。广播语言应使用口语的正常语序,以便听众理解。

思考题

1. 广播新闻的主要特点有哪些?在近三年中国新闻奖广播类获奖作品中选取一篇做具体分析。

2. 举例说明广播新闻的分类。

3. 阅读下面这则报纸消息,并将它改写成500字左右的广播新闻。

青海大学与美国犹他大学科技创新联盟联合攻关取得重大国际性成果
世界首例青海蒙古族人"生命密码"成功获得并有效破译

陈 芃 赵 静

人类基因组图谱如同"生命密码"一样密含着人类生命的遗传密码,人们只有去获得、破解这些"密码"才有可能洞悉生命的奥秘。破解人类遗传密码计划,与曼哈顿计划、阿波罗登月计划,被并称为20世纪人类自然科学史上三大科学计划。7月19日,世界顶级遗传学杂志美国《科学公共图书馆——遗传学》宣布,世界首例青藏高原蒙古人全基因组序列图谱(命名为"天骄一号")被成功绘制并有效破译。

青藏高原蒙古人的这部"密码"由青海大学格日力教授与美国犹他大学科技创新联盟琳恩·焦德教授共同领导绘制和破译。破译出的"密码"展现了青藏高原蒙古人的种族延续历史、遗传素质及其高原适应遗传机制等重要信息。"天骄一号"是继我国"炎黄一号"(全球第一例中国人标准基因组序列图谱)后发布的又一重大国际性学术成果。

此次通过绘就、破译"天骄一号"图谱获得重大发现:青藏高原蒙古人存在大约2%的基因组变化,300余个基因的变化从未在其他人群中发现过,这个发现对进一步了解亚洲人群的多样性,以及研究和低氧环境适应性有关的基因提供了重要启示;将42名青藏高原蒙古人与该课题组前期研究的高原地区藏族人,以及低海拔地区的汉族人的相关数据进行比较发现,青藏高原蒙古人不但和其他蒙古族人群有密切关系,还和同样生活在高海拔的藏族人有相似的基因,这种跨民族的交流也许促进了他们对高海拔生活环境的适应;在对基因组行正基因筛选时发现,青藏高原蒙古人和藏族人群共享几种异于低海拔人群的基因,这些基因的发现对于研究人对高海拔低氧环境适应性具有里程碑意义。

(《青海日报》2013年7月20日)

第十七章　电视新闻写作

本章知识点：① 电视新闻的特点；② 电视新闻文字稿与画面的辩证关系；③ 电视新闻文字稿的作用及其写作原则；④ 电视现场报道文字稿的写作要求；⑤ 电视专题报道文字稿的写作要求。

传播技术的发展，使电视登上新闻传播的历史舞台，并迅速成长为 20 世纪的第一大媒体。进入 21 世纪，尽管移动互联网深刻地改变着媒体生态，电视机面临着移动终端的挑战，但视频新闻仍然是互联网新闻传播的主力军，电视新闻也在媒介融合中获得了更大的传播空间。

第一节　电视新闻的特点

内容决定形式，形式对内容具有反作用，要探讨电视新闻的写作，应当先了解和把握电视新闻的特点，使电视新闻的写作适应电视新闻传播的内在规律。

一、电视新闻概述

电视新闻是随着电视传播技术的发展而演进的，并最终形成鲜明特色的一种报道样式。

（一）电视新闻的定义

所谓电视新闻，就是"以现代电子技术为传播手段，以多元素的图像、声音为传播符号，对新近或正在发生、发现的事实所做的报道"①。这一定义揭示了电视新闻的传播规律，也体现了电视新闻在技术手段、声画符号、时效性等方面的特征。

电视新闻通常以节目形态呈现，而电视新闻节目又可分为三大类：消息类新闻节目、专题类新闻节目和评论类新闻节目。本章主要介绍的是消息类和专题类电视新闻节目。

消息类电视新闻是速报型新闻体裁，追求迅速、简要报道最新事态，以央视《新闻联播》《新闻 30 分》等新闻栏目为代表。专题类电视新闻追求对事实的全面展现和详尽、深入报道，以央视《新闻调查》《焦点访谈》等新闻栏目为代表。

---

① 杨伟光：《电视新闻分类与界定》，中国广播电视出版社 1994 年版，第 3 页。

（二）电视新闻的由来

最初的电视新闻，并没有脱离报纸新闻、广播新闻的模式，以"念"报纸新闻为主，不太注重画面，更没有关注到声画合一、声画对位等声画关系组合和叙事手法。报纸新闻以文字符号为主体，再辅以版面语言，形成平面媒体传播模式；广播新闻以声音为主体，辅以主播、记者和采访对象的语速、语气、语调等非语言符号，形成声音媒体的传播模式。由于媒体特征和传播规律的不同，电视新闻如果直接把文字新闻和广播新闻搬到荧屏上，不仅丢掉了印刷媒体和广播媒体新闻的特点，也丧失了电视的声画传播优势。

从受众角度来看，印刷媒体新闻的受众叫"读者"，主要调动受者的眼睛；广播新闻的受众叫"听众"，主要调动受众的耳朵；电视新闻的受众叫"观众"，调动的是受众的多重感官。称谓的不同，明确表达了电视新闻受众信息需求的内容和形式特点。

正是由于电视新闻自身的实践和电视受众的需求，电视新闻一步步摆脱了印刷媒体新闻和广播新闻的窠臼，呈现出自身的个性和魅力。

二、电视新闻的主要特征

一则电视新闻，由图像、字幕等视觉元素和同期声、画外音解说、音效等听觉元素组成，全方位调动观众的视觉和听觉，呈现出声画传播的特征，令观众身临其境。我们可以从以下两个方面来把握电视新闻声画传播的特征：

（一）注重视觉元素

电视新闻的视觉元素，主要指画面语言或图像语言，包括记者拍摄的现场画面、资料短片，以及后期制作的动画图表、图示等；此外，电视新闻中还有标题、字幕等文字，也是通过视觉传达信息。视觉元素是电视新闻建构的主体，能够真实再现新闻事件现场、人物活动，从而使电视新闻的叙事功能得以具体、形象、感性地再现。因此，在电视新闻报道中，记者必须坚持到现场、到一线采访，着力捕捉能再现新闻的现场细节、人物活动等各种视觉元素。

（二）视觉元素与听觉元素相辅相成

视觉元素能够再现表层的、可直接感知的形象和事实；而对那些无法直接感知、时过境迁的事实，或者抽象、宏观、思辨的内容，通过画面展现就存在困难，因此，画面符号的表意空白必须由听觉元素来补充和阐释。电视听觉元素就是有声语言，包括记者采制的同期声、现场音效以及后期的解说。同期声能够展现采访对象的观点、意见和内心想法；现场音效能够增加图像的现场感；解说除了表达和再现那些难以直接感知的信息之外，还起到叙事线索和框架的作用，使电视新闻成为一个整体。

电视新闻的视觉元素和听觉元素相辅相成,形成了声画合一、声画对位等组合关系。声画合一,也叫声画同步,指画面与声音所传播的内容完全一致。声画合一是声画组合的基本模式,包括画内与画外的声画合一。电视新闻中的现场采访报道、记者现场播报都是典型的声画合一的模式,能够真实再现新闻现场。声画对位,指画面和声音围绕一个主题独立表达,即声画并不同步,但两者又因同一主题而有机融合。在这种组合关系中,画面和声音具有相对的独立性,独立传达不同步的信息,信息的叠加使观众产生联想,从而深化报道。在电视新闻中,画面呈现现场,而解说词追溯事件背景,就是常见的声画对位组合形式。

第二节 电视新闻文字稿的写作特点与要求

电视新闻文字稿就是电视声画语言中转化为听觉的那部分信息,包括解说、同期声等。在声画传播特征的规定下,电视新闻文字稿的写作有着自身的特点和要求。

一、电视新闻文字稿的作用

电视新闻文字稿,就是为电视新闻中的解说提供的文本。它的作用主要体现在三个方面:

（一）弥补画面信息不足

电视新闻文字稿能提供采摄中未能获得或无法获得的现场画面以及画面上看不到的情景、抽象的信息等,弥补画面信息的不足。

例如,获得第二十四届中国新闻奖二等奖的电视消息《21 张火车票 敦煌全城找主人》(甘肃卫视 2013 年 10 月 8 日播出)中,记者采访时已经时过境迁,不可能拍摄到事件当时的情况,因此报道就以声画对位的形式,通过文字稿补充叙述:

画面	文字稿	作用
景区人山人海 赵师傅开车	【解说】来自全世界的游客,让敦煌今年国庆旅游异常火爆。在敦煌开了十几年出租车的赵师傅几乎没有歇的时候,10 月 3 号中午,他在车里意外发现了一沓旅游黄金周里最为紧缺的火车票。	补充画面叙事 提供背景
	【同期声】在这个角度,就这总共二十一张票。 【解说】乘客落下手机、钱包、旅行箱已经不足为奇,可是这么多火车票对赵师傅还是头一次。黄金周里一票难求,更何况这些火车票都是当天下午的,赵师傅瞬间体会到主人的心急如焚,他开车直奔运管所。	描写心理活动 补充画面叙事

文字稿对报道信息的弥补，首先是补充新闻背景。新闻背景对新闻事实起到说明、衬托、突出的作用，但并非每则电视新闻都能如愿获得恰当的背景资料画面。在这则电视消息中，文字稿就补充了新闻背景："乘客落下手机、钱包、旅行箱已经不足为奇，可是这么多火车票对赵师傅还是头一次。黄金周里一票难求，更何况这些火车票都是当天下午的，赵师傅瞬间体会到主人的心急如焚，他开车直奔运管所。"这段新闻背景一方面衬托出丢失21张火车票的新奇性，同时也烘托出21张车票物归原主的紧迫性，更好地凸显了事件的新闻价值。

其次通过文字稿还能阐明画面含义。电视画面是感性、具体的，因而呈现多义性特征，有时还会出现误读和歧义。仍以这则电视消息为例，报道中多处出现出租车司机赵师傅开车的画面，这个画面的所指是模糊、多义的，没有清晰的表意功能，而解说词"在敦煌开了十几年出租车的赵师傅几乎没有歇的时候""10月3号中午，他（赵师傅）在车里意外发现了一沓旅游黄金周里最为紧缺的火车票""赵师傅瞬间体会到主人的心急如焚，他开车直奔运管所"，对画面的信息进行了明确阐释。

（二）变化叙事节奏

图像擅长记录和再现过程，但是电视新闻的时间并不完全等同于自然时间，需要浓缩、精简，实现视角和时空转换。这就要通过文字稿的概括、简化作用来实现。例如，曾获第二十一届中国新闻奖一等奖的电视消息《一堆木头与一连串车祸》（荆州电视台2010年10月26日播出）中，记者拨打电话遭遇种种推诿，且不说能否拍摄到完整的画面，即便用画面来呈现，也会显得冗长拖沓，难以展现矛盾冲突。然而，文字稿却能清晰地概述：

画面	文字稿
记者拨打电话	【解说】记者……赶紧拨打了110报警。接警的110值班民警说出事地在郊外，让记者找辖区派出所。但记者联系当地的窑湾派出所，却被告知：道路故障必须找交警处理。记者随即拨打122报警，没料想值班交警还是要记者找辖区派出所。

这则电视消息中，记者使用声画对位关系来处理现场情景，画面的节奏慢，解说的节奏快；画面的信息量小，而解说的信息量大，使消息显得凝练、简约。

（三）结构、组织报道

电视新闻是一整套丰富复杂的符号系统，画面、同期声、解说（文字稿）、字幕等的安排、整合、顺序，都是通过文字稿的内在叙事线索和外在结构来实现的。

无论是现场新闻还是专题报道，其文字稿都需借助一定的结构、逻辑来组织各种新闻素材，以完成对新闻事实的再现和建构。一般而言，事件性报道，可以通过时间顺序来叙述，并注意在时间轴上选择好节点、设置悬念；非事件性报道，可以通过矛盾冲突、层次递进、由点到面等逻辑线索来叙述，也可以尝试故事化写作；现场报道、调查性报道，可以用记者的现场活动、调查进程作为叙事结构；专题报道可用多侧面、多线索交织的结构。

另外，文字稿还起着阐明主题、表意的作用，将报道推向理性、深入。相对于画面的感性、具体、生动，文字稿更具理性和思辨性，能够与画面一起深化报道，实现事实+意义的信息呈现。

二、电视新闻文字稿的特点

相较于平面媒体新闻稿件主要为眼睛阅读而写作、广播新闻文字稿主要为耳朵收听而写作，电视新闻文字稿调动受众多种感官，具有鲜明的特点。

（一）为看写作：追求感性生动

在电视新闻传播中，观众主要的接收形态是观看，叙事主体符号是图像。因此，电视新闻的文字稿注重服务于图像的叙事、表情、达意，善于突出可视化、善于讲故事，以发挥电视新闻的可看性。

（二）为听写作：口语化写作

电视新闻中的文字稿不是用来看的，而是用来听的，因此，电视新闻文字稿必须让观众听得清、听得懂。听得清就需要清晰准确，避免使用容易引起误听、产生歧义的同音、近音词。一些生僻的地名、职称等宜用字幕来表达，一些复杂的逻辑关系宜用图表、动画来表达。听得懂则要求文字稿语言通俗易懂，以口语化形式写作。

（三）为画面写作：整体中的有机组成部分

电视新闻是视听双通道传播，文字稿是电视视听传播的有机组成部分。这意味着电视新闻文字稿不能"越位"，不能像报纸新闻那样包办一切，也不能像广播新闻那样叙述一切。它要为画面镜头留白，要为同期声留白，要为观众思索留白。因此，电视新闻的文字稿是不连续、不完整的，只有与画面等电视符号相依托，才能相得益彰。

（四）为个性写作：追求风格化交流

电视新闻由新闻主播、记者进行传播，具有人际交流感。因此，电视新闻文字稿要注重展现记者、主播与观众的个性化交流，注重写作的个性化、风格化。

三、电视新闻文字稿的写作原则

电视新闻文字稿的写作既要遵循新闻写作一般规则，又要体现出电视新闻的特征。

（一）以新闻思维保证真实准确

作为新闻报道的一种，电视新闻的文字稿写作首先应当遵循新闻写作的基本原则：真实。记者应当以客观事实为新闻本源，恪守职业准则，文字稿写作应当以阐发事实为基础，确保新闻的"5W""1H"各要素准确。其次，文字稿写作要客观、公正、全面、平衡，确保叙事清晰、准确、无歧义。

（二）以电视新闻思维避免"两张皮"

声画"两张皮"指完全根据文字稿来配画面，或者直接使用资料画面和万能空镜头配合解说，导致声画"脱节"。声画"两张皮"的现象是记者缺失电视新闻思维、采访作风不深入的表现。按照电视新闻思维，理应先有画面，再有文字稿；记者应深入现场采访，收集、掌握了大量的画面素材后，才进行文字稿的写作。

（三）以声画思维保证声画"和而不同"

文字稿作为电视新闻语言体系中的重要组成部分，必然要与画面等其他视听语言元素协同配合。一则，文字稿不能简单重复画面已经呈现的信息，避免"看图说话"；二则，文字解说要与画面形成互补、诠释的内在关系，通过声画对位起到信息增值的作用。

第三节　两类常见的电视新闻文字稿写作

一、电视现场报道文字稿的写作

电视现场报道是指记者在新闻事件现场，面对镜头进行采访、播报的报道形式。现场报道的对象为正在发生的事实。现场报道的形态为记者在现场播报、大量使用同期声，以声画合一手段增强现场感、真实感。

（一）电视现场报道的要素

现场画面和同期声是现场报道最有价值的内容。与其他电视消息相比，电视现场报道进一步打破了"万能画面+解说"的声画"两张皮"模式，发挥电视新闻优势，再现正在发生事实的现场。值得注意的是，现在有一些所谓的现场报道，只是在报道开头或者结尾由记者出镜播报导语或结尾，新闻的主体则仍是"万能画面+解说"的模式，并不是记者在现场的采访、播报，这属于伪现场报道。电视现场报道一般需要具备几个要素：现场、同期声、记者播报。

1. 现场

"现场"指报道是在新闻发生的现场进行，而非演播室或者其他场合。例如事故现场、伤者接受治疗的医院等，是灾难事故现场报道的第一现场或第二现场。

现场报道的采访地点是真实的现场,画面要再现现场的具体情况,而不是万能的空镜头。

2. 同期声

"同期声"与现场要素有关,即现场报道需要使用大量、连贯的同期声,以声画合一的方式增强新闻的真实感、节奏感,对现场进行完整呈现。

3. 记者播报

"记者播报"指记者在现场进行观察、访问、播报,记者是新闻事件的报道者、亲历者、目击者、叙事者。记者在现场出镜播报,实现报道的叙事、过渡、推进,这就突破了其他消息后期再构思文字稿进行配音解说的静态形式。

可见,在电视现场报道中,现场、记者在现场的播报和采访构成新闻的主体,现场画面与现场声音的合一是报道的核心,而以往在后期才完成的文字稿(解说)在报道中所占的比重大大降低。但是,文本比重上的降低并不意味着电视文字稿地位的降低。前面已经说过,文字稿在电视报道中起着组织和结构两重作用。虽然在现场报道中,文字稿以解说的形式出现得少了,但它转换为记者在现场的播报采访,并且在结构报道方面所起的作用并未减少。

(二)电视现场报道文字稿的写作步骤

现场报道改变了常规电视消息的生产流程:由先拍画面,再写文字稿,根据文字稿选用画面素材的流程,转变为记者在现场采访、播报与文字稿构思写作基本同步。在采访时,记者心中已有基本的报道形态、逻辑和结构,即提前思考有关文字稿写作问题,记录下要点和提纲,使现场采访有条不紊、胸有成竹。

电视现场报道文字稿的写作,通常有以下四个步骤:

1. 整理、评估采访素材

动笔写作前,必须对现场采访的素材进行认真、全面的整理和评估,做到心中有数。

在整理、评估的过程中,要特别注意素材的价值评估。如对现场人物报道可以作以下评估:有哪些人物故事?是否典型?有哪些有个性的直接引语?有哪些生动的细节动作?对现场事件报道可以作以下评估:事件发生发展的关键节点是否有画面?画面是否精彩?事件当事人是否有画面?

案例视频
请扫描二维码

获得第二十三届中国新闻奖一等奖的电视现场报道《神舟九号返回舱成功着陆四子王旗草原　三名航天员平安归来》(内蒙古电视台《内蒙古新闻联播》2012年6月29日播出),生动地记述了记者在主着陆场细致观察、目击返回舱返回的关键节点:着陆、开舱、出舱、体检、离开,以及对现场的科技人员进行的采访。报道对这些富有价值的、令观众难以忘怀的场面与对话的展现，便是记者对采访素材精心整理、正确评估的结果。

在整理、评估采访素材的过程中，还要注意对素材的完整性进行评估。如果现场画面缺失或者信息不完整、不清晰，可以适当通过文字稿解说进行补充；同期声缺失或者不够完整，也可通过文字稿解说进行阐释。在上面这则现场报道中，记者现场播报"刚才我听到了很大的一个响声，就应该是降落伞打开的声音""现在我可以看到有四架直升机正在'神九'飞船旁边盘旋，应该是正在迎接'神九'的归来"等，都是对画面信息的补充。

2. 选择新闻角度

新闻角度是开掘新闻事实的着眼点或切入点，角度的选择能力，是使新闻信息增值的重要能力。例如报道一起车祸事故，可以有多个切入角度：可以报道事故伤亡造成的悲剧，报道救援中的人情，也可以探寻车祸的原因，进行问责。记者需要通过对事实本身的全面采访、深入认识，寻找到能够反映事实本质、核心的角度，能够呼应社会舆情的角度，使新闻价值得到最大的挖掘。可以说，角度反映着记者对事物的认识水平，它与记者采访中的感受、对事物的认识和素材本身的质量等共同决定了对素材的选择。

3. 确定报道结构

报道结构要根据新闻角度、题材和选定的采访素材来构建。一般来说，电视现场报道事实单一、空间集中，因而常用时空维度来结构文字稿，既可以按照事件发生的时空维度来展开，也可按照记者在现场观察采访体验的时空维度来展开。而从更直观的层面来看，电视现场报道通常是以现场播报、现场采访、现场画面为支撑，形成特点鲜明的报道结构（见表17-1）。

表 17-1　电视现场报道的报道结构

现场报道	画面	文字稿
导语	主播口播/记者现场	口播导语/现场播报同期声
主体	现场画面	记者现场播报/目击/亲历
	现场人物	现场采访同期声
（结尾）	记者现场	现场播报同期声

电视现场报道的报道结构强调的是画面与文字稿的组合模式，这一模式在现场报道中可以使用多个轮次。这种结构较多地使用现场素材，减少后期演播室配音或者资料画面的成分，突出了现场报道的真实体验。

4. 完成文字稿

报道结构为文字稿搭建起框架，文字稿的具体写作就是设计导语、主体、结尾的形态，将选择好的声画素材勾连入报道结构中，以简洁的文字来解说、补充、概述画面，实现报道过渡、画面组接、信息串联，提供事件、人物的背景等。在现场报道中，画面、同期声是再现现场情景、交代核心事实的主要手段，文字稿则在过渡、概括、表意、开掘等方面发挥作用。文字稿写作时要切忌看图说话，更不能喧宾夺主。

（三）电视现场报道导语的写作

导语是消息最重要的部分，起着呈现新闻"卖点"、吸引受众注意、确定报道风格等作用。电视现场报道的价值在于真实再现现场，因此，导语要直接呈现现场最精彩、最有价值的场景、细节、人物等。

电视现场报道的时效性、事件性都较强，因此导语适合使用直接型导语，开门见山地呈现新闻现场，以事实自身的张力先声夺人、吸引观众。比如，曾获第二十三届中国新闻奖二等奖的电视现场报道《记者目击：兰州桃树坪隧道五名被困工人获救瞬间》（甘肃电视台《百姓有话说》2012年12月22日播出），使用的便是直接型导语：

12月12号下午2点30分，兰渝铁路桃树坪一处在建隧道突发流沙坍塌。5名正在施工的工作人员被困，在持续救援55个小时之后，12月14号的22点07分，5名被困工人陆续走出了救援通道。

在电视现场报道中，导语还常常由记者现场出镜播报，声画合一增强了报道的现场感、情境感。记者应当把文字稿构思和写作的环节前移，在采制现场报道时增强对现场的把控能力，以提升电视现场报道的传播效果。

（四）电视现场报道主体的写作

主体部分是对导语的拓展、补充和解释。主体部分的写作要注意以下要点：

1. 优先、充分使用现场素材

电视现场报道的魅力在于现场，因此文字稿写作要做到现场优先、尽量多用现场素材。

首先，要为现场画面素材留出最大的空间，充分使用现场画面而不是万能空镜头和资料画面。

其次，现场画面不能和同期声割裂，最大限度地使用同期声和现场音响，能够用同期声、画外音的，就不要用后期配音解说。

第三，即便需要解说和阐述，也要由记者现场播报、记者现场采访来实现。如果需要后期配音，也要用记者配音而不用播音员配音。

上述种种现场优先的安排，能够更好地体现现场感、真实感，彰显电视现场报道的魅力。

2. 使用叙事技巧

电视现场报道的对象多数是事件性新闻,文字稿应按时空维度进行叙事,把记者在现场的所见、所访的事实再现出来,形成一个个现场节点;再由现场节点组成一条清晰的脉络,展现事件发生、发展、高潮、结局的过程。叙事既要注意简洁、清晰,更要避免平铺直叙。

通常电视现场报道文字稿的写作,都会运用设置悬念或展现冲突的叙事策略,将观众留在电视机前。

(1) 设置悬念。电视现场报道中,设置悬念通常有两种途径:一种是设置"期待式悬念",另一种是设置"突发式悬念"。"期待式悬念",即观众看到了悬念、危机的征兆,有准备地等待悬念、危机的发生或者解决。像前面列举的《神舟九号返回舱成功着陆四子王旗草原 三名航天员平安归来》文字稿便隐含了悬念叙事:

文字稿	悬念
"现在是上午的十点整,现在我们看到神舟九号飞船正在徐徐降落……";	能顺利着陆吗?
"上午十点二十五分……我们可以看到神舟九号飞船舱门已经打开……";	能顺利开舱吗?
"现在是十一点零二分,我们可以看到第一位航天员出舱了……"; 现场采访神舟一号到神舟九号的开舱手李涛; "现在是十二点五十分,我们看到三位航天员已经完成体检……"; "现在是中午一点零十分,三位航天员分别乘坐三架直升机……前往毕克齐机场。"	航天员一切正常吗?

从这一案例中可以看出,文字稿虽然按照记者现场目击和采访的时间顺序写作,但实则通过现场再现不断解答着观众心中的一个个"期待式悬念",为时间顺序式现场报道增添了变化。

"突发式悬念",即由事件突然发生、发展带来的悬念,让人感到吃惊、意外。例如突发事故的现场报道,记者和观众都不知道接下来会发生什么,或者所发生的事实出人意料。

在电视现场报道中,悬念的使用避免了时空维度叙事可能带来的枯燥,有效增强了现场报道的冲击力和吸引力。

(2) 展现冲突。"文似看山不喜平",电视现场报道要摆脱单纯的记录层次,可通过不断地设置矛盾冲突,以"矛盾冲突—解决—新的矛盾冲突"的叙事策略来推进报道、吸引观众。

获第二十四届中国新闻奖一等奖的电视现场报道《廉价蒲草"编"出亿元淘宝村》（山东广播电视台《生活帮》2013年11月12日播出），其文字稿就十分注意使用呈现矛盾冲突的叙事策略。例如，在讲述青年安宝康开淘宝店致富的故事时，文字稿构建起"父母不理解"和"缺少物流支持，发货困难"这两重矛盾：

	画面	文字稿
第一重矛盾：父母不理解 解决：悄悄做	安宝康母亲 安宝康父亲 安宝康工作	【同期】气得我不给他做饭。在家卖吧。你卖一天也卖不上一件，吃啥？喝啥？ 【同期】上学为了啥来？不就是为了有出息？来家有啥出息。 【画外】父母觉得这是不务正业，坚决反对这看不见摸不着的生意。安宝康就偷偷地干，最初网店信誉低，一连十几天都不开张。
第二重矛盾：缺少物流支持，发货困难 解决：村里优惠政策吸引快递入驻	安宝康发货 村民周曙光 村委书记安江民 快递公司招牌	【画外】好不容易熬来了一单生意，但新的问题又来了，物流跟不上，只能到博兴县城发货。 【同期】你发不出货去，发货很是问题，很头疼。 【画外】看到安宝康和村里其他淘宝店主都遭遇了物流瓶颈，湾头村村委决定吸引物流公司入驻，谁来村里就免除一年水电费，免费提供一间库房。 【同期】他们看到我们这个态度，很多快递被吸引过来了。 【画外】现在，湾头村已经有20多家物流公司入驻。安宝康"双十一"这天卖出了2万多的货物，比平时增长了三倍。今年销售突破200万已不成问题。

案例视频
请扫描二维码

矛盾的设置，使报道具备了冲突元素，增加了吸引力。矛盾冲突属于逻辑层面，这种叙事策略大大丰富了时空维度叙事，深化了电视现场报道的主题和立意。

（五）电视现场报道结尾的写作

1. 以事实结尾

电视现场报道一般以事实叙述结束而自然结尾，力戒"画蛇添足"。例如前文提及的《记者目击：兰州桃树坪隧道五名被困工人获救瞬间》就没有明显的结尾，以医生为被救工人体检时的现场对话自然结尾，报道戛然而止，明确传达了被救工人身体无大碍的信息。

电视现场报道的结尾也可提供最新的事实进展。例如前文提及的《神舟九号返回舱成功着陆四子王旗草原 三名航天员平安归来》，结尾是记者目击航天员乘机离开着陆场这一最新事实。

2. 以点评和开掘事实意义结尾

好的结尾既是自然的，又能令观众产生期待、希望或者思考。现场报道在结尾处可适当对事实进行点评或者呈现其意义。例如前文提及的《廉价蒲草"编"出亿元淘宝村》的结尾，由阿里巴巴集团阿里研究中心研究员陈亮进行点评，"它以传统手工业为它的主打产品，这个在全国淘宝村里面是独一无二的"，从而点明了"淘宝村"的独特性。需要说明的是，如果提供观点评论，应当通过采访对象的语言来实现，避免记者直接出镜评论，影响报道的客观性。

3. 以记者现场播报结尾

电视现场报道应当首选记者现场播报的形式来结尾，这能使现场报道的现场感贯彻到底。记者在现场报道中应当更早更充分地考虑和设计结尾形态，在现场完成报道结尾。如果未能在现场完成结尾的文字稿写作，后期也应当由记者来配音，而不用播音员配音。

二、电视专题报道文字稿的写作

电视专题报道既可指单篇的报道，也可指播发专题报道的栏目、以杂志化编排的专题节目形态。在当前中国各类电视新闻评奖活动中，电视专题大多指采用叙事式表达的独立文本的深度报道作品。本节所探讨的就是单篇电视专题报道的文字稿写作。

（一）电视专题报道的特点

电视专题报道通过对具有典型意义的新闻事件、人物作详尽、深入报道，展现事件的来龙去脉、人物的故事和命运。它具备以下特征：

1. 时效性

电视专题报道应当具有时效性。时效性包括时新性与时宜性，即电视专题报道的人物、事件或者是新近发生的，或者具有适宜在此时此地报道的理由。这也是区分电视专题报道与其他社教类、纪实类专题片和纪录片的重要特征。

2. 典型性

与消息相比，专题报道的时长更长、信息量更大，是对具有新闻价值的典型人物、典型事件的展开报道。专题报道的选题要经过充分的对比、评估和判断，是对有新闻价值的选题进行的"二度发掘"。

并非所有的消息都可以或者有必要拓展为专题报道。专题报道的选题除了像消息一样遵循新闻价值之外，更应当追求典型性，人物、事件和话题要能承载较多的叙事、情感和思想容量。

例如，获得第二十四届中国新闻奖二等奖的电视专题报道《老井离横岭三十里》(山西广播电视台《晚间新闻》2013年12月30日播出),呈现了两个相隔三十里的村庄——一个是电影《老井》的拍摄地老井村,一个是小说《小二黑结婚》的原型地横岭村;一个靠市场、一个靠政府,以致两地发展出现了很大的差距。选题与党的十八届三中全会提出的"充分发挥市场在资源配置中的决定作用"的决策相吻合,观念前瞻,选题典型,专题报道承载的意义自然就重大。

3. 拓展性

拓展性指专题报道从广度和深度两个维度去开拓报道空间,使报道的信息容量、情感容量和思想容量都得到较大的增值。

所谓广度,即将报道的视野由新闻本体拓展到更大的时空,通过丰富的资料、背景,呈现其发生、发展的完整脉络,全景式地再现人物(群体)和事件、现象等。例如,获得第二十四届中国新闻奖一等奖的电视专题报道《不能忘却的记忆——坦赞铁路圆梦纪行》(海口广播电视台综合频道2013年12月30日播出),纵横四十年,横跨中非,不仅详细地呈现了后人的祭奠活动,挖掘对亲情的回忆,同时将坦赞铁路的建设、运营和中非关系的背景全景式地展现出来。

所谓深度,即挖掘表层事实背后的深层事实,呈现事实之间的相互关联。电视专题报道不仅可以进行全景式报道,也适合展现深度报道理念。从中国新闻奖的奖项设置来看,新闻专题报道包括解释性报道、调查性报道等深度报道文体。如前文提及的电视专题报道《老井离横岭三十里》,对山西左权县两个相邻村庄进行对比,展示出两个村庄的发展差距与不同观念之间的联系,使报道主题达到了相当的深度。

(二)电视专题报道文字稿的写作

与其他电视新闻报道相比,电视专题报道的写作要特别注意以下几点。

1. 善用背景资料

电视专题报道的拓展性要求其文字稿的写作必须在背景资料上下更大的功夫,将人物、事件放到更广阔的时间和空间坐标中去呈现、解读。电视专题报道的文字稿写作不仅要建立在现场采访的基础上,还应当建立在新闻背景的基础上,通过运用文献、数据库等来扩大专题报道的视野和信息含量,突出专题的厚重特点。

比如,前文提及的电视专题报道《老井离横岭三十里》的文字稿,就巧妙地运用了《老井》和《小二黑结婚》的电影资料,强化两个村庄过去、现在的对比:

> 很多人听说过老井是因为张艺谋主演的电影《老井》,电影在老井村拍摄,讲述的也是老井村祖祖辈辈为水所困,与环境抗争,寻找水源的故事。
>
> 在导演吴天明、主演张艺谋的帮助下,1989年老井终于打出了第一眼有

水的井。

2001年政府出资扳倒老井，井水利用地势差流入山村。从此援助纷至沓来，老井村200多口人，人均接受援助3万多元，通水、通电、通路、通手机信号，基础条件远远优于方圆几十里的村庄。这些干井渐渐成了回忆，而靠政府的帮扶则像种子在老井人的心中生根发芽。

接下来，文字稿过渡到横岭村：

在老井村东南三十里有一个叫横岭的小山村。我们第一次到横岭村时是今年8月初，村民告诉我们，村里的核桃今年没有挂果，不过大家都没有闲下来。有企业以市场价格买下村里89间石头房，全村入股开发旅游，在家门口挣钱。

这次翻修的是小芹、二黑等原型人物的旧居。作家赵树理1943年就是根据这个村的人和事创作了小说《小二黑结婚》，1964年《小二黑结婚》拍成电影搬上荧幕。

小说中小芹、二黑的爱情故事家喻户晓，可作为原型地，几十年来很少有人知道这个贫穷、落后的小山村。在横岭人眼中，30里外的老井就是个令人羡慕的地方。

直到2006年，国家对人均年收入在2 300元以下的偏僻自然村实行移民搬迁，从此，横岭、老井两个村的生活状态开始发生戏剧性的改变。

文字稿缝合过去、现在，画面则由电影画面与新闻画面形成蒙太奇，文字稿和画面通过声画合一和声画对位的组合，极大地拓展了专题报道的时空维度，较好地展现了两个村庄纵向和横向的发展反差，增强了报道的深刻性和生动性，更提升了报道的思想容量。

2. 发掘标志性的符号、意象

电视专题报道的文字稿写作要注意发掘反映报道对象特征和个性的标志性符号、意象，使之形成报道的"指纹"，增加报道的辨识度、生动性。

像《老井离横岭三十里》就在标题、开头、结尾和正文中多次重复强化"30里"，使之成为报道中一个令人印象深刻的符号。"30里"指的是山西左权县两个村庄之间的空间距离，并不算远；而不断重复这一符号，在于强化两地空间距离之近与发展水平之大的反差，解读反差形成的原因成为该专题报道的主线。专题报道有了标志性的符号，令观众印象深刻，能更好地实现叙事、表情、达意的传播效果。

3. 追求故事化叙事

电视专题报道的文字稿写作应当注重故事化叙事，体现专题报道的典型性和可读性。中央电视台《新闻调查》栏目将故事化的叙述方式具体化为"主题事件化、事件故事化、故事人物化、人物细节化"的原则，基本概括出专题报道故事化叙事的思维和路径。

实现故事化叙事，是提升电视专题报道效果的重要策略，在文字稿写作中应当特别加以运用。仍以《老井离横岭三十里》为例，这则电视专题报道的主题是"找市场"还是"找政府"，很容易做成政论性或者评论性的形态。而该专题报道的成功之处就在于为抽象的主题找到了承载的事件：两个相隔不过30里的村庄，同样面临核桃绝收的天灾，却因收入结构不同而命运大不相同。有了事实的承载，主题也就有了依托，事实也得到升华。文字稿浓墨重彩地描写了老井村村民赵三旦的故事，再度将具体的事实转化为生动的人物故事，以典型人物多面展现老井村村民在观念、发展方面遇到的问题。文字稿中的一些细节令人过目难忘：

赵三旦"是老井村最勤快的老人，今年63岁，依然是家中秋收的主力。他告诉我们，在老井种地不容易，得看老天的脸。今年的收入就靠这七亩玉米地，除去地膜、化肥、种子，也就有个五六千块"；为了给女儿多置办些嫁妆，赵三旦"从夏天开始上山采药，成了采药队伍中年龄最大的一位。过了白露，采些松壳也能卖些钱"。这些细节把赵三旦生活的艰辛、贫困再现得令人动容。而表现老井村民观念思想的转变，也通过典型人物来体现：

"借着婚礼，赵三旦和邻居搭上顺车，想去看看这个曾经远落后于自己的山村""听说横岭村也要发展旅游，三人来了精神，一间间参观了翻修的故居，言语中对横岭村的发展充满了羡慕"。

可以说，故事化叙事是电视专题报道记者的基本功，也是优化专题报道的重要技能。

4. 设计好开头与结尾

电视专题报道由于篇幅长、容量大、人物事物众多，因此其文字稿写作需要实事求是地量体裁衣，找到最适合专题报道内容的结构形式，同时要注意设计好开头和结尾，实现文字稿的优化。

（1）开头的写作。电视专题报道的开头并无"定式"。除了在电视现场报道导语写作部分提及的写作要点外，还可以从以下几点进行构思：

首先要先声夺人。如果是人物专题，可以用人物的个性特征、细节开头；如果是事件专题，可以用现场场景和事件节点开头；如果是话题式专题，可以用争议、悬念开头。无论开头的形式如何，都要呈现与电视专题报道相关的核心信息来吸引观众。

例如，获得第二十四届中国新闻奖三等奖的电视专题报道《迁徙》（云南广播电视台《封面》栏目 2013 年 6 月 23 日播出），记录了昭通大山包乡居民为保护黑颈鹤、野象而不断迁徙的生态移民故事，报道涉及了 12 年的跨度。报道是这样开头的：

画面	文字稿
黑颈鹤 等待迁徙的村民	【字幕】2001 年 3 月 6 日 昭通市大山包乡 黑颈鹤的故乡 【解说】正是为了保护它们，一千多人即将面临背井离乡的大迁徙。 上午，全乡 8 个社 332 户共 1 337 人带着他们为数不多的"财产"在这里集合——他们即将坐上长途客车，离开祖辈生活了几百年的大山包，前往距昭通千里之遥的江城县。这是一次生态移民，随着黑颈鹤保护力度的加大，处在国家级保护区核心的村民将以异地移民安置的方式，让家园于黑颈鹤。

作为讲述村民为保护生态而迁徙的事件性专题，报道开头呈现了村民第一次移民的情景，现场感强。文字稿以纪实的文风呈现报道的主题：人为黑颈鹤让出故乡，令观众感叹、深思。

而《老井离横岭三十里》则以争议、悬念开头：

画面	文字稿
老井村画面 横岭村画面	【解说】在山西省的左权县，有两个特别的小山村，一个是老井村，一个是横岭村。今年春天的一场冻雪让两个村的核桃绝收了，该如何应对天灾，我们跟踪拍摄近半年，发现两个村庄相距仅有 30 里，命运却大不相同。

文字稿通过对比营造出张力，这既是吸引观众的悬念，也是这则电视专题报道要解答的谜团。

其次要声画协同。电视专题报道文字稿的开头，要追求画面之美和文字之美，并通过声画关系的组合，实现文字稿与画面的协同。电视专题报道《迁徙》的开头，叙述村民为野生动物让出家园的事实，画面先后出现优美的黑颈鹤和等待离家的村民，解说动情，画面有冲击力，既感人至深，又震撼人心。

第三要推敲文字。电视专题报道的文字稿需要字斟句酌，要能够触动观众的情感，具有思想张力。文字稿的开头需要在准确、简洁、生动的基础上，做到信、达、雅俱备。像《迁徙》这则电视专题报道，在开头提炼出几个数字："一千多人"、祖辈居住了"几百年"的故乡、"千里之遥"，概括出移民牺牲之大。文字稿推敲词句，并不意味着要使用华丽的辞藻、气势的排比、澎湃的抒情，而是通过精心选择的细节和事实，使之饱含信息量、情感和思想内涵。

（2）结尾的写作。在电视专题报道中，结尾是文字稿结构的有机组成部分，结尾写作要做到以下几点：

首先，要助推观众实现情感和思想上的升华。

例如，《老井离横岭三十里》的结尾文字稿是这样写的：

画面	文字稿
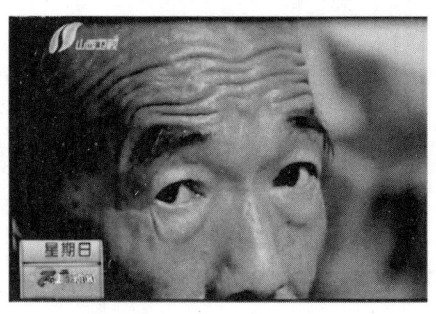	30里是老井离横岭的地理距离，那么两个村观念的距离、发展的距离、梦想与未来的距离又有多远呢？老井和横岭就是市场资源配置中的现实版本，看来在致富这个问题上找市场远比找政府顶事得多。

结尾点明了专题报道的主题，使报道由两个具体村庄的对比，上升到如何发展致富的高度。电视画面中的村民脸部特写，与文字稿结合形成强大的表意系统，触动观众内心，达到情感和思想的升华。

《迁徙》的结尾更有个性，电视画面出现黑颈鹤优雅地飞翔，画外音则是搬迁村民宋正礼的歌声。专题结尾充满诗意和美感，留给观众余音绕梁式的想象空间：

画面	文字稿
	【解说】长兄如父，宋正礼一直惦记着弟弟宋正平，当然，也惦记着再也回不去的故乡大山包，和那一群听得懂他歌声的黑颈鹤。 【画外】宋正礼的歌声。

其次要注意首尾呼应。首尾呼应是电视专题报道文字稿所追求的一种审美观。例如，《老井离横岭三十里》文字稿在结尾提出"观念的距离、发展的距离、梦想与未来的距离"与开头的"两个村庄相距仅有30里"形成了呼应，报道主题也上升到一个新的层次。再如，《迁徙》的开头和结尾画面均为黑颈鹤自在飞翔，视觉符号本身就形成了呼应；而文字稿也由开头村民为黑颈鹤搬离故乡，到结尾思念

故乡和故乡的黑颈鹤，形成情感上的巧妙呼应。

（三）电视专题报道文字稿的内在逻辑：组织与叙事

对于电视专题报道而言，文字稿的作用就是将丰富多样的素材整合起来，形成完整的叙事。根据报道对象的不同，电视专题报道可分为人物专题、事件专题、话题（现象）专题等，因此在文字稿的组织和叙事逻辑方面也有着不同的要求。

1. 基于报道需要确定结构，常写常新

电视专题报道的结构要对素材作出容纳、安排，从而实现叙事、表情和达意，这就需要在常规惯例之外，根据报道对象实事求是地进行安排。

事件类专题的报道对象，通常是对重大的、公众普遍关心的典型事件作全景式的呈现和再现。报道可采用时间顺序式的叙事逻辑，实现清晰叙事，同时也应当在时间轴的基础上，自如切换"现在—过去"的时间交织。

事件类专题报道也需要"取景"：是选择完整展现事件全景，还是聚焦事件局部的矛盾和高潮；是围绕事件本身进行呈现，还是探究该事件与其他事件的关联、影响。前者的报道结构可以根据事件本身的发展进程和发展逻辑来安排，后者的报道结构应根据同类事实、事件的共性或对比来安排。

人物类专题的报道对象，通常是具有典型性的新闻人物，既可针对单个人物，也可框定人物群体。从新闻专题的角度来看，一般要根据新闻人物的特点和观众的信息需求，截取人物与新闻热点交集的人生片段，作聚焦式报道。人物类专题报道可采用"现在—过去—现在"的叙事结构，或者以人物遇到的矛盾冲突为线索，形成"遭遇矛盾冲突—解决矛盾冲突"的结构，塑造立体、真实的人物形象。

话题（现象）类专题没有直接的人物或者事件支撑，看似"主题先行"，实际上这是随着记者认识能力和新闻发现能力不断提升而形成的一种报道选题。这类专题应当将主题事件化或者人物化，将主题作为暗线，而将承载主题的人物、事件作为明线，借助事件专题或者人物专题的结构方式进行写作。同时，要注意通过悬念、矛盾、冲突和问题来实现报道逻辑上的逐层递进。

事件类专题报道、人物类专题报道和话题（现象）类专题报道的报道对象不尽相同，但是作为专题报道文体，在逻辑结构方面又具有一些共同特征。特别是在"非事件新闻事件化，事件新闻人物化，人物新闻故事化"的理念下，专题报道的形态处于相互借鉴、融合的过程中。因此，我们要以融合的视角，从寻求共同规律的角度不断创新专题报道文字稿的结构。

2. 展现事实的关联性

电视专题报道的对象比消息丰富、复杂、多样，报道时间和空间有极大拓展，而由此带来的问题是报道对象、线索、头绪会比较多。专题报道的文字稿写作需要深度整合报道素材，着重挖掘素材之间的有机联系，从建构新闻事实的角度进行写作。

以《老井离横岭三十里》为例。报道讲述的是两个村庄的发展情况,时间跨度几十年,空间相距 30 里。如何在主题的统摄下,挖掘出两个村子的内在联系呢?记者以平行叙事的方式,通过对比反差的叙事逻辑,把两个村子的故事组合成有机叙事整体:老井村村民赵三旦靠土地、靠天辛苦营生,横岭村村民侯二明在农庄打工旱涝保收;面对核桃绝收,两村的村民受到了不同的影响;两村都在发展旅游业,但结局却不一样;以前横岭村羡慕老井村,现在老井村姑娘乐意嫁到横岭村……有力地彰显了报道主题:"找政府"不如"找市场"。

3. 阐发事实、人物的"所指"

"所指"和"能指"是符号学的术语,"能指"是通过自己的感官所把握的符号的物质形式,"所指"是符号使用者对符号指涉对象所形成的心理概念。①

电视可以通过画面、音响等呈现新闻事实、人物形象,让观众获得"能指",但对画面、人物背后所蕴含的主题、意义解读,让观众获得"所指",则需要文字稿的阐发来实现。这就是说,电视专题报道不仅要为观众留下印象深刻的人物、细节、场景、对话、故事,也要清晰地阐发这些形象符号所承载的意义。

例如《老井离横岭三十里》中,文字稿对老井村姑娘嫁到横岭村这一事实的意义阐发就是神来之笔:

画面	文字稿
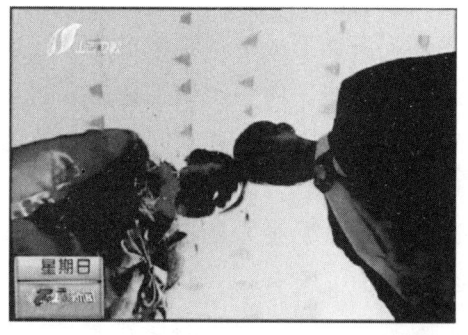	【解说】过了大雪节气,横岭村迎来移民新村的第一场婚礼。村民大部分已经搬出了相伴多年的大山,在新村落户。崭新的小院里洒满冬日的阳光。 【解说】婚礼的新郎是横岭村的曹常青,娶的是老井村的鲁翠燕。村民告诉我们,几十年来,横岭村第一次娶上老井村的媳妇。 【解说】借着婚礼,赵三旦和邻居搭上顺车,想去看看这个曾经远落后于自己的山村。

这是这则电视专题报道中令观众印象深刻的片段,画面是婚礼的场面,解说

---

① [美]约翰·费斯克:《关键概念——传播与文化研究辞典》,李彬译,新华出版社 2004 年版,第 262 页。

则阐发出婚礼的意义"所指"："找市场"让横岭村后来居上，"找政府"的老井村开始思变。而"借着婚礼"，则表现出老井村村民们虽突破观念上的重负，却仍有些抹不开面子，再现了观念转变的艰难。

可见，电视专题报道的文字稿写作，不仅要给观众鲜活的事实、栩栩如生的人物，更要通过形象叙事来支持观众的认知、态度和情感体验。

（四）电视专题报道文字稿的深度拓展

与报纸相比，电视新闻报道常常被认为形象生动有余、深度解释不够。随着电视媒体的影响力不断增加，电视新闻也开始尝试加强深度报道。电视专题报道就是一种深度报道，包括解释性报道、调查性报道、分析性报道等报道样式。它们都以深度报道作为理念，以揭示事实的广度和深度、挖掘事实与事实之间的关联等表意目的作为方向。

电视专题报道要实现深度拓展，应当从主题、维度、结构等方面着手。

1. 报道主题的深化

主题的深化是电视专题报道深度拓展追求的目标，而主题的深化是通过对事实的深度挖掘和对事实联系的深度解读来获得的。因此，文字稿写作要体现事实挖掘之深，解读事实间的关联，以实现主题的深化。

事实挖掘的深度，指围绕新闻事件挖掘到的独特的、被掩盖的事实，实现这一目标的电视专题报道被称为调查性报道。调查性报道文字稿的写作需要呈现记者深度挖掘事实的过程，从而表现主题。

事实解读的深度，指对已知事实的影响、意义的判断评估，以及事实间关联的呈现、未来趋势的预测等，实现这一目标的电视专题报道被称为解释性报道、分析性报道、预测性报道。这类报道的文字稿就需要以更复杂的线索和结构，来呈现核心事实与卫星事实之间的逻辑关联，呈现主体事实与背景事实、相关事实之间的关联，从而表现深刻的主题。

2. 深入拓展的维度

著名电视人孙玉胜认为，报道的深度与"事实""原因""关系""背景"等元素不可分割。① 电视专题报道的深度拓展，理应在这些维度上展开。

（1）准确叙事。事实是电视专题报道深度拓展的基础。用事实说话，清晰、全面、完整地叙述事实，不仅是最基本的要求，也决定着报道能达到怎样的深度。

电视专题报道的深度拓展，要求其文字稿写作注重突出典型的场景、典型的

---

① 孙玉胜：《十年——从改变电视的语态开始》，生活·读书·新知三联书店2003年版，第100页。

故事、典型的人物、典型的矛盾冲突，为"说话"提供坚实基础。对复杂的事实，应当通过按信息点分小节的方式，在核心事实叙述的框架下，插入卫星事实叙述，依次往前推进。例如，中央电视台《新闻调查》栏目播出的深度报道《艺校女生陪酒事件调查》（2007年4月29日播出），报道了广西桂林舞蹈学校女生在杭州酒吧实习期间，被迫有偿陪酒的事件。事件本身具有典型性、重要性，而报道的目的就是把事件来龙去脉还原：为什么女生会被迫陪酒？为什么实习会变味？为什么学校对此不管不问？是怎样一条利益链条把女生送到酒吧陪酒？现行制度和法律能否保护实习女生？

（2）探寻原因。电视专题报道文字稿的写作应当在再现事实的基础上，注重探寻、还原事实发生的原因，使事与理相结合，推动报道逐步深入。与此同时还应当注重呈现事实链条，使原因不言自明。在《艺校女生陪酒事件调查》中，通过学校向酒吧收"实习费"、酒吧"买"学生实习、女生在酒吧陪酒等一连串事实链的核实调查，呈现了女生被迫陪酒的原因：学校由培养人才变为赚钱机器。

（3）展示事实关联。电视专题报道的深度拓展，还要求其文字稿写作注意把新闻事实放到社会环境中去观察，分析新闻事实与其他事实之间的关系。这样，报道对事实的认识和解读便不再是孤立的、偶然的、片面的，而是在普遍事实的关联性中，呈现其蕴含的社会意义和深刻影响。如《艺校女生陪酒事件调查》就是把女生陪酒与酒吧唯利是图、学校教育目标扭曲之间的关系揭示出来，从而挖掘出现行法律制度存在的漏洞，使艺校女生陪酒事件变成教育和政府管理的试金石。

（4）提供新闻背景。电视专题报道的深度拓展，还要求其文字稿的写作注意通过新闻背景的衬托，更清晰地呈现新闻事实的意义和价值。在《艺校女生陪酒事件调查》中，文字稿提供了各类新闻背景，例如酒吧实习女生需要获得订桌和客人送花篮，公开了酒吧赢利的"潜规则"，使观众更深刻地理解了女生陪酒的无奈、酒吧和学校的利欲熏心。

3. 深入拓展的结构

（1）"剥笋式"结构：展现调查挖掘过程。电视专题报道的深入拓展，涉及对核心事实的挖掘，包括事实的获得、质疑、核实、调查等；其文字稿不仅要呈现记者挖掘到的事实，还要呈现记者挖掘事实的过程和进行推理的过程，使观众能够与记者一起经历这一过程。这就形成了其文字稿写作的基本框架和逻辑：展现记者挖掘、调查的过程。

例如，获得第二十三届中国新闻奖一等奖的电视专题报道《胶囊里的秘密》（中央电视台《每周质量报告》2012年4月15日播出），就使用了这种结构方式。文字稿按照记者调查的先后顺序来写作：从在浙江发现劣质胶囊，开始追查其原料来源，确认胶囊的毒害性后，再向下追查毒胶囊流向哪些药厂，完整再现了调查和推理过程（见表 17-2）。

表 17-2 《胶囊里的秘密》记者调查过程

调查地点	调查过程
浙江新昌儒岙镇，全国胶囊之乡	记者发现药用胶囊价格高低差价明显
	记者调查到便宜胶囊用低劣的工业明胶生产
河北衡水、江西弋阳	记者追查劣质胶囊所用的明胶来源
浙江新昌	记者调查工业明胶如何加工成药用胶囊，重金属铬究竟超不超标，哪些药厂在使用工业明胶做的胶囊
北京	记者取样送中国检验检疫科学研究院综合检测中心
青海格拉丹东药业和吉林长春海外制药	记者追查劣质胶囊销往哪些药厂

在调查中，记者重点挖掘不法厂商之间的利益关系，把分散在浙江、河北、青海、吉林等地的毒胶囊生产商、原料提供商、下游药厂之间的地下产业链挖掘出来，形成了层层抽丝剥茧式的调查结构。文字稿以记者调查为叙事结构，以再现地下产业链条为核心，记者是调查的执行者、报道的叙事者和亲历者，增强了报道的纪实性和现场感。

（2）围绕主题结构：由现象深入本质。电视专题报道的深入拓展，不仅体现在通过调查挖掘事实，还需要通过解释事实之间的关系，帮助观众理解复杂的社会问题。为此，其文字稿的写作可以打破客观事实的自然状态，从意义建构的需要出发，以主题为叙事线索展开报道。例如《艺校女生陪酒事件调查》，虽然也再现了记者在广西桂林舞蹈学校和女生实习地杭州酒吧分别进行采访、调查的过程，但报道文字稿并没有像标准的调查性文字稿那样，以记者调查、推理作为报道结构，而是围绕主题——谁能保护学生层层推进，形成了由表及里的叙事效果：

开头，文字稿呈现记者对班主任、实习老师的采访，引发观众对相关个人利欲熏心的愤怒；随后，文字稿呈现记者对校长、酒吧老板的采访，通过学校从中获利、酒吧交钱"买"实习生的事实，将观众的批评转移到学校教育变味、酒吧风气败坏的现象上；最后，文字稿呈现记者对有关部门的采访，把观众的关注引到法规缺失、监管盲区的层次。

文字稿的这种安排，使观众一次次地调整批评靶心，报道不断释放出令观众意外的张力，由此实现了对事件原因、关系、背景的深度开掘，使调查不断深入、认识不断完善、主题不断深化。

以主题为中心，就意味着要对记者采访调查的自然过程进行选择和重组。在这则报道的文字稿中,值得一提的是对采访、质疑、核实的推理过程的大量呈现(见表 17-3)。

表 17-3　《艺校女生陪酒事件调查》片段

	画面	文字稿
采访	记者采访郭桂生(桂林舞蹈中等职业学校校长)	【同期】记者:那么学生的实习具体内容是什么? 郭桂生:表演、演出。 记者:只是表演吗? 郭桂生:对。
质疑	记者暗访酒吧	【解说】桂林舞蹈中等职业学校的学生主要在杭州黄龙体育中心一条街的酒吧实习演出,那么这些酒吧真的如郭校长所说演出人员只是单纯的表演吗?
核实	记者暗访酒吧 记者采访受害学生	【解说】我们以普通顾客的身份来到学生们曾经实习过的后宫酒吧,我们发现这里的演艺人员除了表演外有的还长时间陪客人喝酒聊天。 【同期】学生:我们第一天去那间酒吧,然后我们看看师姐也都在陪客人喝酒、玩骰子、聊天,然后我们回去就问领队,她说难道你们来的时候老师没有跟你们说?

(3)"华尔街日报体"结构:以故事进行解释。《华尔街日报》是全球知名的财经报纸,在制作解释性报道的过程中,该报形成了一种讲故事的体裁——"华尔街日报体",它具有鲜明的结构特征(见表 17-4)。

表 17-4　"华尔街日报体"的结构特征

开头	以个人化的视角切入,描写一个与新闻主题相关的个人故事
过渡	由个人视角转换到更广阔的群体,实现过渡,引出报道主题
展开	对主题进行各个侧面的阐释、评估,引入更多的代表性的个案
结尾	开头的人物再度出场,实现首尾呼应;进行总结、期望、建议等

"华尔街日报体"注重对复杂报道的形象化、故事化表达,开头结尾的人物描写,画面感和镜头感都极强,适合电视媒体表现;主体部分通过个人、个案形成叙事,使抽象或者非事件性话题生动可感,也合乎电视媒体的特征。从这个意义上来说,"华尔街日报体"符合电视专题报道深入拓展的要求,适合电视解释性报道的文字稿写作。

中央电视台《新闻调查》播出的《反流氓软件之路》(2007 年 1 月 15 日播出),就运用了"华尔街日报体",将一个非事件性话题解释得生动、形象(见表 17-5)。

表 17-5 《反流氓软件之路》的结构

	文字稿
开头	【解说】今年 47 岁的老颜是个老网民，上网已经成为他最平常的事情。可是 2006 年，他的生活却被网络彻底打乱了。
过渡	【解说】老颜上网查询后，知道了自己的电脑是受到了"流氓软件"的骚扰，而且有自己这种遭遇的网友并不少。
展开	流氓软件利益链分析、解释
结尾	【同期】颜先生：这个网络不属于我也不属于你，属于全国人民，给我们一个文明安全的空间。

"华尔街日报体"写作的一个原则，就是报道引入人的要素，由个体到整体，层层深入。当然，除了外在结构的借鉴，还应当注意"华尔街日报体"的 DEE 逻辑，即通过描写（Description）实现解释（Explanation）和评估（Evaluation），也即通过对事物的解释分析，实现报道的深入。

思考题

1. 请比较《中国青年报》、中央人民广播电台和中央电视台对同一事件的消息报道，分析电视消息文字稿与报纸消息、广播消息有何异同。
2. 电视专题报道与电视消息在文字稿写作上有哪些区别？
3. 请观摩近三届中国新闻奖电视专题获奖作品，比较分析各专题报道的文字稿使用了哪几种写作结构和叙事逻辑。
4. 全班分组，以"华尔街日报体"作为报道样式，完成一则专题报道，并讨论各组在使用这一报道样式中存在哪些问题。

第十八章 网络新闻写作

本章知识点：① 网络新闻的特点；② 当前网络新闻存在的问题；③ 网络新闻的类型；④ 网络新闻的文本结构；⑤ 网络新闻的叙述语言。

伴随着互联网的出现和普及，网络新闻已成为当下被广泛使用的一种新型的新闻报道样式。

第一节 网络新闻概述

网络新闻是一种借助于互联网进行传播的新闻，它得益于网络的即时性、便捷性、个性化、交互化等特点，有着传统媒体新闻难以比拟的优势。与此同时应该注意的是，当前网络新闻存在着诸多亟待解决的问题，必须予以重视和治理。

一、网络新闻的特点

网络新闻的特点主要表现在以下几个方面：

（一）同步传播，时效性强

网络新闻的强时效性体现在一个"快"字上，即传递快、接收快、反馈快。在网络新闻生产过程中，记者将采访、成稿、校正、编辑、审定等多道工序组合起来，通过网络迅速把信息传递到世界各地。比如，2010年8月8日，家住甘肃舟曲的重庆理工大学外语学院大二学生王凯，以网友"Kayne"的名义，在新浪微博上发出第一条关于舟曲泥石流灾情的信息；之后，他又用微博持续不断地直播灾情的有关信息。他的微博成了网友和媒体了解灾情的重要信息源。仅8月9日一天，他就发了100多条关于灾区情况的微博，在网上被迅速转发传播，部分图片被各大网站转载。

（二）海量存储，信息量大

海量是网络新闻的一大显著特色，其巨大的信息存储量和发布量，可以使受众获得极大的信息满足。如2015年3月23日，新加坡前总理李光耀因病去世，网易针对这一事件作了翔实的专题报道。该专题借助文字、图片、视频，通过"最新消息""走进李光耀""从被殖民者到新加坡国父""荣耀与哀愁""黑与白""双面外交""中国情结""一甲子的爱情""满门精英的家谱""你想都想不到的新加坡"等子栏目，介绍了李光耀生活、工作的方方面面。尤其是3月29日国葬仪式当天，网易不仅全程直播了完整的葬礼过程，还发布了多篇关于国葬的新闻，仅"最新消息"一栏就达到29篇之多，涉及面广，信息量大，角度也多，充分满足了网民对这一信息的不同需求。

（三）形式多样，多媒体化

将文字、图像、声音、三维动画等多种传播形式汇于一体，是网络新闻的另一个特色。其传播形式既可以自如地从一种转换到另一种，也可以几种传播形式并举，做到图、文、声、像并茂，真正实现多媒体传播，从而增强了新闻的感染力和影响力。

比如，2012年7月29日凌晨3：21，我国选手叶诗文夺得伦敦奥运会女子400米个人混合泳金牌，新浪网新闻频道发布了一篇新闻《花木兰！谁说女子不如男，小叶比罗切特菲鱼更快》，图文并茂地对此事作了报道。

案例 18-1

花木兰！谁说女子不如男，小叶比罗切特菲鱼更快

北京时间7月29日，奥运比赛第一天，伦敦夜无眠，这个夜晚注定属于中国游泳健将们。叶诗文，这个来自中国杭州的16岁游泳小将，在昨晚的女子400米混合泳比赛中，以4分28秒43的成绩打破世界纪录，最后50米上演惊天逆袭！而据游泳新闻网报道，更让人吃惊的是，叶诗文最后50米的这个冲刺速度，比昨晚在男子同项目夺冠的美国游泳名将罗切特还要快！这是奥运史上在同项目比赛中，第一次有女选手成绩超过男选手。

这则新闻在文字稿的前面，加上了一段视频短片《叶诗文最后50米竟快过罗切特 谱写水中传奇》。这种融文字、声音、图片等多种传播形式于一体的多媒体新闻，有助于受众全方位把握新闻内容。

（四）多向传播，交互性强

打破信息传播的单向格局，实现传播者与接受者的有效互动，这是网络新闻的又一个特色。这一方面体现在网络中新闻留言、论坛、博客、微博、社区等各种平台，可以方便用户发表意见、提交看法、反馈信息，实现传统媒体很难达到的双向互动；另一方面也体现在网络新闻传播中传受者之间的界限模糊，传受双方的角色位置可以方便、频繁地变换。

如Excite、AOL等网站都开通了个性化服务，网民通过定制业务，可以获取时政、财经、天气、体育、影讯等最新消息。又如通过用户评论、意见反馈、BBS和讨论组等方式，网民可以和网站编辑及时进行沟通和交流。这不仅使得网民可以充分发表自己对新闻信息的看法，也便于新闻网站迅速了解网民对新闻信息的反馈意见，进而为网民提供更好的新闻服务。

（五）超文本链接，检索性强

与传统媒体用字符串表达、以线性形式组织和处理信息不同，网络新闻传播是建构在超文本、超链接之上的全新传播模式，这是网络新闻的再一个特色。网络新闻传播者将信息以超链接的方式放置在网站上，便于网民在阅读新闻时自主选择感兴趣的信息，由此实现对新闻内容的把控。在网络新闻中大量使用超链接，扩大了新闻的信息量，极大地提高了新闻的综合性、选择性。

比如，2013年1月25日，凤凰网转载新华网的一则新闻《中国"研寒"折射资源人才双流失危机》，便为新闻中提到的"中国传媒大学""上海交通大学""贵州大学""山东大学"等名词设置了关键字超链接。此外，报道后面还附上了相关新闻的超链接，便于网民掌握更多的新闻信息。

（六）"全时化"传播，还原性强

运用电脑特有的技术，实现新闻的"全时化"传播，全面、完整地还原新闻事件，这也是网络新闻的一大特色。所谓"全时化"传播，包括三个向度：全天候传播、全历史传播、全过程传播。全天候传播，就是媒体24小时不间断地"产出"新闻报道；全历史传播，就是媒体的新闻文本有完整的历史向度，以满足受众对于时间向度的需求；全过程传播，就是媒体对特定的新闻事件的后续进程保持持久的兴趣，注重跟踪报道。

比如针对周小川第三次连任央行行长这一新闻事件，新浪网2013年全国"两会"财经报道专题从3月16日至19日共刊登10篇报道，内容从最初的提名、任命，到业界的看法、媒体的反应、专家的分析，对整个事件的始末及后续反响做了全面的报道，做到了全过程传播。网络新闻的全时化传播的特点，使网民能够多层次、多方位、动态地了解新闻事件的来龙去脉。

二、当前网络新闻存在的问题

不可否认当前网络新闻存在着种种"乱象"，不但损害了新闻媒体的公信力，也污染了社会风气，麻醉甚至毒害了人们的身心，给社会带来了不安定因素。

（一）捕风捉影，内容可信度低

一些网络媒体置职业操守于不顾，或将道听途说的消息编发上网，或转发、引用虚假新闻和有害信息，误导公众。如2008年网络上盛传的"柑橘蛆虫事件"，引起了人们的恐慌，使全国的柑橘果农蒙受了经济损失。

也有一些网络虚假新闻的"始作俑者"，公然违反社会公德，有意编造、散布无中生有的"新闻"，混淆视听，干扰正常的信息交流。例如，网络上曾经有一则报道，绘声绘色地讲述相声表演艺术家姜昆如何带一个受资助的孩子出国，他女儿又如何经营着一家大型文化公司等。事后一查，纯属子虚乌有。这些网络虚假新闻，不仅损害了当事人的利益，欺骗了网民，也败坏了网络新闻的名声。

（二）娱乐至上，低俗新闻盛行

一些网络媒体以娱乐至上作为市场的切入点，热衷于传播带有血腥、暴力、黄色等内容的新闻。比如，2015年1月，福建网友吴某在其微信公众号中发布了一条标题为"昨晚，石狮，震惊全国！一家34口灭门惨案！"的消息，在微博、微信中被广泛转发，引发了当地舆论的恐慌。其实报道内容只是一张灭鼠的图片。随后，吴某因涉嫌"虚构事实扰乱公共秩序"被石狮市公安局依法处以行政拘留10日。[1]

除了上述两个问题外，当前不少网络新闻还存在着内容雷同、空洞，标题大、内容少，有关背景交代不清、新闻价值不高等问题。一些网络媒体还时常将与新闻内容相关的广告放到临近新闻的地方，甚至将广告嵌入报道内部建立链接。这些编排方式，使网民难以分辨新闻与广告，这不仅使网络新闻的品质下降，也损害了受众的信赖感。

第二节　网络新闻的类型

随着互联网的迅速普及和网络媒体影响力的逐步提升，网络新闻来源渠道不断拓宽，网络新闻类型逐渐增多。当今网络新闻大致可分为网络新闻专题、网络新闻直播、博客新闻和微博新闻、播客新闻、手机新闻等几类。

一、网络新闻专题

（一）网络新闻专题的定义

网络新闻专题是以网络为平台，综合运用多种媒体手段，通过新闻梳理、整理和优化的方式，对社会某一问题或某一事件进行组合或连续报道的报道形式。它既是对网络信息资源的一次重新包装，也是网站编辑方针的一次完整体现。网络新闻专题集中了网络新闻传播多样性、整合性、互动性等多种优势，起到了报道最新动态、整合新闻资源、揭示新闻事件本质的作用。

（二）网络新闻专题的分类

网络新闻专题一般可分为事件类、主题类、拓展类、栏目类四大类。

---

[1]　于洋、张音：《新媒体需治"七种病"》，《人民日报》2015年4月2日。

1. 事件类专题

事件类专题，以报道新近发生的重大事件为主要内容，尤其是重大的突发事件和热点事件。其中，重大突发事件又可分为社会性重大突发事件和自然性重大突发事件。

如凤凰网2012年伦敦奥运会专题报道，不仅有丰富的文字报道，更有"图片策划""滚动图片""奥运视频"等图片、视频资料，在专题首页上以"新闻""项目""策划""视觉""服务"五项划分报道内容，延伸出更多相关链接。

2. 主题类专题

主题类专题，是指由新闻事件引发出一个主题或话题而建立的专题。它以可预见的重要活动、公众关注的人物为主要内容，分为活动主题和人物主题。例如，2013年彭丽媛陪同习近平出访俄非四国，以其优雅大气的"第一夫人"形象迅速掀起网络媒体的报道热潮，引发了以彭丽媛为人物主题的专题报道。南方网策划了"'中国夫人'彭丽媛的出访之旅"专题，从"时装周""好声音""公益'媛'""列'帼'志"四个方面进行报道，受到了网民的好评。

3. 拓展类专题

拓展类专题，是指对同一事件的不同观点的辩论争锋，或对同一事件的来龙去脉进行不同的分析解读而建立的专题。例如，联合早报网针对莫言获2012年诺贝尔文学奖这一事件，制作了"中国作家莫言获2012年诺贝尔文学奖"专题报道，汇集了多位评论家的文章：《高荣伟：从莫言获诺奖看中日差距》《明永昌：中国文学的潜力》《伟达：莫言获奖与现代文化潮流》《马家辉：莫言洞察力深刻实至名归》等。该专题不仅清晰地展示了事件的来龙去脉，更呈现出对此事件的多方看法和解读。

4. 栏目类专题

栏目类专题，是指围绕同一主题，对非特定人物、事件进行报道，且持续周期较长的专题。它基本等同于网站的固定栏目，如许多网站开设的在线访谈栏目。此外，还有一些报道时间较长或者适合长期播出的特定报道，最终演变为一个专门栏目。资讯类栏目一般都属于此范畴。

二、网络新闻直播

（一）网络新闻直播的定义

网络新闻直播是指借助互联网，在现场与事件的发生、发展进程同步制作和发布信息的一种传播方式。它利用双向流通的网络信息发布方式，将新闻节目、相关会议、背景介绍、网上调查、对话访谈等内容通过互联网同步呈现。网络新闻直播具有传播快速、表现形式直观、内容丰富、交互性强、时空不受限制、受众可细分等优势。

(二) 网络新闻直播的分类

根据传播内容、传播方式的不同，网络新闻直播可以分成不同的类型。这里从直播来源、直播方式和呈现方式三个层面，对网络新闻直播进行分类。

1. 按直播来源分

按直播来源分，网络新闻直播可以分为两类：一类是在网上通过电视信号的接收，直接转播电视台正在播出的节目。这类网络新闻直播也叫"网络电视"。

另一类是真正意义上的"网络直播"，即网络媒体独立采集新闻，上传至服务器，发布至网上供人观看，具有较强的自主性。它可以直播政务公开会议、群众听证会、法庭公开庭审、公务员考试培训、产品发布会、企业年会、行业年会等。

2. 按直播方式分

按直播方式分，网络新闻直播可分为三类：实况直播、演播室直播、新闻现场直播。

网络新闻实况直播，也叫网络新闻实况转播。它将重大事件的原始状态客观记录后直接上传网络播出。直播中，记者和主持人一般不进行现场报道，有时辅以主持人的画外音，节目播出的时间和空间与新闻事件始终保持一致。体育比赛、文艺演出等常采用这种方式。

网络新闻演播室直播，是指在演播室边制作节目边通过网络传送的一种播出方式。播音员或主持人在演播室主持新闻节目，与观众在网上收看的时间是同步的。这种形式克服了新闻录播必须提前截稿的缺点，只要节目播出没有结束，就可以做到新闻随到随播。

网络新闻现场直播，是指网络记者出现在新闻现场，一边采访一边作现场报道，不经过后期剪辑，直接播出。在一些大型的新闻现场报道中，新闻实况转播、演播室直播和现场直播三种形式往往交替出现。

3. 按呈现方式分

按呈现方式分，网络新闻直播可分为四类：文字直播、图片直播、视频直播、音频直播。

文字直播，一般是指利用网络视频信号，在专门的直播网页上，按照时间顺序，用文字描述的方式记录新闻现场并同步发布的一种在线演绎及互动传播方式。它实现了网络新闻时效的最大化，具有双向流通的功能。目前，文字直播适用的范围越来越广泛，如体育比赛、重要会议、重大活动、人物访谈等报道都可采用文字直播。

例如，人民网 2012 年 6 月 24 日对"国新办"就"天宫"与"神九"载人交会对接任务举行的发布会进行了文字直播，中国载人航天工程发言人、办公室副主任武平女士，向网民通报了我国航天员首次手动控制交会对接的有关情况。

图片直播，是以互联网为载体，通过单幅或多幅动、静态图片报道新近或正在发生的新闻事实的一种传播方式。图片新闻是一种"易读"的新闻，它能直观形象地反映现实、记录历史，图文并茂地向用户传递信息。例如，2013年4月3日，新浪网在2012—2013赛季NBA常规赛公牛队迎战奇才队的赛事报道中，除了运用文字直播、视频直播，还通过图片直播向广大球迷、网民奉献了高清、精彩、生动的比赛场面。

视频直播，是指运用现代电子技术手段，将媒体记者或公众拍摄的新闻事件发布在互联网平台上，并由此对新闻事件进行报道、展示和追踪的一种传播形式。它具有内容的可驻留性、播放过程的可控性、编排的可整合性、互动的可参与性等优势。网络视频直播适用于周年庆典、新闻发布会、文娱演出、竞技比赛、教育培训、商业贸易、公关活动等报道。例如，博鳌亚洲论坛2015年年会于3月26日至29日在海南博鳌举行。中国网对论坛开幕式进行了现场视频直播，吸引了广大网友的关注。

音频直播，是指利用互联网平台将新闻事件现场的声音，配以图片和文字进行报道的一种传播形式。例如北京广播网《整点快报17点档》就是一档音频直播节目（图18-1）。

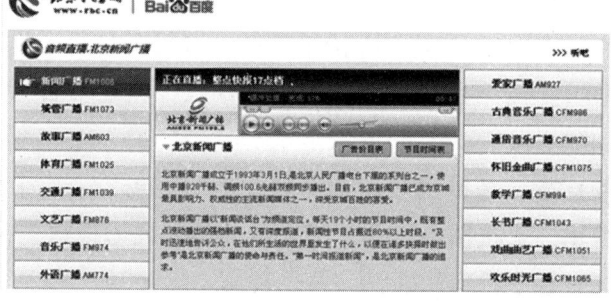

图18-1　北京广播网音频直播节目《整点快报17点档》页面

三、博客新闻和微博新闻

（一）博客新闻

1. 博客新闻的定义

博客（Blog），也叫网络日志、部落格等，是以网络为载体，表达个人信息、情感、言论和思想，实现个性化展示的一种综合性网络平台。在博客平台上，原创或转发的各类新闻称为博客新闻。

博客新闻通过关注新闻热点，发表新闻评论，来实现新闻和观点的快速传播。与传统媒体所发布的新闻相比，博客新闻能充分调动网民参与的积极性，促使他们以留言的方式对新闻进行评论、补充，进而披露更多的新闻线索和信息，一步步还原事实真相。

博客新闻曾经在网上风行一时，不仅人民网、新华网等中央和地方门户网站，而且新浪网、搜狐网、网易等众多商业门户网站都普遍设有博客频道发布博客新闻。但是近几年，随着微信公众平台等自媒体的迅速发展，博客新闻的影响力日渐式微。

2. 博客新闻的分类

博客新闻大致可分为突发事件报道、新闻披露、新闻追踪、新闻评论等几种类型。

（1）突发事件报道。作为新媒体的博客，能在第一时间呈现突发事件的新闻现场，具有快速的反应力和较强的时效性。与传统媒体相比，博客的关注角度更为细化，其视野开阔，能够延伸至生活中每时每刻发生的事件。庞大的网民作者群所获取的信息的丰富性是传统媒体记者难以比拟的。

（2）新闻披露。新闻披露是指政府机构或公众人物在博客上所发布的独家新闻，通常披露内部信息或澄清相关传闻，以减少信息传播的损耗。在媒体竞争日益激烈的市场环境中，各种传闻、小道消息、假新闻很难杜绝。为此，一些明星、艺人、学者更愿意在自己的博客里披露事实，澄清真相，直接向大众公开信息。

（3）新闻追踪。与传统媒体相比，博客使用人数众多、分布领域广泛，在新闻追踪方面具有得天独厚的优势，能更自由开放地对新闻事件进行报道，从而更完整地呈现事实的真相。

（4）新闻评论。新闻评论是指借助博客平台发表的具有新闻性的评论文章，是博客新闻较为常见的内容。它多角度、多侧面分析新闻事件，表达多元观点，是实现"思想交流与分享"的重要手段。网络新闻评论一般视角独特，言论犀利，有独到见解。

（二）微博新闻

1. 微博新闻的定义

微博，即微博客（MicroBlog）的简称，是一个基于用户关系的信息分享、传播以及获取的平台，用户可以在该平台上发布文字信息。微博新闻，又称微型新闻或微新闻，指用户在微博平台上发表的原创或转发的新闻。

2. 微博新闻的分类

按新闻来源的不同，微博新闻可分为两类：

一类是定位于个人用户的微博。个人通过微博发布新闻，传播观点，表达自身的利益诉求和价值诉求。

一类是定位于机构的微博，以政府、企事业单位、媒体单位等为主体。微博为这些机构提供了另一个发布新闻的平台，扩大了其信息传播效率和社会影响力。

四、播客新闻

（一）播客新闻的定义

播客（Podcasting），是将信息或自制的节目放置于网上播放器，供网友自动接收的一种新兴的信息传播方式。利用播客传播的新闻资讯，便是播客新闻。

（二）播客新闻的分类

按信息服务提供的主体，播客新闻可分为两类：

一类是独立播客网站的新闻，即个人播客网站新闻，一般具有非商业性质。

一类是播客服务提供商的新闻，也就是提供播客制作、上传、分享、交流、评论、视频广告等多种服务的商业性网站（PSP网站）所制作的新闻。如今随着PSP网站迅速增加，其新闻也逐渐成为播客产业的核心力量。

五、手机新闻

随着传播技术的发展，手机逐渐成为继报纸、广播、电视和网络之后的"第五媒体"。手机凭借其信息承载的便捷性与多样性参与新闻报道，成为新兴的新闻传播阵地。

（一）手机新闻的定义

手机新闻是指以手机为载体，将编辑加工过的报纸、广播、电视和网络新闻，或自己采编的新闻，第一时间呈现给用户的一种新闻报道形式。手机用户可以通过定制手机报或直接访问网站来获取新闻。

（二）手机新闻的分类

1. 手机报新闻

手机报是报纸开发新媒体的一种特殊方式，即通过无线技术平台，将报纸上的内容发送到手机上。其中的新闻内容便是手机报新闻。

如2013年3月30日周末版的《重庆手机报》，分为"历史上的今天""明日天气""今日导读""今日要闻""今日关注""新闻快报""美食养生""今日影讯""开奖信息""订阅方式"几大板块，采用文字、图片等呈现方式，及时、便捷地将各种新闻资讯发送到订购手机报的客户手机上。

2. 短信新闻

短信新闻是移动运营商基于短信方式推出的一项短信类新闻信息服务，其长度以一般手机的短信字数容量为限。短信新闻以国内外即时发生的重大新闻、重大突发事件报道为主；主要依托内容提供商，为定制客户提供各种新闻类信息服务。

例如,"新华短信"是中国最大的手机短信类新闻信息提供平台。它依托新华社强大的信息资源优势,每天定时发送,内容包括国内外及本地重大突发事件、农村资讯、时政要闻、两岸关系、新华财经、社会热点等。

3. 手机广播

手机广播,是指利用具有收音和上网功能的智能手机播出广播、发送信息的一种传播形式。它是广播媒体与手机媒体功能的有机结合,实现了双向甚至多向的跨媒体信息交流,达到了点对点传播的效果。

如"蜻蜓FM"是麦克风传媒自主研发运营的一款基于互联网的电台聚合服务,是目前手机平台应用较为广泛的收听软件。"蜻蜓FM"提供全球在线新闻、音乐、经济、娱乐、相声、外语、教育、都市、体育、小说、故事、戏曲、交通13种类型的3 000多个电台频道,电台资源来自国内30多个省市地区以及30多个国家,24小时不间断提供在线收听。

4. 手机电视

手机电视是指利用流媒体技术,以手机等便携式设备为接收终端传播视听内容的一种新型的数字化"电视"形态,具有电视媒体的直观性、广播媒体的便携性、报纸媒体的滞留性以及网络媒体的交互性。

手机电视不仅能够提供传统的音视频节目,利用手机网络还可以方便地完成交互功能,更适合多媒体增值业务的开展。例如,CMMB(China Mobile Multimedia Broadcasting)手机电视,便是中国移动通信有限公司和中广传播集团有限公司共同推出的电视产品。

5. 微信公众平台

腾讯公司于2012年8月推出的微信公众平台,是继微博之后又一重要的运营平台。借助这一平台,通过微信公众号,用户可以和特定群体进行文字、图片、语音、视频等全方位沟通、互动。

微信公众平台分为订阅号(旨在为用户提供信息资讯)、服务号(旨在为用户提供生活服务)和企业号(旨在为政府机构和企事业单位的管理提供服务)三类。其中,订阅号属于手机新闻范畴。

例如,号称"专注时政与思想的互联网平台"的"澎湃新闻",打造了一系列比较有影响力的微信订阅号,其"澎湃新闻""澎湃新闻评论""澎湃新闻精选"等,全方位、多角度地聚焦时事政治,表达不同的思想观点。再如,人民日报海外版的"侠客岛"公众号在两年多的时间里便打造成了一个著名的订阅号品牌,在微信、微博等平台上拥有了数百万"粉丝",其文章在各大门户网站、客户端、海外媒体等舆论阵地频繁出现,成为海内外舆论界关注的焦点。

第三节 网络新闻文本结构与语言

作为一种新兴的新闻报道样式，网络新闻的文本结构与语言运用，既要遵循新闻写作的一般规律，又有着自己的特殊要求。

一、网络新闻的文本结构

（一）标题

在网络新闻传播中，由于传播对象的多样性，加之网站新闻的排版方式和页面空间的限制，其标题制作通常采用题文分开、实题为主、单行题居多的形式，重在吸引网友的眼球。

1. 实题为主，主题明确

网络新闻在拟定标题时必须准确把握"新闻眼"，以实题为主，突出新闻重点。如 2013 年 4 月 6 日大渝网的几则新闻标题：

> 重庆未发现 H7N9 病例 专家：跟风买板蓝根没必要
> 主城四条公交线开通 WiFi 可免费网上冲浪
> 公司聚餐员工不准穿正装
> 七旬老太被家人遗弃养老院 4 年从没亲人看过她

2. 主谓结构，单行标题

运用主谓结构的标题，旨在以简短的文字、准确的表述，高度凝练地呈现新闻事实、传达完整信息；运用单行标题，则既符合网络版面的要求，又能简明扼要地展现新闻内容，满足网民易看、乐看的需要。如中华网 2013 年 4 月 6 日的几则新闻标题：

> 中国水稻种植另辟节水抗旱蹊径
> 中国科学家造出世界最轻材料 仅相当空气密度 1/6
> 贵州瓮安运达煤矿发生透水致 9 人被困
> 英法俄等国称暂无将外交人员撤出朝鲜计划
> 李源潮会见国际妇女论坛代表团

3. 设置悬念，新颖醒目

网络新闻的标题与正文之间一般用超链接的形式连接，因此其标题制作强调醒目、有悬念，这样才能吸引网民点击阅读正文。如大洋网 2013 年 4 月 6 日的一则新闻标题：

板蓝根真的能解毒吗？揭秘板蓝根的功效真面目

4. 语言独特，彰显个性

网络新闻标题不应只满足于传递信息，还应有所创新，凸显独特个性。如中华网 2013 年 3 月 27 日一则新闻标题：

"会呼吸的自行车"，自带过滤器抗京城雾霾

（二）导语

网络新闻中的导语不仅要提供新闻中最重要的信息，还强调"引人注目"。

1. 提炼字句，力求简短

制作网络新闻导语，应多用短句，少用长句；多用动词，少用形容词；多概括性叙述，少细节性描述。如凤凰网 2013 年 4 月 6 日的新闻《林书豪连中 6 球哈登砍 33 分，火箭 116-98 大胜开拓者》中的导语仅一句话：

北京时间 4 月 6 日，NBA 常规赛继续进行，火箭客场 116-98 轻取开拓者，收获 4 连胜。

2. 设置亮点，吸引眼球

网络新闻的导语一定要抓住新闻事件中最新鲜、最有趣或最有悬念的内容，以此作为"亮点"，吸引网民的眼球。如人民网 2014 年 11 月 5 日的新闻《杨澜发布声明澄清外籍身份等谣言　将诉诸法律维权》的导语：

针对日前有关杨澜的传言，阳光媒体集团今日通过官方微博发布声明澄清网络谣言，否认杨澜拥有外籍身份等传闻，并保留使用法律手段追究相关人员法律责任的权利。

（三）主体

基于互联网的超文本链接功能，网络新闻信息的组织与发布呈现出层次化和

多极性的特点。作为网络新闻的主要组成部分，其主体写作有着如下要求：

1. 概括内容，提炼小标题

网络页面承载的字数有限，在不滑动鼠标的情况下，网民第一视觉区域只能容纳 500 字左右。为了减少网民的视觉负担，对于较长的新闻，应注意概括其主要内容，并采用小标题提纲挈领地交代事件的发展脉络，使新闻主体更加清晰，便于阅读。

例如，2013 年 4 月 3 日凤凰网新闻《山东试水"民告官"异地审理 专家称可排除查处阻力》，提炼出"化解百姓的心结""'民告官'何以成'鸡蛋碰石头'""异地审判推行在即"三个小标题，层层分析新的审判制度出台的原因及作用，不仅观点明晰，而且深入挖掘问题，将报道步步深化。

2. 图文并茂，形式多样

网络新闻的主体写作，要打破传统的用一维线性文字陈述事实的方式，注意加入图片、音频、视频等多种元素，有声有色、图文并茂地报道新闻事件，以调动网民视觉、听觉等多重感官。

例如，2015 年 4 月 4 日新华网的新闻《七常委在北京植树 习近平连种六棵》，便采用了摄影作品+文字报道的方式报道了习近平等中央政治局七常委义务植树一事，既客观真实又生动形象，取得了很好的传播效果。

3. 抓关键词，准确简洁

网民通常是浏览式、扫描式地阅读网络新闻。为了让网民能够清晰、准确地捕捉新闻信息，网络新闻主体的写作要注意将新闻要素准确、简洁地描述出来；并注意突出关键词，把关键词单列出来，或者对关键词进行超链接。

例如，2013 年 4 月 7 日，新浪网转载中国新闻网的新闻《民政部：残疾军人同享国家补偿与社会相应待遇》，不仅在主体的行文中将通知五个方面的内容分段列出，而且将关键词单列出来，在正文下方设置标签，突出显示了"残疾""军人""民政部"等信息。

4. 用超链接，化整为零

在网络新闻中，对于较为冗长的新闻主体除采用小标题外，一般还采用"超链接"形式，对重要信息进行链接；每个超链接还常常配上各类链接新闻的主要内容，一般为两三句话，以便网民根据需求点击阅读。这种形式通常适用于涉及面较广、关注度较高的新闻。

例如，凤凰网 2013 年 4 月 3 日的新闻《个别银行网点上浮首套房利率 暂停二套房贷》，用蓝色字对"二套房""首付""华夏银行""交通银行""二套房首付"等重要信息做了超链接，将新闻的扩展内容化整为零。

（四）背景

网络新闻背景写作基本上有两种形式：

一是将新闻背景穿插在导语、正文、结尾中。如新华网 2013 年 4 月 6 日的新闻《第 31 届中国洛阳牡丹文化节赏花仪式启动》，文中穿插了一整段背景介绍，对洛阳牡丹的栽培历史、品种花色、种植规模等做出说明补充。

二是以超链接形式提供新闻报道的相关背景。如凤凰网 2013 年 4 月 7 日的新闻《李小琳回应电网分拆传闻：不知道 也没听到消息》，对"中国电力"和"国家电网"做了超链接背景介绍。

网络新闻背景的写作，首先要注意突出重点，紧扣事实；其次要注意可读性和趣味性；第三要注意根据议程设置取舍材料。

二、网络新闻的叙述语言

网络新闻语言，是指利用互联网平台，将网络新闻的文化价值与核心内容表达出来，使受传者可以有效地获取新闻信息的语言形式。网络新闻语言的运用是传播者对报道词汇、结构以及新闻语言来源等进行选择的结果。

（一）网络新闻语言的特色

1. 注重创新，张扬个性

网络新闻只有采取个性化的叙述语言，才能吸引网民注意，增加网民点击率。开放的网络给了每个人表达个性、张扬自我的空间，报道者可以采用个性化的语言进行网络新闻写作，或调侃，或幽默，无不彰显着个人的智慧和创意。此外，网络新闻通过不断学习和吸收丰富的词汇，如方言、外语、网络流行语等，由文本走向生活，也增加了新闻的可读性和趣味性。

网络新闻语言的创新和个性具体体现在词语创造、超常搭配两个方面：

（1）词语创造。首先是比拟造词，就是根据已有语言材料，通过比喻、拟人等方法创造新词汇。如在云南晋宁县看守所的一起死亡事件发生后，网络新闻媒体就此将对某一事件不负责任的现象称作"躲猫猫"。其次是缩略造词，如"犀利哥""伪才女"等。

（2）超常搭配。网络新闻语言中常常使用一般新闻中不常使用的搭配。如凤凰网 2013 年 4 月 8 日新闻《苹果 CEO 道歉之后：市值蒸发 129 亿美元 分析师看衰》中写道："要知道，苹果总股本为 9.39 亿股。下跌 13.75 美元，意味着苹果市值一天之中蒸发了 129 亿美元。所以虽然表面上看，3% 的跌幅不算巨大，却足以令苹果股东损失重大。"用"市值"与"蒸发"的搭配，形象地说明了苹果股价下跌的后果。

2. 率性表达，随意自主

与传统媒体的新闻语言相比，网络新闻语言更为通俗易懂、活泼随性，常采用口语化的表达方式。如下列新闻标题就使用了口语化的率性语言：

实拍非洲老百姓的住房条件 这也太吓人（凤凰网 2012 年 12 月 12 日）

女老板为改变"克夫相"花60万整容 满脸被注不明物体（凤凰网2013年4月7日）

凤凰古城捆绑售票遭疑：需处理百万游客吃喝拉撒（新浪网2013年4月7日）

重庆压缩"三公"经费动真格 支出过高或核减单位预算（华龙网2013年4月8日）

这些网络新闻标题中，用了"吓人""克夫相""吃喝拉撒""动真格"等口语化表达，通俗易懂，满足大众口味，凸显亲切感和人情味。

3. 多媒体性，语言多样

与传统新闻传播方式不同，网络新闻在语言表达上不仅用词较为活泼时尚，报道版式灵活多变，而且将声音、文字、图片、动画、视频等融为一体，呈现出多媒体语言的特征。

网络新闻语言的多媒体性具体体现在以下几个方面：

（1）文字语言。文字新闻是网络新闻中运用最为广泛的一种类型，它可以通过各种字体变化来增加视觉效果。

（2）图片语言。新闻图片具有图像清晰、色彩鲜艳的特点，网络新闻常采用以图引文、图文并茂的立体化描述方式。

（3）流媒体语言。指运用流技术将连续的影像和声音信息经过压缩处理后供受众实时阅读、观看、收听的网络新闻语言。未来，宽带流媒体将越来越多地被网络新闻所使用。

（4）漫画语言。网络漫画新闻既包括传统漫画新闻的网络版，也包括利用电脑制作，直接发布传播的漫画，较为生动鲜活。

（5）Flash 语言。利用 Flash 软件制作新闻报道，目前较为稚嫩，但随着无线上网技术的发展，Flash 新闻将拥有更大的发展空间。

4. 凝练直白，通俗易懂

受传播速度、版面空间、网民浏览方式等因素的制约，网络新闻语言必须简洁明快、短小精悍、一针见血地阐明观点；与此同时，网民层次参差不齐，因此，网络新闻需使用直白的、大家都看得懂的词汇，做到通俗易懂。

案例 18-2

台湾 H7N9 禽流感疑似病例 3 例仍待检验[①]

（中新网4月8日电）据台湾"中央社"报道，台湾流行疫情指挥中心8

[①] 《台湾 H7N9 禽流感疑似病例 3 例仍待检验》，中国新闻网 2013 年 4 月 18 日。

日表示,昨天(7日)中午至今天(8日)中午,台湾共接获7例疑似H7N9病例,3人仍待检验,其余已经排除。

台湾"疾病管制局副局长"周志浩说,自昨天中午到今天中午,台湾共通报27例疑似病例,其中有3例仍在检验中,包括4岁、39岁、45岁住在台北市的男性,3人都是在3月底到4月初从上海回到台湾后返家,出现发烧症状就医后由医院通报,检验作业正在进行中。

另外,周志浩指出,昨天2名正在检验中的个案,目前已经排除H7N9。

这则新闻仅两百多字,清楚直白地说明台湾H7N9禽流感疑似病例的情况,且用词凝练,如"3人仍待检验,其余已经排除"等,以较少的字数涵盖了较多的信息量。

(二)网络新闻语言的异化

1. 粗俗化

由于受商业利益和消费主义的影响,一些网络媒体过分追求个性和"创新",以致网络新闻语言出现了粗俗化、低俗化和媚俗化的趋势。这主要表现在粗俗轻佻的词语运用,耸人听闻的夸张渲染,色情暴力的语言描述,简单草率的随意描摹等,语言格调不高,充斥消极色彩。如以下几则新闻标题:

余华:时代怎么发展 文学都不会完蛋(京华网2015年1月23日)
"装逼""屌丝"何以流行(腾讯网2015年4月10日)
内地与香港跨境婚姻30年变迁:"少妻二奶"越来越少(新浪网2015年1月31日)

这些网络新闻标题中,出现了"完蛋""装逼""二奶"等粗俗语言,严重污染了网络环境。

2. 情绪化

为求快、求轰动、求眼球效应,网络新闻有时会使用主观色彩浓厚、暧昧煽情、准确性欠缺、不真实的语言,甚至发表偏激的报道或攻击性的言论等。这不仅降低了新闻的可信度,也给网民留下了哗众取宠的不良印象。

例如,2012年3月23日哈尔滨市发生了一起患者杀害医生的案件。有网络媒体记者打着"为民请愿""不平则鸣"的情绪化旗帜,有意无意地放大事实,误导公众,从而进一步加深了医患矛盾。

3. "软文"化

网络新闻的点击率、关注度直接影响着网络新闻媒体的经营与发展,因此,为了吸引网民眼球，增加点击量，不少网络新闻语言越来越趋于"软文"化，极力渲染煽情效果，以求在情感上"虏获"网民。此外，网络新闻语言广告化现象也日趋严重，削弱了网民的信赖感，不利于网络新闻传播的纯洁。

如搜狐焦点网 2013 年 4 月 7 日的楼市新闻《融创嘉德庄园 揭幕重庆"上东区"高端居住时代》，使用了大量诸如"国际级名流集聚群落""世界级纯家族豪门大宅社区""稀缺高端豪宅""英伦血统纯墅区"等广告化表述，混淆了广告语言与新闻语言，不利于受众准确把握核心新闻信息。

4. 标签化

标签化的网络语言是指将一个复杂的、有深意的社会现象或某人、某物用简单的、表象化、定型化的词组或短语简单概括。这些概括语言往往流于肤浅庸俗，如白富美、高富帅、富二代、蚁族、屌丝、北漂等。

2011 年 2 月 11 日人民网新闻《中国富二代受海外追捧 福布斯教外国人钓中国金龟婿》，文章标题以中国富二代、钓中国金龟婿等刺激性字眼吸引眼球，报道中也多次使用"钓金龟""淘古井"等粗俗的语言，以追求高点击率。这种标签化、浅薄化的语言大大拉低了网络新闻的品质。

随着互联网技术的不断进步和发展，网络新闻媒体如过江之鲫般涌现出来，呈现出不可阻挡的发展趋势。在这种环境下，研究网络新闻语言的特点，提高网络新闻语言的纯洁度，提升网络新闻传播的品位，任重而道远。

思考题

1. 举例说明网络新闻的优势与当前存在的问题。
2. 近两届中国新闻奖网络新闻获奖作品都有哪些类型？从中选取一篇，从写作角度分析其获奖理由。
3. 与传统新闻写作相比，网络新闻的文本结构有何不同？试举例说明。
4. 根据当今社会热点问题，写一篇网络新闻。写作要求：
   （1）800 字左右。
   （2）选题立足现实，贴近生活，具有较强的时代感、新鲜感。
   （3）语言凝练，通俗易懂；表达清楚，事实清晰；独特时尚，彰显个性。

第十九章　融 合 报 道

本章知识点：① 融合报道的概念、特征和技法；② 融合报道的呈现方式；③ 融合报道的类型；④ 融合报道的角色分工和制作流程。

互联网的兴起、发展和应用，给新闻业带来了挑战和机遇并存的双重影响。一方面，互联网使传统媒体面临受众减少和广告流失等生存压力；另一方面，互联网的技术特点又使得新闻报道以更加融合、创新的形态制作和传播。在这种环境下，如何借助互联网的技术手段、传播平台进行融合报道，是新闻采写者从事新闻报道的新挑战。

第一节　融合报道概述

新媒体环境中的媒介产业、媒介技术、媒介组织的融合，直接催生了新闻报道形态的融合，即融合报道。融合报道的兴起对新闻媒体的报道理念、生产流程、组织结构、人才培养提出了新的要求和挑战，同时也给用户提供了更加丰富、互动、视觉化的新闻产品。

一、融合报道的兴起

（一）融合报道的发展历程

1983 年，伊锡尔·索拉·普尔在《自由的科技》中提出关于"媒介融合"的预言。2003 年，里奇·戈登归纳了美国存在的五种"媒介融合"类型，具体包括：所有权融合、策略性融合、结构性融合、信息采集融合和新闻表达融合。过去 30 多年来，互联网技术的兴起、普及和发展，既从行业层面引发了传统新闻业的历史性变革、推动了传统媒体的数字化转型，也从技术层面真正实现了文字、声音、图像、音频、视频的形态融合，融合报道由此兴起。

纵观互联网新闻业的发展，大体经历了三个阶段。伴随这三个阶段，融合报道也在不断发生变化。

第一，Web1.0 阶段。以新闻网站为代表，融合报道主要以新闻专题形式为典型样式，实现了图文并茂的传播效果。这个阶段的融合报道主要是由网站编辑进行整合而成，内容主要来自职业新闻从业者的采集和发布。

第二，Web2.0 阶段。以博客的兴起为代表，草根新闻、公民新闻逐渐兴起，加之微博、微信等社交媒体的日益普及，融合报道中越来越多地融入了微视频、交互图表、信息可视化、数据新闻等产品形式。这个阶段的融合报道不再只是专业新闻从业者的内容生产（PGC），而是逐步与用户生产内容（UGC）齐头并进、相得益彰。

第三，Web3.0阶段。适逢移动互联时代，以大数据、物联网等技术的兴起为代表，预示着互联网会更加开放、自由、共享和智能化。在这种背景下，融合报道的形态中出现了更多的数据新闻，其传播载体也更加移动化、个性化，借助手机、iPad、可穿戴设备等实现随地随时的传播和媒介消费。这个阶段的互联网新闻业方兴未艾，其前景和趋势尚有待观望。

（二）融合报道的含义

融合报道并不是简单地等同于"全媒体新闻"，不只是多种媒介报道形式的组合堆砌。融合报道是基于互联网为核心报道平台，根据新闻内容的时间和空间特点，以最适宜的媒介手段融合使用多种技术形态的报道形式。其中，文字提供的信息量大，而且适合做深度报道；图片生动形象、表现力强，对瞬间画面的定格具有独特的审美价值；视频则让受众有身临其境的现场感，最适合表达富有张力的动态场景；而信息制图（图片和文字说明的结合）、动态图表（与用户交互后产生的筛选内容）等表现形式可以让报道可视化、交互化。

总之，融合报道的最大魅力是突破了技术的限制，选择互联网新闻的最佳表达形态，实现了新闻报道内容与新闻呈现形式之间的最佳匹配。

二、融合报道的特征

与传统媒体的新闻报道不同，互联网平台上的融合报道主要有三个特征：全时、开放和互动。

（一）全时

这包含两层含义：首先，它意味着新闻不再有因为出版周期而产生的时间节点，取而代之以每周7天、每天24小时的全时循环报道。同时，它也意味着新闻生产的结果不再是静态产品，而是可以实时修改和补充的动态过程。

（二）开放

融合报道既提供信息整合的结果，更提供信息使用的"入口"，成为可以随着用户的偏好和兴趣而灵活变化的渠道聚合点。学者保罗·布拉德肖以新闻的基本要素为例，展示了融合报道如何用报刊、广播和电视无法表现的形式来呈现新闻的内容（见表19-1）。

表 19-1 融合报道的"5W+1H 模式"

受众可能感兴趣的问题	整合报道提供何种渠道呈现
我还可以联系谁？	社会性媒体（微博、SNS 网站等）
记者写报道时查阅了什么背景资料？	电子书签（通过分享和订阅记者的书签账户）
它是在哪里发生的？	地图导航（GPS 标注）
它是何时发生的？	日历展现（对于可预知的事件可设置提前提醒和订阅）
我为什么关注？	数据库调入（充分的数据和案例证明）
我还能做什么？	互动机会（为受众提供个性化的体验）

（三）互动

这是融合报道的关键特征，体现在两个方面：

首先，融合报道不仅让用户可以"看"新闻，还能"用"新闻。比如，个性化的搜索服务可以让用户根据自己的选择来找到需要的结果。

以《华盛顿邮报》的"全球碳排放"专题为例，用户可以查看从 1950—2007 年 42 个国家的碳排放情况。报道主体是一个可以呈现不同国家排放气体总量排名的动态图片，随着用户选择年份的不同而相应变化，想要了解每个国家具体的气候情况，直接点击国家名称的链接即可。再如英国《每日电讯报》的"国会议员的花销"专题中，记者整理了大量政府工作人员的消费文件档案，用户只要点击"调查你的议员花销"，就可以知道用户所在区域议员的消费信息。

其次，可以随时让用户参与到新闻报道中来，成为新闻的生产者。例如，美国《明州论坛星报》的融合报道《八月中的 13 秒——35W 大桥垮塌》。2007 年 8 月 1 日，位于明尼阿波利斯市、拥有 40 年历史的 35W 大桥突然垮塌，200 多人坠入密西西比河遇难。该报网站用卫星照片截图，显示了倒塌大桥的俯瞰图（见图 19-1），并给 101 辆遭遇灾难的汽车标上数字。其中 78 辆车只要点击其数字，便以视频、录音和文字方式呈现该车车主及其故事。另外一些车，尽管有关该车车主的故事还是空白，但页面上有文字提醒"如果你知道，请随时给我们提供报道素材"。可见，这是一个利用"云信源"来不断扩充、完善的动态报道，用户可以对缺失的车主信息进行补充，提供新的报道线索、访谈故事，或者发表看法和感受。由此，用户可以参与到新闻生产的过程中，充分发挥"众包"的力量，使用户与媒体之间形成深度、持续的互动。

融合报道的过程中，媒体不再是唯一的新闻生产者，而应该建立更加开放、互动的机制，让用户积极参与到新闻生产中来。媒体需要设计与用户协作的形式、规则和进程，全面协调资源，开掘以技术为基础支撑的网际能量，以完成信息收集、信息编辑、信息整合、信息发布、信息运用的全程管理。

图 19-1 《八月中的 13 秒——35W 大桥垮塌》专题页面

三、融合报道的技术

（一）融合报道的技术形态

融合报道使用的技术类型及其表现形态主要有以下八种：

（1）多媒体。融合文字、图片、音频、视频等多媒体表现手段，如新闻幻灯或者图文专题等。

（2）众包。鼓励用户生产内容，把用户贡献的内容加以汇聚、整合、编辑，从而发挥社会化和专业化的互补优势。

（3）数据新闻。以数据为主要表达形态，经过数据获取、数据清理、数据呈现等阶段，体现对数据的洞察，传达出数据对用户的重要意义和价值。

（4）数据可视化。强调复杂数据、海量数据的互动化、可视化表达，让数据的呈现更加生动、可感，而且可以通过交互设计的手段使静态数据可用、可玩、可变化。

（5）社交网络。整合社交媒体上公众的评论或跟帖，对这些内容进行精选，将它们整合到融合报道中来；同时，也将优质的融合报道推广和扩散到社交媒体上，从而吸引更多用户阅读和点击。一般在融合报道专题中，通过抓取技术可实现社交网络内容的实时化呈现。

（6）地图化分析。更加注重对新闻发生的地理信息的获取、挖掘和呈现，或者直接基于地理信息和地图来建构、整合融合报道专题。比如，反映不同地区的人口变化、水污染的现状、经济发展的差距等，都可以通过地图化分析来实现，让用户一目了然。

（7）互动式图表。将融合新闻作品做成互动式图表，既能直观地实现新闻信息的视觉传达，也能让用户在点击的过程中享受互动的乐趣。

（8）嵌入文件。在网页新闻专题中，直接嵌入跟新闻事实有关的文件或者相关延伸阅读的文件，由此，用更加"证据化"的方式来满足用户查证和确认的信息需求。

例如，2016年新华社依托中国照片档案馆馆藏资源打造推出《国家相册》微纪录片栏目，开播仅一年累计观看量就达到16亿次。该栏目运用3D特效、动画模拟等技术对老照片进行创意改造，让静态的图片"动"起来、"活"起来，以短视频的形式讲人性故事和人情事理，配之以图片、音频、视频等全媒体呈现手段，在个人叙事中展现家国变化的宏大图景，在历史回顾中激发前行动力。此外《国家相册》还结合2017年全国"两会"推出《共商国是》等特别节目，产生了积极反响。

再如，2014年国庆期间，在各大新闻网站的专题报道中，数据可视化等融合报道技术的运用成为一大亮点。这些网站在报道中使用互动图表、动画故事等表现手段，大大增强了可视化效果。其中，新浪网国庆专题中的"国家历程"板块，以每10年为一个时间段，网民移动鼠标，选择不同年代，就会看到这个年代的重要事件和相关报道。网易的报道专题中，有一个"建国65年之记忆"子专题，分为"绩、食、住、行、联、文、财"七个板块，每个板块都通过大量的数据图谱，将新中国成立65年来的相关变化呈现出来。此外，网易还以可视化的方式呈现了"人民日报上的国庆节""数读：国人婚恋观变迁""中国人65年留学历程""国人理财观变迁史"等内容丰富又不乏教育意义的题材（见图19-2）。

图19-2　网易国庆专题"数读：国人婚恋观变迁"

（二）移动记者的技术要求

移动记者也称背包记者，指能够同时运用文字、声音、视频和网络传输来进行报道的全能记者。融合报道的记者理应是"移动记者"，对其报道技术自然有着很高的要求。

第一，移动记者应当熟练掌握和运用多媒体技术。一般来说，当记者到达新闻事件现场后，首先要用移动终端拍摄现场照片，传到网上或编辑部的后台系统；之后，再用摄像机拍摄现场画面，放到移动电脑中传回总部，或现场编辑后立即在线发布；如果报纸需要报道这条新闻，记者还要在视频采访的基础上继续补充采访、写作文字报道；如果新闻事件特别重大，则记者还要在网站上建立专题进行直播、滚动报道并不断更新。这些都需要移动记者具备在新闻事件现场，快速、熟练地运用文字、摄影、摄像等多媒体技术作报道的能力。

第二，移动记者应当配置并熟练使用多媒体报道工具。移动记者需要配备的报道工具已不再是笨重的大机器，而是便于携带、更具人性化的采访设备。例如使用手机大小的摄像机，可以连续拍摄数小时高清视频，可以随时连接 USB 接口。如果记者把手机加上指向性收音话筒就可以直接变成便携式摄录机。现在，不少媒体还为移动记者配备了拥有即拍即编软件的手机。

第三，移动记者应当知晓各种传播终端的性能与特点。不同形式的传播终端，对报道有着不同的要求。例如，在图片报道中，手机适合用特写照片，电视则可以用中景、远景；在电视报道中，注重突出新闻的基本要素和现场画面，在文字报道中则需要扩充背景并提供全面、多信源的信息。全面掌握不同传播终端的性能与特点，是移动记者不可或缺的一大技能。

2018 年全国"两会"期间，人民网前方报道团队成员均具有 3 年以上采编经验，他们提笔能写文章，拿起话筒能讲，对着镜头能说，打开电脑能编辑和发稿，成为这次"两会"报道记者中的一道靓丽风景。

第二节　融合报道的呈现方式

基于互联网的全媒体表达手段，融合报道的呈现方式更加丰富多样。总体上看，融合报道的呈现方式包括循环的报道机制、移动的生产策略、多元的媒介平台三个方面。

一、循环的报道机制

融合报道使新闻从产品变成了过程，由原本的静态、单向、线性向动态、双向、融合转变，传统的新闻生产流程和机制必然需要变革。为此，学者布拉德肖设计出了新的理想报道模式"钻石模型"，对一个新闻事件的报道机制根据从快到深的要求分成快讯、草稿、报道、背景、分析/反思、互动和定制七个阶段（见表19-2）。

表 19-2 "钻石模型"新闻生产的七个阶段[①]

快讯	对正在发生的新闻事件，记者可以通过手机、无线网络等方式发出快讯。
草稿	对快讯的补充，记者可以贴出一篇包括新闻当事人、发生地和细节的文章。
报道	价值较高的新闻产品，达到了可以在报纸上刊载、电视上播放等其他媒介形态的要求。
背景	利用互联网资源，提供必要入口，把可用的文件、组织和解释的链接分类集中供人浏览。
分析/反思	记者从网上的知情者、受到影响的相关者那里收集到一些即时反应，以增加新闻报道的深度。
互动	能够直接通知用户，提供促使用户长期重复访问的"长尾"资源，例如 Flash 组合、论坛、聊天室等平台。
定制	用户根据自己的偏好和需要定制信息来源，例如电子邮件、RSS 等基本方式；也可以是采取数据库驱动的新闻，允许用户补充和反馈信息。

"钻石模型"反映的正是以互联网为核心的融合报道机制，也是记者与用户依托互联网进行新闻生产互动的过程。据此模型，不同形态新闻的生命周期也各不相同。首先，快讯、草稿和报道在最短时间内达到一定的传播效果；在此基础上，记者再对事件背景进行调查和挖掘，逐渐逼近事件真相；然后，随着时效性的减弱，一些与用户的对话和互动会持续进行。整个过程中，融合报道既发挥了移动互联网的即时优势，又兼顾了用户对新闻事件深度了解的需求。

在"钻石模型"中，每个阶段的重要性各不相同。"报道"是新闻得以更广泛传播的起点，提供"背景"是基于互联网融合报道的基本要求，"分析/反思"是决定报道深度的节点，而"互动"则是决定新闻报道生命力的关键。从受众角度而言，移动互联网的迅猛发展使得获取信息已经由过去的被动接受转变为现在的主动定制，用户可以根据自己的偏好和需求来订阅新闻，这就要求新闻生产者从用户的角度出发，通过更精准的用户定位来实现更有效的新闻传播。

---

① Paul Bradshaw：*The news diamond* (*A model for the 21st century newsroom*：*pt1*)，Online Journalism Blog.

二、移动的生产策略

移动互联网时代，新闻正在走向以实时报道为主。一方面，新闻事件的直接目击者，可以在第一时间将现场图片、消息，通过社交媒体、直播等平台传播出去；另一方面，专业记者抵达现场后，也可以随时随地用手机发布信息，一条新闻可以在极短的时间内传播给广大用户，再经过众多追随者的转发、更新、补充，事件的真相、意义、影响等更深层次的内容由此得到阐发。

可以预见的是，未来媒体的生产平台将以互联网为核心枢纽，利用面向移动互联网的各种终端传播新闻。新闻编辑部必须以此为中心，生产出可供各种媒介形态使用的新闻产品。传播渠道与信息载体的变化，使得新闻编辑部的组织结构、角色及功能必须进行改造以适应新技术条件的变化。媒介生产环境的巨大变化对新闻报道的速度和深度相应有了更高的要求，这就要求传统的新闻生产流程和报道机制进行相应的变革以适应这种变化。

近年来，欧美报业开始启动以融合报道为目标的编辑部变革，其思路可以归纳为整合和改造两种路径。其一，整合。按照媒体融合的要求对资源进行重新组织，消除传统业务和新业务之间的分割，实现资源共享。其二，改造。对原有纸媒的工作方式进行革新，使之符合新的业务需求，适应新的竞争环境。这些从不同角度展开的探索，共同的趋势是使编辑部变成一个结构层级更少、组织网络化的多媒体生产单位。

越来越多的国内报业集团，也在逐步探索这种移动化的新闻生产策略，主要方式就是在新闻网站、报纸、微博、微信、新闻客户端、论坛等不同平台之间建立全新的采编流程。新的采编流程既可以保证"常规"新闻生产的内容品质和传播形态，也可以随时响应"非常规"新闻生产的实时报道和移动化传播，让用户可以随时随地接收到重要的突发消息。

在移动互联网时代，新闻业自身面临着诸多挑战。首先，用户对新闻时效性的要求更高了。日报以天为报道周期，电视和广播以小时为报道周期，而在网络平台上，新闻正在以实时报道的方式传播。其次，在传统媒体环境中，新闻从业者是负责传播新闻信息的专业人士，一般所循的是从传者到受者的传播路径；而在网络平台上，新闻报道已经成为新闻从业者和受众共同参与的过程。再次，新闻报道的生存形态也发生着变化。传统媒体中的新闻从业者以一篇报道或者一段视频为基本报道单元；而在网络平台上，新闻则以新闻流的形式存在，在一个新闻主题下，各种报道、评论、跟帖、数据库和相关资讯共同组成一个基本报道单元，其中包含文字、图片、视频、音频等各种形态。最后，用户接收新闻信息的习惯发生了变化。新一代用户更习惯于把互联网作为主要的信息来源，即便是获取新闻，他们也更乐于借助搜索引擎和 RSS 等定制技术。移动互联网的发展，使用户获取和定制信息的成本越来越低。

三、多元的媒介平台

融合报道的传播平台必然是多元化的，它既可以充分整合报纸、广播、电视和网站等传统媒体来刊载新闻，又可以借助微博、微信、移动新闻客户端等移动化的产品来传播新闻，还可以借助手机、iPad、可穿戴设备等灵活多样的载体来推送新闻。因此，在传统媒体和新兴媒体的整合过程中，越来越注重建设"中央厨房"式的编辑部，将所有新闻线索汇聚在此，并进行不同形态的生产和不同渠道的分发。

以美国的媒介综合集团为例。该集团 2000 年投资 4 000 万美元在佛罗里达州坦帕市建造了一座传媒大厦，取名"坦帕新闻中心"，将属下的《坦帕论坛报》及其网站 Tampa Bay Online、电视台 WFLA-TV，以及集团网站 TMO.com 的编辑部门集中起来运行。为此，集团设立了"多媒体新闻总编辑"一职，统管三类媒介的新闻报道，使三类媒介在新闻采编方面实现了联动。2008 年，经过整合之后，员工规模从 450 名压缩到 300 名，不同媒体的编辑记者一起办公，借助移动科技来做突发新闻报道。记者生产的新闻可以同时向网站、电视台和报纸发稿，不过要按照不同平台的特点制作出不同形态的新闻。

再以我国《人民日报》为例。该报于 2015 年全国"两会"期间启用"中央厨房"这一融合报道新流程、新模式、新机制，即将记者采集的文字、图片、音频和视频等素材汇总进"中央厨房"的成品稿库，报社内部各成员媒体根据需要对这些素材进行二次加工，生产出不同的终端产品。人民日报"中央厨房"的建立，使报社可以高效地指挥不同平台的记者进行多平台的新闻生产和传播，也极大地提高了新闻资源的利用效率。

第三节　融合报道的样态类型

伴随互联网新闻业的不断发展，融合报道的样态类型也越来越丰富，包括视频新闻、地图新闻、数据新闻、交互新闻、感应新闻等，本节重点介绍前三种报道类型。

一、视频新闻

（一）视频新闻的发展现状

目前，视频新闻已经成为新闻网站上最具有吸引力的融合报道类型之一，越来越多的传统媒体在其融合报道编辑部纷纷增加视频报道的投入和人力。比如，英国《泰晤士报》专门设立了音视频部，编辑们可以把当天电视里首相演讲的素材编进新视频内容，供当天报纸网络版播放。这个部门里还设了一架随时可供网络直播的摄像设备，可以直接从办公室取景，也可以到对面拍伦敦桥作为背景，向全世界直播。此外，还有一个录音室可供音频生产。

我国众多综合性大报和一些都市类报纸也纷纷设立视觉中心，开始热衷于视频新闻的生产和制作。比如《南方都市报》仅2010年就投入400多万元人民币，普及了高清视频采集的软硬件，建立了标准的工作流程，从而具有了稳定的生产多媒体节目的能力。2011年3月，该报正式成立了音频制作部。

（二）视频新闻的需求、类型和题材

网络视频新闻的兴起，主要基于三种典型的用户需求：其一，现场需求。视频直播现场画面是最吸引人的，然后才是音频直播、现场图片、现场文字等。其二，速度需求。现场素材一般不需要深加工，直接采用音视频直播的方式更加具有低成本操作的可能性。其三，视觉需求。受众越来越青睐形象生动的新闻作品，尤其是具有感染力的音视频报道。

从报道类型看，目前的网络视频新闻主要包括新闻幻灯、网络新闻视频、新闻纪录片、新闻动画等类型。而报道题材主要有：（1）突发事件新闻。这类题材的报道以内容为王，对时效性要求高，制作简单，甚至不加字幕；其素材可以由其他部门提供。（2）新闻剪影（素材）。主要是简短的新闻素材片段，这类题材不注重主题，更注重现场感或视觉效果，追求短、平、快的传播效果。（3）策划专题。对于这类题材，各媒体投入成本高，投入精力多，编辑制作精良；时间略长（8~10分钟），表现形式多样。这类题材时效性相对比较弱，但追求持续的传播效果，播出平台多元化（网站、手机、户外屏幕、地铁屏幕等）。（4）人物报道。这类题材的报道，时间略长，有深度；其内容主要是重大新闻人物或者社会各个阶层有代表性的人物，风格类似人物传记短片。

（三）视频新闻的主要特征

与传统的电视新闻相比，网络视频新闻具有以下特征：

第一，报道更注重画面语言。如果一条新闻视频能够用自身的镜头语言和采访对象的语言来表达，记者或主持人一般不做播报。

第二，报道视角更加平实，更加贴近现场的原生态。

第三，由于运用了相机、手机、存储卡和路由器等报道装备，能够满足快速拍摄和回传的技术要求，因此网络视频新闻比电视新闻的节奏更快。

当然，网络视频新闻的不足也比较明显，比如画面往往不如电视新闻那么清晰，拍摄构图也不如电视新闻那么讲究。

二、地图新闻

地图新闻，顾名思义，就是利用地理信息、基于地图来组织融合报道的形式。借助日益普及的移动定位技术，地图新闻可以非常便捷地伴随用户的移动而灵活变化，提供精准服务。

比如，纽约公共电台（WNYC）推出的"蝉追踪"专题报道，既实践了感应新闻的新型样式，也体现了地图新闻的魅力。为了解"蝉灾"袭击纽约市的准确时间，该台记者约翰·基夫推出了这个报道。他在一次广播过程中建议建立"蝉追踪"项目，并号召听众购买温度传感器，测量土地温度并上传至网络，由此预测蝉大规模到来的时刻。根据这一项目建立的"蝉追踪"网站，成为公众交流共享数据

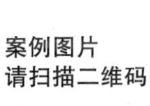

案例图片
请扫描二维码

的主要平台。网站根据公众的反馈绘制出可视化地图，用不同颜色和大小的圆点，显示各地观测到的蝉的数目，由此可以一目了然地看到美国东海岸"蝉灾"的情况。

再如，2013年5月15日《华盛顿邮报》网站刊载的专题报道"一个有趣的地图：世界上种族最宽容和最不宽容的国家"。在一张地图上，用不同颜色显示了种族宽容度，报道的数据来自两名瑞典经济学家的研究，他们探讨的问题是，经济自由到底使人们更多还是更少地陷入种族主义。《华盛顿邮报》的记者找到了这些原始的调查数据，并采用世界地图的形式来展示。

三、数据新闻

（一）数据新闻的发展过程

20世纪60年代，美国新闻业兴起的精确新闻报道，主要依托问卷调查、民意测验等方式来获取数据，然后记者运用这些精确数据进行通俗解读、做出报道。这是数据新闻的"前身"，而真正意义上的数据新闻的产生，则与"大数据"的出现有密切关系。大数据的概念最早源于20世纪80年代，但真正火爆是在2011年5月麦肯锡全球研究所发表专门研究报告《大数据：下一个创新、竞争和生产率的前沿》之后。大数据技术对现有的新闻生产的模式与机制产生重要影响，使新闻出现新的趋势——趋势预测性新闻、数据驱动型深度报道。

大数据时代，人类的行为模式被互联网、物联网，甚至是摄像机、照相机等各种机器记录下来，传递到互联网上，各种复杂的行为被代之以"1"和"0"。例如，人们上网浏览都会留下"足迹"，而这些"足迹"都会被互联网记录下来；对一位受众在固定IP上的所有浏览数据或者相当长时间的浏览数据进行分析，便可获知其上网习惯、爱好等。

在大数据时代,个人、群体、企业等都在生产大量的数据,对这些数据进行提取、转换、整合、练级分析、数据挖掘,往往能够获得各种出人意料的信息。媒体的数据新闻就是通过数据来分析事件的原因和深层的意义。

(二)数据新闻的生产流程

数据新闻的生产过程一般可分为四个步骤,即挖掘数据—过滤数据—数据可视化—新闻报道制作完成。海量的数据经过挖掘、过滤和可视化后形成新闻故事。学者布拉德肖则依照传统新闻学里关于"倒金字塔"结构理论,提出了数据新闻的"双金字塔"结构(见图19-3)。①

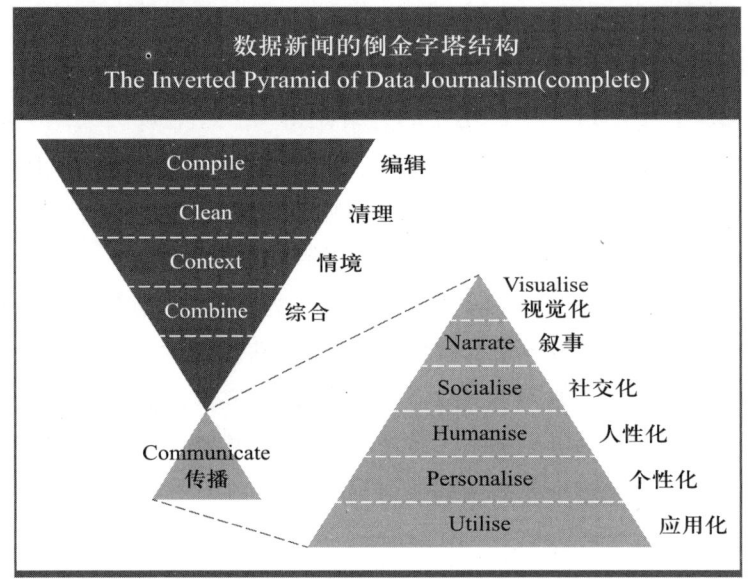

图 19-3 数据新闻的"双金字塔"结构

图 19-3 中的倒金字塔自上而下是编辑、清理、情境与综合;而通过传播的连接所形成的正金字塔,自上而下则是视觉化、叙事、社交化、人性化、个性化、应用化。数据新闻的生产要把原始数据的分析放入具体的新闻情境中,通过可视化、互动化的形式来呈现;如果能够为用户提供搜索、参与等个性化服务则传播效果更佳。在国外,英国《卫报》和美国的《纽约时报》《芝加哥论坛报》等较早开始实践数据新闻。在国内,人民网、新华网、腾讯、网易、财新传媒等比较重视数据新闻生产。数据新闻的生产主要有收集数据、处理数据、呈现数据三个步骤。

数据收集的方式主要有两种:主动收集和被动收集。主动收集往往采取"众

---

① 章戈浩:《作为开放新闻的数据新闻——英国〈卫报〉的数据新闻实践》,《新闻记者》2013年第6期。

包"的形式。通常的做法是设计一个在线调查问卷或者在线互动方式，发挥社会公众的力量收集新闻报道所需要的数据。这对一些数据获取不那么"便利"的国家是一个具有可操作性的获取数据的方法。被动收集是直接通过网络的专用数据端口、数据中心以及其他数据站点获得数据，这些数据往往是已经公布的政府数据、研究数据等。

数据处理是通过一些专门的软件来完成的，将冗余信息过滤掉，留下数据新闻报道需要的高质量数据。当记者或编辑面对海量数据时，首先应评估数据的质量与意义，需要认真考察诸如：数据来源是否可靠，时效性如何，出于何种目的、采用什么方法收集而来，包含了怎样的主题，应选择哪些数据等问题。其次，对数据进行处理，通过设置特定的程序去除干扰性的数据，并将数据转换为统一格式。最后，计算并分析数据。需要注意的是，在制作数据新闻时，并非使用的数据越多越好，关键在于数据能否为讲好故事服务；同时要注意在完成数据运算后，应检验其结果的合理性，如果异于常理的话则需要重新运算。

通过可视化的作品呈现数据，是目前数据新闻主要使用的方法。例如《卫报》的可视化呈现方式主要是数据地图、时间线和交互图表。在数据呈现中，不可忽视的一个要素是数据的实时性，这关系到可视化作品的存亡。如果数据实时性较强，在流量高峰期过后，一般会在页面强调最后更新的时间，直到有新数据进入再更新推广。一些运作较为成熟的数据新闻机构，一般会使用"应用追踪表"。记者和设计者在最初进行可视化作品设计的时候就应该考虑到实时性问题，或者在一定时间后彻底关闭，或者计划好未来的更新及后续报道。

（三）数据新闻的报道策略

数据新闻在生产实践中，如何既体现对数据的深度挖掘，又把握其视觉的生动呈现，还能从数据中反映出独特的事实、有价值的信息乃至潜藏的真相，这有赖于数据新闻报道者的努力。在数据新闻的报道和操作过程中，有三个策略需要重视。

1. 重视数据新闻的时效

一般来说，数据新闻更加强调对既有数据本身的深度挖掘，更加重视对数据的"研究"和数据可视化的"制作"，比较容易忽略"报道"层面的新闻价值。实际上，数据新闻报道要引起公众的普遍关注和阅读兴趣，必须充分考虑新闻的时效性，考虑推出数据新闻的时机。

比如，2015年春节期间，中央电视台联合百度推出春节大数据特别报道，把大数据挖掘的价值与常规新闻报道的时效结合起来。在这档名为《"据"说过年》的栏目中，观众既可以直观地看到春运人口的迁徙情况，全国各地飞机场、火车站的人口密集程度，还可以看到空中航道的具体情况。此外，借助"百度天眼"，观众能够实时看到全国范围内的飞机位置，还可以查看起降时间、飞机型号、机龄等航班信息。

2. 准确交代数据的来源

在报道和制作数据新闻的过程中，不能仅仅满足于对数据本身的生动表达，以及对数据新闻文本可读性的追求，还必须始终坚持"数据来源"的告知意识，让用户在阅读数据新闻时能够明晰其来源。这样一来，哪怕是比较专业的用户想要辨析数据本身的信度和效度，也可以追本溯源、按图索骥。所以数据新闻作品要在图片、网页等的明显位置说明其数据来源。

3. 追求数据的洞察和解释

数据新闻的真正价值在于"洞察数据"，即通过数据挖掘和数据可视化，帮助用户发现和理解那些可能被忽略的事实真相。做数据新闻报道，不能仅仅满足于告诉用户"是什么"，还要启发用户去思考"为什么"。以财新网"数字说"的数据新闻报道《三公消费龙虎榜》为例，报道将 2010 年以来官方公布的 90 多个中央级单位的三公消费数据录入数据库，然后加以图形化排序，使网友方便地了解什么是三公消费、每个部门的支出和组成如何、人均支出如何等。这种生动活泼的展现形式，加上开放式的数据结构，让每个网友在浏览过程中都可以获得不同的启示。

第四节　融合报道的制作

与传统媒体的新闻生产有所不同，融合报道在注重新闻报道采编的基础上，更加强调对新闻报道产品的设计和呈现，充分注重内容和形式的平衡。此外，由于设计部门、技术部门乃至营销部门和采编部门会形成联动，因此需要建立跨部门的合作和互动机制，也需要在媒体组织内建立更高层次的指挥和协调小组。

一、融合报道的生产流程

（一）单个作品的生产流程

传统媒体的新闻生产过程中，主要环节就是记者的采写和编辑的加工，流程相对比较简单，合作起来也比较高效。融合报道则由于要采用图文、音频、视频、互动图表、网页专题、信息可视化等多种表达手段和内容形态，其制作过程比传统新闻生产更复杂，耗费的时间和精力相对比较多，生产周期也相对比较长。

以数据新闻的生产为例，至少涉及编辑、设计师和程序员的合作，他们有可能分布于编辑部、设计部、技术部等不同的部门，而且由于同步生产多个作品，有可能还需要与临时抽调的人员合作，比如与调查记者进行配合。这样一来，其生产流程就变得复杂且具有不确定性。传统的生产流程中，采编人员、设计师和程序员是上下游的关系。一般先由采编人员采写出稿件，然后由设计师配图和排版，再通过程序员在网站上发布出去。但数据新闻的生产流程则不同，设计师要先根据记者或编辑提供的素材设计图形，同时与程序员保持沟通，如果开发成本太高或周期太长的话，则要修改数据新闻的设计方案。在数据新闻的制作过程中，程序员很可能反过来要求采编人员补充数据。等到数据新闻的制作方案正式确定后，设计师、程序员、采编人员才同步实施。

（二）不同平台的发稿流程

尽管融合报道生产面向的核心平台往往是新闻网站，但由于从快到深的报道节奏和循环报道的要求，记者需要在报道过程中同时面向微博、微信、客户端和报纸等不同平台发稿，因此，探索全媒体平台的融合报道流程，重构融合报道记者的生产方式和职业习惯，已经成为很多媒体建设"中央厨房"过程中的探索实践。

作为一名融合报道记者，如何不断探索和完善自己全天候的报道机制？这里以美国的公共忠诚中心为例，看看一名融合报道记者一天的工作日程。早晨，记者先给网站写一篇专栏文章，介绍近期他所关注的医疗领域的新动向，再到医院去采访当天的新闻。如遇突发新闻事件，赶到现场后，他会先拿出手机拍摄一组照片，并配上简短的消息，发到中心的编辑部；然后拿出照相机拍摄现场照片，最后打开摄像机进行采访。在通常情况下，他每天上午10点30分左右，通过电话给编辑部发去最新报道；下午2点半到3点，制作一个简短的视频新闻节目上传到网站上；然后再回到医院采访下午的进展情况，直到晚上7点左右结束采访；晚上，他还要给第二天的报道写一篇新闻稿。可见，作为融合报道记者不仅要遵循从快到深的循环报道流程，而且要善于平衡现场报道和专业评论，给公众提供全方位的产品体验和产品价值。

二、融合报道的角色分工

一般来说，融合报道需要记者掌握多媒体的报道技术、多平台的传播意识，但这并不意味着始终"一人包干"，融合报道在强调全能技术的同时也依然需要分工合作。

从总体上看，动态新闻可依靠移动记者的快速反应，在新闻现场采访拍摄。不过，专题类、调查类的报道则无法单纯靠简单的设备来完成。而多人协作的新闻生产模式和委员会式报道模式，比较科学合理地划分了不同新闻生产者的角色。这种新闻生产模式和报道模式将生产者大体划分为：研究员，负责前期的资料收集和分析；前方记者，在事件现场采访并将采写的内容传回总部，供再加工；主笔，在总部将各地记者发回的素材进行整合，然后用一种比较大众化的、格式化的风格进行写作。① 不少媒体还设立了专门的事实核查员，对新闻事实进行核查。

基于对融合时代新闻生产的观察，学者布拉德肖提出了融合报道的六种生产者角色：

（1）渠道整合者，类似于研究员的角色，整合、过滤、发布并查证前期新闻资料。

（2）移动记者，即前方记者，通过移动电话以及被4G网络或WiFi覆盖的笔记本电脑和总部取得联系。

（3）数据发掘者，对数字有敏锐的理解力和洞察力，能够从数据库和电子表格中挖掘和提炼有价值的信息。

（4）多媒体制作者，擅长使用技术（音频、视频、制图、博客、数据库、地图等）对一个故事或事件进行重新组织和呈现。

（5）网络专家，能准确地将报道定位于不同形式的互联网应用中。

（6）协作编辑，后台协调者，建立信息协作、组织信息、支持用户、进行援助等。

总之，不同的报道题材和形式对新闻生产者的要求也有所不同。动态新闻尤其是突发新闻，更需要技术全能的前方记者，能够快速完成拍照、摄像、采写并传回新闻素材。而专题新闻，则更注重不同新闻生产者的角色分工，运用专业的报道技能和互联网技术，深入、全面地报道新闻，尽可能将每一个环节都做到极致。

三、融合报道的外部合作

做好融合报道，不仅要注意媒体内部报道者之间不同的角色分工与合作，还要注意与外部机构、社会公众之间的合作，建立长效的合作机制。这对一些重大题材来说尤其重要。

以英国《卫报》网站对2011年城市骚乱的报道为例。网站试图借助数据新闻等手段来回答这些问题：是什么导致了骚乱？为什么他们要参与制造骚乱和抢劫？他们做这些事情的时候头脑中在想些什么？这场骚乱与以前发生的骚乱是相似还是有本质的不同？要实现这些报道目标，单纯靠一家媒体的力量显然是不够的，

---

① 王栋：《对话美国顶尖杂志总编——卓越媒体的成功之道》，作家出版社2008年版，第80—81页。

于是《卫报》采取了开放合作的姿态。该报通过与英国伦敦政经学院合作，采用定性研究为主，同时结合定量研究的方法对参与骚乱的人进行深度访谈和问卷调查。研究计划分为两个阶段：

第一阶段，30 名研究人员（从 450 名中挑选出来）用三个月的时间对 6 个城市中直接参与骚乱的 270 人进行秘密采访，主要在社区里进行。《卫报》给因参与骚乱而被判刑的 1 000 人写信，希望他们能参与这次调研。司法部还给予"解读骚乱"研究组特权让他们可以进入监狱，采访 13 个已被判刑的人；当然，270 个样本中绝大多数还是那些没有被抓的人。同时，请曼彻斯特大学的专业人士对 250 多万条与骚乱有关的推特进行分析，挖掘出 7 条传播最广的谣言。

第二阶段，在 2012 年初完成，包括采访警察、法官和司法官员，分析大量与骚乱相关的社区数据。期间进行的深度访谈包括半结构和全结构式访谈方式。最后，调研小组从暴民那里收集到总共 130 多万字的第一手录音整理材料。

通过这样的分工合作，《卫报》网站就这次城市骚乱事件所做的融合报道取得了预期的效果。比如，报道技术组从 270 个采访对象当中选取了 87 个，并将这 87 人的深度访谈做成了互动的新闻幻灯《暴徒的自白》（见图 19-4）。这则报道在网上一经发布，便引起了广泛关注。

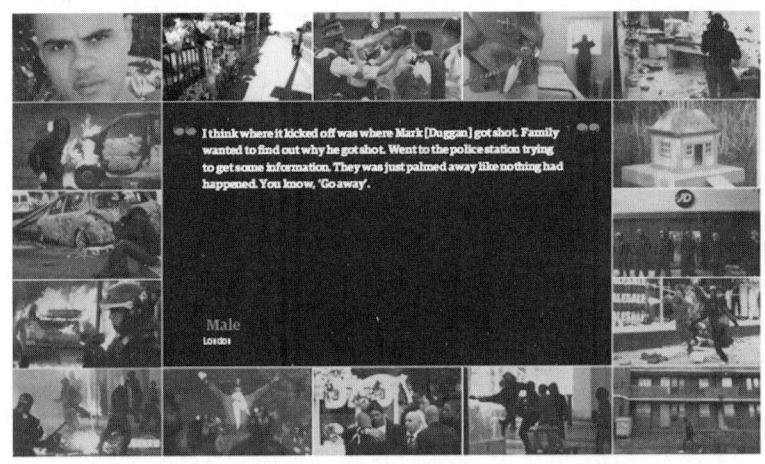

图 19-4 《卫报》网站融合报道《暴徒的自白》

思考题

1. 融合报道等同于"全媒体报道"吗？为什么？
2. 以某地发生地震灾害事故为案例，设计一个融合报道的方案，包括报道机制、角色分工、资源调配、传播平台等。
3. 分析一个融合报道案例，谈谈其综合运用了哪些融合报道技术，实现了哪些融合报道的传播效果。

4. 互联网平台上的视频新闻与电视新闻报道有哪些异同？请从题材、节奏、流程、形式、时长等方面予以具体说明。

5. 数据新闻的操作实践过程中，交代数据来源的具体形式和方法有哪些？如何避免只是对数据处理的结果做简单告知，而能够对数据背后的潜藏事实做更深层次的揭示，以实现"数据洞察"的目的？

6. 融合报道对新闻从业者提出了哪些更高的要求？你认为是掌握融合报道的技能重要，还是坚持专业报道的理念更加重要；是培养"一人包干"的多面手重要，还是建立内部的分工协作机制更加重要？请说明理由。

阅 读 文 献

■ 马克思、恩格斯：《反克利盖的通告》，《马克思恩格斯全集》第4卷，人民出版社1958年版。

■ 马克思：《好报刊和坏报刊》，《马克思恩格斯全集》第1卷，人民出版社1995年版。

■ 马克思、恩格斯：《〈新莱茵报·政治经济评论〉出版启事》，《马克思恩格斯全集》第10卷，人民出版社1998年版。

■ 恩格斯：《马克思和〈新莱茵报〉（1848—1849年）》，《马克思恩格斯文集》第4卷，人民出版社2009年版。

■ 列宁：《〈火星报〉编辑部声明》，《列宁专题文集 论无产阶级政党》，人民出版社2009年版。

■ 列宁：《论我们报纸的性质》，《列宁专题文集 论社会主义》，人民出版社2009年版。

■ 列宁：《党的组织和党的出版物》，《列宁选集》第1卷，人民出版社2012年版。

■ 毛泽东：《在〈解放日报〉改版座谈会上的讲话》，《毛泽东新闻工作文选》，新华出版社1983年版。

■ 毛泽东：《对晋绥日报编辑人员的谈话》，《毛泽东选集》第4卷，人民出版社1991年版。

■ 毛泽东：《要政治家办报》，《毛泽东论新闻宣传》，新华出版社2000年版。

■ 毛泽东：《记者要头脑冷静》，《毛泽东论新闻宣传》，新华出版社2000年版。

■ 刘少奇：《对华北记者团的讲话》，《刘少奇选集》（上卷），人民出版社1981年版。

■ 邓小平：《拿事实来说话》，《邓小平文选》第三卷，人民出版社1993年版。

■ 邓小平：《在西南区新闻工作会议上的报告》，《邓小平文选》第1卷，人民出版社1994年版。

■ 江泽民：《在全国宣传思想工作会议上的讲话》，《十四大以来重要文献选编》（上），人民出版社1996年版。

■ 胡锦涛：《在全国宣传部长会议上的讲话》，《十五大以来重要文献选编》（下），人民出版社2003年版。

■ 习近平：《把握好新闻工作的基点》，《摆脱贫困》，福建人民出版社2014年版。

- 习近平：《在网络安全和信息化工作座谈会上的讲话》，人民出版社 2016 年版。

- 《习近平在全国宣传工作会议上强调　胸怀大局把握大势着眼大事　努力把宣传思想工作做得更好》，《人民日报》2013 年 8 月 21 日。

- 《习近平在党的新闻舆论工作座谈会上强调　坚持正确方向创新方法手段　提高新闻舆论传播力引导力》，《人民日报》2016 年 2 月 20 日。

- 穆青等：《新闻采写经验谈》，新华出版社 1983 年版。

- 徐铸成：《新闻艺术》，知识出版社 1985 年版。

- 陆定一：《我们对于新闻学的基本观点》，《陆定一文集》（上卷），人民出版社 1992 年版。

- 艾丰：《新闻采访方法论》，人民日报出版社 2010 年版。

- 艾丰：《新闻写作方法论》，人民日报出版社 2010 年版。

- 蓝鸿文：《新闻采访学》，中国人民大学出版社 2011 年版。

- 本书编写组：《实践中的马克思主义新闻观》，高等教育出版社 2015 年版。

- ［美］梅尔文·门彻：《新闻报道与写作》，展江主译，世界图书出版公司 2013 年版。

- Anderson, & Douglas, A.（1991）. *News writing and reporting for today's media/*. McGraw-Hill.

人名译名对照表

[美]	埃默里,埃德温	Edwin Emery
[美]	埃默里,迈克尔	Michael Emery
[美]	阿内特,彼得	Peter Arnett
[美]	比加特,霍默	Homer Bigart
[英]	布拉德肖,保罗	Paul Bradshaw
[美]	伯恩斯坦,卡尔	Carl Bernstein
[美]	波特,威廉	Willian Porter
[英]	查德威克,安德鲁	Andrew Chadwick
[美]	弗兰克尔,马克斯	Max Frankel
[意]	法拉奇,奥琳埃娜	Oriana Fallaci
[美]	费斯克,约翰	John Fiske
[美]	戈登,里奇	Rich Gordon
[美]	海敦,杰克	Jack Haydon
[瑞典]	赫定,斯文	Sven Hedin
[美]	吉布斯,谢丽尔	Cheryl Gibbs
[美]	卡尔,尼古拉斯	Nicholas Carr
[美]	克莱格,威廉	William Craig
[美]	科斯,罗纳德	Ronald Coase
[法]	罗丹,奥古斯特	Auguste Rodin
[美]	劳伦斯,威廉	William Laurence
[美]	李普曼,沃尔特	Walter Lippmann
[美]	勒温,库尔特	Kurt Lewin
[美]	梅茨勒,肯	Ken Metzler
[美]	曼切尔,麦尔文	Melvin Mencher
[美]	迈耶,菲利普	Philip Meyer
[美]	普尔,伊锡尔·索拉	Ithiel Sola Pool
[英]	品切,哈里·查普曼	Harry Chapman Pincher
[美]	钱塞勒,约翰	John Chancellor
[美]	斯蒂尔,罗纳德	Ronald Steel
[美]	赛佛林,沃纳	Werner Severin
[美]	施拉姆,威尔伯	Wilbur Schramm
[美]	斯诺,埃德加	Edgar Snow
[美]	坦卡德,小詹姆斯	James Tankard Jr.

[美]	唐尼,小伦纳德	Lenoard Downie Jr.
[美]	伍德沃德,鲍勃	Bob Woodward
[美]	瓦霍沃,汤姆	Tom Warhover
[美]	维拉德,奥斯瓦尔德·加里森	Oswald Garrison Villard
[美]	威廉森,丹尼尔	Daniel Williamson
[英]	希克斯,文弗	Wynford Hicks
[英]	亚当斯,萨利	Sally Adams

后　　记

《新闻采访与写作》是马克思主义理论研究和建设工程重点教材，由教育部组织编写，经国家教材委员会审查通过。

在教材编写过程中，得到了国家教材委员会高校哲学社会科学（马工程）专家委员会、思想政治审议专家委员会以及教育部原马工程重点教材审议委员会的指导。同时，广泛听取了高校教师和学生的意见建议。

本教材由罗以澄主持编写，丁柏铨、张征任副主编。林晖撰写绪论、第四章第二节和第三节，陈刚撰写第一章第一节和第三节、第二章第一节和第三节，罗以澄撰写第一章第二节、第二章第二节、第三章、第四章第一节，张征撰写第五章、第六章，辜晓进撰写第七章、第八章，夏琼撰写第九章、第十一章，周海燕撰写第十章，吴玉兰撰写第十二章、第十四章，丁柏铨撰写第十三章、第十五章第一节至第三节，张志安撰写第十五章第四节至第六节、第十九章，董小玉撰写第十六章、第十八章，翁昌寿撰写第十七章。

2018年12月28日

郑重声明

高等教育出版社依法对本书享有专有出版权。任何未经许可的复制、销售行为均违反《中华人民共和国著作权法》，其行为人将承担相应的民事责任和行政责任；构成犯罪的，将被依法追究刑事责任。为了维护市场秩序，保护读者的合法权益，避免读者误用盗版书造成不良后果，我社将配合行政执法部门和司法机关对违法犯罪的单位和个人进行严厉打击。社会各界人士如发现上述侵权行为，希望及时举报，我社将奖励举报有功人员。

反盗版举报电话　(010)58581999　58582371
反盗版举报邮箱　dd@hep.com.cn
通信地址　北京市西城区德外大街4号
　　　　　高等教育出版社法律事务部
邮政编码　100120

读者意见反馈

为收集对教材的意见建议，进一步完善教材编写并做好服务工作，读者可将对本教材的意见建议通过如下渠道反馈至我社。

咨询电话　400-810-0598
读者服务邮箱　gjdzfwb@pub.hep.cn
通信地址　北京市朝阳区惠新东街4号富盛大厦1座
　　　　　高等教育出版社总编辑办公室
邮政编码　100029

防伪查询说明

用户购书后刮开封底防伪涂层，使用手机微信等软件扫描二维码，会跳转至防伪查询网页，获得所购图书详细信息。

防伪客服电话　(010)58582300